高等学校法学系列教材
Gaodeng Xuexiao Faxue Xilie Jiaocai

华东政法大学
课程和教材建设委员会

主　任　叶　青
副主任　曹文泽　顾功耘　唐　波　林燕萍　王月明
委　员　王　戎　孙万怀　孙黎明　金可可　吴　弘
　　　　　刘宁元　杨正鸣　屈文生　张明军　范玉吉
　　　　　何　敏　易益典　何益忠　金其荣　洪冬英
　　　　　丁绍宽　贺小勇　常永平　高　汉
秘书长　王月明（兼）
秘　书　张　毅

Science of Legislation

立法学教程

(第二版)

主　编　徐向华
副主编　卞　琳

北京大学出版社
PEKING UNIVERSITY PRESS

图书在版编目(CIP)数据

立法学教程/徐向华主编. —2 版. —北京:北京大学出版社,2017.1
(高等学校法学系列教材)
ISBN 978-7-301-27922-9

Ⅰ.①立…　Ⅱ.①徐…　Ⅲ.①立法—法的理论—高等学校—教材　Ⅳ.①D901

中国版本图书馆CIP数据核字(2017)第006367号

书　　　名	立法学教程(第二版)
	LIFAXUE JIAOCHENG
著作责任者	徐向华　主　编　　卞　琳　副主编
责 任 编 辑	朱梅全　徐　音
标 准 书 号	ISBN 978-7-301-27922-9
出 版 发 行	北京大学出版社
地　　　址	北京市海淀区成府路205号　100871
网　　　址	http://www.pup.cn
电 子 信 箱	sdyy_2005@126.com
新 浪 微 博	@北京大学出版社
电　　　话	邮购部 62752015　发行部 62750672　编辑部 021-62071998
印 刷 者	三河市北燕印装有限公司
经 销 者	新华书店
	730毫米×980毫米　16开本　21.75印张　379千字
	2011年1月第1版
	2017年1月第2版　2022年11月第5次印刷
定　　　价	48.00元

未经许可,不得以任何方式复制或抄袭本书之部分或全部内容。
版权所有,侵权必究
举报电话:010-62752024　电子信箱:fd@pup.pku.edu.cn
图书如有印装质量问题,请与出版部联系,电话:010-62756370

编 者 说 明

当走向法治已成为人类社会发展的普适性规律,立法学作为一门"研究法律应当怎样"的法学学科(边沁语),在法学体系中的显要地位已是不言而喻。近年来,随着我国法治进程的不断深入,立法实践取得了突飞猛进的进展,立法学研究因此而获得了前所未有的前进动力和发展空间,各类立法学著作、论文、教材等研究成果多有问世。为了适应高等院校法学教育的需求,在徐向华教授主持下,我们编写了本教材,努力做到既精当简练又能充分体现学科研究现状,既通俗易懂又能保持一定理论深度。本书可作为法学专业高年级本(专)科生、研究生学习使用的教材,也可作为立法工作者和理论工作者研究立法和立法学的参考著作。

本教材以徐向华教授的课堂讲稿为基础,吸收了当前法学界关于立法学研究的最新成果,在结构、体例等方面进行精心设计,力求体现如下特点:第一,理论研究与实际应用相结合。在阐述立法学原理的同时,本教材附有相关问题、案例或事例以供讨论,方便学习者能够运用相关理论知识对立法实践中的问题进行分析、思考。第二,课堂学习与课外阅读相结合。本教材在每一章前均罗列出教学重点内容,以提高教学效率,同时提供相应内容的课外阅读资料,方便学习者能够进一步扩展阅读视野,进行深入讨论研究。第三,教师讲授与学生自查相结合。本教材不仅在每章前后均列出提要、小结,便于教师安排讲课内容,力求做到详略得当,重点突出,同时还以"教学目标"的形式,明确学习者应当能够达到的学习目标,用以检查教师的教学效果,也方便学习者进行自我检查。

虽然我们在编写过程中尽了最大努力,但我们深知,本教材的种种缺漏、遗憾乃至错误在所难免,还需在使用过程中不断充实、完善,也恳请读者予以批评指正。

本教材由徐向华任主编、卞琳任副主编。各章撰稿人分工如下(按照教材章排序):

卞　琳　绪论、第四章、第五章、第六章第三节;

郭清梅　第一章、第六章第一节和第二节、第七章;

王晓妹　第二章;

林　彦　第三章;

王永刚　第八章;

沈启帆　第九章;

徐向华　第十章、第十一章、第十二章。

作者简介

徐向华,女,1955年出生。法学博士,上海交通大学特聘教授、博士生导师。现任中国法学会立法学研究会常务理事。主持"特大城市环境风险防范与应急的政策法规保障体系研究""我国特色的立法统一审议制度研究""上海市公民宪政意识及其发展实证研究""立法的民主化和科学化研究""国家监督研究"等国家社会科学基金项目、"十一五"863计划重大项目课题子课题、教育部人文社会科学研究一般项目、上海市哲学社会科学规划项目和上海市教委科研创新重点项目10余个项目研究,在《法学研究》和《中国法学》两大刊物上发表论文近10篇,独著、合著著作6部。获省部级优秀学术论著一等奖2次、二等奖6次、三等奖2次,省部级教学成果三等奖3次。自1994年年底以来,参与或者论证中央和地方立法185部,提交近40篇决策咨询报告或者论证调研报告。

卞琳,女,1973年出生。法学博士,华东政法大学立法学教研室主任、讲师,兼任上海市法学会立法学研究会理事。主持或参与"立法听证研究""宪政意识与普法宣传教育研究""上海市地方性教育立法框架研究""中国教育立法体系研究""国家考试法研究""司法鉴定立法研究"等华东政法大学科研项目、上海市依法治市领导小组办公室项目、上海市教委项目、教育部重点项目等多项课题研究,发表学术论文若干篇。出版专著1部,参编教材3部。

林彦,男,1977年出生。上海交通大学凯原法学院教授、副院长,兼任中国立法学研究会理事、上海市宪法学研究会常务理事、上海市立法学研究会常务理事。主要研究领域为宪法实施机制、基本法律修改权、执法检查权、法律询问答复制度、美国宪法等。曾在宾夕法尼亚大学担任访问学者(2012—2013年)。出版专著1部、译著1部、参编教材1部。已在 *International Journal of Constitutional Law*、*American Journal of Comparative Law*、《中外法学》《法学家》《清华法学》等国内外刊物发表论文近30篇,其中9篇论文被人大复印资料、《中国社会科学文摘》《高等学校文科学术文摘》等转载。主持1项国家社科基金项目、多项省部级课题,获上海市教学成果奖一等奖1项。参与10余部法律、地方性法规、地方政府规章草案的咨询论证。担任罗马尼亚 *Constitutional Law Re-*

view 杂志学术委员会委员、*International Journal of Constitutional Law*、*Asia Pacific Law Review* 等中外文期刊匿名审稿人。

郭清梅，女，1971年出生。法学博士，华东政法大学立法学教研室讲师，兼任上海市法学会立法学研究会理事。主持或参与"行政规范性文件研究""宪政意识与普法宣传教育研究""地方性法规法律责任的设定"等上海市教委项目、上海市依法治市领导小组办公室项目和上海市立法研究所2004年度项目研究，在《中国法学》《法学研究》《法学》等刊物上合著发表论文若干篇。

王晓妹，女，1976年出生。上海交通大学在读法学博士，现任上海市人民政府法制办公室综合业务处副处长。参与"地方性法规法律责任的设定""上海市重大行政决策程序"等上海市立法研究所、上海市行政法制研究所外发课题项目的研究，参与编著《征收征用与公民财产权保护》等著作，在《法学》等刊物上发表论文若干。参与《上海市地下空间规划建设条例》《上海市建筑市场管理条例》、上海市法治政府建设五年规划等多部地方性法规、规章和政策文件的起草工作。

沈启帆，女，1980年出生。华东政法大学宪法与行政法学硕士，上海交通大学公共管理硕士(MPA)。现就职于上海市人大常委会法制工作委员会。参与"地方人大及其常委会在保证宪法实施中的地位和作用""地方人大常委会规范性文件备案审查的理论与实践""地方性法规单独表决制度研究"等全国人大常委会、上海市人大常委会项目研究；在《法学》等刊物上发表论文若干。参与《上海市动物防疫条例》等多项地方性法规论证工作。参与制定《上海市人民代表大会常务委员会关于规范性文件备案审查的规定》(2012年)，修改《上海市人民代表大会关于代表书面意见的规定》(2012年)、《上海市制定地方性法规条例》(2015年)、《上海市老年人权益保障条例》(2016年)等立法工作。

王永刚，男，1980年出生。华东政法大学宪法与行政法学硕士研究生，现就职于上海市住房和城乡建设管理委员会。独立完成上海市廉租住房实物配租新机制政策及相关配套文件的制定工作；参与上海市经济适用住房政策及相关配套文件的研定及修正；承担《上海市共有产权保障住房管理办法》起草工作；参与建设部"城镇住房保障管理制度研究"等多项课题研究；在《法学》等刊物上发表论文若干篇。

目 录

绪论 ··· (1)
    第一节 立法学的研究对象及其体系 ···················· (1)
    第二节 立法学的研究价值 ································ (6)
    第三节 立法学的研究方法 ······························· (13)

第一编 立法原理

第一章 立法概念 ··· (23)
    第一节 立法概念概说 ···································· (23)
    第二节 立法概念的外延 ································ (29)
    第三节 立法概念的内涵 ································ (34)

第二章 立法原则 ··· (42)
    第一节 立法原则概述 ···································· (42)
    第二节 我国的法定立法原则 ·························· (47)

第三章 立法决策 ··· (67)
    第一节 立法决策概述 ···································· (67)
    第二节 立法决策的主要类型 ·························· (70)
    第三节 立法决策的核心内容 ·························· (72)

第二编 立法制度

第四章 立法主体 ··· (81)
    第一节 立法主体概述 ···································· (81)
    第二节 立法机关 ·· (84)
    第三节 其他立法主体 ···································· (99)

第五章 立法体制 ·· (108)
    第一节 立法体制概述 ··································· (108)

第二节　中央立法机关的立法权…………………………………（123）
　　第三节　中央行政机关的立法权…………………………………（130）
　　第四节　地方立法机关和行政机关立法权………………………（136）
　　第五节　授权立法权………………………………………………（144）

第六章　立法程序……………………………………………………（157）
　　第一节　立法程序的概述…………………………………………（158）
　　第二节　代议机关的立法程序……………………………………（165）
　　第三节　行政机关的立法程序……………………………………（195）

第七章　立法解释……………………………………………………（210）
　　第一节　立法解释概述……………………………………………（210）
　　第二节　我国的立法解释…………………………………………（218）

第八章　法的效力等级………………………………………………（228）
　　第一节　法的效力等级概述………………………………………（228）
　　第二节　我国法的效力等级及其完善……………………………（232）

第九章　立法监督……………………………………………………（242）
　　第一节　立法监督概述……………………………………………（242）
　　第二节　立法监督体制……………………………………………（248）
　　第三节　我国的立法监督…………………………………………（254）

第三编　立法技术

第十章　立法技术概述………………………………………………（271）
　　第一节　立法技术的界定及种类…………………………………（271）
　　第二节　立法技术的功能和作用…………………………………（277）

第十一章　法律文本的设计技术……………………………………（286）
　　第一节　法律文本设计的基本任务………………………………（286）
　　第二节　法律文本设计的主要环节………………………………（287）
　　第三节　法律文本设计的一般原则………………………………（289）
　　第四节　法律文本设计的若干方法………………………………（291）

第十二章　法律文本的表述技术……………………………………（293）
　　第一节　法律文本的语体及其表述技术…………………………（294）
　　第二节　法律文本的结构及其表述技术…………………………（307）
　　第三节　法律文本的内容及其表述技术…………………………（318）

绪　　论

【本章提要】

立法学作为一门独立的法学学科,以立法现象及其发展规律为研究对象。立法学体系包括立法原理、立法制度、立法技术三大要素。同时,立法学又可从不同角度分为不同的分支学科。基于立法对于人类社会无可替代的积极作用以及与生俱来的局限性,立法学具有重要的研究价值。在我国当前法治建设过程中,进行立法学研究具有更为重要和紧迫的现实意义。立法学的基本研究方法包括阶级分析方法、价值分析方法和实证分析方法等。

【主要教学内容】

1. 基本知识:立法学的研究对象;立法学体系的构成要素;立法学的基本研究方法;
2. 基本理论:成文法价值选择的二律背反。

【教学目标】

1. 了解立法学的构成体系及其要素;
2. 根据成文法价值选择的二律背反原理分析我国的立法实践。

第一节　立法学的研究对象及其体系

一、立法学产生和发展的前提条件

人类社会的发展历史上,自原始社会解体、奴隶制国家与阶级出现后,法作为具有国家强制性的特殊社会规范得以产生。最初的法是由习惯发展而来的习惯法,并由奴隶制国家贵族所垄断。当奴隶制生产方式发展到一定阶段,习惯法不足以回应新的社会关系对法的调整所提出的需求时,奴隶制国家为维护其统治秩序而开始创制并颁布成文法,立法活动便随之产生。因此,人类社会立法活动的出现与成文法的产生是同步的,迄今已有几千年的历史。然而,立法学作为独立的法学学科,在17、18世纪才逐渐萌芽,迟至进入20世纪以后最终得以正式确立。这是因为,立法学产生和发展所需要的基本前提条件是近代以来才逐步具备的。

第一,近代资产阶级政权建立和资产阶级法学世界观占据主流地位为立法现象成为科学研究对象提供了可能性。在前资本主义的专制社会中,立法是专制统治者的权力,立法不过是专制者可以任意处置的用以维护其统治的工具,或者是被视为神的旨意而充斥着神秘主义色彩。虽然也有一些政治家和思想家对立法活动进行过研究,但总体而言,这种研究是初级的、零散的。17、18世纪以来,随着近代资产阶级政权的建立和不断扩大,创设了以三权分立为理论基础的立法机关,资产阶级法学世界观占据了统治地位,立法现象才摆脱了专制、神秘的色彩,而进入法学研究的视野,为这一领域展开科学研究提供了可能性。

第二,立法活动的飞速发展积累了丰富的立法实践经验。近代以来,立法不再是偶然、孤立和封闭的活动,而是表现为立法数量越来越多、涉及领域越来越宽泛,立法过程也呈现民主公开的整体趋势。立法活动的飞速发展积累了丰富的立法实践经验,为立法研究提供了大量的基本资料。同时,立法对社会发展的积极作用以及立法偏差而导致的消极作用均大量呈现,进一步彰显了人们对立法现象及其规律展开科学研究的必要性。

第三,法学自身的发展和成熟为立法学的建立奠定了基础。当法学能够彻底实现与神学、哲学、政治学、伦理学等学科的分离,成为完全独立的、近代意义上的法学学科时,才能建立起法学的体系,分门别类地对法律现象进行系统研究,进而形成法学的分支学科。最初立法学只是与法理学、法史学、比较法学等学科融合于一起,尚未获得独立地位。进入20世纪后,西方资本主义世界中法学进一步获得全面发展,其中对于立法现象及其规律等问题的研究范围逐步拓宽,研究深度逐步深入。当其研究成果达到了一定的系统化、理论化和学说化程度时,便使得立法学从其他相关法律分支学科中分离出来而获得了独立的地位。

由此可见,立法学的产生和形成是一个渐进的过程,它是立法实践的历史过程在意识形态领域中的投影,是立法经验长期积累的结果。

二、立法学的研究对象

作为独立的法学分支学科,立法学是以立法现象及其规律为研究对象的。

首先,立法作为特定的社会现象,是立法学的主要研究对象。所谓立法现象,是指与立法有关的一切社会现象。其表现形式极为纷繁多样,包括立法权、立法主体、立法过程、立法技术等等。

立法权是一定政权体系中最重要的一项权力。人类社会中的政权形式多种多样,而立法总是政权所有者行使特定权力的产物,这种特定权力就是立法权。立法权是立法活动得以进行的前提,没有立法权的运用,便没有立法过程的启动。任何立法都只是行使立法权的必然结果。因此,对于立法权的研究是立法学的首要内容。立法学必须研究立法权的概念,揭示其特征,划分其种类,并进而分析不同政权中立法权限的配置特点及其制约因素,阐述立法权限体系的内部关系。

立法活动必须由立法权的行使主体,即立法主体承担。一般而言,有权进行立法的大多为政权机关,但在某些情况下,具有特定身份的个人也可成为立法主体进行立法活动。由于立法主体的种类及其产生、任期、职权等各不相同,使得立法的性质、立法的过程、立法结果等在客观上受到不同程度的制约而出现了差异,因此,研究立法学还必须研究有权立法的立法主体。

立法活动总是表现为动态的、过程的性质。立法的整个过程涉及对需要进行立法的社会关系的确认,以及具体法律规范的制定、公布、生效等等一系列环节。其中享有立法权的主体在立法活动中所必须遵循的法定步骤和方法,即立法程序,是整个立法过程中最为重要的阶段。由不同的立法主体制定的规范性法律文件具有不同性质,其立法程序也不尽相同。因此,立法学还必须研究各类立法程序及其特点,如议会立法程序、行政立法程序与授权立法程序,根本法立法程序和普通法立法程序,以及国内法立法程序和国际法立法程序等等。

为了保障立法权的依法行使,对立法权行使的监督也是必不可少的。立法监督包括监督主体、监督内容和监督方式,立法违法的责任及其承担主体、承担方式等问题,都是立法学研究的重要内容。

立法学还必须研究立法技术。因为立法活动是一项操作性极强的专门活动,立法主体在立法运作过程中,无论是在将一般社会关系上升为法律关系的立法设计和构思阶段,还是在将这种未来法律关系表述为文字的立法表述阶段,均必须运用相应的规则和技巧。其主要包括法律的外部形式、法律的内部结构、法律规范的种类选择、法律条文的文字与修饰规则、法律文件的整理,以及包括立法预测、立法规划、立法评估等一系列旨在提高立法科学性和系统性的技术问题。

其次,立法现象的发展规律也是立法学的研究对象之一。无论立法现象多么纷繁多样,总是受到诸多立法发展规律的支配,这些规律是客观存在、不依人的主观意志为转移的。例如,立法的历史类型随着社会形态的发展而变化的规律;立法内容取决于社会物质生活条件的规律;立法制度、内容、技术制约或决定于具体国情的规律;立法精神从维护专制、体现特权向崇尚民主、保障权利平等转变的规律;立法技术从简单、粗糙向复杂、精密转变的规律等等。立法学应当对这些规律从理论上进行阐述和研究。

总之,立法学是从法律制作和实施反馈的视角来研究法律的。其以所有立法现象为主要研究对象,同时,又以科学地分析、揭示立法活动的规律为根本目的。在一个国家中,立法学的成熟和完善显然意味着该国法治的发达程度。

三、立法学的构成体系

任何一门独立的学科,都是由一系列要素或分支根据一定的原则构成的有机整体,即表现为一定的体系。立法学作为一门独立的学科,也必然有其自身的体系。立法学体系是由立法学各个要素或各个分支所构成的一个有机整体。当然,一门学科的体系构成往往要经历一个发展、演变的历史过程,立法学体系也同样如此。同时,作为一种文化现象,学科发展包括其体系构成又总是与不同国家的物质文化发展水平、政治制度、法治发展状况等有着深刻关联。因此,立法学体系的构成不是一蹴而就的,也不是一成不变的。不同国家的立法学体系不可能是同一个模式,必然要呈现出各种差别。各国总是以本国立法实践中的问题作为研究的重点,以已有的法学研究状况和对未来发展的展望为基础的。

本教材认为,首先,立法学体系由一系列基本要素构成。具体而言,这些要素包括立法原理、立法制度和立法技术三大部分。立法原理是关于立法的基础性、普遍性规律的理论表现,是立法学体系中其他组成部分的理论基础,并对立法实践有着重大指导意义。立法原理不同于立法理论。立法理论是所有立法现象的观念表现形式的总称,其范围大于立法原理。而立法原理是立法理论中主要的基础的部分,具体包括立法概念论、立法原则论以及立法决策论等内容。立法制度是各类立法主体进行立法活动必须遵循的所有准则的总称,是一国法制的重要组成部分。其主要涉及立法主体设置制度、立法权限配置制度、立法程序运行制度、立法结果监督制度、立法解释制度以及法的效力等级制度等内容。立法技术是立法活动中所遵循的各类技术性规则和操作技巧的总称。在立法活动展开的过程中,不同阶段的立法活动需要运用不同的立法技术。因此,立法技术又包括立法表现技术(设计技术)和立法表述技术两大类,分指在立法设计阶段和立法表述阶段所运用的立法技术。

其次,立法学体系又可从不同角度划分为各类不同的立法学分支学科。

从立法现象的一般与特殊关系之角度,可以分为立法学总论和立法学分论。立法学总论是指对立法现象的一般性研究。其研究对象具有一般性、综合性和基础性,研究结果也具有概括性、普遍性和指导性,在立法学研究中具有方法论的作用。立法学分论则是指对不同领域的立法现象的研究。具体而言,立法学分论的研究又可以在两个系统内展开:或是以法律体系和法律部门为主线,研究民事立法、刑事立法、经济立法、行政立法、军事立法、科技立法等不同领域;或是以立法体系和法律渊源为主线,研究宪法的制定、法律的制定、行政法规的制定、地方性法规的制定等等。立法学分论是立法学总论的研究成果运用于具体立法制定过程中的直接体现,是对立法学体系的极大丰富和具体化。

从立法现象的历史与现实关系之角度,可以分为立法史学和现实立法学。立法史学又可衍分为立法制度史学和立法思想史学。立法制度有着自身的发展历史,同时制度的演变又体现了一定社会中立法思想的发展。人类历史上的各种立法制度及立法思想均是宝贵的文化遗产,对立法史的研究能够为理解立法发展规律和认识现实立法现象提供基础性知识。现实立法学则是以现存的各种立法现象为研究重点,是各国立法学研究的主要内容。

从立法现象的实践与理论关系之角度出发,可以分为理论立法学与应用立法学。理论立法学着重于对立法现象进行历史、辨证的观察分析,建构起关于立法的一般法则和理论模式,综合研究立法的基本概念、原理、规律等内容。当然,理论立法学并非完全脱离立法实践,而是相对于应用立法学而言较为抽象和概括,其理论贯穿于全部立法现象。应用立法学则着眼于直接的经验材料,是立法实践的直接反映和体现。同时,应用立法学也并非只有一些操作规程而完全没有理论,后者往往存在于特定范围内。

从立法现象的空间范围之角度出发,可以分为国内立法学、外国立法学以及比较立法学。国内立法学是指对本国立法现象的发展与现状进行的研究,是立法学的研究重点。外国立法学着重研究不同国家的立法现象。比较立法学则是对不同国家、不同法系及不同社会形态之立法进行比较研究,探索和总结立法现象中的各类规律,从而为国内立法的发展与完善提供借鉴。

从上述立法学构成的基本要素与各类立法学分支学科的关系来看,各基本要素渗透在各类分支学科当中,或者说,各类分支学科包含了上述各基本要素。其中又可表现为多种形式。有的分支学科,如立法学总论,较为完整地包含了三大类基本要素,其研究围绕各基本要素所包含的具体内容而展开;有的分支学科,如立法学分论,涉及三大要素在各法学学科中的具体应用,比较立法学则表现为各要素在不同国别、不同区域之间的互相比较与借鉴;也有的分支学科,侧重于某个或某几个基本要素,如应用立法学以立法技术为重点,理论立法学则着重研究立法原理性内容。

本教材主要涉及立法学总论,从立法原理、立法制度、立法技术三个方面研究具有基础意义的理论、制度、规则等内容。

第二节 立法学的研究价值

一、立法在现代社会中的作用[①]

当今世界,除个别国家外,大多数国家早已形成或正在形成自己的法治社会,这是一个被人类社会长期发展的历史所证明的普遍性规律。加强和完善立法工作正是建设法治国家的首要之义。不仅成文法国家如此,传统的判例法国家也无一例外地强化了成文法的制定,在世界范围内呈现出成文法与判例法并重的趋势。由此可见,立法已经渗透到了现代社会的方方面面,成为与国家、社会和公民生活紧密关联且必不可少的事物。

(一)成文法的技术性特征及其积极价值

立法的重要性和普适性决定于立法对于人类社会的无可替代的影响与作用。立法的最终结果——成文法(法)为人类社会提供了基本的行为规范,其最根本的作用在于防范人性的弱点。基于对权力行使者的不信任,成文法不仅仅规制守法者,同时还要求立法者和司法者一体遵循,防止立法的任性和司法的专横。这正是自成文法出现以来的立法思想,尤其是19世纪资产阶级提出的法治国口号得以奠基的根本所在。"政府所拥有的全部权力,既然只是为了社会谋幸福,因而它不应当是专横的和随意的,所以应该根据既定的和公布了的法律来行使。这样,人民也可以知道他们的责任,并且在法律的限度之内是安全和稳当的,而统治者也被限制在他们的适当的范围之内。"[②]这种对人性的深刻疑虑,促使成文法具备了两大技术特征,即普遍性与确定性。

[①] 本部分写作参考了徐国栋:《民法基本原则解释——以诚实信用原则的法理分析为中心》,中国政法大学出版社2004年版,第三章"民法基本原则——克服法律局限性的工具"的内容。

[②] 〔美〕T.R.S.阿伦:《立法至上与法治:民主与宪政》,仁堪译,载《法学译丛》1986年第3期。转引自徐国栋:《民法基本原则解释——以诚实信用原则的法理分析为中心》,中国政法大学出版社2004年版,第177页。

所谓普遍性,是指立法者提供的规则原则上应适用于一切人的一切行为的属性。它首先是指法一般只对社会关系作类的调整或规范调整,而不作个别调整。任何事物在具体中总是存在一般,个性中总是存在共性,事物的一般与共性是法的普遍性得以存在的基础。因此,法通常表现为同类社会关系的一般共性,而舍弃了个别社会关系的特殊性。其次,法律的调整对象是一般的人和事件,而不是特定的个人和个别事件。事实上不可能为某一个人或某一个具体事件单独立法,否则法将会变成具体命令。唯有去除受规制者的个性特征之后,才有可能对其平等适用一体的行为规则,防止法外特权的存在,法才能实现其保障最低限度的自由、平等、安全的目标。

所谓确定性,是指立法者提供的规则所设计的行为模式与后果之间的关系应当相对稳定的属性。它首先是指法设计了每一种行为模式,并预告了每一种行为的后果,亦即设定了一定行为与一定后果之间的因果关系。人们的一定行为模式被固定化。法因此而具有可预见性,人们在行为之前即可以预知法对自己行为的态度,从而能够趋利避害地设计自己的行为。其次,法的确定性还意味着法是一种相对稳定的规则体系。一旦法设定了一种权利义务关系的方案,就应当尽可能避免对该方案进行不断的修改和破坏,否则人们将对不断变化的法律产生怀疑,从而丧失法律的权威性。

这两种技术特征使法成为人类社会中用以防范人性弱点的有效工具,成为规范一切人的一切行为的稳定、客观的尺度,从而使人们获得了效率和安全等积极价值。法作为普遍性规则,为社会各类纠纷或矛盾的解决提供了统一方案,排除了法外特权、徇私枉法等可能性,使得司法、执法过程相对简单化,进而获得了人类社会运行所必需的效率价值。法律的确定性特征保证了行为模式与后果之间的因果联系,这种行为后果的预知性使得人们不必担心法律会因突然变化而造成伤害,使得执法者一时的心血来潮也难以产生破坏作用。人类社会因此而获得了安全价值。

(二) 成文法的局限性

然而,事物的性质总是如此。任何价值的获得同时即意味着某种价值的丧失。成文法基于其防范人性弱点工具的特质在取得其积极价值之同时,不可避免地要付出代价,从而产生了成文法本身的局限性。主要表现在以下几个方面:

1. 不合目的性。法的最终目的是要能够保证一般的正义,即一种使参与者都能各得其所的分配方式。立法和司法的过程,实际就是正当地分配利益的过程。由于具备普遍性特征,法只能注意其适用对象的一般性而忽视其特殊性。然而,任何事物都是一般性与特殊性、共性与个性共存的。当法的普遍规则适用于具有相反个性的特殊对象时,往往会与正义的目的背道而驰。换言之,适用于一般情况下能够导致正义的法,适用于个别情况时则可能就是不公正的。因此,法获得一般正义,往往是以丧失个别正义为代价的,两者之间无法兼顾。这种普遍规则适用于个别情况时可能违背自身目的导致非正义的情况,即可称为法的不合目的性。

2. 不周延性。法的确定性首先要求法应当提供尽可能多的规则,对于其调整的社会关系应当有最大的涵盖面。在法治国里,只有人们的一切行为都有法可循,他们的生命、自由、财产、安全等等才能得到保证。然而,法往往难以符合这一要求。总是存在某些需要运用法来调整的社会关系,事实上却无法可依。这是因为,面对无限发展着的客观世界,人类的主观认识能力是有限的。立法者不可能预见到未来可能发生的一切情况并为此设定行为规则。同时,客观事物及其本质的暴露也并非一蹴而就,而是有着过程性与相对性。受其限制,立法者为之提供的规则也需要有一个逐步完善的过程。因此,法的空白或盲点总是客观存在的。这种法所提供的规则无法涵盖一切需要运用法来调整的社会关系的情况,即为法的不周延性。

3. 模糊性。法的确定性的第二个要求是法应当尽可能明确、清晰,以便人们能够准确地把握立法意图,从而能够依法准确设计自身行为,有效运用法来保护自身安全。模糊不清的法,不仅会让人们无法理解法的意图,也给司法、执法不公造成了可乘之机。但是,立法事实上无法完全达到这种明确性的要求。这是因为,首先,作为成文法的载体——语言本身存在局限性。语言是一种有限的符号系统,而其所表现的客观世界却是无限的,因此,诸多客体往往只能用一个语词表征,语言的歧义性由此产生。人们在阅读法的过程中,由于每个个体存在知识结构、经验等诸多差异,对于同样的法条、同样的语词极有可能会形成不同的理解,这就进一步放大了语言的歧义性。其次,客体运动的连续性和它们之间类属性态的不清晰性使得被法所描述的客体本身就是模糊的,立法者也难以用清晰的语言加以界定,而不得不使用模糊语言。最后,立法技术的失误也可能导致立法者的用语与立法本意不合,造成立法意图与法律文字表现的背离,从而产生法的模糊甚至错误。因此,这种法有时难以为人们的行为提供明确规则的现象,即为法的模糊性。

4. 滞后性。法的确定性的第三个要求是法应当提供相对稳定的社会规则，防止朝令夕改，以更好地维护社会成员的安全。但是这种稳定性往往会加剧法滞后于社会发展的步伐，而造成法的僵化。这是因为，首先，法所调整的社会关系总是变动不居的。法作为一个必须维护其相对稳定性的规则体系，无法做到与社会现实完全吻合。"社会的需要和社会的意见常常是或多或少走在法律的前面的。我们可能非常接近地达到它们之间缺口的结合处，但永远存在的趋向是要把这缺口重新打开来。因为法律是稳定的；而我们所谈到的社会是进步的，人民幸福的或大或小，完全决定于缺口缩小的快慢程度。"① 其次，法的修改过程往往是漫长而复杂的。法的本质归根结底就是对现有利益分配格局的一种肯定。法的修改必然会遭到来自既得利益者的强烈反对，延缓了法通过自身调整而缩小与社会发展之间的差距的速度，从而进一步加剧了法的僵化的可能。因此，法的这种与其社会生活条件或大或小的脱节的现象即为法的滞后性。

（三）成文法价值选择的二律背反

从上述分析可知，成文法既有的提高社会运行效率、维护社会成员安全等积极价值，使其成为人类社会发展所必需的行为规范。如果没有法这样一种普遍和确定的规则，社会治理就只能依靠人本身的自觉和理性。然而，人性与生俱来的弱点使得人成为世界上最危险的动物。正如亚里士多德所言，人治是在政治中引入兽性的因素。因此，法治决不可放弃。但是，成文法的消极价值是与其积极价值同时产生的，两者之间决然相反但又是互相依存的，这种矛盾性恰恰形成了成文法价值选择的二律背反现象。

二律背反（antinomies），是18世纪德国古典哲学家康德提出的哲学基本概念，意指两个互相排斥而可以独立论证的命题之间的矛盾性。所谓成文法价值选择的二律背反现象，是指成文法所具有的两个互相排斥又都可以独立论证的价值之间的矛盾性。换言之，成文法具有的积极价值和消极价值总是同时存在但又互相矛盾、此消彼长、相背相反的。这表明，成文法的价值选择是极其艰难的。选择了效率与安全，往往就会以丧失个别正义、周延性等为代价；追求个别正义，会使法律沦落为具体命令而失去其普遍意义；照顾其周延性、明确性，又向人类的认识能力提出了挑战，并且又会进一步导致法律的僵化。因此，对于人类社会而言，成文法无疑是一柄双刃剑。

如果说成文法的局限性难以彻底消灭，其价值选择的二律背反总是客观存

---

① 〔英〕梅因：《古代法》，沈景一译，商务印书馆1996年版，第15页。

在,那么是否可以寻找某些途径或方法,以尽量弱化成文法的消极价值? 从古至今,无数思想家、法学家试图寻找解决方案。这些方案中,既有成文法出现之前便已存在的以法官自由裁量为中心而彻底放弃法治的绝对自由裁量主义,也有以 19 世纪大陆法系国家为代表秉承的完全排除法官自由裁量因素的严格规则主义。历史的发展证明,这两种极端的方案均因各自无法克服的弊端而被抛弃,唯有将自由裁量与严格规则相结合的方案成为人们最终选择的法治之路。在这条道路上,除仍然坚持成文法在规范人类社会发展过程中的主导作用之外,法律解释、判例、习惯、政策乃至法学家学说等均可成为法律渊源,一旦成文法出现不合目的性等消极现象,上述机制即作为成文法的补充而弥补其局限性。直至 1907 年的《瑞士民法典》在第 1 条第 2 款和第 3 款规定了如下条款:无法从本法得出相应规定时,法官应依据习惯法裁判;如无习惯法时,应依据自己如作为立法者应提出的规则裁判。在前一款的情况下,法官应依据公认的学理和惯例。[①] 自此,自由裁量与严格规则相结合以克服成文法局限性的机制首次在立法中得以明确。正是从此时开始,大陆法系国家除成文法之外,判例法的地位逐步得到许可,并且其作用日益上升。在英美法系国家,除原有的判例法之外,成文法也成为另一种渊源。当今世界各国正在形成一种新的共识:仅依靠严密、详尽的规则,不可能实现真正的法治,还要依靠司法者、执法者的理性的创造活动。换言之,以成文法保护一般公正,实现社会效率、保障人民安全,以判例法保护个别公正,弱化成文法各种局限性,成为当今世界各国的共同选择。也正因为如此,大陆法系与英美法系的发展出现了互相融合的趋势。

二、立法学的研究价值

正是立法对于人类社会无可替代的积极价值和难以避免的局限性,使得对于立法学的研究具备独特的、重要的实践意义和理论价值。具体而言,立法学的研究价值体现在以下几个方面:

(一)提高立法质量,保证以"良法"治国

成文法本身在价值选择上的二律背反警示人们,应当正确、理性地对待法治。亚里士多德早已提出,法治"应包含两重意义:已成立的法律获得普遍的服从,而大家所服从的法律又应该本身是制订得良好的法律"[②]。因此,良好的法

---

① 参见《瑞士民法典》,殷生根、王燕译,中国政法大学出版社 1999 年版,第 3 页。
② 〔古希腊〕亚里士多德:《政治学》,吴寿彭译,商务印书馆 1996 年版,第 199 页。

律是法治的基本前提。完全放弃法治而依赖于人治的法律虚无主义固然已被历史证明是不可行的,过度扩大立法调整范围的法律万能主义同样也不符合成文法自身存在与发展的规律。如果对于立法活动的一般规律不进行研究或研究得不充分,便会产生先天就有瑕疵的立法,甚至可能产生违背社会发展规律的"恶法"。立法是执法与司法之依据,立法的瑕疵与错误所产生的破坏力将远远大于执法或司法的不公所产生的危害。因此,唯有通过立法学,对立法原理、立法制度和立法技术进行研究,才能使得各立法主体各司其职,使得它们的立法活动符合客观规律,使得它们的立法结果具有精湛的技术,从而保证所立之法在实质上和形式上成为"良法"。这是立法学最重要的研究价值所在。

具体而言,立法学的研究成果有助于培养合格的立法人才,能够促使立法工作的专业化、规范化和科学化。立法原理和原则的论证使立法在理论指导下,能够正确反映社会需要和发展的规律,能够准确界定法律所调整的范畴。对于立法制度的研究能够使国家的立法权在各有权主体之间有效配置、有序运作,使各法律部门的立法任务明确,关系清晰,使整个国家的法律体系和谐一致。对于立法技术的研究使得立法规划明确,预测全面,法律结构合理,形式得当,用词精确,可操作性强。因此,唯有进行立法学研究,才能减少立法疏漏,提高立法水平,保证立法质量。

(二)保证法律的执行与实施,完善法治系统

高水平的立法是高质量的执法、司法和守法的先决条件。立法学的研究及其成果,也为培养合格的法律实施主体创造了条件。对于执法、司法者而言,在其实施法律过程中,必然会产生如何正确、全面理解立法者意图,即立法目的的问题。这是正确实施法律的基本前提。同时,当立法的局限性无可避免地存在之时,执法者和司法者的创造性活动便成为弥补立法之不足的重要手段。这种创造性活动必须要围绕立法目的而展开,同样也需要执法、司法者正确、全面地理解立法目的。而要做到正确、全面地理解立法目的,没有发达的立法理论研究和立法知识的普及显然是不可能的。另一方面,对于守法者而言,掌握一定的立法学知识,也有助于促使人们了解立法的概念、功能和本质,以理性态度看待法治,从而更好地理解法律,增强用法、护法的积极性和自觉性,保证良法的良性运行和法律作用的实现。

(三)促进法学理论的发展和法学体系的完善

近现代以来,自法学从其他学科中分化出来开始,法学就处于不断自我完善之中。法学体系的发展与立法的发展密切相关。在法学的发展过程中,随着旧

有法律部门的不断完善、新兴法律部门的相继出现,研究各部门法的法学各分支学科逐渐发展,并极大丰富和完善了法学体系。然而,对于各法律部门的各种法律规范所产生的立法活动本身还缺乏理论研究。在实现法治的历史进程中,立法本身的合法正是法治的一个重要要求和标准。因此,对于立法的研究就成为法学的重要任务。立法学的产生使得所有的法律现象,从法律的制定到实施法律的全过程,再到法律实施的反馈和法律的完善,全部进入了科学研究的范畴,受到理论的审视、检验和指导。法学体系更加丰富、严谨,更能与社会实践达到良好的互动,自身的完善也因此达到了一个新的阶段,成为一种更科学的系统。

三、我国发展立法学的现实意义

还应当看到的是,开展立法学研究,对于我国当前的法治建设有着更为重要和紧迫的现实意义。自 20 世纪 80 年代恢复法制建设以来,我国的立法主体越来越多元化,立法数量越来越多,立法速度越来越快。而与此相对应的却是执法、司法领域有法不依、有法难依的种种尴尬局面。不可否认,我国大量立法存在先天瑕疵、质量低下正是造成这一局面的重要原因。这与我国的立法理论研究薄弱、立法制度设置缺漏以及立法技术运用粗糙等方面有着直接关联。换言之,我国的法学研究中,立法学远未获得人们的重视,无法为立法实践提供科学的理论指导。一方面是立法实践活动的蓬勃发展,另一方面却是立法学研究在整个法学体系中的严重滞后。这个明显的反差极有可能导致我国的法治建设走入瓶颈。

可喜的是,近年来我国的立法学研究已经逐步开展,一些法律院校开设了立法学课程,出现了一批立法学的专业教材,以论文、专著形式发表的研究成果也逐渐丰富起来。然而,与我国法治建设的实际需求相比,现有的立法学研究水平显然尚未能达到能够准确指导立法实践的程度,立法工作人员的专业素质也远未能符合法治建设的需求。因此,我国法学界在当前尤其应当注重立法学的研究,使其获得应有的重要地位,以完善我国法学体系,促进法学理论的成熟,以此指导立法实践,促进我国立法工作的规范化、科学化和现代化,为探索中国特色的法治之路奠定基础。

第三节 立法学的研究方法

"工欲善其事,必先利其器。"在最一般的意义上,方法就是人们为了解决某种问题而采取的特定的活动方式。对于科学研究而言,用于研究的方法本身是否科学和正确,是决定研究活动成功与失败的关键因素。立法学研究同样也需要正确、科学的研究方法,才能确保研究结果富有成效。

一、立法学研究的方法论原则和具体方法

马克思主义的辩证唯物主义和历史唯物主义的产生,使一切社会科学获得了科学的世界观和方法论的指导。这是以马克思主义为指导的法学研究所必须遵循的方法论原则。立法学的研究,也必须置于辩证唯物主义和历史唯物主义的指导之下。这一马克思主义的方法论原则,构成了立法学方法体系的基础,对立法学研究具有导向作用并影响了其他方法的科学选择和运用,决定了立法学研究成果的科学、正确与否。如,只有遵循存在决定意识的基本原理,才能科学揭示出立法的起源及其本质;依据事物普遍联系的原理,才能深刻理解立法的整体内容,真实概括立法所产生的不同形式及其发展轨迹;运用社会历史发展的观点,才能深刻理解立法发展的规律,指导立法准确地反映社会发展的基本趋势和基本要求。

法学研究的具体方法是多种多样的。其中有一些方法在揭示法律现象的矛盾特殊性方面发挥着特别重要的作用,或者在法学各分支学科中具有普遍的适用性。它们是:阶级分析方法、价值分析方法和实证分析方法。这些方法也正是立法学研究的基本方法。

1. 阶级分析方法

阶级分析方法就是用阶级和阶级斗争观点去观察和分析阶级社会中各种社会现象的方法。运用阶级分析方法来考察立法现象,有助于认清立法的实质并非体现于某种精神力量,而是取决于现实生活中的社会各阶层力量的对比关系;有助于探索立法制度和立法思想历史演变规律的基本线索;有助于准确地对不同历史类型的立法现象进行定型分析,继承历史上优秀的立法成果和借鉴国外成功的立法经验,从而为通过立法积极维护工人阶级和广大人民的利益服务,为完善社会主义法治服务。

在运用这一研究方法时,必须防止两种错误倾向:既不能以教条主义的态度

来理解和运用阶级分析方法,把科学的阶级分析片面归结为"阶级斗争之学"和"对敌专政之学";也不能以虚无主义的态度对待阶级分析方法,有意或无意地贬低、轻视甚至否认阶级分析方法的理论意义和认识价值。

2. 价值分析方法

价值概念的重要性,在于其揭示了实践活动的动机和目的。法作为调整社会生活的规范体系,它的存在并非目的,而是实现一定价值的手段。因此,所有的立法活动都是一种进行价值选择的活动。当立法者为人们确定权利义务的界限时,事实上就是力图通过保护、奖励和制裁等法律手段来肯定、支持或反对一定的行为,从而使社会处于一种在立法者看来是正当或理想的状态。因此,立法者要制定与社会特定历史条件相适应的正当的法律,首要任务是要解决立法的价值选择问题,当发生利益冲突时,还需提供一种在不同利益间进行取舍的机制。也就是说,在对某种社会关系进行法律规制时,立法者必须厘清在相应的利益关系中,哪些利益应当受到保护,应当保护到什么程度,哪些利益应当受到限制,应当限制到什么程度。这些问题必须在有关法学理论中得到回答,否则,立法就成为立法者个人的随意活动,这对于任何人、任何社会而言,都是极其危险的事情。其次,由于立法原本就是为人们未来的行为提供社会规范,因此立法者还要解决的是,立法如何为未来社会的发展提供一种理想的价值目标。正因为如此,运用一定的价值准则,分析立法的形成、过程、结果和发展,对之进行价值判断,对各种立法活动进行评判和衡量,也就是运用价值分析方法,成为立法学研究的重要方法。

马克思主义哲学指导下的立法学研究,进行价值分析时自然应当能够认识到,立法活动是以人民利益为基准进行的价值选择的活动,从而通过积极的立法活动保护和实现人民所迫切需要的安全、秩序、正义、自由等价值。

3. 实证分析方法

实证分析方法是法学研究包括立法学研究的一种基本方法。运用实证分析研究立法学,就是要通过对经验事实的观察和分析来建立和检验立法学的各种理论命题。对于立法学的实证研究而言,经验事实既包括与法律的制定有关的一切社会事实,也包括法律文本中的词语、句法、逻辑结构等事实因素。

具体而言,实证分析方法最主要有以下几种:

(1) 社会调查方法。运用社会调查进行立法学研究,有助于加强理论联系和指导实践的功能,保证立法学研究成果的科学性、准确性。立法学所需进行社会调查的课题和范畴极为广泛,如立法主体各项活动及其功能的调查、立法实际运行过程的调查、立法成本及立法实效的调查等等。社会调查的方法也是多种多样的，一般可以分为普遍调查、抽样调查、典型调查和个案调查等等。同时，调查者还需熟练运用一些接触事实、收集资料的技术性方法，如观察法、实验法、参与法、访谈法、问卷法等等，如此才能保证调查结果的可靠性以及根据调查结果所作出的推论的科学性。

（2）历史考察方法。任何立法活动都是在特定的历史环境下运行的，因此，研究立法活动必须以其所在的特定历史环境为背景，要用历史的眼光来看待、分析一国的立法活动。考察某个立法现象时，应当分析其在历史上怎样产生、在发展中经历了哪些主要阶段，并根据其发展去考察这一立法现象现在的状态。进行这种历史的考察，可以使我们从总体上把握立法与经济、政治、文化相互作用的历史脉络，加深我们对历史唯物主义法律观的理解并为研究现实问题奠定坚实的理论基础。

（3）比较方法。对于立法现象的比较研究，包括两种：一种是不同国家以及一国内部不同地区之间不同立法体制、立法文化等的横向比较，有助于借鉴和吸收先进的立法经验，完善一国的立法制度；另一种是按照立法现象发展的时间顺序的纵向历史比较，通过对不同历史类型以及同一类型中不同时期的立法制度的比较研究，有助于继承和发扬历史的优秀传统，并从中获得许多经验教训，对于立法学理论发展和制度完善都将大有裨益。

（4）逻辑分析方法。法本身就是一种由各种规则构成的内在统一、结构严谨的体系，正确使用逻辑分析方法有利于全面、准确地了解立法的内容、形式。逻辑分析方法的具体形式也有很多，如归纳与演绎、分析与综合、比较与分类、科学抽象法、数学模型法等等。在立法学研究中，这些具体形式都有其特殊作用。如研究者可以运用演绎法从一般的立法原则推导出具体的立法原则；可以用科学抽象法提炼出立法学的基本范畴；可以利用数学模型法对立法成本与效益进行评估；等等。

（5）语义分析方法。立法过程实际是与语言的操作过程相伴随的，立法主体正是通过语言的操作来划定权利与义务的界限，从而宣告和推行国家意志。立法语言成为传达国家意志和指令、表达具体立法目的的载体。因而，如何正确使用、解释立法用语，直接关系到人们的切身利益和社会秩序。如果立法文本中的用语无法解释，或者本身就是语义含混、前后矛盾，这种立法将无法充分保护其应当保护的利益，也无法有效制裁其应当制裁的行为。同时，如果不能准确、合理地使用和解释立法用语，将会导致立法学理论研究的混乱与交流的障碍。

更重要的是,立法质量好坏,很大程度上取决于立法技术的精湛与否。而对于语言准确、凝练的运用,正是具有高超的立法技术所必须具备的最基本的要求。因此,语义分析方法对于立法学研究而言,有其独特的功能。

二、我国立法学研究方法中的注意事项

我国现阶段运用上述各种具体方法进行立法学研究,以下几个方面尤其应当加以注意:

第一,强化理论联系实际。立法学是兼顾理论性和实践性的法学学科。立法学研究者要从理论和实际两个方面提高自己,既要有理论造诣,又要有实践经验。事实上,我国专门从事立法学研究的人员大多停留在书本与理论层面,缺乏实践知识,而立法实际工作部门的人员又往往缺乏进行理论总结和思考的途径。为此,立法理论研究人员应当多参与立法实践,了解实际,在实践中检验原有的理论观点,发现并提出新的理论课题,解决新的理论问题。立法实际工作人员则应当加强理论学习和修养,增强运用先进的理论知识指导实际工作的能力。同时,还应当加强两方面人员的互相交流与合作,这样才能实现优势互补,达到真正意义上的理论联系实际。

第二,兼顾国外立法经验的研究与我国立法经验的总结。西方国家法学传统悠久,立法活动比我国发达,立法学研究也开展得比较早,并且已获得了相对成熟的研究成果,在立法原理、立法制度、立法技术等方面均值得我国的立法学研究者进行认真的探讨和借鉴。同时,立法活动又是历史的,与其所处的特定的历史条件有着不可分割的紧密联系。一国的立法现状,必定是与该国的政治、经济、文化发展状况相适应的。因此,既不能无视国外成功的立法经验,否则无法尽快提高我国立法学的研究水平,也不能抛弃本土的具体条件和优良传统,使我国立法学研究流于空泛。我国的立法学研究,应当着重将国外立法经验和我国立法的历史传统、经验教训等两方面相结合,才能得出正确结论,为我国立法学的发展和立法的完善提供指导作用。

第三,全面研究从立法过程、立法结果到法律的实施、评价、检验及完善的整个过程。立法学的研究对象是立法现象,但对立法现象的研究不能仅限于立法过程和立法结果。立法原则和指导思想是否准确、立法制度是否健全、立法技术是否精湛,这些问题仅仅通过对立法过程和结果的考察并不能得出正确结论,还需要从法律的实施、遵守等适用过程来进行全面的检验和评价。如,只有通过法律运行全过程的实际检验,才能判断立法理论能否科学、正确地指导立法实践;

只有通过法的具体实施和反馈,立法瑕疵和漏洞才能逐步显现,从而为进一步发展和完善立法提供前提条件。因此,我国立法学研究尤其应当注意,要将研究的范围扩大到法律运行的全过程,将立法及立法学放到全部法律实践中进行检验,并在不断反馈、修正中获得完善。

【小结】

作为人类社会立法经验长期积累的结果,立法学是一门年轻的法学独立分支学科,其以立法现象及其规律为研究对象,并由立法原理、立法制度、立法技术等要素构成一个有机整体。对于人类社会而言,立法同时具有无可替代的积极价值和难以避免的局限性,即存在价值选择上的二律背反,这使得立法学研究具备了独特的理论价值和实践意义。立法学研究的基本方法包括阶级分析法、价值分析法、实证分析法等研究方法。

【思考题与案例分析】

1. 立法学的研究对象是什么?
2. 立法学体系有哪些构成要素?从不同角度,立法学又包含哪些分支学科?
3. 立法对于人类社会有哪些积极价值和消极价值?它们是怎样形成的?
4. 为什么说立法学具有重要的研究价值?
5. 试根据成文法价值选择的二律背反原理对下列实例进行评析:

【例1】《秋菊打官司》摄制组在陕西宝鸡进行纪实性摄影时,摄下了一位在场卖棉花糖的公民贾桂花的形象。影片公映后,贾氏形象公之于众大约四秒钟。因患过天花而脸上有麻子的贾氏自此受到熟人嘲弄,其子在校也遭人戏谑。这使贾氏极为痛苦。为此,贾氏经律师代理在北京市海淀区人民法院向《秋菊打官司》剧组所属的北京电影学院青年电影制片厂提出诉讼,认为剧组以营利为目的侵犯了其肖像权,要求影片摄制者向其公开赔礼道歉,剪除影片拷贝上贾氏的镜头,同时赔偿贾氏精神损失费人民币8000元。此案经过审理,海淀区法院于1994年12月8日作出了一审判决,认为《秋菊打官司》剧组的行为不构成侵权,其理由是:"故事影片创作的纪实手法具有其他艺术表现方式所不同的特点,采取偷拍暗摄以实现客观纪实效果的需要,也是常用的手法。只要内容健康,符合社会公共准则,不侵害他人合法权益,就不为法律所禁止","未经贾桂花本人同意,拍摄并使用其肖像镜头,具有社会实践的合理性,且不违背现行法律关于保护公民该项权利的禁止性规定,故不构成对贾桂花肖像权的侵害。"据此一审法院驳回贾氏的诉讼请求。贾氏不服,上诉于北京市中级人民法院。后贾氏以同意原审判决为由撤回上诉。

——辑自苏力:《法治及其本土资源》(修订版),中国政法大学2004年版,第185—186页,有改动。

【例2】 澳大利亚新南威尔士州的曼利市发生了这样一件案子,70名裸泳爱好者在公共海滩一丝不挂出入人群,被视为有伤风化。市政府引据澳国1919年颁布的《地方政府法案》中的有关条款,在法庭上对70名裸泳者提起诉讼,要求禁止其行为并予以处罚。诉讼结果是市政府败诉。法官认为,《地方政府法案》中的条款仅指明游泳者"着装不当、修补不当、衣料透明等不文明行为"应禁止,并未指明赤身裸体完全不着装是否应禁止。市政府争论说,完全不着装可以理解为"着装不当"。法官断然拒绝这种解释,宣告市政府的起诉没有法律依据。有人对此评论说,市政府引用七十余年以前的标准来规范当今早已发展的事物,显然是不妥当的。

——辑自范忠信:《信法为真》,中国法制出版社2000年版,第122—123页。

【例3】 由于垃圾邮件的泛滥已经严重危害了全球生产力的发展,各国纷纷加强了反垃圾邮件立法。2004年1月1日,美国《反垃圾邮件法》正式生效。日本、韩国等国家也制定了反垃圾邮件法案,严厉打击垃圾邮件。我国也加速了反垃圾邮件立法进程。信息产业部于2005年11月7日制定、2006年3月30日生效的《互联网电子邮件服务管理办法》被视为我国反垃圾邮件立法的第一步。然而,这些反垃圾邮件立法事实上并未能有效遏制垃圾邮件。美国《反垃圾邮件法》生效后,垃圾邮件占邮件数的比例反而从2003年12月的56%上升到2004年1月的58%。我国《互联网电子邮件服务管理办法》在执行中也遭遇困难。其中原因之一在于,对于垃圾邮件的定义事实上并无统一认识。美国《反垃圾邮件法》中只是从外延角度规定了13项属于垃圾邮件的范畴,而未规定垃圾邮件的内涵。我国现有的立法中则未对垃圾邮件进行界定,而仅是规定了若干禁止行为。

——参见《反垃圾邮件引争论:网友认为执行难度大》,http://tech.sina.com.cn/i/2006-02-24/0400850190.shtml,2015年8月1日访问;《互联网电子邮件服务管理办法》(中华人民共和国信息产业部2006年第38号令)。

【例4】 破产法制度的完善与否,是衡量一个国家市场经济成熟程度的重要标志。全国人大常委会于1986年专门就国有企业的破产出台了《企业破产法(试行)》。1991年全国人大修订《民事诉讼法》规定了"企业法人破产还债程序",对法人企业的破产作了程序性规定。随着社会主义市场经济体制的确立和国有企业改革的深入,我国企业破产出现了与上述法律规定不相适应的情况。全国人大常委会自1994年开始启动破产法的起草工作。此后几经反复,全国人大常委会财经委员会于2003年8月组成新的起草班子,再次启动了起草工作。2006年8月27日第十届全国人民代表大会常务委员会第二十三次会议通过了《中华人民共和国破产法》,并于2007年6月1日正式施行。这部与原有《企业破产法(试行)》相比有了巨大变化的破产法,从其起草到正式通过,历时十余年,大大小小修改无数次,其过程可谓历尽艰辛。

——参见《企业破产法十年破茧,适用扩大到所有企业类型》,http://finance.sina.com.cn/g/20040622/0951827170.shtml,2015年8月1日访问。

【课外阅读文献】

1. 张文显主编:《法理学》,高等教育出版社、北京大学出版社1999年版,第34—42页;

2. 黄文艺、杨亚非主编:《立法学》,吉林大学出版社2002年版,第1—17页;

3. 徐国栋:《民法基本原则解释——以诚实信用原则的法理分析为中心》,中国政法大学出版社2004年版,第177—348页;

4. 董玉庭、董进宇:《成文法的局限及其法律价值选择》,载《北方论丛》2007年第6期。

第一编
立法原理

> 在立法者想要重述法律的许多场合中,他不能够想制定什么规则就制定什么规则,而必须受到对他来说是给定的那部分规则所提出要求的约束。
>
> ——哈耶克

第一章 立 法 概 念

【本章提要】

基于特定历史和国情等因素的制约和影响,立法呈现出多样性特点。国内外不同学者从不同角度对立法概念作出不同界说。为了正确、全面认识立法概念,本章在分析立法概念研究价值与研究方法的基础上,客观剖析了立法概念的外延和内涵,并得出了一个一般的立法概念。

【主要教学内容】

1. 基本概念:立法;
2. 基本知识:立法概念的外延;立法概念的内涵。

【教学目标】

1. 从外延和内涵两个不同角度全面认识立法概念;
2. 区分不同学者主张的立法概念之间的形式和实质差异;
3. 描述一个较为严谨科学的一般立法概念;
4. 区分中国的立法现象与非立法现象。

第一节 立法概念概说

一、立法概念的研究概况

人类立法活动已历经几千载。不同时代、不同国家的学者从不同的角度对"立法"一词予以了不同的界说。

在中国,"立法"一词较早可见于战国《商君·更法》:"伏羲神农教而不诛,黄帝尧舜诛而不怒,及至文武各当时而立法"。战国之后,各朝代的法学著作从不同角度对"立法"一词予以了各有特点的阐述,如西汉《史记·律书》:"王者制事立法"和《汉书·刑法志》:"立法设刑";北周《羽调曲》:"树君所以牧人,立法所以静乱"等。在这些古典文献中,"立法"一词的蕴意包括:其一,立法是在一定历史阶段和国情之下产生和存在的;其二,有意识的立法是掌权者进行和控制的一项重要活动；其三，立法的目的是通过创制或认可具有强制力的规则而使被统治者服从统治。

至近现代，我国法学界对"立法"一词的界定依然各执一端，但学者们较为普遍的倾向是：或者从依法独立行使立法权主体的多寡上，将立法作广义、狭义或折中的阐释；或者从立法内容所反映意志的不同上，将立法作不同的诠释。这些观点一般可以归结为"国家机关立法主体说"和"组织（或个人）立法主体说"两类。

第一类"国家机关立法主体说"，强调行使立法权的主体为国家机关。此说又依据有权立法的国家机关的不同和所制定的规范性法律文件的不同分为"广义说""折中说""狭义说"，即：其一，立法是指一切国家机关（包括从中央到地方的各级国家代议机关和行政机关以及被授权的国家机关）依照法定权限和法定程序制定、修改或废止各种规范性法律文件的活动，此谓"广义说"；其二，立法是指各级国家代议机关依照法定权限和法定程序，制定、修改或废止法律、法规和从属于法律、法规的规范性法律文件的活动，此称"折中说"；其三，立法专指国家最高代议机关和它的常设机构，依照法定权限和法定程序，制定、修改或废止"法律"这种特定的规范性法律文件的活动，此为"狭义说"。

第二类"组织（或个人）立法主体说"，认为行使立法权的主体为组织（主要是国家机关）或个人。此说依据立法内容所反映的意志又具体分为"统治阶级（或国家）意志说"和"政权意志说"，即：其一，立法是享有立法权的国家机关或个人根据统治阶级的意志而进行的制定、认可、修改或废止具有法律效力的行为规范的活动。此种"组织（或个人）立法主体说"认为立法内容所反映的意志是统治阶级（或国家）意志，故也可称为"统治阶级（或国家）意志说"；[①]其二，立法是以政权的名义，由有权立法者（具有特定职能的机关或个人）为体现执政阶级的整体意志所进行的制定、修改或废止具有普遍性、明确性的规范性法律条文或文件的活动。此种"组织（或个人）主体说"认为立法内容所反映的意志是执政者的意志，故也可称为"政权意志说"。[②]

在西方，近年出版的一些有影响的法律辞典和法学著作对立法的含义也无

[①] 参见张根大、方德明、祁九如：《立法学总论》，法律出版社1991年版，第48页；孙敢、侯淑雯主编：《立法学教程》，中国政法大学出版社2000年版，第21—22页；吴大英、任允正、李林：《比较立法制度》，群众出版社1992年版，第46—48页；黄文艺、杨亚非主编：《立法学》，吉林大学出版社2002年版，第18—21页。

[②] 参见张善恭主编：《立法学原理》，上海社会科学院出版社1991年版，第56—64页；周旺生主编：《立法学教程》，法律出版社1995年版，第23—24页。

定论。

就立法主体而言,《布莱克法律词典》(第七版)认为解释立法主体是"宪定机构",即立法是指"按照一定正式程序,以书面形式,由宪定的某种政府机构制定成文法的过程。"(The process of making or enacting a positive law in written form, according to some type of formal procedure, by a branch of government constituted to perform this process.)[①]博登海默认为立法主体是有权机关,即"从'立法(legislation)'这一术语在当今所具有的最为重要的意义上来看,它意指政府机关经由审慎思考而进行的创制法律律令的活动,当然,这种机关是专为此目的而设立的,并且能够在正式法律文献中对这种法律规定作出明确表述。"[②]阿德勒进一步强调立法主体只能是权威的"机构或机关",他认为"任何个人都不能够制订出一部有权威的法律来,立法的权威性人士是那些经法律允许的,能为社会福利制定法律的人们,这是一种根据宪法所建立起来的立法机构所赋有的权威。"[③]然而,《牛津法律大词典》则认为立法主体既可以是有权的立法机构,也可以是有权的个人,即"依据某一特定法律制度能有效宣布法律这种权力和权威的人或机构的意志的表示而慎重地制定或修改法律的程序。该术语也用来指立法过程的产物,即由此制定的法律。"[④]

就立法概念的实质定性来看,西方学者及其论著也有分歧。如博登海默认为立法是"创制法律律令的活动",此观点通常被称为"活动说";《布莱克法律词典》的作者认为"立法是制定或变动法的一个过程",此观点被冠以"过程说";《牛津法律大词典》的作者则认为立法既是"制定或修改法律的程序",也是"指立法过程的产物",因此人们将该种观点归结为"过程结果说"。

二、立法概念的研究价值

"立法"是立法学中的核心性概念。立法概念的研究具有重要的理论和实践价值。

(一) 理论价值

1. 推动立法学的理论化和系统化发展。尽管种种"立法"含义多有差异,然

[①] Bryan A. Garner ed., Black's Law Dictionary, Seventh Edition, West Group: St. Paul, Minn., 1999.

[②] 〔美〕博登海默:《法理学——法哲学及其方法》,邓正来译,中国政法大学出版社1999年版,第415—416页。

[③] 〔美〕摩狄曼·J.阿德勒:《六大观念》,陈珠泉、杨建国译,团结出版社1989年版,第206页。

[④] 〔英〕戴维·M.沃克:《牛津法律大辞典》,李双元等译,法律出版社2003年版,第689页。

而它们都是特定历史时期特定国情之下不同立法理论研究者从不同角度对立法活动的探索和思考。这些探索和思考为能够更科学客观地反映种种立法现象的一般立法概念的出现奠定了基础。而一般立法概念的出现则进一步推动和深化了立法学的理论化和系统化发展。

2. 为立法研究提供一个基本的沟通平台。前述种种"立法"含义皆在一定程度上把握了立法,尤其是近现代立法的某些基本特征。如立法主体的特定性、立法权限和程序的法定性、立法结果的文件性,等等。这些共识为共同探讨和发展立法理论提供了一个基本对话平台。当然,不可否认的是正由于前述一般立法概念或多或少都存在一些先天缺陷,因而这些具有一定合理性的一般立法概念也可能在一定条件下无法正确解读特定历史阶段和国情下的立法现象。

(二) 实践价值

1. 立法概念的科学确定有助于指导立法实践。以规范我国立法活动的《立法法》制定为例。在立法过程中,由于人们对"立法"概念的争议,立法者对《立法法》所调整的范围一直无法确定。在起草和审议过程中,关于调整范围出现了五种主要不同意见:其一,仅限于法律的制定活动;其二,应限于制定法律和地方性法规的活动;其三,应限于制定法律、行政法规和地方性法规的活动;其四,应包括制定法律、行政法规、地方性法规和行政规章的活动;其五,除应包括制定法律、行政法规、地方性法规、行政规章活动外,还应包括军事法规的制定、国际条约和协定的参加与缔结。[①] 争论的结果是制定者在制定《立法法》时回避了从本质属性的角度对"立法"这一概念作出界定。可见,"立法"概念实际上是一个关系实践发展的理论性问题,因而对其研究具有极其重要的现实价值。

2. 立法概念的科学确定还有助于保障行政和司法执法人员能够准确地适用法。一方面,行政和司法执法人员能否识别法与一般规范性文件、政策以及道德等其他规范的差异,并且正确执法,皆取决于其对立法概念内涵的准确把握;另一方面,法的外延具有多样性,立法概念的界定直接制约着行政和司法执法人员能否在纷繁多样的法律规范中准确地选择和适用特定的法律规范。因此,为了保障行政和司法执法人员能够在行政和司法实践中准确地适用法,我们也有必要对立法概念予以科学界定。

总之,"立法"概念不仅关系到立法学理论研究范围,而且影响和制约着立法实践的发展以及行政和司法实践的走向,因此如何运用科学方法完整地表述"立

---

① 参见乔晓阳主编:《立法法讲话》,中国民主法制出版社2000年版,第一讲第四节。

法"一词的含义、彻底地诠释它特定的内涵和外延,是一个具有高度理论和现实价值的问题。

三、立法概念的研究方法

立法概念是立法理论研究最基本的要素,是立法学中的核心性概念。立法概念的研究不仅能够为学者研究立法现象提供一个对话平台,从而推动立法学发展,而且有助于指导立法实践。因此,要达到科学地研究立法理论和驾驭立法实践的目的,必须全面、准确、客观地理解、把握和运用"立法"这一核心概念。

（一）全面辩证地理解和把握立法概念

逻辑学认为,任何概念都由其特定内涵和自身外延所构成。因此,要正确界说一个概念,关键在于全面辩证地理解和把握概念的构成及其关系。所谓"全面辩证"包括两个基本要求:不仅要全面把握概念的内涵和外延,而且要辩证理解概念内涵和外延之间的相互关系。

概念的内涵是指概念所反映的事物的特有属性,如"商品"这一概念的内涵就是为交换而生产的产品。概念的外延是指具有概念所反映的特有属性的事物,如"商品"这一概念的外延就是具有"为交换而生产的产品"特有属性的事物,包括在商店中出售的书、在市场中出售的灯等等。[①] 任何概念所反映的内涵和外延都具有相互制约性。概念的内涵规定了概念的外延,概念的外延也影响着概念的内涵。一个概念的内涵越多,即该概念所反映的事物的特性越多,那么,此概念的外延就越少,即其所指代的事物的数量就越少;反之,如果一个概念的内涵越少,此概念的外延就越多。在实践中,人们在界定和运用概念时往往仅片面地关注概念的内涵或者外延,而忽视了两者之间的辩证关系,以至对某一概念各执一端,争论不休。

因此,要科学界定"立法"这一基本概念,必须全面辩证地把握概念的内涵、外延及其相互关系。我们不仅需要厘清立法概念的外延有多大,分析立法概念的内涵是什么,而且需要正确把握两者的互动关系。否则,我们不仅无法全面把握立法概念,而且还可能增加立法概念的不确定性,进而导致人们对立法概念的误解和误用。

（二）准确周延地分析和阐述立法概念

由于"立法"概念的内涵和外延之间具有互动的变化关系,因此,要在特定语

---

① 参见金岳霖主编:《形式逻辑》,人民出版社2005年版,第22页。

境下科学界定立法概念,首先必须准确周延地分析和阐述各具体立法概念外延之间的相互关系。

具体立法概念外延间的相互关系按其性质,可以分为相容关系和不相容关系两大类。

立法概念之间的相容关系包括:(1)同一关系,指外延完全重合的概念之间的关系。如,"我国国务院立法"与"中华人民共和国最高行政机关立法"是同一关系的两个概念。(2)真包含关系,指某一概念的外延囊括了另一概念全部外延的关系。如,"立法"和"地方立法"是真包含关系的一组概念。(3)交叉关系,指两个概念的各自外延之间只有部分重合的关系。如,"民主立法"和"奴隶社会立法"两个概念的外延具有交叉关系。

立法概念之间的不相容关系包括:(1)矛盾关系,指两个概念的外延之间互相排斥,且两者的外延之和穷尽了其属概念的外延的关系。如,"民主立法"和"专制立法"是一组矛盾关系的概念。(2)对立(或反对)关系,指两个概念的外延之间互相排斥,且两者的外延之和未穷尽其属概念的外延的关系。如,"奴隶社会立法"和"资本主义社会"即为一对对立关系的概念。[①]

综上,正确分析和周延阐述具体立法概念间的上述关系,有助于在特定语境中准确地运用各种立法概念和周延地阐述相关内容。

(三)分析现象并看清本质

在研究立法概念时,我们不仅要认识纷繁复杂、多种多样的立法现象,而且要通过这些现象认清立法的本质。一般寓于特殊之中的哲学原理启示我们,只有通过分析研究某一事物所包含的一切对象,才能全面掌握寓于各特殊对象中的共有特征,从而准确把握住该事物的本质属性。因此,只有认真研究不同时代、不同国别和不同形式的立法,才能够概括出所有的特殊立法中所共同蕴涵并且区别于立法之外其他事物的本质属性,从而科学地抽象出一般的、适用于所有立法活动的立法概念。否则,我们仅研究某种时代、某个国家或者某类形式的立法,就难以避免将某种立法的特有特征当作各种立法所共同具有的共性特征,从而使一般的立法概念难具准确性。[②]

[①] 参见刘韵冀主编:《普通逻辑学简明教程》,经济管理出版社2006年版,第30页以下。

[②] 当然,也有学者对定义"一般的立法概念"具有不同看法。其主要理由是,任何一门社会科学都是在特定的社会环境中形成的,并且为其所存在的社会环境服务,立法学也不例外。鉴于在同一语境平台下讨论"立法"问题和研究、借鉴的必要性,可以以求同存异的方式研究"立法",而没有必要创制一个"一般的立法概念"。参见刘明利编著:《立法学》,山东大学出版社2002年版,第24页以下。

第二节 立法概念的外延

一、立法概念外延的含义及研究范围

立法概念的外延,是指适合于立法概念的一切对象。

适合立法概念的外延不仅包含从历史纵向角度所展现的古往今来的一切立法现象,包含从历史横断面所呈现的各国各地的一切立法现象,而且包含了历史或国情之外的分类标准角度下所呈现的多种多样的立法现象。换言之,立法概念的研究范围并非限于某一历史阶段的立法、某一国家的立法或者某一形式的立法,而是迄今为止无论时代差异、国度不同和形式差别的所有的立法现象。

二、不同视角中的立法外延

从人类社会有目的、有意识的立法活动出现以来,历史已经呈现出一幅纷繁多样的立法景象。在这一景象中,既有君主专制国家由君主独断专行所进行的专制立法,又有民主制国家由议员(或代表)辩论交涉所进行的代议民主立法;既有幅员辽阔的大国的多级(两级或两级以上)立法,又有地域狭小的小国的一级立法;既有稳定、严谨的法典式成文法立法,又有灵活、复杂的判例式普通法立法。

由于任何立法现象都是受特定的时空条件和其他错综复杂因素影响的产物,因此,为了清晰地分析纷繁复杂的立法现象,并进而准确和全面地把握立法概念的外延,我们对制约立法的特定时空背景条件和其他相关因素予以归类研究,并得出立法的历史性、国情性和种类性的三大结论。

(一)时间视角——立法是历史的范畴

从立法的产生、存在以及发展的时间角度看,立法与历史之间存在着密切关系。

立法是历史的范畴。[①] 立法的历史性包含两层含义:

1. 立法只是人类社会发展到一定历史阶段的产物并仅存在于一定的历史阶段。人类有意识的立法活动既不是自古就有,也不会永恒存在。恩格斯曾说:"在社会发展的某个很早的阶段,产生了这样一种需要:把每天重复着的产品生

---

① 参见周旺生主编:《立法学教程》,法律出版社1995年版,第20页。

产、分配和交换用一个共同规则约束起来,借以使个人服从生产和交换的共同条件。这个规则首先表现为习惯,不久便成了法律。"① 从习惯到法律的社会发展历程表明,立法是在人类社会发展到一定历史阶段后才产生和存在的,并且必将伴随着适合其存在的特定历史阶段的消亡而不复存在。

2. 立法的发展具有明显的历史阶段性。尽管立法是人类有目的有意识的活动,但任何立法都是主观见之于客观的活动,都受到特定客观历史条件的限制和影响。因此,任何一个特定历史阶段的立法不仅蕴涵立法所具有的共同特征,而且蕴涵着该特定历史阶段立法的独有特点。如,任何历史阶段的立法皆由一定主体所为,这是立法的共性特征之一,但不同的历史阶段的立法主体却并不相同:在奴隶制和封建制的古代,绝大多数国家中的专制君主独掌立法权;到了近代,以权力分立为基础的资产阶级议会顺应历史发展成为该历史阶段的立法主体;在现代,经民主选举产生的、以议行合一为特征的人民代表大会即社会主义国家的权力机关也已成为现代立法主体之一。

显而易见,以时间的视角研究立法概念的外延时,一方面,我们应科学把握立法现象产生和存在的历史界限,切忌将无阶级社会中社会规范现象与阶级社会中的立法现象混为一谈,误将立法视作从来就有并永恒存在的现象,人为地扩大立法概念的外延;另一方面,我们也要在研究某特定历史阶段具有明显"个性"特色的立法现象的基础上,全面、系统地揭示各历史阶段一切立法现象所呈现的"共性"属性,力戒将仅说明某个或者某些历史阶段立法现象的特征片面地推衍为所有立法都具有的特性,人为地缩小立法概念的外延。因此,应当全面认识立法与历史的关系,牢固树立立法是历史范畴的观念。

(二) 空间视角——立法是国情的产物②

人类的立法发展史表明,不仅不同的历史阶段存在各具特色的立法,而且同一历史阶段中不同国家的立法也多有差异,而国情不同正是导致立法差异的主要原因。

所谓国情,是一个国家各方面状况的综合情况。③ 它包括一国的生产方式、地理环境、人口状况等经济和人文环境情况;阶级或阶层关系、政治形势、国家制度以及所处的国际环境等政治情况;思想道德观念、科学文化、历史传统、民族特

---

① 《马克思恩格斯选集》第三卷,人民出版社2012年版,第260页。
② 参见周旺生主编:《立法学教程》,法律出版社1995年版,第21页。
③ 参见刘建武:《中国特色与中国模式——邓小平社会主义特色观研究》,人民出版社2006年版,第64页。

点等思想文化情况。

1. 国情决定或者制约立法制度

第一,一国的生产方式、地理环境、人口因素等物质生活条件必然决定和制约作为该国上层建筑组成部分之一的立法制度。因此,同一历史阶段中的各国立法权体制呈现出各自的特点。如,同样在奴隶制历史阶段,由于亚洲东部的国家和古希腊的生产方式具有不同特点,建立在不同奴隶制经济基础条件上的立法权体制也就不同。亚洲东部国家的立法权体制是以专制君主独享立法权为特征的集权式立法体制,用以维护奴隶制土地国有制;而古希腊,尤其是古罗马的立法权体制则表现为议事机关代表公民参与并行使立法权为特色的民主式立法体制,用以充分反映私有制和商品生产发展中平等参与的要求。同样在资本主义历史阶段,由于地理环境和人口状况的不同,有的国家确立了多级立法权体制,如幅员辽阔、人口众多的美国,而有的国家则确立了一级的立法权体制,如地域狭小、人口不多的新加坡。

第二,一国的国体、政体、国家结构形式、阶级或阶层以及其他各种政治力量斗争或对抗状况等政治因素也制约着同为该国上层建筑组成部分的立法制度。因此,同一历史阶段中的各国立法主体、法制传统等也呈现出不同特点。如,同样处于资本主义历史阶段,由于政体模式的不同,在君主立宪制的英国和牙买加等国,作为立法主体的议会是由君主和议员共同组成的,而在共和制的法国和美国,立法主体中不存在君主这一成员。又如,基于资产阶级革命彻底性的不同,在资产阶级革命以妥协而告终的英国,带有封建色彩的衡平法和判例法成为基本的法律形式,英王参与立法的立法传统也得以保留;在资产阶级革命比较彻底的法国,抛弃了封建的法律体制,代之以成文宪法和法典为主的法律形式,创设了由议员组成的国会独立立法的立法传统。同样,处于当代并疆域辽阔的中国和美国,由于国体和国家结构形式上的差别,单一制的中国采用了中央集权和地方适当分权的立法权体制,并且由全国人民代表大会及其常务委员会行使最高立法权;而联邦制的美国则采用了地方和联邦分别独立行使各自立法权的立法权体制,并且由联邦议会(参议院和众议院)行使有限立法权。

第三,立法制度作为一国制度文明的物化,毫无疑问地受该国社会文化、历史传统等因素的影响。因此,同一历史阶段中的各国立法权限和立法程序等制度也呈现出不同特点。如,同样是当代资产阶级国家的立法,由于历史传统不同,其立法程序制度也有不同。在加拿大,受其殖民历史影响,两院都通过的法案须经女王或女王的代表总督签署后才算生效;而在美国,历经独立战争的洗礼后,制宪会议通过制定宪法将法案的签署权交付总统,即如果立法草案在联邦两院都得到通过,这项草案将送交给总统,请总统签署,成为法律。

2. 国情决定或者影响立法内容

第一,一国的生产方式、地理环境、人口因素等物质生活条件决定着该国的立法内容。因此,即使在同一历史阶段中,不同的生产方式和地理环境也会致使各国的立法内容呈现出不同特点。如,同样在中世纪历史阶段,由于封建制的生产方式和地理环境的不同,地处欧洲南部位于地中海之畔的罗马,海商法方面的立法内容极度发达,而地处欧洲中部的普鲁士,海商法方面的立法内容则相对稀少。同样,不同的人口因素也能使同一历史阶段的各国立法内容各具特点。例如,同样是社会主义历史阶段,当代中国人口增长过快的国情决定了计划生育方面立法内容的合理存在;朝鲜、古巴等社会主义国家则因人口增长率较低而无必要涉及此内容的立法。

第二,一国的国体、政体、国家结构形式、阶级或阶层以及其他各种政治力量斗争或对抗状况等因素制约着该国立法内容。因此,即使在同一历史阶段中,政治势力的不同和对峙力量的强弱也使各国立法内容呈现出不同特点。如,同样处于资本主义上升历史阶段中,美国1787年宪法几乎没有涉及公民基本权利方面的立法内容;而法国1793年宪法则将公民基本权利置于立法内容的首位。

第三,一国的立法内容依赖于该国社会文化水平、思想道德、历史传统等社会文化因素的状况。因此,即使在同一的历史阶段中,不同的思想理念和道德观念使各国的立法内容呈现不同。如,同样处于封建制历史阶段,儒学精华一度作为封建中国立法内容的重要补充;而在西欧,作为神学体现的教会教条、圣经诗句则不但充实为成文法的立法内容,而且往往在封建法庭中直接作为立法内容发挥作用。同样,由于历史传统不同,当代韩国依然维持着近七百年未变的限制婚姻权利方面的立法,即禁止韩国公民同姓结婚,这是一项世界上其他大多数国家都不可能有的立法内容。

3. 国情决定或影响立法技术

诚然,立法技术作为立法活动中的技巧和方法,它对提高立法质量的效果必然与立法者的主观努力直接相关,但是,其先进与否则依然客观地决定于或者影响于一国的国情。

第一,一国物质财富和精神财富的多寡直接制约着立法技术存在、发展和完善的可能性。一般而言,在物质财富和精神财富极大丰富的国家中,其立法技术不仅受到执政者及其民众的关注,而且具有发展和完善的"雄厚资本";而在物质财富和精神财富相对贫乏的国家中,立法技术的生存则缺失物质的支撑和精神的引领。

第二,就具体的立法技术而言,无论是法律形式的选择、法律外部结构的安排,还是法律内部要素的搭配,以及法律用语的选择,都始终受到一定的政治、经济制度和社会文化传统的影响。如,不同国家国体、政体形式的相异决定了法律外部形式的不同。作为君主命令的"敕"和作为君主对国家机关指示的"格"必然孳息于中国的专制封建社会之中,而绝不可能存在于人民民主专政的社会主义中国。又如,历史传统的不同也决定了立法技术的差异。尽管英美法系国家自20世纪以来开始重视单行成文法的制定,但其立法技术仍与大陆法系国家存有诸多不同,大陆法系成文法的结构多采用总则加分则的法典式结构,而英美法系成文法的结构则一般不采用此结构形式。

综上所述,在空间视角下研究立法概念的外延,我们不仅要清晰立法与国情之间的密切关系,强调立法是国情的产物,即在一定历史条件下,国情决定立法,立法必须符合国情;我们更应当充分研究同一历史时期不同国家和不同历史时期不同国家各具特色的立法,并从中抽象出立法的共同属性,辨析出区别于其他事物的立法特征,从而避免将某国情之下的立法独有特征错误推论到立法的一般概念中去。

(三)类别视角——立法具有种类多样性

特定的人类历史产生了特定的立法需求,而特定的国情背景又放大、缩小或重现了这种立法需求的表现形式和实现方式。因此,某一具体时空背景条件之下的立法种类绝非单一,而不同时空背景条件之下的立法种类更是丰富多样。正由于立法种类具有多样性,因此,我们必须研究不同时空背景或同一时空背景下各具特征的一切立法现象,而不仅仅局限于特定时空条件下某种或者某些种类的立法现象。

立法种类的多样性主要表现为:

1. 因立法主体不同的立法种类多样性

以从事立法活动的主体的性质为标准,立法可以划分为:代议机关的立法、行政机关的立法等。[①]

2. 因立法活动环节不同的立法种类多样性

立法活动环节是指立法主体形成或变更规范性法律文件(或条文)过程中所

---

① 具体内容详见本教材第四章"立法主体"。

采用的具体方式。以立法活动环节作为标准，立法可以划分为：制定（或认可）规范性法文件或条文的活动；变动（包括修改、补充和废止）规范性法文件或条文的活动。不同的活动环节从动态角度揭示了立法的多样性。

3. 因立法结果形式不同的立法种类多样性

立法结果形式是指立法主体制定的不同效力等级的规范性法律文件或条文的形式。以立法结果形式作为标准，立法可以划分为：制定和变动宪法；制定和变动法律；制定和变动法规；制定和变动规章等。不同的立法结果形式从静态角度显示了立法的多样性。

4. 因立法内容不同的立法种类多样性

以立法内容作为标准，可以划分为：刑事立法；民事立法；行政立法；经济立法等。不同立法内容蕴含了立法中涉及的基本法律关系和具体权利义务设置等方面的差异性。

5. 因立法结果的适用效力范围不同的立法种类多样性

以立法结果的适用效力范围作为标准，立法可以划分为：中央（或国家）立法和地方立法。前者的适用效力范围一般及于全国；后者的适用效力范围一般仅及于各个地方政权的管辖范围。

由此可见，在类别视角下研究立法概念的外延，我们必须采用归类方式认真研究所有不同种类的一切立法现象，进而将种种立法所具有的共性特征概括或者提炼在立法的一般概念之中。

第三节 立法概念的内涵

一、立法概念内涵的含义及研究目标

立法概念的内涵，指所有立法现象中所蕴含的共性特征或者本质属性的总和。

立法作为一种独立存在的特定事物，必然具有与其他事物相区别的本质属性或基本特征。使立法独立于其他事物而存在的基本规定性即为立法本身所固有的本质属性。

任何事物都是复杂的。事物的复杂性表明，要概括出一个尽可能涵盖某事物的一切对象，且能反映所有对象共性特征的该事物的概念并非易事。列宁曾指出："过于简短的定义虽然方便（因为它概括了主要之点），但是要从中分别推

导出应当下定义的现象的那些最重要的特点,这样的定义毕竟是不够的。"[①]因此,欲对立法这个极其复杂多变的社会现象给予确切界定,首先要客观描述古今中外所有立法所不可或缺并与其他事物相区别的各种共性特征,即准确揭示立法概念的内涵,才能确切把握立法固有的本质属性。

二、立法概念的共性特征

(一) 立法是体现决定于社会物质生活条件的执政者共同意志的活动

立法体现谁的意志?该意志又受什么条件制约?立法的这一共性特征表明:

1. 立法具有主观意志性

作为人类社会特有的一种有目的的有意识的活动,立法与人的主观意志须臾不可分离。

马克思主义产生之前,一些古代和近代的政治思想家、法学家已经认识到:人的主观意志在法的形成和变动过程中具有极其重要的作用。如唐代封建地主阶级通过制定成文法典——唐律,将土地等级分封和交纳租税的经济关系、以皇权为代表的官僚权贵政治关系以及封建礼教文化关系等予以确认,并使其成为唐代法律调整的核心内容。这一立法是当时封建主阶级主要意志的集中反映。当然,或出于偏见,或限于认识,历史上的这些思想家和法学家往往有意或者无意地夸大了人的主观意志。因为他们几乎没有认识或不愿承认阶级对抗社会中的立法所必然体现的主观意志实质是各阶级力量对比关系的集中反映。

马克思主义产生之后,一些马克思主义法学家一度认为,在阶级对立的社会中,不同的阶级利益具有完全对抗性。统治阶级为了对付被统治阶级的反抗,使既得利益合法化,维持现存社会条件,往往利用其所执掌的政权将本阶级的意志上升为国家意志。即以国家政权的名义,确定不同阶级的权利、义务关系,并以国家权力强制推行巩固符合本阶级利益的法律秩序。

然而,这种将阶级社会中一国立法所反映的意志仅仅表述为统治阶级意志的观点,未能全面阐述各种立法所体现的主观意志性。其突出的表现是:其一,在阶级社会中,一国的立法意志是各种政治力量实际对比关系的综合反映。集中反映该国统治阶级意志的立法,也在一定程度上折射出被统治阶级的意志,是两大对立阶级意志对抗、博弈和"修正"的结果。如,在我国封建社会中,汉朝初

[①] 《列宁选集》第二卷,人民出版社1995年版,第651页。

期废除秦朝的苛政以及汉朝中期制定宽缓刑罚的立法不仅反映了封建统治阶级的意志,同时也部分吸纳了被统治阶级的意志。其二,在阶级社会中,特定历史时期下的一国既存在反映占优势地位的统治阶级意志的立法,也可能并列存在着独立反映非统治阶级意志的立法。如,20世纪30年代,中华民国域内既存在主要反映国民党政府统治阶级意志的立法,也存在着反映工人、农民、小资产阶级等不同阶级和阶层联合意志的陕甘宁边区政权立法。其三,在剥削阶级作为阶级已被消灭的社会主义社会中,立法所体现的意志也不能简单地等同为统治阶级的意志,否则,势必陷入阶级关系问题上的逻辑混乱。

据此,本教材认为,立法是集中体现执政者(执政阶级或阶层)共同意志的活动。具体而言,第一,在阶级对抗的社会中,统治阶级作为执掌政权者,立法主要体现执政阶级的共同意志当属无疑。第二,在阶级对抗的社会中,当一国存在着不同于执掌国家政权而仅执掌特定区域政权的执政者的特殊情况下,适用于该区域内的立法是该区域执政阶级或阶层共同意志的完整体现。第三,在非阶级对抗的社会中,掌握政权的一定阶层(或阶层联盟)就是执政者,在这种情况下,立法当然主要体现执政阶层的共同意志。由此可见,立法所体现的主观意志应抽象概括为执政者的共同意志。

当然,立法所体现的执政者共同意志是指执政者的"公意"或者基本一致的整体意志,而绝非执政者"众意"的简单相加。由于执政者内部往往会因并不完全相同的经济、政治地位而分化出不同的阶层和集团,这些不同阶层、集团乃至个人的不同利益和意志需要在立法中通过争议、沟通、妥协等方式整合成基本一致的意志。因此,在为全社会提供一体遵行的行为模式过程中,立法仅仅是对执政阶级(或阶层)成员的共同意志的抽象和概括,而不可能包罗执政阶级(或阶层)成员的所有意志,更不可能仅仅体现执政阶级(或阶层)成员中少数人或个别人的特殊意志。

2. 立法具有客观物质性

立法不仅具有鲜明的主观意志性,而且具有必然的客观物质性。立法作为体现执政者意志的活动,虽然内含人的主观能动性,但并不意味着其可以经由立法者"任意"或者"任性"创造。

历史证明,特定社会物质生活条件是制约该社会任何立法活动的前提条件,立法应该也必然是对现存物质生活条件下社会关系的能动记载、认可或者宣布。这是因为:其一,人们在一定生产方式中基于特定社会物质生活条件所必然产生的千差万别的利益需求正是需要法律予以调整的本源,是执政者形成立法意志的决定性因素。其二,立法内容本身就是对社会经济关系等客观存在的集中反映,是对客观存在所决定的执政者利益的高度概括。因此,任何执政者最终都不可能离开其特定的社会存在而随心所欲地创制法律。正如马克思在《对民主主义者莱茵区域委员会的审判》一文中所强调的:"社会不是以法律为基础的。那是法学家们的幻想。相反地,法律应该以社会为基础。法律应该是社会共同的、由一定物质生产方式所产生的利益和需要的表现,而不是单个的个人恣意横行。"[①]立法的实质就是执政者能动地反映最终决定于社会物质生活条件的共同意志的活动。

(二) 立法是一定政权中的特定主体以政权的名义所进行的专有活动

立法所反映的受制于社会物质生活条件的执政者的共同意志究竟通过什么载体上升为法？立法的这一本质属性阐明：

1. 立法具有政权意志性

我国传统的法学理论一度坚信"法的国家意志说",认为法必须由国家制定或认可,并由国家强制力保障实施。由此推定,立法当然是以国家政权的名义进行的一种活动。

这一推论揭示了在独立主权国家层面上国家政权与立法之间的一般关系,在一定程度上值得肯定。它表明了一国执政者的意志要转化为法,必须依赖国家政权这一坚实后盾。

然而,此观点的缺陷在于其未能揭示非国家层面上特定政权和立法之间的特殊关系。事实上,不少立法所反映的仅仅是一国内特定地域政权的意志或者诸国之间联合政权的意志而并非国家意志。其一,当一国存有几个性质相异的政权时,并非所有政权的意志都能当然代表国家意志。其中,仅执掌国家政权的执政者能够形成国家意志,其他不执掌国家政权的执政者则只能在其各自政权区域内形成地方区域的政权意志。如我国清朝末期,既有清王朝国家政权的立法,也有太平天国农民政权的立法。其二,在实行中央和地方分权的国家中,中央政权的立法集中反映国家意志,地方政权或者自治政权的具体立法则仅仅反映地方政权的意志。在联邦制国家,作为联邦组成部分的州(邦)政府的立法更非国家意志的直接体现。其三,超国家法(supra-national law)也并非以国家政权的名义直接制定并发布的。如,欧洲联盟的立法和世界贸易组织的立法。

可见,不能忽视政权和国家政权两个概念之间的种属关系,更不能将政权意

[①] 《马克思恩格斯全集》第6卷,人民出版社1961年版,第291—292页。

志和国家政权意志完全等同或者彼此混淆起来。尽管两者有许多共同之处,但国家政权立法毕竟只是政权立法的一个分类,它并不能涵盖所有种类的政权立法。因此,确切地说,一切立法都是一定政权意志的反映,但并非每项立法都是国家政权意志的体现。

2. 立法具有主体特定性

立法是一定政权的重要权能之一,其只是由一定政权中的特定主体所进行的专有活动。政权是由履行不同职能、处于不同级别的组织载体(机关或机构)所构成的权力体系。人类社会立法史表明,立法权并非政权中的所有构成部分都可行使,该政权的不同权能必须交付特定职能和级别的机关或个人行使。因此,立法是政权中特定有权者的专有活动。

由于立法权的配置受制于特定的时空因素,有权立法者在不同的历史时期,在不同性质和不同组织形式的政权中是各不相同的。在一定政权中,究竟哪个或者哪些政权机关或者个人有权立法,取决于该政权的性质、组织形式和其他种种历史和国情因素。在特定的历史和国情条件下,有的政权中仅由法定立法主体从事立法,有的政权中既由法定主体也由经授权确认的主体进行立法;有的政权中仅由专司立法职能的立法主体独揽立法,有的政权中则允许主司立法职能的主体和履行行政等其他职能的主体皆行立法;有的政权中仅由机关作为立法主体实施立法,有的政权中则认同个人和机关都可作为立法主体。

(三)立法是特定主体依据一定职权,遵循一定立法程序,运用一定立法技术所进行的活动

立法的这一基本特征说明:

1. 立法是特定主体依照一定职权所进行的活动

立法是一项权威性的严肃活动,其活动结果将具有确定力、约束力和强制执行力。只有拥有一定的公共权力并能够履行相应职责的主体,才能够运用职权制定成文法。在制定成文法的过程中,特定主体行使的立法职权应当符合以下要求:其一,有权的特定立法主体只能行使特定级别或者层次的立法权,而不能越级(或层次)行使立法权。如,地方立法主体只能行使地方一级的立法权,而不能行使中央一级的立法权。退一步说,即使地方立法主体制定了中央一级层面的法,也无法有效实施。其二,有权的特定立法主体只能对特定性质的法律形式行使立法权。如,制定行政规章的主体只能对规章行使立法权,而不能制定法律或法规。其三,有权的特定立法主体只能就自己所能调整和应当调整的事项行使立法权。如,仅能就一般事项行使立法权的主体,便不能就重大事项行使立法

权;而就特定事项立法的主体,必须就该事项行使立法权。

2. 立法总是遵循一定立法程序所进行的活动

立法是一定政权建章立制,配置权利义务,调整一定社会关系的活动,因此,任何立法有其应有的严肃性、权威性、稳定性和科学性。反映在立法过程中,任何政权的立法均非一种完全任意的活动,而必须遵循一定的程序。只不过基于不同的社会发展水平、政治民主发展进程以及不同的文化形态等的约束,立法程序有简单和复杂、不完善和完善、非法定和法定之区别罢了。

3. 立法总是运用一定技术所进行的活动

立法技术通常是指一定政权中的立法主体所采取的,使法的内容之设计和表述臻于完善的方法和技能。为了避免偏移立法目的和实现立法的社会效应,立法者总是自觉或者不自觉地重视并运用能够使立法设计得到最佳表现和立法内容得到恰当表述的技术规则。可以肯定,从古至今的立法主体在立法中都运用着一定的立法方法和技能。只不过随着经济的发展、政治的开明、科学的发达以及人的认识和驾驭客观规律的能力的增强,立法技术经历了从自发到自觉、从落后到先进、从简单到复杂、从非规范走向规范的过程而已。虽然古代也产生了立法技术比较精湛的立法产品——罗马法和中国唐律等,但从总体上看,近、现代以来立法产品的内部结构更为合理,语言文字更为精确,不同规范之间更为系统和协调,立法技术较之古代更趋先进。

(四)立法是提供具有普遍性、明确性的行为规则的活动①

立法是立法者旨在通过制定、修改或者废止等方式为人们提供行为模式的活动。然而,立法所形成的并非一般的规范性条文或文件,而是特殊的规范性法律条文或文件。这种特殊性表现为:

1. 立法提供了具有普遍属性的法律规范

立法所提供的法律规范不是特殊的,而是普遍的。这种普遍属性主要体现为:其一,法律规范的内容所涉及的是同类社会关系中的共性问题而不是该类社会关系中的个性问题;其二,法律规范的适用对象是一般的、抽象的人(或组织),而不是特定、具体的人(或组织)。因此,在适用时间上,立法创设的法律规范具有反复多次适用的效力,而并非仅适用一次或者数次;在适用空间上,立法创设的法律规范的效力一般及于制定该规范的政权所管辖的全部区域,而并非部分

---

① 参见张善恭、徐向华主编:《立法学原理》,上海社会科学出版社1991年版,第63—64页;徐国栋:《民法基本原则解释——成文法局限性之克服》,中国政法大学出版社1992年版,134—137页。

区域,但特殊效力范围的除外。

2. 立法提供了具有确定属性的法律规范

立法所提供的法律规范不是多变的,而是确定的。这种确定属性主要体现为:其一,立法所设定的授权性和义务性(包括命令性和禁止性)两类法律规范,不仅宣告了人们可以为何行为、应该为何行为以及不应该(或禁止)为何行为的三种行为模式,而且也明确了相应的、具体的肯定或否定两种法律后果,并使行为模式和法律后果之间具有确定的因果联系性;其二,立法所设立的权利和义务规范及其体系是稳定的,是不被"朝令夕改"的,从而保障这种特殊行为规范的可预见性。

综上所述,撇开不同历史阶段、不同国情之下不同种类的立法所具有的特殊属性,立法一般具有以上四个方面的本质属性。因此,立法的一般概念表述为:立法是一定政权中的特定主体以政权的名义,为体现最终决定于社会物质生活条件的执政者的共同意志,依据一定的职权,遵循一定的程序,运用一定的技术,提供具有普遍性、明确性的法律规范的活动。

需要说明的是:一则,立法的一般概念仅仅能够较好地说明迄今为止的绝大多数立法现象;二则,上述的立法一般概念并非万古不变,其将随着立法活动本身的发展而变化;三则,根据《立法法》第2条的规定,我国现阶段的立法活动外延包括"法律、行政法规、地方性法规、自治条例和单行条例的制定、修改和废止"和"国务院部门规章和地方政府规章的制定、修改和废止"。[①]

【小结】

立法是一定政权中的特定主体以政权的名义,为体现最终决定于社会物质生活条件的执政者的共同意志,依据一定的职权,遵循一定的程序,运用一定的技术,提供具有普遍性、明确性的法律规范的活动。在我国,目前这些活动主要表现为:修改宪法;制定、修改和废止法律法规规章。

【思考题与案例分析】

1. 研究立法概念的外延和内涵与立法概念的界定有何关系?
2. 判断下列哪些创制文件的活动属于立法活动?为什么?

中华人民共和国第十二届全国人民代表大会常务委员会第十五次会议于

---

① 此外,《立法法》第103条还规范了中央军事委员会军事法规的制定、中央军事委员会各总部、军兵种、军区军事规章的制定。

2015年7月1日通过《中华人民共和国国家安全法》(主席令第二十九号);2014年12月31日国务院第七十五次常务会议通过《中华人民共和国政府采购法实施条例》(国务院令第658号);2015年《通信短信息服务管理规定》(工业和信息化部令第31号);国务院办公厅《关于限制生产销售使用塑料购物袋的通知》(国办发〔2007〕72号);2011年《水库地震监测管理办法》(中国地震局令第9号);中共湖南省委和湖南省人民政府《关于发展城市社区卫生服务的决定》(湘发〔2006〕11号);海南省第四届人民代表大会常务委员会第八次会议于2009年3月25日通过《海南经济特区促进中小企业发展条例》(海南省人民代表大会常务委员会公告第14号);2015年《上海港船舶污染防治办法》(上海市人民政府令第28号);凤冈县人民政府(2010)第八次县长办公会议通过《凤冈县城镇供水管理办法》(凤府令11号)。

3. 国务院某部制定的交通规章中,规定了有关限制人身自由的行政强制措施,公布实施后被国务院依法撤销。张某说,依照《立法法》第8条,某部没有限制人身自由的职权,因此某部制定该被撤销交通规章的活动不是立法。王某说,某部不拥有限制人身自由的法定职权,但某部制定该交通规章的行为仍然属于立法行为。你认为张某与王某谁说的正确?为什么?

4. 试从不同角度对立法进行分类,并说明分类意义。

5. 如何全面客观地理解立法的本质?

【课外阅读文献】

1. 刘明利编著:《立法学》,山东大学出版社2002年版,第12—26页;

2. 周旺生:《立法学》(第2版),法律出版社2009年,第49—56页;

3. 张善恭、徐向华主编:《立法学原理》,上海社会科学出版社1991年版,第56—64页;

4. 朱力宇、张曙光主编:《立法学》,中国人民大学出版社2001年版,第19—22页;

5. 马新福、朱振等:《立法论》,吉林人民出版社2005年版,第2—13页。

第二章　立法原则

【本章提要】

　　立法原则是特定单位的立法活动所依循并体现的价值取向。它既源于一定的社会物质关系,具有客观存在的属性,同时又融入了执政者的立法意识,成为一定时期执政意志在立法上的集中反映。我国在长期的立法实践中,逐渐形成了具有中国特色的社会主义立法原则。《立法法》中明确规定了法治、民主、科学三项法定立法原则,并成为指导我国各项立法活动的准则。

【主要教学内容】

　　1. 基本概念:立法原则;
　　2. 基本知识:立法原则的功能;立法原则的种类;
　　3. 基本理论:我国的法定立法原则。

【教学目标】

　　1. 介绍立法原则的概念、功能和种类;
　　2. 说明我国法定立法原则的基本含义;
　　3. 阐述我国法定立法原则的基本要求;
　　4. 举例说明法定立法原则在立法实践中的体现。

第一节　立法原则概述

一、立法原则的含义及相关辨析

　　"原则(principle)"一词自拉丁语 *principium* 演化而来,有"开始""起源""基础"之义。由此,立法原则可简单地推绎为特定单位的立法活动所遵循的具有基础意义的规律。这表明:

第一,立法原则是特定单位立法活动的总要求。① 它是对特定单位立法活动所须遵循之规律的最基本、最一般的概括,贯穿于特定单位立法活动的始终。每一种法的形式,如每一国的立法、每一部门法、每一具体的规范性法律文件、每一类立法主体的立法、每一种法的渊源,都有其特定的或阐明或未阐明而实际遵循的立法原则。就一国的立法原则而言,其普遍适用于该国的立法实践。

第二,立法原则是社会物质关系在立法领域的客观投射。立法原则作为一种意识形态,虽然经过了人的理性加工,但归根到底是由社会物质关系决定的,是社会物质关系在立法活动中的客观反映,这种反映的发生过程,可能是立法者所意识不到的。

第三,立法原则是执政者立法意识的集中反映。立法原则固然是人们在长期的立法实践中形成的理性认识,但同时又必须反映和适应执政者的执政需要。换言之,立法原则虽然完全区别并独立于执政者的政治原则,却又无时无刻不受政治原则的影响。只有适应执政者的执政需要,体现执政者的执政信仰,立法原则才能真正成为立法活动的主导原则。从这个意义上讲,立法原则实为执政者立法意识和执政信仰的概括。

一国的立法活动应当遵循什么样的立法原则至关重要。然而,我国法学界对我国立法活动所应遵循的立法原则可谓观点纷纭。之所以众说不一,除了积极的学术争鸣之外,与人们对立法原则这一概念的理解存有诸多差异不无关系。为此,有必要对立法原则与其他相关概念作一辨析。

(一)立法原则与立法指导思想

立法指导思想指立法主体进行立法活动的总的思想理论根据。

两者的共性与联系在于:(1)两者都对立法活动具有指导作用,均为立法活动所遵循;(2)立法指导思想是观念化、抽象化的立法原则,立法原则是规范化、具体化的立法指导思想;(3)立法指导思想经由立法原则的贯彻得以实现,立法原则须以立法指导思想为据得以确定。

两者的区别主要是:(1)立法指导思想较之立法原则更具宏观性、根本性、全局性与方向性;(2)立法指导思想是思想准则,侧重于对立法者思想的指导,通过作用于立法者的思想以影响立法活动,本身不具有直接的操作性,要经由具有操作性的原则和规范来体现;而立法原则是行动准则,侧重于对立法者立法行

---

① "特定单位"指各种法的形式。"法的形式"的含义参见沈宗灵主编:《法理学》,高等教育出版社1994年版,第302页以下。

为的引导,较之立法指导思想对立法活动的指导更为直接、更具操作性。

(二) 立法原则与法律原则

法律原则指一国法律体系中对各种法律制度起指导作用的基础性思想,其体现的是一国法律体系的基本性质、内容和价值取向。法律原则概括了一个国家和社会有关法律调整的总的准则,因而其当然适用于对法律创制活动的指导,但其作用的对象又远远超出立法领域而覆盖法律体系的其他领域。按照原则所作用的阶段不同,法律原则可分为立法原则和法律实施原则。由此可见,法律原则与立法原则是包含与被包含的关系。

(三) 立法原则与立法方法

任何立法活动都借助一定的方法,而其中一些方法往往被实践证明是具有普适性的。因此,一些普遍适用而又行之有效的方法容易被人们上升为立法原则而予以确认,如总结与借鉴相结合、原则性与灵活性相结合、稳定性与适时变化相结合。然而,无论这类方法如何具有一般性和指导性,都不可能改变其作为方法或者手段的特性。如果说立法指导思想是宏观层面的,立法原则是中观层面的,那么立法方法则是微观层面的。

二、立法原则的功能[①]

立法原则的功能指原则本身所具有的功用和能力。

任何立法原则都有其特定的功能。然而,在不同的历史阶段或不同的国情下,由于立法者或执政者的意志倾向不同,致使立法原则的功能侧重不同,强弱相异。

根据作用对象的不同,立法原则的功能包括内部和外部两个方面。

(一) 立法原则的内部功能

所谓立法原则的内部功能,指其对立法活动自身进行指导、协调的功用和能力。

1. 指导功能。指导功能是立法原则最为基本的功能。其主要体现在两个方面:首先,立法原则指引着立法主体对现存其他社会规则和旧法的取舍、改造,以及根据执政者意志和社会需求进行新法的创制。其次,作为连接执政者、立法主体和具体法律规范的中介,立法原则系统反映着执政者或立法主体对社会实行法律调控的意志和构想,并直接贯穿于法律规范的形成过程,使立法活动沿着

[①] 本部分写作参考张善恭主编:《立法学原理》,上海社会科学院出版社1991年版,第65页以下。

有利于执政者的方向发展。

2. 协调功能。这一功能主要反映在三个方面：首先，立法原则协调着权力与权利的关系，即执政者与法的受众的关系，尽管在某种意义上执政者亦不能摆脱法的受众的角色。其次，立法原则联系并调节着各类法律部门、法律制度和法律规范，使其保持内在协调统一。最后，立法原则协调立法活动与法治乃至社会其他环节的关系，使社会的治理与发展统一于和谐有序的整体。

（二）立法原则的外部功能

所谓立法原则的外部功能，指其调整、巩固社会关系的功用和能力。

法律调整目的在于根据某一时期社会生活的需要，运用一系列法律手段，对该社会的社会关系施加影响，而法又是在一定的原则下制定的，因此，立法原则必然具备调整和巩固相应社会关系的功能。这一功能经由两种途径得以实现：一是通过具体的法律规范的实施来调整和巩固特定的社会关系；二是通过发挥其独立的信息和教育功能来影响人们的行为，并进而促进特定社会秩序的形成。

三、立法原则的种类

立法原则作为执政者立法意识和执政信仰在立法过程和结果中的重要体现，本身是一个蕴涵丰富、结构严谨的体系，其内部由各种立法原则所构成。

（一）按立法原则的适用范围分类

根据立法原则的适用范围不同，可以分为体系原则、部门法原则和具体规范性法律文件原则。

1. 体系原则。即一国所有立法活动的共同原则，适用于立法体系的各个方面，集中体现一国立法的基本性质、内容和价值取向，并统领部门原则与具体规范原则。如我国立法的法治原则。体系原则是确立后两项原则的依据，部门法原则和具体规范性法律文件原则不得与体系原则相违背。

2. 部门法原则。即部门法立法所遵循的专有原则，仅适用于某部门法调整的社会关系的诸方面。这一原则反映了法的部门所调整的社会关系的性质和特点。如我国民法部门的平等自愿和等价有偿原则、公平和诚实信用原则等，就反映了民事关系的平等性。

3. 规范性法律文件原则。即某一规范性法律文件所确立的立法原则，仅适用于该规范性法律文件。如《个人所得税法》的"量能负担原则"。由于不同规范性法律文件所调整的社会关系的特殊性，体系原则或者部门法原则必须细化以更为直接和有效地指导具体立法活动，具体规范性法律文件原则就是体系原则和部门法原则的落实。

（二）按立法原则所指导的立法主体分类

根据立法原则所指导的立法主体不同，可以分为代议机关的立法原则和行政机关的立法原则。

1. 代议机关的立法原则。即代议机关进行立法所遵循的原则。如法律绝对保留原则是现代单一制国家代议机关通常依循的立法原则。该原则强调涉及公民的基本权利和自由的限制、国家基本制度的设定等重大事项必须由最高代议机关立法，并不得将这些事项由最高代议机关授权其他机关立法。

2. 行政机关的立法原则。即行政机关进行立法所遵循的原则。在我国，行政机关可以制定行政法规、部门规章和地方政府规章。行政机关进行立法一般应当遵循：第一，符合上位法规定的原则；[①]第二，不得超越本机关、本部门或本行政区域行政管理职权范围的原则；第三，体现行政机关的职权与责任相统一的原则。[②]

（三）按立法原则所作用的立法级别分类

根据立法原则所作用的立法级别不同，可以分为中央立法原则和地方立法原则。

1. 中央立法原则。即特定的中央国家机关立法所应遵循的原则。如弹性原则，即对一些各地情况不一的事项或更适合由各地根据本行政区域的实际进行特色立法的事项不宜规定过细，为地方立法保留必要的立法空间。

2. 地方立法原则。即特定的地方国家机关立法所应遵循的原则。地方立法所调整的社会关系往往带有不同于其他地方的本地特点，因此，体现地方特色是地方立法的重要原则。

（四）按立法原则的内容分类

根据立法原则的内容不同，可以分为政治性立法原则和技术性立法原则。

1. 政治性立法原则。即具有政治性或政策性色彩，能够高度体现执政者执政意志和法律意识的立法原则，如权利中心原则、权力制衡原则等。政治性立法原则是立法原则的核心部分。

2. 技术性立法原则。即立法应遵循的技术层面的策略和方针，如效率与效

---

① 参见《行政法规制定程序条例》第 3 条和《规章制定程序条例》第 3 条。
② 参见《规章制定程序条例》第 4 条第 2 款。

益最大化原则、总结与借鉴相结合的原则等。① 技术性立法原则是立法原则必要的组成部分。

没有一定的政治性立法原则,技术性立法原则就无法有效地发挥其功能;而没有一定的技术性立法原则,政治性立法原则也难以准确表达和实现其内容。政治性立法原则的内容在客观上要求相应的技术性立法原则为其服务,技术性立法原则的功能在客观上也要求相应的政治性立法原则为其统帅。简言之,两者是目标与手段、服务和被服务的关系。

此外,按立法原则反映的规律不同,可以分为立法的社会原则和立法的法律原则;按立法原则的确认形式不同,可以分为理论立法原则和法定立法原则;等等。

第二节 我国的法定立法原则

在我国丰富的立法实践中,总结和形成了具有中国特色的社会主义立法原则。然而长期以来,立法原则始终处在"实践潜原则"和"理论原则"的形态。直至 2000 年《立法法》出台,我国的立法原则终于有了"法定"的确认形态。

理论立法原则与法定立法原则是立法原则的两种确认形态。应当说,理论立法原则是形成法定立法原则的思想渊源之一,法定立法原则是对理论立法原则的法律化和制度化。从对立法实践的影响来看,法定立法原则具有更强的权威性和规制性。

我国的法定立法原则是当代中国立法必须遵循的法定准则。本教材认为,《立法法》对立法原则的规定可以概括为法治原则、民主原则和科学原则。

一、立法的法治原则

(一)法治原则的含义

《立法法》第 3 条规定:"立法应当遵循宪法的基本原则,以经济建设为中心,坚持社会主义道路、坚持人民民主专政、坚持中国共产党的领导、坚持马克思列

---

① 也有学者将立法原则分为思想性原则与方略性原则(参见李步云、汪永清主编:《中国立法的基本理论和制度》,中国法制出版社 1998 年版,第 38 页以下),与本教材的该分类接近却不尽相同。如,前者将民主原则作为方略性原则;依照本教材的分类标准,民主原则当属政治原则而非技术性原则。

宁主义毛泽东思想邓小平理论,坚持改革开放。"[1]第 4 条进一步规定:"立法应当依照法定的权限和程序,从国家整体利益出发,维护社会主义法制的统一和尊严。"这两条规定是对立法法治原则的概括。具体可以从以下几方面理解:

1. 立法权限的法定性

立法权限法定强调立法权的行使应当有法的根据,何种立法主体在何种权限内开展何种立法活动,都应当符合法的规定。

(1)立法权限法定意味着立法主体的法定性。立法权限是不同立法主体所行使的立法权力的界分,换言之,立法主体是立法权限的载体,如果立法主体可以随意确认或变更,立法权限的法定便无从实现。立法权是国家权力的重要组成部分,保障立法权不被滥用的先决条件就是立法权行使主体在法律上必须具有确定性。因此,无论是职权立法权主体,还是授权立法权主体,都须基于宪法、法律或具有法律效力的授权决定的规定,才能得以行使相应的立法权。

(2)立法权限法定意味着立法权限的明晰化。立法权限不清,立法权的行使就会陷入无序状态,越权立法不仅难以避免而且难以确认。只有权限明晰,立法主体才能"守土有责"。立法权限的明晰化包含两个方面:一是实体性立法权力权限的明晰化,即明确相应的立法主体在制定基本法律、除基本法律外的其他法律、行政法规、地方性法规、部门规章、地方政府规章等各类规范性法律文件方面的具体权限;二是程序性立法权力权限的明晰化,即明确法案的提案权、审议权、表决权及法的公布权的归属和界限。

(3)立法权限法定意味着立法权的受制约性。国家机关应当在宪法和法律规定的范围内行使职权,立法活动也不例外。立法权虽然在我国的国家权力体系中居于重要地位,但它不是也不可能是没有范围和限制的,更不能成为专断的权力。立法权如同其他国家权力,也须受到法的规制和社会公众的监督。随着我国宪政的发展和进步,它还将在一定程度上面对来自其他国家权力的制约。

2. 立法程序的法定性

立法程序法定强调一切立法权的行使过程都应当于法有据,立法过程的基本环节都应当依法运行,强调立法运作的规则性、严肃性,强调立法是一个遵守制度或受节制的过程,强调法治与人治的基本区别。

立法程序的法定性意味着立法程序不因人的意志的改变而改变,立法主体

---

[1] 对《立法法》第 3 条学界有不同的解读,如有的学者将之概括为"我国的立法指导思想"(参见朱力宇、张曙光主编:《立法学》,中国人民大学出版社 2001 年版,第 64 页以下),也有学者将其总结为立法的"宪法原则"(参见周旺生:《立法学》法律出版社 2004 年版,第 78 页以下)。

必须而不是选择性地遵循法定的立法步骤和方法。首先，只有实现立法程序的法定性，以制度约束立法行为，才能将各种人治因素，如长官意志、主观随意性、权力干预和干扰等排除在立法程序之外，净化立法环境和立法过程。其次，法制的尊严与立法程序所具有的独立价值密切相关，而这种价值只有以法定的形式凝固下来，才能最终获致人们的认同和遵从，从而树立法的权威。

3. 立法内容的合法性

立法内容的合法性强调立法的结果应当合乎宪法、上位法以及人类理性，一切反宪法、反上位法、反人类的立法内容都必须被摒弃。

（1）立法内容合法首先体现为立法内容的合宪性。在民主宪政国家，宪法具有最高的法律效力，是综合性地规定诸如国家性质、社会经济和政治制度、国家政权的总任务、公民基本权利和义务、国家机构这些重大关系或事项的根本大法。其他所有的规范性法律文件，均须直接或间接地以宪法为立法依据，不得同宪法或宪法的基本原则相抵触。背离了宪法的原则和规定，立法乃至整个法律制度和社会秩序必然会紊乱。因此，符合宪法原则和宪法的具体规定是立法法治原则的题中应有之义。不合乎宪法原则和规定的立法应当被依法撤销或宣布无效。1982年《宪法》第5条明确规定："一切法律、行政法规和地方性法规都不得同宪法相抵触。"《立法法》第3条的规定无疑是对这一宪法精神的秉承。体现为：其一，强调所有"立法"应当合宪，此处的"所立之法"不仅涉及法律、行政法规和地方性法规，还包括自治条例、单行条例、部门规章和地方政府规章。对此，《立法法》第87条作出进一步规定。其二，强调立法应当遵循"宪法的基本原则"，因为宪法的基本原则是整部宪法的核心，立法内容合法首先在于符合宪法的基本原则。离开了这一准则，立法法治便无从谈起。

（2）立法内容合法其次体现为立法内容的协调性。我国是统一的单一制国家，坚持社会主义法制统一是根本原则，而立法内容的协调性则为实现社会主义法制统一之关键。因而，尽管我国有不同层次立法，但不同位阶的法都要保证法律体系内部的和谐统一，即不仅下位阶的法不得同上位阶的法相抵触或者必须有上位阶的法的依据，同位阶的法之间也要互相衔接、彼此协调。这一内涵在《立法法》第4条关于"维护社会主义法制的统一和尊严"的规定中得以概括阐明。

（3）立法内容合法还体现为立法内容的良善性。合法性不仅具有形式意义，实质意义的合法性更强调"恶法非法"。立法的法治化强调立法内容的"以人为本"，是对人的人格、尊严、人身自由等人类理性的基本肯定。

（二）法治原则的意义

1. 立法的法治原则是依法治国的内在要求

国家和社会的法治化是人类社会的共同理想。人类社会的经验表明，在国家和社会法治化进程中，立法必须首先法治化。法治化的立法是国家和社会走向法治的前提和基础。由于我国数千年的历史所形成的人治观念在立法领域有不同程度的遗留，要实施"依法治国，建设社会主义法治国家"的基本治国方略，就须首先在立法领域实现法治。

2. 立法的法治原则是维护社会主义法制统一和尊严的内在要求

我国《宪法》明确规定，国家维护社会主义法制的统一和尊严。坚持法制统一是单一制国家的立法区别于联邦制国家的立法的一个重要特征，而立法法治则是实现社会主义法制统一和尊严的重要途径，经由立法法治，不同层次的立法活动才能保持内部的稳定、和谐、有序与统一。

（三）法治原则的要求

1. 在观念层面，要树立法治意识，摒弃人治思想

立法是反映民意的权力活动，它与人治相排斥，与法治相统一。一方面，要防止在立法中出现"言即为法"的现象，简单地把领导者的思想和讲话作为"金科玉律"入法；另一方面，要防止在立法中出现"立法工具主义"的现象，把立法当作掌控权力的工具，运用手中的权力为所欲为地进行立法；此外，还要防止立法中出现"借法扩权"的现象，即防止立法主体为了维护自身利益，借立法之机，或以权力压制权利，或回收权利归己所有，或入侵其他权力领域，或增加其他部门或相对人的责任与义务等不当行为。

2. 在制度层面，有权立法主体要严格按照法定权限和程序行使权

我国宪法和有关法律对不同立法主体的立法权限及立法程序都作了相应规定。所有的立法主体都必须在宪法、法律规定的权力范围内，就法定的有关事项，按照法定的程序进行立法。具体而言，一方面立法主体要严格按照《宪法》和《立法法》中有关立法权限的规定，执行《立法法》《国务院组织法》《行政法规制定程序条例》《地方各级人民代表大会和地方各级人民政府组织法》、各省级人大制定的地方立法条例以及《规章制定程序条例》等现有的立法程序规则；另一方面要强化立法程序的刚性，"权限或程序违法则立法无效"应当成为一项法定规则。对有权立法主体违反法定权限和程序的立法行为，除全国人大、全国人大常委会、国务院、省、自治区、直辖市的人大、地方人大常委会、省、自治区的人民政府等有关立法主体可以依法行使《宪法》和《立法法》赋予的改变或撤销权外，全国

人大常委会和省、自治区的人大常委会也可以通过依法行使《立法法》赋予的批准权对部分违法行为作出相应处理。在此基础上,还应当探索建立立法审查制等一系列法律追究制度。

要求有权立法主体严格按照法定权限和程序行使立法权,前提要有一套比较完善的立法体制和立法程序。其一,要完善立法体制,科学配置立法权力,明晰权力边界。立法体制是一国立法制度的核心部分。我国《立法法》的实施,为明晰立法权限,解决和防止僭越立法权限的问题提供了制度基础,但这一问题尚未因《立法法》的出台而得到彻底解决。因而,完善立法体制仍然是当前和今后一个时期我国立法法治化的一个重要课题,其中,清晰的权限界分,以及"权""能"匹配的权力配置尤为关键。其二,要立足于实现程序对实体的保障以及程序的独立价值,进一步完善立法程序,特别要强化立法程序的表达机制、交涉机能、过滤功能和刚性规则,强化依法参与立法的主体在立法听证、立法论证和对公布的草案提出意见的各项程序性规则。①

3. 在价值追求层面,要强化法的秩序,维护法制统一

首先,立法内容要充分体现国家的整体利益,充分考虑和维护人民的根本利益和长远利益,防止狭隘的部门保护主义和地方保护主义。这是法制统一的落脚点。其次,要通过立法内容的层递式规制,保持法律体系内部的和谐统一,形成良好的法的秩序。不同层级的法律、法规、规章之间应当保持在遵循宪法原则和规范前提下的协调一致,下位法不得同上位法相抵触,各部门法之间相互配合、相互补充。一切立法活动都要统一于《宪法》和《立法法》所确立的立法指导思想、原则和精神。这是法制统一的核心所在。

二、立法的民主原则

在民主国家,立法是表达民意的政权活动。表达民意的立法必须遵循民主原则,这是民主国家的基本特征和民主政治的具体体现。

(一)民主原则的含义

《立法法》第 5 条规定:"立法应当体现人民的意志,坚持立法公开,发扬社会主义民主,保障人民通过多种途径参与立法活动。"这一有关立法的民主原则的规定实际上涉及两个方面:一是民主原则的本质方面,即立法的内容应当反映和体现民意;二是民主原则的方法方面,即立法的过程应当坚持立法公开,发扬社

---

① 有关我国立法体制与立法程序的完善将在本教材第五章和第六章作更详尽的阐述。

会主义民主,保障人民通过多种途径参与并监督立法活动。仅仅强调内容的民主而忽视过程的民主,不可能真正实现立法民主,充其量只可能是偶然的民主;仅仅强调过程的民主而忽视内容的民主,也不可能真正实现立法民主,充其量只可能是形式的民主。正因为如此,完整的立法民主原则的含义应当包括不可或缺的两个方面,即立法内容的民主性和立法过程的民主性。

1. 立法内容的民主性

立法内容的民主性强调一切法的内容都须以民意为依归,立法内容是民意的法律化。这是民主立法的实质要求。

立法内容的民主性是由我国社会主义国家的本质所决定的。我国是人民民主专政的社会主义国家,现行《宪法》在总纲中即开宗明义地指出:"中华人民共和国的一切权力属于人民。"作为立法权力的行使结果,立法内容自应表达和维护人民的共同意志。人民的利益是最高的法律,立法内容只是人民意志在法律领域的转化。

立法内容的民主性是由立法活动的本质所决定的。无论是马克思对法律的社会基础的阐述,还是狄骥对"客观法"与"实在法"的划分,乃至哈耶克关于"阐明的规则与未阐明的规则"的论说,都证明了一个命题,即立法在本质上只是对人们潜在遵循的社会规则的阐明,尽管立法主体在立法过程中不可避免会有意或无意地创生出新的规则,以反映执政者本身对社会秩序的预期性架构,但在民主国家,这种预期也必须获致民众的认同。综合言之,无论是对潜规则的阐明,还是对新规则的创生,都须以民意为依归。反则,当立法内容从根本上与人心民意相去甚远之时,法的实施就必然要付出巨大的社会成本,其结果亦与立法的初衷相背离。

(1) 立法内容的民主性意味着立法内容表达和维护的是人民的意志而非某一特定立法主体的意志。中央立法如是,地方立法亦如是;立法机关的立法如是,行政机关的立法亦如是。[①] 对人民依宪法所享有的各项权益,立法应当全面、充分地予以确认和维护。任何立法主体都不能对人民依法享有的权益予以干涉或剥夺。

(2) 立法内容的民主性意味着立法内容表达和维护的是经过选择的、有必要提升为国家意志的、不特定多数人的共同意志,而不是作为人民的每一位成员

[①] 国务院《关于全面推进依法行政的决定》明确指出:政府立法"要以最大多数人民的最大利益为根本原则,坚持群众路线,广泛征求意见,深入调查研究,认真总结实践经验,充分体现人民意志"。

的所有意志。在意志各异的情况下,立法必须通过确定的规则进行意志的博弈、选择和淘汰,并最终凝固最大多数人的共同意志。值得注意的是,就民主立法而言,多数是变动的、不特定的多数,即在某一项立法上处于多数地位的人,在另一项立法中可能处于少数地位。多数是变动的,与少数互相渗透、交叉和转化。

2. 立法过程的民主性

立法过程的民主性强调立法过程中的一切环节都应接纳民众参与或接受人民监督,立法过程是人民管理国家和社会事务的重要途径。这是民主立法的形式要求。

立法过程的民主性是由我国民主政治制度和执政党的工作方针所决定的。我国社会主义民主政治制度的一个重要方面,就是完善人民代表大会制度,实现立法民主;"从群众中来,到群众中去"是中国共产党一贯奉行的工作方针,立法工作概莫能外。

立法过程的民主性是由立法内容的民主性所决定的。如上所述,立法内容是民意的法律化,而法律化要求立法活动的一切过程都具有法的正义所需要的民主内核。因为立法内容的民主性不可能依靠立法主体自发自觉地实现,它只能经由民主的立法过程得以保障。

(1) 立法过程的民主性意味着立法过程的程序性。"没有一定的程序,民主就体现不出来。"[1]民主应当是有序的,民主立法需要程序保障。从形式上看,立法程序只是一个步骤方法问题,但就其实质而言,程序是民主立法不可或缺的载体。在一定意义上,民主政治就是程序政治。[2]

首先,立法过程的程序性保证着利益竞争的可能。程序使立法过程不再是一个令人捉摸不透的"暗箱操作"过程,不同的利益主体在立法过程启动之前就清楚利益竞争的规则。从利益的表达到利益的选择,每一种利益都有挑战其他利益的机会,利益与利益的交涉结果具有某种不确定性。而从某种意义上讲,竞争规则的透明化和竞争结果的不确定性恰恰是民主的魅力之一。

其次,立法过程的程序性实现着权益平衡的可能。立法过程的程序性为各种利益的表达和交涉提供了外在动力,使利益与利益之间有了彼此认知和妥协的机会,立法主体也有了在各种利益间作出理性选择的依据,进而可以在可接受的妥协和平衡基点上形成区别于多数强权或者多数暴政的多数意志。

---

[1] 彭冲:《民主法制论集》,中国民主法制出版社1993年版,第2页。
[2] 本节"立法过程的程序性"部分吸收了孙潮、徐向华教授的研究成果(《论我国立法程序的完善》,载《中国法学》2003年第5期)。

最后,立法过程的程序性预示着立法中立的可能。没有偏私的程序性才会孕育出广为认同的法律。法律之所以被人们接受,是基于其是在中立的程序规制下形成的。人们一旦同意了某一程序,则无论结果如何,他们都必须接受所同意的程序带来的合法结果。立法过程的程序性使得任何带有价值倾向的议决结果都更容易被接受和遵守,因为这样的结果会被普遍认为是民主的结果。

(2) 立法过程的民主性意味着立法主体内部议事规则的民主。立法主体内部的议事规则是"法"这个"产品"得以出产的"生产线",生产线的优劣决定着产品的品质。因此,立法主体内部议事规则的民主程度是影响法的民主本质的重要因素。如立法议案的提出规则影响着提案主体主张利益的积极程度;法律草案的审议时间影响着利益表达的充分程度;法律草案的表决方式影响着利益表达的真实程度;等等。由此可见,立法主体内部的一切议事规则都直接或间接地关涉民主立法的实现。

(3) 立法过程的民主性意味着立法活动外部程序规则的民主。在立法主体外部运行的面向人民群众的立法程序是立法活动更广泛地联系公众的载体。鉴于社会现实复杂多变、利益关系日趋多元,仅仅依靠民选的代表已经越来越难以充分反映民众的各种不同的利益要求。因此,立法程序不仅要服务于立法主体的民主合议、民主议决,还要服务于民众对立法的了解、参与和影响。人民群众不仅是法的规范对象,更是一切立法活动的积极参与者。为人民群众提供平等参与立法的程序规则,使人民群众在程序的范围内影响立法,不仅可以最大限度地避免游离于程序外的利益与利益之间的不正当交易,更可以最大限度地反映民情、体现民意。2015年3月第十二届全国人大对《立法法》予以修正,在第5条中增加了"坚持立法公开"的规定,正是上述价值的集中体现。

(二) 民主原则的意义

1. 立法的民主原则是实现人民主权所必需

我国是人民主权国家,人民是国家的主人、民主的主体,国家活动的根本任务之一就是确认和保障人民的民主权利特别是当家做主管理国家的权利。我国现行《宪法》第2条规定:"人民依照法律的规定,通过各种途径和形式,管理国家事务,管理经济和文化事业,管理社会事务。"在立法中遵循民主原则,用立法的形式充分反映和保障人民的民主权利,让人民群众成为立法的真实主人,正是实现人民当家做主管理国家的民主权利的重要体现。

2. 立法的民主原则是反映社会客观规律所必需

要使所立之法正确反映社会客观规律,就要注意总结实践经验,因为法要符合客观规律,需要通过社会实践的中介来实现,而人民群众正是实践的主体,让最有社会实践经验的人民群众成为立法的主人,参与立法,便能有效地反映社会客观规律。如果只由少数人闭门造法,这种法即使"很完备",也难以体现人民的意志和意志背后的社会客观规律。

3. 立法的民主原则是实现立法目的所必需

法律是社会的调整器。法律的规定能否变为现实的社会秩序,归根结底要靠人民群众的自觉守法。在立法过程中,让人民群众广泛参与其中,充分发表意见,不仅便于立法主体了解人民群众的意志和利益所在,更有利于增强人民群众对立法内容的认同感,使其感到法律是自己参与制定的,从而会更加自觉地遵纪守法。

(三)民主原则的要求

"为了保障人民民主,必须加强法制。必须使民主制度化、法律化,使这种制度和法律不因领导人的改变而改变,不因领导人的看法和注意力的改变而改变。"[①]这是中国人民通过"文化大革命"的经历所得来的最宝贵的经验教训,也是依法治国方略对民主立法的要求。遵循立法的民主原则,关键要使民主原则制度化、法律化,保障人民群众通过各种形式和途径广泛参与和监督立法活动,并最终在立法中体现人民群众的意志。

1. 坚持公开征求意见制,实现公民的意见陈述权

各种立法活动特别是那些关涉人民群众重要利益的立法活动,必须坚持法案公开,使人民群众能够通过各种方式和途径有效作用于立法过程。比如,通过调查研究、举行座谈会、组织社会媒体讨论,甚至是全民讨论这样的形式,为广大人民群众搭建各种各样的对话平台,使他们有充足的渠道和充分的机会陈述自己的意愿和诉求。对有关国家机关、社会团体、企事业单位以及专家学者,则可采取书面征求意见或召开咨询论证会等形式征求意见。《立法法》在第5条的原则基础之上,已进行了制度设计,并在该法修改中得到了进一步完善。该法第36条规定:"列入常务委员会会议议程的法律案,法律委员会、有关的专门委员会和常务委员会工作机构应当听取各方面的意见。听取意见可以采取座谈会、论证会、听证会等多种形式。"第37条规定了法律草案的公开制度:"列入常务委

---

① 《邓小平文选》第二卷,人民出版社1994年版,第146页。

员会会议议程的法律案,应当在常务委员会会议后将法律草案及其起草、修改的说明等向社会公布,征求意见,但是经委员长会议决定不公布的除外。向社会公布征求意见的时间一般不少于三十日,征求意见的情况应当向社会通报。"第67条第1款规定:"行政法规在起草过程中,应当广泛听取有关机关、组织人民代表大会代表和社会公众的意见。"同时,该条第2款对于强化行政法规草案的公开制度予以进一步明确:"行政法规草案应当向社会公布,征求意见,但是经国务院决定不公布的除外。"深化立法民主,需要在《立法法》的基础上进一步细化该项制度,逐步明确征求意见的法定形式和法定程序。

2. 实践立法听证制,实现公民的质疑辩论权

立法听证制度是现代立法制度所追寻的公正性与民主性的集中体现,是民主政治发展的基本体现。立法听证能够以公开的方式为利害关系人参与立法活动提供平等的机会,给予不同利益和力量以制度性的表白途径,通过不同意见主张的相互质疑与辩论,最终以公共和理性的沟通化解冲突,使利益冲突达成最大限度的共识,并使各方意见在立法时都能得到应有的考虑。此外,立法听证可以折射出人民意志的统一程度,使立法主体得以检验立法的社会接受度。当然,总体而言,立法听证制度在我国还远未成为一种成熟的民主制度。《立法法》第36条和第67条针对列入全国人大常委会会议议程的法律案和行政法规草案的公开征求意见方式将立法听证作为一项"或选"制度加以确认,并在2015年《立法法》修改过程中增加了第36条第3款:"法律案有关问题存在重大意见分歧或者涉及利益关系重大调整,需要进行听证的,应当召开听证会,听取有关基层和群体代表、部门、人民团体、专家、全国人民代表大会代表和社会有关方面的意见。听证情况应当向常务委员会报告。"显然,该增加的条款对立法听证的适用范围、立法听证的提出、立法听证参加人的组成等均作了原则性规定。当然,除此以外,立法听证会主持人的职权、对听证会各种陈述意见的处理,以及意见陈述的时间、次序及其限制等一系列更为详细完备的程序规则,均有待作出具体规定。

3. 倡导立法旁听制,实现公民的知情权

立法旁听既是公民获取有关立法活动的真相和事实的有效途径,也是立法主体加强与公众的联系、平缓争议并消除隐患的安全阀门。无论是立法听证还是立法审议,均可由民众的代表作为旁听者列席,使他们了解议案的审议过程,保障其对立法过程的知情权。既有利于通过立法过程对公众实施法律教育,同时又能有效地扩大信息传播、扩展立法参与;既有利于创造开放透明的立法环

境,规避立法腐败,同时又能方便公民实施立法监督,降低政治争议。这是"理性立法""民主立法"的必然要求。

4. 完善立法提案制,实现公民建议权

我国的立法提案权由特定的国家机关和人员行使。《宪法》第 64 条规定,"宪法的修改,由全国人民代表大会常务委员会或者五分之一以上的全国人民代表大会代表提议";《立法法》第 14 条、第 15 条规定,全国人民代表大会主席团、全国人大常委会、国务院、中央军事委员会、最高人民法院、最高人民检察院、全国人大各专门委员会以及一个代表团或 30 名以上的代表联名,可以向全国人大提出法律案;《立法法》第 26 条、第 27 条规定,委员长会议、国务院、中央军事委员会、最高人民法院、最高人民检察院、全国人大各专门委员会或常委会组成人员 10 人以上联名,可以向全国人大常委会提出法律案。由上可见,我国《宪法》和《立法法》尚未就公民行使立法提案权作出规定。虽然任何机关、组织或个人均可以适当的方式向有关立法主体提出立法建议,但立法建议权较之立法提案权缺少法律上的保障。立法主体对立法提案负有决定列入议程与否的义务,而对立法建议则无此义务。为真正实现公民的立法建议权,在充分保障人民代表的立法提案权的基础上,应适当拓宽立法提案权的主体范围,确认一定数量的公民或社会团体、其他组织也可以向有关立法主体提出法律案。同时,也须完善立法提案的程序性规定,如规定明确具体的提案接收主体,规定提案的处理时限等。

5. 运行违宪违法立法审查制,实现公民监督权

立法参与和立法监督是实现立法民主的两个方面。立法民主不仅需要公民在立法活动中充分表达自己的意志,也需要公民对立法活动进行事中和事后的监督。事中的监督可以通过立法听证、立法旁听等制度实现,事后监督则要求赋予公民提出立法审查请求的权利,即对生效的法律、法规、规章,公民有权在法定情形下通过行使立法审查的请求权启动有权机关的审查程序,对违宪违法的规范性法律文件实施监督。《立法法》第 99 条关于公民有权向全国人民代表大会常委会提出审查其认为同宪法或者法律相抵触的行政法规、地方性法规、自治条例和单行条例的书面建议的规定,是实现公民立法监督权的制度保障,使公民作为一个整体在立法活动中享有和立法主体相当的话语权,把立法参与向民主的更深层次推进。

6. 真实反映民意,实现人民意志与国家意志的统一

立法过程的民主并不当然意味着立法内容的民主。立法内容的民主性首先

要求立法内容应当全面、真实地反映公民在立法活动中表达的意志,将立法过程的民主价值汇结于立法内容的有形之中,防止立法内容脱离或者背离立法过程中的意志表达。其次,立法内容应当具体、实在地反映民意,通过具体的制度、措施贯彻和保护民意,防止立法内容在一般意义上抽象地肯定民意,却在具体的规定中忽略或者否定民意。马克思在批判1848年法国宪法时所指出的"用取消自由的办法来'规定'被允诺的自由"的现象,对当代立法仍然具有警示作用。

三、立法的科学原则

（一）科学原则的含义

《立法法》第6条第1款与第2款分别规定:"立法应当从实际出发,适应经济社会发展和全面深化改革的要求,科学合理地规定公民、法人和其他组织的权利与义务、国家机关的权力与责任。""法律规范应当明确、具体,具有针对性和可执行性。"《立法法》对立法科学原则的规定可以从以下几个方面理解:

1. 立法理念的科学性

立法理念的科学性指贯穿立法活动始终的理论信条和观念须符合客观实际,体现立法活动的客观规律。立法理念直接影响着立法活动的走向,只有立法理念具有科学性,所立之法才能具备良好的社会基础,才能成为行之有效的法。客观实际是立法的生命源泉,因此,《立法法》确立了"从实际出发"的立法理念。

2. 立法内容的科学性

立法内容的科学性也可称为制度设计的科学性,指立法所作出的制度安排应从建设民主和法治国家的目标出发,满足现实需求中的合理部分而不迎合现实需求中的不合理部分,体现科学、中立的态度。内容的科学性是科学立法的根本,也是立法理念与立法技术为之服务的核心。因为只有法的内容才是最终调整人们社会关系的规范,而理念与技术是融合在法的内容中的因子。《立法法》明确,立法内容的科学性重点在于"公民、法人和其他组织的权利与义务、国家机关的权力与责任"的设定。具体而言,就是本着法律主体地位平等、权利与义务一致、权力与责任匹配、权利制约权力的科学调整原则,以"适应经济社会发展和全面深化改革的要求"为出发点,在公民的权利与义务之间、在国家机关的权力与责任之间、在公民的权利与国家机关的权力之间作出合理的配置,使之达成平衡、和谐的关系。

3. 立法技术的科学性

立法不是制造和发明法,而是运用科学的立法技术表述法。科学的内容要借助科学的方法、技术手段才能予以落实。立法技术的科学性指用来设计法律关系的方法和用以表达立法内容的技术手段专业、规范,恰当地、无疑义地体现立法真意。立法者所作出的制度安排和意欲达成的真实意愿,如果缺失了科学的立法技术,结果就有可能事与愿违。《立法法》关于法律规范"应当明确、具体,具有针对性和可执行性"的要求,正是立法技术科学性的体现。

(二) 科学原则的意义

1. 立法的科学原则体现了立法作为一种科学活动的本质

立法虽然渗透着执政者的意志,却绝非执政者可以任意操纵,立法受客观规律的制约和支配,因而说立法是一种科学活动。立法的科学原则体现了立法作为一种科学活动的主客观统一的本质。

2. 立法的科学原则体现了理念、内容和形式的统一

立法本身是立法理念、立法内容与立法技术的整合。没有科学的立法理念,立法活动就有可能脱离现实难以致用;没有科学的立法内容,立法活动就有可能产生错误的调整结果;没有科学的立法方法和技术,立法活动就有可能目的与效果相去甚远。立法的科学原则强调三者的有机统一。

3. 立法的科学原则体现了法律关系内容的调整准则

立法对各种利益取舍和协调的结果,最终总是通过对各种权利和义务或权力和责任的设定体现出来,因而,立法过程实际上就是权利与义务、权利与权力的配置过程。立法究竟以权利为本位,还是以义务为本位,亦即立法的本位之争,始终是立法活动要面临的问题。权力与责任是权利与义务在公权力主体上的体现。立法究竟应当重视权力的支配,还是强调责任的追究,也是立法要解决的问题。权利与权力则是现代民主社会给予极大关注的法律关系调整中的两大"阵营"。立法究竟应当强调权利的保障,还是强调权力对社会的有效干预,已日益成为影响一国法治程度的重要指标。立法的科学原则强调三对关系的调整应以恰当平衡为原则,以体现民主社会的特点为侧重。

4. 立法的科学原则体现了提高立法质量的理性追求

提高立法质量是建设现代法治国家必须解决的一个根本问题,而科学立法则是提高立法质量的必由之路。改革开放后,我国在经历了立法数量上的快速增长期之后,开始关注立法质量的提高,凸显出对立法理念、立法技术等一切立法元素科学化的理性追求,这也是立法和法治发展的规律性使然。

(三) 科学原则的要求

1. 实现立法与现实的适应性

客观实际是立法的生命源泉,脱离现实的立法在社会生活中缺乏生命力,要么形同虚设,要么扼杀和窒息社会的生机和活力。科学立法必然要尊重实际、尊重现实。就我国的立法活动而言,尊重实际就是尊重我国处于社会主义初级阶段的国情,尊重各地的特点,尊重我国社会发展的规律。

(1) 因时制宜,从当代中国所处的特定历史阶段出发开展立法活动。因时制宜意味着一切立法活动都必须立足于我国所处的特定历史阶段,根据这一历史阶段的实际立法需求考虑立法条件是否成熟,准确把握立法时机,从而当时而立法,适时而修法,及时而废法。

(2) 因地制宜,从各地区、各民族的实际情况出发开展有特色的立法活动。中国是一个人口众多、地域辽阔的统一的多民族国家,各地区的政治、经济和文化的发展并不平衡,各民族的风俗习惯、伦理道德、文化历史传统等也互不相同。这一现实决定了中央立法必须考虑到各地政治、经济、文化的实际发展状况,努力做到统筹兼顾;地方立法则要根据中央总的方针、政策、宪法和法律,结合本地实际,体现地方特色,有针对性地解决本地问题;立法还要照顾不同民族的特点和利益,重视对民情的调查与研究,发扬民族间的优良文化传统和道德风俗,体现民族特色,实现民族自治。

2. 实现权利和义务的一致性

作为法律关系的内容,权利和义务的规定反映出一定社会法律关系的特征。《立法法》确立的科学原则要求在处理权利和义务的关系时,以权利为本位,实现权利和义务的一致性。

(1) 以人为本,重视公民基本权利的立法。以人为本,就是要尊重和保障人权,包括公民的政治、经济、文化权利。人如果失去了权利,就会失去做人的资格。以人为本,在某种意义上说,就是权利本位,即在立法中应当以权利为起点、核心和主导,全面保障公民作为"人"所应享有的各项权利,以进一步弘扬人的自主意识和主体精神,认可与扩充人们活动的自由空间。基于此,立法活动应充分重视公民基本权利的行使和保障。我国宪法所确认的平等权、人身权、财产权、政治权利和自由等公民的各项基本权利,需要在各种规范性法律文件中得以具体的、可操作的体现。如果说宪法对公民基本权利的确认使人的权利从"应有权利"成为"法定权利",那么法律、法规和规章的具体规范将使公民的"法定权利"成为"可实现的权利"。

（2）合理配置，重视权利规范与义务规范的和谐。享受一定权利与履行一定义务应当是对应而且相当的，权利和义务的配置不当，必然形成社会上的特权阶层。首先，权利规范与义务规范在结构上应相互对应、相互依存，没有无义务的权利，也没有无权利的义务。其次，权利规范与义务规范在总量上要相当。从量的规定性上分析，一个社会的权利总量与义务总量是大体均衡的，具体到某一公民而言，权利量与义务量也是大致对等的。立法要从制度设计上保证任何公民在尽享权利和自由的同时受到相应义务的限制而不致滥用权利和自由。

3. 实现权力和权利的平衡性

从完整意义上讲，立法须在权利与权力之间寻求调控的平衡点，实现两者的相互制约与平衡，而在我国，"以权利制约权力"更有其特殊的重要性。其一，中国是受封建专制影响较深的国家，权利在一个相当长的时期内没有受到应有的重视；其二，现代行政的迅速扩张使行政权力有更多的机会进入人们的日常生活，而对行政权力的约束机制目前还不尽完善；其三，行政机关行使一部分立法权，大量的法律草案由有关行政职能部门起草，而行政立法的民主程序还有待强化，部门利益法律化的可能不容忽视。因此，"权利本位"不仅应存在于权利与义务的关系中，亦应在权利与权力的关系中得以确立。我国要在权力本位的历史传统面前，实现权利与权力的理性平衡，就要适当强调权利对权力的基础地位，推动政治与经济、政府与企业、国家与市民社会的相对分离，促进经济市场化、政治民主化、文化理性化和社会现代化。当然，无论是制约还是平衡，都要防止权力异化为权利的对抗物。具体要做到：

（1）确立私法领域中"法无明文禁止不为过"和"法无明文规定不受罚"的原则。"权利"是私法制度的核心内容，是国家权力的源泉，也是国家权力配置、运作的目的和界限，应当受到最大限度的保护。对权利主体在私法领域，即经济领域和民间的或私人事务方面的权利的保护，应当明确：一方面，权利的行使应以法的明文禁止为限，即只要法没有明文禁止的事项，权利主体就可为，且不构成法律上的过错；另一方面，对权利主体之行为的受处罚性的认定应以法的明文规定为标准，即只要是法尚未作出处罚规定的行为，公民就不能因该行为受到处罚。我国目前正大力发展和完善社会主义市场经济体制，为此，立法对私法原则、私法精神的贯彻和对私权利的充分保障，既为势所必然，亦属当务之急。

（2）坚持公法领域中"法无明文规定不可为"的原则。从本质上讲，权力是为权利服务的，保障权利不受任何非法侵害和剥夺以及社会利益的实现，正是权力的宗旨和归宿。国家权力的配置和运作,只有为了保障主体权利的实现,协调权利之间的冲突,制止权利之间的相互侵犯,维护和促进权利平衡,才是合法的和正当的。然而,权力具有一种与生俱来的"积极主动作为"的特性。因此,必须通过法律规制确保权力的审慎行使。规制的根本原则之一,就是坚持"法无明文规定不可为",使权力的边界依法而定。只要是法尚未明确授权的事项,权力就不能行使。尤其在行政管理领域,既要给予行政机关必要的手段,以确保行政权力依法有效行使,又要注意对行政权力的规范、制约和监督,促使行政机关依照法定的权限和程序正确行使权力,确保自然人、法人和其他组织的合法权利不受非法侵害。

4. 实现法定义务与法律责任的对应性

无论是对权利主体违反法定义务的行为,还是权力主体违法行使权力的行为,都应设定相应的法律责任予以追究。

(1) 法定义务与法律责任的形式对应。只要有法定义务,就有违反法定义务的可能;只要有违反法定义务的可能,就须设定相应的法律责任。从严格意义上讲,每一项法定义务都应附有相应的法律责任,以保证法定义务的履行,这就是两者的形式对应。同时,义务与责任的确定还应当明确、具体而不易产生歧义。对失职失责之行为,法律要有明确的、容易掌握标准的惩处规定,即强调责任规定的可操作性。

(2) 法定义务与法律责任的实质对应。不同的法定义务决定了违反该项义务所产生的后果与影响不同;不同的后果与影响须对应严苛程度与之相当的法律责任,即法律责任的惩戒应足以并恰好足以对违反该项法定义务的行为产生威慑,使违法主体的违法成本与其预期或已实现的违法利益大致相当。这就是两者的实质对应。就权力主体而言,不仅要根据其具体违法性质和危害程度分别设定相应的宪法责任、刑事责任、行政责任、国家赔偿责任,还须就不同的权力运行过程分别设定权力获得责任、权力行使责任和权力后果责任,以形成严密的责任体系,避免权力的恶性膨胀。

5. 实现实体规范和程序规范的协调性

实体规范与程序规范的关系,实质是内容与形式的关系。"理智最习于认内容为重要的独立的一面,而认形式为不重要的无独立性的一面。为了纠正此点必须指出,事实上,两者都同等重要,因为没有无形式的内容,正如没有无形式的质料一样,……内容所以成为内容是由于它包括了成熟的形式在内。"①实体规范与程序规范都是法不可或缺的内容。仅有科学的实体规范而没有科学的程序规范,法的实体规范就难以有效实施;仅有科学的程序规范而没有科学的实体规范,程序规范的价值就失去了附着的载体,法的价值当然也无从实现。

从我国的传统和现实出发,实现实体规范和程序规范的协调性,关键是要转变"重实体轻程序"和"程序工具主义"的观念,充分发挥实体规范和程序规范相互不可替代的功能,在以程序规范保障实体规范落实的同时,以实体规范为程序规范提供价值载体,将程序权利义务作为独立的法律权利义务在立法中加以体现。尤其要纠正行政法实体规范中行政主体的实体权力相对多而实体义务相对少、行政相对人实体义务相对多而实体权利相对少的现象,以及行政法程序规范中行政主体承担程序义务多而享有程序权利少、行政相对人承担程序义务少而享有程序权利多的现象,以彼此协调的实体规范和程序规范精致地权衡、公允地分配权利(力)和义务,并最终兑现法的平等。

6. 实现国家、集体和个人利益的多赢性

利益是人类社会一切活动的基因,也是立法活动的基本动力。立法是利益调整的重要手段。我国正处在社会转型时期,建设和改革的每一步都涉及利益关系的调整,立法工作不可能毫无差别地反映不同主体的所有利益,而必须在各种利益间进行取舍和协调。我国立法的科学原则要求,当国家利益、集体利益与个人利益之间发生矛盾或冲突,要从保障国家利益出发,同时兼顾集体或个人的最大利益,实现国家、集体和个人的多赢。

7. 实现立法技术的规范化、专业化

(1)方略层面的要求。要科学把握立法时机的选择性与立法超前性的关系、原则性与灵活性的关系、稳定性与发展性的关系。

(2)操作层面的要求。要运用科学预测技术预见未来立法的状况和发展趋势;运用科学规划技术编制立法计划;运用系统化技术使法文件保持协调和统一;运用科学的规范结构技术使法的形式符合法的内容,使法规范具有逻辑性;运用科学的立法语言准确、凝练、严谨地表达立法意图、描述制度安排。

【小结】

立法原则是特定单位的立法活动所遵循的具有基础意义的规律。立法原则

---

① 〔德〕黑格尔:《小逻辑》,贺麟译,商务印书馆1980年版,第279页。

既有指导、协调的内部功能,也有调整、巩固社会关系的外部功能。立法原则可以根据适用范围的不同、立法主体的不同、立法级别的不同,以及原则内容的不同进行不同的分类。

我国的法定立法原则可概括为法治原则、民主原则和科学原则。法治原则意味着立法权限、立法程序和立法内容的合法性,要求有权立法主体严格按照法定权限和程序行使权力,维护法制统一。民主原则包含立法内容和立法过程的民主性,遵循立法的民主原则,关键要使民主原则制度化、法律化,保障人民群众通过各种形式和途径广泛参与和监督立法活动,并最终在立法中体现人民群众的意志。科学原则包含立法理念、立法内容和立法技术的科学性,要求实现立法与现实的适应性、权利和义务的一致性、权力和权利的平衡性、法定义务与法律责任的对应性、实体规范和程序规范的协调性、国家、集体和个人利益的多赢性以及立法技术的规范化、专业化。

【思考题与案例分析】

1. 我国立法的法治原则要求"从国家整体利益出发,维护社会主义法制的统一和尊严",立法的民主原则要求"立法应当体现人民的意志",如何理解"从国家整体利益出发"与"体现人民的意志"的关系?

2. 我国在"保障人民通过多种途径参与并监督立法活动"方面目前有哪些法律保障?如何进一步完善法律保障?

3. 为什么说坚持立法科学原则有助于提高立法质量?如何在立法中贯彻科学原则?

4. 请试用我国法定立法原则中的法治原则理论对下述实例进行评析:

(2015年)3月8日下午,《立法法》修正案草案提请十二届全国人大三次会议审议,相较于此前提交全国人大常委会的二审稿,此次草案版本有相当一部分的内容修改。其中,备受关注的"税收法定"条款,"只能由全国人大及其常委会制定法律"的对象,二审稿表述为"税种、纳税人、征税对象、税率和税收征收管理等税收基本制度",而大会审议稿则修改为"税种的开征、停征和税收征收管理的基本制度"。

立法领域的亮点归纳,可以着眼于"税收法定"原则有望借此作初步明确,进一步看的话,具体条款的措辞变化则值得认真推敲。3月4日的人大记者会上,傅莹回应记者有关"全国人大是否未尽到职责"问题时曾表示,目前现行的大部分税种系国务院通过税收暂行条例来制定,其依据是1985年全国人大的授权。

当时是出于改革和发展的需要,现在"税收法定的条件已经逐渐成熟",中共十八届三中全会、四中全会都明确提出,要落实税收法定原则。

落实税收法定,最重要的一条便是税收立法权收归全国人大,在草案二审稿中,对于"只能制定法律"这一专属立法权范围作了相对详尽的罗列,列举式的立法技巧,最大的优点便于在于对相关内容的尽可能明确,减少法律执行中的争议。而此次大会审议稿,对列举的内容作了删减和修改。增加的部分是将二审稿的"税种"进行展开,详列开征、停征两个环节,被删除部分则事关纳税人、征税对象和税率。目前尚未看到针对这一修改的详细解释,从字面看来,税收征收的细节操作部分,可能还将继续留给行政机关决定。

——节选自《立法法修改 税收法定须彻底落实》,http://finance.sina.com.cn/review/hgds/20150309/072321675187.shtml,2015 年 8 月 4 日访问。

5. 请试用我国法定立法原则中的科学原则理论对下述实例进行评析:

据对法律配套立法(即国务院等有关国家机关根据法律条文的明确规定,为保证该法律的有效实施而对其中不具有操作性的原则性规范或概括性规定予以细化而制定法规、规章和其他的规范性文件)情况的调查,全国人大及其常委会自1979年以来至2008年2月28日十届全国人大常委会三十二次会议闭幕前制定或修改的,并规定由国务院或国务院有关部门进行配套的 144 部现行法律中所涉及的 342 项配套立法中,已配套 166 项,仅占应配套总数的 48.5%;尚未配套的 176 项,占 51.5%。在 166 件配套文件中,3 年内完成的约占七成,其中 1 年内完成的 48 件,仅占 29.0%。迟至母法颁布后 3 至 5 年完成配套的约占 15.6%,5 至 10 年完成的占 12.0%,10 年之后完成的还有 3.6%,其中最长的制定期限逾 14 年。可见,配套立法长期滞后的情况相当严重,累计占近 1/3。

——辑自徐向华、周欣:《我国法律体系形成中法律的配套立法》,载《中国法学》2010 年第 4 期。

【课外阅读文献】

1. 李步云、汪永清主编:《中国立法的基本理论和制度》,中国法制出版社 1998 年版,第 34—71 页;

2. 人大法工委研究室:《立法法条文释义》,人民法院出版社 2000 年版,第 6—13 页;

3. 顾昂然:《新中国民主法制建设》,法律出版社 2002 年版,第 221—227 页;

4. 杨景宇:《法治实践中的思考》,中国法制出版社 2008 年版,第 134—141 页;

5. 孙潮、徐向华:《论我国立法程序的完善》,载《中国法学》2003 年第 5 期;

6. 周旺生:《论中国立法原则的法律化、制度化》,载《法学论坛》2003 年第 3 期。

第三章 立 法 决 策

【本章提要】

立法决策是指立法主体在立法过程中,为实现预设的立法目标而在立法权限范围内对各种可能性或者备选方案所作的选择。

【主要教学内容】

1. 基本概念:立法决策;
2. 基本知识和制度:立法决策的主要类型;立法决策的核心内容。

【教学目标】

1. 讨论立法决策与立法质量之间的关系;
2. 用公共决策的视角观察立法实践。

第一节 立法决策概述

一、立法决策的概念

与每个人、每个组织一样,立法主体也始终要面对各种可能性,并且最终必须作出一种相对确定的选择。在立法所涉及的各个环节中,在从立法草案提出到立法文本最终被通过的整个过程中,立法主体都必须逐一地在各种备选方案中进行分析、比较、甄别、取舍;而立法的最终文本仅仅是这一选择过程的集中反映和成果表达。

民间婚约是否具有法律效力?机动车与行人发生交通事故时,驾驶者是否当然负有责任?面对日益增长的社会保障压力,国家是否需要适当调整有关生育控制的法律制度?对高龄罪犯适用死刑是否符合人道主义精神?在民众参与司法过程意愿日益强烈的背景下,人民陪审员制度是否需要吸收西方陪审团制度的一些积极因素?在经济增长减速的情况下,立法者是否应当坚持加重企业在劳动保障和环境保护等领域的责任?战略性的稀缺资源开发利用是否仅仅以经济利益为唯一导向而不考虑国家安全等其他重要的利益?……

立法者几乎每时每刻都在面对类似这样的追问和难题,而解决这些问题的过程以及对这些问题的最终回应大致都可以被描述和界定成立法决策。

由于立法决策所涵盖的事项既广泛又复杂,因此很难给其下一个足以避免挂一漏万的准确定义。因此有学者认为,为立法决策这一现象"提供一个必要的分析框架,并对其表现特征作一界定"可能会具有更大的"开放性"[1]。

周旺生教授曾经对立法决策作了以下界定:"立法决策,是立法主体在自己的职权范围内,就立法活动中的实际问题,作出某种决定的行为。"[2]同时,他进一步对上述概念进行了凝练:"主体是立法主体,时空是立法过程,内容是立法实际问题,结果是作出某种决定,方式是判断和取舍,把握这些方面,就可以把握住立法决策的特征。"[3]

上述定义较为全面地概括了立法决策所涉及的主要因素,但缺乏对立法决策中立法主体主观能动性的强调。在这方面,郭道晖教授所作的如下定义也许能够弥补其不足:"所谓决策,是指主体依据其对客观需要和其所代表的利益得失的判断,及对满足这种需要与利益所必须而可能采取的策略与手段的权衡,作出对策性的决定。这都有赖于主体意识的导向和确认。所谓立法决策,也是对上述这些因素的判断与权衡,而作出是否采取立法的手段和选择立法的方略与模式的决定。"[4]

由此可见,除了决策主体、决策时空、决策内容、决策结果、决策方式等因素之外,如果不强调目的性和主观能动性,我们便很难准确完整地界定立法决策。综合上述分析,我们认为,立法决策是指立法主体在立法过程中为实现预设的立法目标而在立法权限范围内对各种可能性或者备选方案所作的选择。对于这一定义,需要从以下几个方面加以把握:

第一,立法决策的主体应当是立法主体。立法决策不同于个人对自己职业生涯的规划,不同于企业对是否采取某种营销手段的决策,也不同于政府对是否要建设某一大型工程的决策;它是立法主体对于所有与立法有关的议题所作出的决策。同时不可否认的是,执政党领导人、立法机关领导人可能对立法决策加以指导,或者直接参与立法决策。但是,只有当他们的决策思路转化为立法主体的决策内容时才构成立法决策。

---

[1] 于兆波:《立法决策论》,北京大学出版社2005年版,第13页以下。
[2] 周旺生:《立法学》,北京大学出版社2006年版,第464页。
[3] 同上书,第465页。
[4] 郭道辉主编:《当代中国立法》(上),中国民主法制出版社1998年版,第197页。

第二，立法决策必须是在立法过程中作出的。此处，立法过程不能被狭隘地解读为立法程序，而应当被理解为一个与立法有关的时空概念。在这个意义上，立法主体作出的与立法无关的决策不能被称为立法决策。例如，全国人大常委会关于国务院某一个组成人员的任命就不能称为立法决策。再如，某省级人民政府授予某个小区模范小区称号的决定也不能被称为立法决策，尽管该政府是一级立法主体。

第三，立法决策一般是立法主体依其职权所作出的。这是法治原则对立法主体的一个基本要求。尽管在实践中不乏立法主体超越其职权进行立法决策（例如，地方性法规涉及依法应当由法律规定的事项），但这样的决策通常被认定为无效决策。

第四，立法决策的方式是对其所面对的各种可能性或者备选方案进行选择。决策不是一个机械的算术过程，而是通过发挥主观能动性化繁为简、将复杂的矛盾简单化的过程。用彭真同志的话说，"立法就是在矛盾的焦点上划杠杠"[①]。在当代中国，立法决策的这一特征集中地体现在立法主体对于与立法相关的各种不同利益的协调和筛选。

第五，立法决策的参照系是其所预设的立法目标。立法决策并不是盲目的。相反，它是与某一个（些）具体的制度目标紧密联系的。不同的目标设定决定了不同的决策内容。同时，衡量立法决策质量的客观标准之一就是确认具体的决策内容最终是否实现了预设的立法目标。

二、立法决策受到关注的社会背景

尽管立法决策始终伴随着立法实践，但立法决策作为理论命题被提出还是比较晚近的现象。在我国，对立法决策的关注，或者从决策的视角观察立法现象最早大概只能追溯到20世纪90年代。

在立法严重空白缺位的年代，社会对于立法机关的主要期待集中在立法数量方面，即要求其尽快提供必要的制度供给。当我国的立法体系基本满足有法可依的需求之后，社会对立法质量的要求便伴随着许多劣质立法所引发的问题而被提出。随着立法对社会关系的调控能力逐渐增强之后，立法成本、立法质量就成为立法者以及社会公众无法回避的问题。在这一背景下，社会大众及学者开始逐渐地从单纯关注立法权限、立法程序等规范性命题（以合法性为主要的价

---

① 彭真：《论新时期的社会主义民主与法制建设》，中央文献出版社1989年版，第303页。

值取向)转向了对立法技术、立法决策等技术性命题(以效果为主要的衡量标准)的关注。

同时,随着信息传播的加速和便捷化,人们越来越意识到对于同一个社会问题可能存在多元的解决方案。因此,他们要求立法者能在严密论证、周延考察的基础上提供一个最优化、最有效的解决方案。此外,随着立法任务的日益增长,立法者为修改法律所预留的时间资源正变得越来越稀缺。这也进一步要求立法者在立法决策过程中必须尽可能谨慎,尽可能降低制度成本。最后,不可否认的是,当代中国的立法过程充满着多元价值观的协调和多元利益的取舍。随着利益表达机制的健全,立法机关必须对不同利益诉求作出不同且富有灵活性的回应。因此,立法决策也逐渐成为一个显性问题浮出水面。

总之,立法决策的关注者和研究者试图从功利主义的视角评价立法的优劣,并为优化立法提供一些可操作的技术方案。立法决策的终极关怀是立法质量的提升。

第二节 立法决策的主要类型

由于立法决策所涉及的内容和环节众多,因此对其进行适当的分类有助于我们加深对其的认识。根据不同的标准,我们可以对立法决策进行为数众多的分类。但是,为了有助于深化对立法决策的理解和认识,在此仅重点介绍以下两种分类:

一、宏观决策、中观决策和微观决策

从决策的影响范围和决策对象的重要性程度来分,立法决策可以分为宏观决策、中观决策和微观决策三个层面和类型。宏观立法决策通常是指立法主体对立法制度的全局性、战略性、关键性问题所作出的决策。这些决策包括国家基本立法体制的设计和定位(例如,以《宪法》和《立法法》为基础的立法体制)、中长期立法主题的确定(例如,是以建设市场经济为中心,还是以构建和谐社会为中心?)、某一部门法的全局性决策(例如,刑法究竟是以犯罪控制为主要导向,还是以人权保护为主要导向?经济法究竟是以自由市场为导向,还是以政府调控为导向?)、立法程序设计的总体思路(例如,是以提高立法效率为主,还是以保证立法质量为主?)、立法技术的总体思路(例如,是宜粗不宜细,还是宜细不宜粗?)等。宏观立法决策是最高层次的立法决策,它关注的是国家法治建设、立法制度

中最核心的命题。由于宏观立法决策对具体立法、执法实践以及社会关系的影响最为广泛、深远,决策者往往需要花费大量的时间,广泛且反复地征求意见。

中观立法决策是指立法主体对立法制度中某一领域、某一方面问题所作的系统决策。这些决策大致包括年度立法计划的确定、某一部法律的系统设计(例如,《行政监察法》包括总则、监察机关和监察人员、监察机关的职责、监察机关的权限、监察程序、法律责任、附则等主要内容)、某一方面立法程序如何运用的决策(例如,是否要求所有的地方性法规在制定过程中都举行立法听证?)、立法机关内部的机构设置及人员分工、立法技术在某一部门法的具体适用(例如,行政法需不需要一部统一的法典,还是坚持以单行法为主?)等。中观决策是立法主体经常面临的,且对某一阶段、某一领域的立法实践具有决定性的影响。

微观立法决策是指立法主体对于立法制度的某一个具体问题所作出的决策。微观立法决策常见于以下一些场合:对年度立法计划的具体实施和适当调整(例如,是否需要根据争议的程度和议题的复杂性程度适当调整几部法律草案之间的审议次序以便提高审议的效率?)、某一个具体法律规则的设计(例如,机动车与行人发生交通事故时机动车驾驶人是否当然对事故负有法律责任?)、立法程序在某一部法律草案审议中的具体运用(例如,《物权法》草案在经历三审之后是立即交付表决终止审议,还是暂不付表决进一步审议?)、立法技术在某一部法律中的具体应用(例如,是否需要设立单独章节规定法律责任,还是将法律责任与行为描述统一起来?是否需要设立条标?)等。微观决策是立法主体几乎每时每刻都面临的决策,因此也是最常见的一种立法决策。

尽管重要性程度有所不同,但无论宏观、中观,还是微观立法决策都是立法过程中所不可回避、不可或缺的决策。这三种决策共同塑造和完善了(着)国家的立法制度,因此也都是不容忽视的。

二、建构型立法决策和回应型立法决策

根据立法形态的不同,立法决策可以大致被分为建构型立法决策和回应型立法决策。建构型立法决策是指立法机关在规划、设计一个全新的、系统的法律制度时所作出的决策。回应型立法决策则是指立法机关为应对现实存在的问题制定、修改、废除相关法律制度时所作出的决策。

为了有助于更好地理解这一分类,我们不妨借助于两个比喻。在建构型立法领域,立法者就像一位城市规划师。规划师通常要先为一个城市确定一些未来的发展目标(经济增长、交通顺畅、环境优美等),然后根据这些目标制定具体的规划指标参数(为配合经济发展设立开发区、为保证交通顺畅设计立体的交通布局方案、为实现环境优美确定公园等绿地占地比例等)。在规划师的规划决策中必然涉及各种发展目标以及具体规划方案之间的斟酌、比较和取舍,但这个过程一定是为一个核心目的——发展目标服务的。1999年制定的《合同法》将交易效率作为首要的立法目的(原则),交易安全则是次要的目标。因此,在许多具体制度的设计上都以尊重交易双方意思表示为原则。

在回应型立法决策领域,立法者则如一位医生。医生的终极目标以及主要任务就是解决和消除其所面对的既存矛盾——病人已被诊断出的疾病。为此,他们必须先在保守疗法和激进疗法之间进行选择;此后必须进一步确定疗程、药量,以及防止发生并发症的方案等。《食品安全法》的制定主要是为了应对日益增多的食品安全事故,确保消费者的人身安全和生命健康。为此,该法建立起了较《食品卫生法》更为严格、严密和全面的食品安全监管体系。例如,为避免食品安全标准制定方面"九龙治水"的格局,规定国务院卫生行政部门应当对现行的食用农产品质量安全标准、食品卫生标准、食品质量标准和有关食品的行业标准中强制执行的标准予以整合,统一公布为食品安全国家标准。

建构型立法决策与回应性立法决策都是立法实践中常见的决策形态。两者各有所长,而各自的缺陷也很明显。建构型决策长于规划,系统性也很强,但也存在与实践脱节的可能性。回应型决策即时性、针对性强,但又由于缺乏系统性而经常陷入"头痛医头,脚痛医脚"的怪圈。因此对于立法者而言,最理想的状态就是综合发挥这两种决策的长处,而适当控制其不足之处,以便使立法效应最优化。

第三节 立法决策的核心内容

如前所述,立法决策几乎无时不在、无处不在。但是对于立法主体而言,在时间、精力有限的情况下,其所关心也必须关心的应当是最重要、最核心、最迫切的那些决策命题。我们认为,立法决策的核心内容包括以下三个方面的问题,即立法对象决策、立法时机决策和立法内容决策。

一、立法对象决策

在现代社会,每个立法机关都会面对日益增长且难以全面满足的立法需求。例如,每年全国人大及其常委会都会收到全国人大代表以提案的形式提出的数百件立法建议,其涉及范围从《传统医药法》到《国家考试法》、从《城管法》到《旅游法》、从《白酒法》到《信访法》、从《慈善法》到《西部大开发法》,不一而足,包罗万象。

面对如此众多的立法需求,立法机关必须进行一番甄别、筛选,而筛选的首要任务就是确定哪些事项适宜通过立法进行规范、哪些问题不适合通过立法加以解决。某个问题亟待解决(如青少年早恋问题)并不意味着立法能够解决以及必须通过立法加以解决;某项事务急需政府干预处理(如护士短缺问题)也并不意味着政府必须通过立法加以解决。立法机关对于可立法事项的筛选表明了法律作为一种社会规范、立法作为一种调整社会关系的手段本身所具有的局限性。由此可见,立法机关"有所为,有所不为"不仅是一种自我谦抑的表现,而且也是其必然选择。

那么,决策立法对象的实质是什么呢? 或者说筛选可立法事项的本质特征是什么呢? 简而言之,立法对象的决策过程意味着从社会关系中抽离出法律意义上的权利义务关系。因此,可立法事项至少具有两个方面的特点。首先,该事项所反映的社会关系基本可以通过法律上的"权利—义务"这一对关系加以具体化与表达。例如,债权债务关系可以被表达为法律上的权利义务关系。相反,思想、信仰和道德层面的很多关系和事项则无法通过法律上的权利义务关系加以表达。其次,该事项接受法律调整后应当具有可执行性,即可以通过法律认可的执行程序(包括当事人协商、法院判决、调解、仲裁等方式)实施。具体而言,违法行为必须具有被证明的可能性(作为反例之一,思想上违法显然是难以证明的),同时执行程序足以纠正违法行为(作为反例之一,法律很难强迫公民为挽救家庭成员的生命而捐献自己的器官)。

针对可立法事项所具有的特性,为了"立当立之法",首先,立法者应当把握法律与其他社会规范之间的边界,进而研判究竟哪一种规范能够更为有效地解决所面临的问题。如果道德自律、家庭伦理、社会舆论、宗教戒律等对社会关系的调整效果更为有效,立法者就应当明智地为这些规范发挥作用留下空间。

其次,当个人行为具有负的边界效应(对外产生负面影响)时,立法对行为的调整才具备可能性。通常而言,法律无法强迫人从善,但可以制止人作恶。同时,法律通常也无法禁止个人自我伤害,而只能制止和惩罚伤害他人的行为。当然也存在例外的情况。例如,法律本来无法干预吐痰、吸烟、喝酒、吸毒等个人生活习惯,但是,当这些个人习惯对其他公民或者整个社会带来负面影响(例如,在公共场合随地吐痰、吸烟、酒后驾车、吸毒者传播疾病等)时,立法机关有可能通过制定法律强制人们改变习惯,从而使法律间接地进入了家门。

最后,当法律责任无法有效落实时,立法者最好暂时不要干预社会关系。如果违法行为不具有被证明的可能性、如果违法行为无法通过执行程序予以纠正,那么立法者最好应当有节制地使用立法资源,或者将这些资源配置到更需要它的领域。

当然,立法者也必须清醒地认识到,可立法事项的评判标准是不断变动的。传统侵权法曾经认为工伤事故的受害者是无法获得赔偿的,因为他们无法证明雇主对事故的发生存在过错。但是,在工业事故普遍泛滥的时代,这样的规则便被认为是不正义的。因此,立法开始涉入这个长期被认为无须法律干预的领域,并引入了无过错责任这种新型的责任形式。同样,工作时间、工资等事项也曾长期被认为是雇佣双方意思自治的领域而无须政府通过立法进行干预。但是,当劳资关系恶化波及整个社会之后,僵化地坚持以自由市场为由抵制立法干预便显得不合时宜了。再如,我国古代的立法曾经广泛深入到家庭,甚至个人信仰。但是,这样的立法在新的时代却被认为不仅不必要,而且是不可能的。因此对于立法者而言,除了坚持上述三个原则之外,尤为重要的一点是审时度势地根据社会需求和主流价值观对能否立法进行决策。

二、立法时机决策

当立法主体认为某一事项是可立法事项,而且也具有立法的必要性时,它继而必须决定是否以及何时启动立法程序。这个问题可以简化为立法时机的选择问题。

我们经常看到如下新闻标题:《××法多年难产》《专家呼吁尽快出台××法》《××法不合时宜》《××法过于超前》《××法严重滞后》《全国人大常委会认为××法立法时机不成熟》……所有这些都反映了社会对于某一具体法律立法时机的评价。

通常而言,每个立法机关都希望其所制定的法律规范能够适逢其时、恰如其分地回应社会对立法的需求,能够有效地实现其预设的立法目标并被社会所广泛认同。然而,这一理想的愿景能否实现经常受到现实环境的制约。首先,立法机关所掌握的信息有时并不充分,因而影响了其对最佳立法时机的预判。如果立法机关没有充分了解收容遣送制度存在的各种弊端,那么它就不会作出将该制度予以废除的决策。同时,有些信息是立法者在立法过程中无法掌握的。例如,Q币这种特殊的财产形态是1997年修订《刑法》的全国人大所无法预见的。

其次,立法时机的成熟期待的并非是个案,而是能够反映社会倾向性意愿的许多类案。但是,如何根据若干类案来评判社会的倾向性需求始终是一个难题。例如,拆迁实践引发的事故和争议屡有发生,但立法者究竟应当根据哪些类案断定《城市房屋拆迁管理条例》已经到了非改不可的地步呢?

再次,立法机关往往要面对众多针锋相对、互不妥协的利益诉求,也往往为了协调这些利益而推迟,甚至贻误最佳的立法时机。例如,《城市房屋拆迁管理条例》的修改便涉及地方政府、开发商、被拆迁人、未来购房者等多方利益。因此,该条例的修正案迟迟无法出台自然可以理解。

最后,立法机关的其他立法议程以及立法外议程很可能会挤占立法所需要的时间并导致最佳立法时机的延误。就有权立法的人大系统而言,它们不仅承担着繁重的立法任务,而且还担负着包括监督、重大问题决策、人事任免、外事交流等其他职责。在人员有限、会期紧张的背景下,立法议程被切割、打乱是很常见的。

当然,影响立法时机的因素还有很多。例如,政治压力、社会对规则的可接受度、执法程序是否配套,等等。

由此可见,立法者要实现"当时而立法"则需要各种主、客观条件的配置和配合。它必须尽可能全面地掌握与立法有关的信息;必须对立法的社会基础进行准确的判断;必须在面对多元利益冲突时运用矛盾律简化矛盾;必须确保立法议程所需要的时间;必须勇于化解政治压力……

此外,立法者与公众也应当进一步理性地看待立法时机。首先,我们必须明确,作为人造物的立法永远是滞后的;但从法的功能上看,立法是有超前和滞后之分的。因此,"先知先觉"是对立法者不切实际的苛求,但及时对症下药则是可以期待的。其次,超前与滞后只有在与立法所处的社会环境以及立法者所要实现的目的相联系时才有意义。不能简单地通过比较我国与发达国家在某一领域立法时间的先后顺序来评判立法的超前与滞后。最后,必须结合社会立法需求与立法实施的情况全面评判立法时机。立法应时不仅体现在立法对社会需求的及时回应,而且还表现在其获得了比无立法情况下更好的调整效果。

三、立法内容决策

对于立法者而言,或许最为焦虑,也最经常思考的一个问题就是如何立一部好法,如何创造出一个好制度?事实上,对立法质量的期待不仅来自立法机关,而且也来自于普罗大众。当然,我们不能否认,当社会主义法律体系在数量上基本满足社会需求之后,对立法质量的关注和追求将成为我国立法主体的一个核心价值目标。

但如何才能立可行之法呢?对这个问题的回应可能将呈现"仁者见仁,智者见智"的局面。例如,对于死刑究竟能否震慑犯罪长久以来始终存在着争论。因此,无论废除死刑,还是保留死刑,以及对死刑制度进行一些调整都有可能被贴上不同的标签。比如,一味地要求城市政府给予外来务工人员市民待遇是否忽视了区域政府间财政负担平衡的问题?又如,乞讨者及其同情者当然认为设立"禁讨区"是不人道的制度,而备受乞讨者骚扰的市民和游客则很可能对此拍手称快。再如,由于立法加重了中小学校对在校学生的监护责任,为避免承担因伤害事故而产生的赔偿责任,很多中小学校禁止学生进行课间活动。结果,长期不运动间接地导致肥胖儿童的增加,进而又增加了政府为治疗肥胖症以及其他并发症所支付的医疗成本。然而,这些成本远远高过作为小概率事件的伤害事故所带来的成本。那么,我们(包括学生家长)此时应当如何评价加重学校监护责任的立法呢?……

尽管人们很难就如何评判立法质量达成广泛的共识,我们认为,如果立法者重视对以下三个问题的探究,那么在客观上提高立法质量,同时使立法获得广泛的认可度依然是可能的:

首先,立法者必须进行必要的价值权衡。公正、效率、安全、稳定、有序、舒适、幸福……凡此种种,都是人类应当追求实现的价值。但是,鱼和熊掌不可兼得往往是一种我们必须面对的现实。因此,立法者在具体的立法过程中必须因地制宜地进行价值筛选,确定某一部法律所要追求的核心价值,并据此设计具体的法律规则。例如,在设计交通事故中的赔偿规则时,立法者必须首先明确究竟是以交通效率,还是以人身安全为主要的价值目标。再如,在设计与外商投资相关的法律制度时,立法者也必须明确究竟是以国家经济安全,还是以促进经济发展为首要目标。

其次,立法者必须建立有效的立法信息搜集渠道并确保客观全面的信息分析处理。立法者必须全面、客观地了解其所要调整的社会关系,否则提高立法质量很可能成为一厢情愿的目标。例如,如果不了解行政审批制度对于市场交易的普遍的阻碍作用,《行政许可法》就不会确立以市场自治和最小干预为核心的原则以及这些原则所派生的具体制度。又如,由于对"搭便车"现象缺乏应有的预判,2003年建立起的救助管理体系在一些城市不仅无法实现对流浪乞讨者的有效救助,而且还导致财政资金的浪费。

最后，立法者应当坚持适中宽和的精神，不可偏颇走极端。这要求立法者在利益协调上尽可能实现双赢；在对规范对象的定位上，既要强调自觉守法的重要性和可能性，又要对潜在的滥用和规避规则行为保持应有的警惕；在执法模式的设置上注重发挥多种实施机制的功能效用；对法律规则的寿命保持现实的期待，既合理设定立法的短、中、长期目标，又注重立、改、废、法律解释等形式的综合运用；在调整手段的选择上注意堵疏结合、结果控制与过程控制相辅相成；在立法表述上注意抽象原则与具体规则的交互运用。

【小结】

立法决策是从另一个视角观察和研究立法现象。当我们跳出规范主义的框架之外，尝试从公共政策的角度观察立法实践时，不难发现立法过程是极其复杂的。同时，通过这一章的学习，我们能够进一步体会立法质量问题的重要性。

【思考题与案例分析】

1. 如何理解立法决策与立法质量之间的关系？
2. 立法决策有哪些基本类型？
3. 立法决策的核心内容有哪些？
4. 立法决策是否应依法进行？
5. 请试用立法决策的有关知识分析以下新闻：

十一届全国人大常委会第二十二次会议上，针对此次《刑事诉讼法》修改中新增"不得强迫任何人证实自己有罪"的规定，现行《刑事诉讼法》第93条仍规定，"犯罪嫌疑人对侦查人员的提问，应当如实回答"，全国人大常委会委员任茂东认为，"这说明沉默权仍然没有被我国法律明确认可。只有有条件地确立沉默权制度，才能有效遏制刑讯逼供。"

现实中，刑讯逼供、屈打成招的冤假错案屡禁不止。原因之一是，法律规定犯罪嫌疑人有供述自己是否犯罪的义务，且侦查机关将获取口供作为直接证据使用。

侦查机关过分依赖口供、以口供为中心展开侦查的司法现状，不得不让人担心：一方面，公安、检察等侦查机关对刑讯逼供等非法取证措施的采用屡禁不止；另一方面，侦查机关如果一味依赖口供，是否会阻碍办案人员侦查技术和侦查设备的提高？

侦查机关对此反应十分强烈：沉默权入法，法规超前，难以驾驭和执行，对惩治犯罪将造成妨碍。拥有侦查权的公安机关、检察机关，承担着查办案件的巨大责任和巨大风险。沉默权入法,无疑让侦查机关办案成本大幅提高,现有侦查方式将面临巨大挑战。

侦查机关的担忧不无道理。

侦查机关行使侦查权,目的是找出犯罪真凶,惩治犯罪。一旦犯罪嫌疑人有权沉默,不回答侦查人员提问,有可能导致一部分犯罪嫌疑人逃脱法律制裁,给社会生活带来更大的不稳定。

另一方面,佘祥林案、赵作海案不能禁止,不但给当事人身心健康造成严重伤害,也引起社会公众的普遍关注。

在保护犯罪嫌疑人合法权利和打击犯罪之间,平衡点究竟在哪里?

侦查机关认为,犯罪嫌疑人应当如实回答侦查人员提问。

对此,许多专家不予认同。参与《刑事诉讼法》修改的中国政法大学教授陈光中认为,如实供述不应该是犯罪嫌疑人的义务,《刑事诉讼法》修正案草案第117条应删除"犯罪嫌疑人对侦查人员的提问,应当如实回答"的规定。对"不得强迫任何人证实自己有罪"应完整表述为"不得强迫任何人证明自己有罪或者做不利于自己的陈述"。他认为,"证明"与"证实"含义有别,"证实"是指证明到属实,为了进一步保护犯罪嫌疑人的正当权利,用"证明"更为恰当。

如何保护犯罪嫌疑人的合法权利,是《刑事诉讼法》修改要回答的问题;如何有效惩治犯罪,也是慰藉被害人及其家属、保护公民人身财产安全和维护社会稳定的重要保障。法的终极关怀在于保障民众的合法权益,"不得强迫任何人证实自己有罪"折射出对公权力的限制和对公民合法权益的进一步保护。

——辑自《聚焦刑事诉讼法修改:亮点多 争议大》,http://news.xinhuanet.com/politics/2011-09/14/c_122028581.htm,2015年8月4日访问。

【课外阅读文献】

1. 徐向华:《中国立法关系论》,浙江人民出版社1999年版,第76—184页。
2. 于兆波:《立法决策论》,北京大学出版社2005年版,序一、序二、第71—76页。
3. 郭道晖:《论立法决策》,载《中外法学》1996年第3期。
4. 徐向华:《立法决策——常委会法制讲座讲稿之五》,载《上海人大月刊》1999年第3期。

第二编
立法制度

> 当人们的思想更为成熟、更加进步时，当人们有了新的发现、发现了新的真理时，当人们的态度和意见随着环境的变化而有所改变时，制度必须随着时间的步伐而进步。
>
> ——杰斐逊

第四章 立法主体

【本章提要】

立法主体是立法权的载体。立法权转化为现实中的法律依赖于立法主体的立法活动。现代国家中立法主体有多种表现形式,包括议会(或代表机关)、行政机关、国家元首、司法机关、被授权的团体或组织等,其各自行使的立法职权迥异。依据我国《宪法》或宪法性法律的规定,现有的立法主体包括:有立法权的各级人民代表大会及其常委会;国务院及其部、委员会、中国人民银行、审计署及具有行政管理职能的直属机构;中央军事委员会、中央军事委员会各总部、军兵种、军区;有立法权的各级地方人民政府。

【主要教学内容】

1. 基本概念:立法主体;立法机关;
2. 基本知识和制度:立法机关的产生、任期、组成以及立法机关的职权;我国立法机关的法律制度;其他立法主体的种类及各自立法职权;我国其他立法主体的法律制度。

【教学目标】

1. 辨别不同类型的立法主体;
2. 了解立法机关的产生、组成、职权、工作制度;
3. 明确我国当前立法制度中的立法主体。

第一节 立法主体概述

立法主体是所有立法活动的具体实施者,是立法权的直接行使者。立法活动过程中的每一个步骤,都依赖于一定立法主体行使相应的立法权才得以实现。立法主体是立法权的载体。离开了立法主体,立法权便无法转化为现实中的法律,其存在便毫无意义。因此,对立法主体进行研究是立法学研究中必不可少的重要课题。

一、立法主体的含义

现代国家的立法活动在本质上是一项复杂的系统工程。立法活动一般不能由某一个机关、组织或者人员孤立进行,而必须是在以某一机关、组织或人员为核心,诸多机关、组织或人员共同参与的前提下才能进行。因此,立法主体——立法权行使者——的表现形态极为复杂,人们对于这一概念的界定也各有不同。本教材认为,首先,立法活动本质上是政权意志的反映,是一定政权机关按照法定职权和法定程序所进行的活动。因此,作为立法活动具体实施者的立法主体,其存在的前提是必须具备宪法和法律赋予的立法权。立法主体是与立法权密切相联系的。只有具备了立法权,立法主体才能对立法的最终实现有决定性影响,才能赋予或否决一项规范性文件的法律效力。当然,在现代国家的立法过程中,除了具有法定立法权的主体之外,某些相关的其他主体也或多或少影响着立法结果,其中有些主体的影响是非常重要的甚至是实质性的,如现代国家的执政党。但是,这些主体并不具有法定的立法权,其对立法的影响最终仍要通过合法渠道,即以法定的立法主体的名义根据法定程序才能实现。可见,界定立法主体的概念,首先要强调主体的法定因素。

其次,立法主体行使的立法权是整体意义上的国家权力。整体意义上的立法权,既包括法律文件的制定权、修改权、解释权、废止权、撤销权等实体性子权力,也包括提出议案权、审议权、表决权和公布权等程序性子权力。作为立法主体,应当行使包括制定权在内的一系列实体性子权力和全部程序性子权力。[①] 如果某一主体不能行使上述各项子权力,而只能行使其中某一部分,则该主体只是参与立法的主体,而不是独立的、完整的立法主体。由此可见,有些行为主体,如在行使立法权的国家机关中专门从事立法的工作机构及其工作人员,虽然也有部分参与立法的权力,但并不能行使完整的立法权,因此不属于立法主体的范畴。

根据上述分析,本教材将立法主体的概念界定为:立法主体是根据宪法和法律规定或授权,有权制定、修改、废止、解释规范性法文件的政权机关或其他社会组织、团体。

---

① 参见本教材第五章"立法体制"中关于立法权综合性特征的内容。

其中有两点需要加以说明:

1. 在各类立法主体中,实际以政权机关为主。立法体现的是政权意志,立法必然是政权机关的专有的活动。任何社会组织、团体或个人,必须经由法律授权,才能进行立法活动。如在英、德等国,某些大学可获得议会授权而成为自治规范性法文件的立法主体。但此类立法主体毕竟是少数。一个国家当中绝大部分的立法活动都是由政权机关进行的。

2. 并非所有的政权机关都是立法主体,只有宪法或法律赋予其立法权的政权机关才是立法主体。如在我国,全国人大是制定基本法律的主体,全国人大常委会是制定其他法律的主体,国务院是制定行政法规的主体,而我国司法机关没有立法权,因此不能列入立法主体的范围。在英美法系国家,由于判例法是其法律渊源之一,因此司法机关也成为立法主体。

二、立法主体的种类

根据不同的标准,立法主体可以划分为不同种类。如根据级别可分为中央立法主体和地方立法主体;根据其是否常设机关可分为普通立法主体和特殊立法主体;根据是否专门从事立法活动可分为专门立法主体和非专门立法主体。本教材主要依据两种标准进行划分。

(一) 立法主体的性质

依据立法主体的自身性质,可以划分为:

1. 具有代表性质的代议机关,即议会或代表机关,亦称立法机关(狭义);①
2. 具有管理性质的行政机关,即政府;
3. 具有创制判例性质的司法机关,即法院;
4. 具有特定职权的国家机关,如国家元首;
5. 由法律规定或国家机关授权的社会组织或团体;

这类划分的目的在于凭借立法主体自身的性质,进而判断其行使的立法权的性质。如政府行使的立法权通常从属于议会的立法权,不得与议会立法权相违背;司法机关的立法权通常表现为判例法的形式。

---

① 立法机关这一概念大致可作三种理解:第一种是广义的立法机关,指一切行使立法权的国家机关或社会组织;第二种是中义的立法机关,指行使立法权的政权机关,包括议会、行政机关和司法机关;第三种是狭义的立法机关,即行使立法权的议会或代表机关。参见吴大英、任允正、李林:《比较立法制度》,群众出版社1992年版,第43页。

(二) 立法权力的来源

依据立法主体行使立法权力的来源,可以划分为法定的立法主体和授权的立法主体。法定的立法主体,指立法权来源于宪法或宪法性法律明文规定的立法主体。如一国的立法机关通常都是法定的立法主体。授权的立法主体,是指立法权来自于其他立法主体(主要是立法机关)授权的立法主体。如在美国,根据《联邦行政程序法》的规定,行政机关制定实质性规章,必须获得议会的授权。

这类分类的目的在于根据立法权力的不同来源,可以判断不同立法权力各自的权限范围、行使程序以及监督手段。

第二节 立法机关

立法机关(狭义)是指依法行使立法权,制定、认可、修改、解释、补充或废止法律的国家代议机关,通常指议会或代表机关。

一、立法机关的产生和任期

(一) 立法机关的产生

现代立法机关的活动,一般属于间接立法,即由人民选出代表,由代表组成代议机关,再由代议机关代表人民制定法律。间接立法是由间接民主制度所决定的,而间接民主制度是现代立法机关存在的重要依据和前提。[①] 间接民主制度要求以民主的方式组成立法机关,于是就带来了立法机关如何产生的问题。从世界范围来看,现代立法机关的产生主要有四种方式:

1. 选举产生。即由公民根据自己的意愿,依据法定的原则和程序,选出一定数量的公民作为国家代议机关的代表,由他们依法组成国家立法机关。选举是立法机关产生的最基本和最主要的方式,通常有直接选举、间接选举两种方式。直接选举是由选民直接投票选举议员,其积极意义在于能够保证选民直接行使选举权,反映真正的民意,美国、日本、捷克等国国会议员即由公民直接投票选举产生。但由于受到选民素质不一、选举面积过大、不易了解候选人等因素的影响,直接选举也存在一定的弊端。因此,间接选举作为直接选举的补充亦不可或缺。间接选举通常由选民先选出选举人或选举团体,再由选举人或选举团体

---

① 参见李林:《立法机关比较研究》,人民日报出版社1991年版,第6页。

选出立法机关组成人员。许多国家的议会产生采用直接选举和间接选举相结合的方式。如法国国民议会的议员由直接选举产生,而参议院议员则由间接选举产生。

2. 任命产生。在有的国家,立法机关除了通过选举产生其多数成员之外,还有少数成员采取任命的方式产生。在这种制度下,被任命者可以不经选举直接进入立法机关。据统计,世界一院制立法机关的 107 个国家当中,有 27 个国家立法机关的产生辅加了任命制,约占这些国家的 25.23%。[①] 常见的任命方式包括:(1) 政府任命。如爱尔兰参议院 60 名议员中有 11 名由总理任命。(2) 主要党派指定。如希腊议会的议员中,有 20 名议员不经过选举,而是由主要党派指定。(3) 议会任命。如联邦德国联邦议院有 22 个议席是由西柏林市议会任命的。(4) 国家元首任命。如加拿大参议院的议员由总督任命,终身任职。

3. 世袭产生。在有些君主立宪的国家,立法机关的部分成员以世袭的方式产生。如英国贵族院中绝大部分成员是英格兰、大不列颠和联合王国的世袭贵族和世袭女贵族,共 800 多名。他们是由英王根据首相的题名加封的。这些贵族死后,其爵位由长子继承。

4. 当然担任产生。当然担任立法机关成员的情况主要有两种:一是卸任总统为当然议员。如意大利总统卸任后,如自己不放弃担任参议员的权利,根据法律得终身为参议员。二是政府的某些重要官员是立法机关的当然成员。在科威特、肯尼亚、冈比亚等国均有此规定。

(二) 立法机关的任期

各国立法机关的任期长短不一。有的国家任期较短,为 2—3 年,如瑞典、澳大利亚等;有的国家任期为 4—6 年,如奥地利、新加坡和海地;也有的国家任期长达 9 年,如法国参议院;还有的国家,如加拿大、英国的部分议员是终身任职。

在两院制国家,两院的任期在有的国家是相同的。如挪威的上、下两院,约旦、西班牙的参、众两院,瑞士的国民院和联邦院等,任期均为 4 年。有的国家立法机关的两院任期并不同。如美国参议院任期 6 年,众议院任期 2 年;法国国民议会任期 5 年,参议院任期 9 年;英国下院任期 5 年,而上院议员大部分是世袭的终身议员。

[①] 参见李林:《立法机关比较研究》,人民日报出版社 1991 年版,第 78 页。

二、立法机关的分类

按照不同的标准,立法机关可以分为不同种类。

(一)以立法机关的确定是否有宪法或法律依据为标准,可以分为法定立法机关和授权立法机关

1. 法定立法机关。指按照宪法或法律的明确规定所设立的立法机关。有的国家在其宪法或法律中直接规定某政权机关为"立法机关",这种规定方式较为少见。有的国家则在宪法或法律中赋予某机关以一定的立法权而间接认定为立法机关。如朝鲜宪法第73条规定,"立法权只由最高人民会议行使"。

2. 授权立法机关。指依据法律授权设立的为解决特定问题,在特定时限内存在的立法机关,如临时设立的宪法修改委员会。

(二)以立法机关的职能是否为唯一性为标准,可以分为专门立法机关和非专门立法机关

1. 专门立法机关。指以行使立法权为唯一职能的机关。如根据1959年9月颁布的文莱达鲁萨兰国宪法的规定而设立的、仅负责批准税法的文莱立法议会。

2. 非专门立法机关。指行使包括立法权在内的数项职能的立法机关。世界上大多数国家的议会(代表机关)均属此类。

(三)以立法机关的级别为标准,可以分为中央立法机关与地方立法机关

1. 中央立法机关。单一制国家中指以国家政权的名义进行立法活动的机关,包括行使国家立法权的立法机关和被授权制定全国性法律的临时性立法机关。在联邦制国家,则指联邦的立法机关。

2. 地方立法机关。单一制国家中指以地方政权的名义进行立法活动的机关。在联邦制国家,则指各州或各成员国的立法机关。

(四)以立法机关是否经常存在和其任务为标准,可以分为普通立法机关和特别立法机关

1. 普通立法机关。指经常存在的、制定普通法律的机关,如孟加拉国的国民议会。

2. 特别立法机关。指临时存在的、制定宪法或特别重要的法律的机关,如孟加拉国的制宪议会。

(五)以立法机关的内部构成为标准,主要可以分为一院制和两院制立法机关

1. 一院制立法机关。指仅设一个议院的立法机关。其特点是构成单一,立

法程序比较简单。如古巴的全国人民政权代表大会、匈牙利的国民议会等。

2. 两院制立法机关。指由两院组成、共同行使职权的立法机关。在不同国家,两院的名称各有不同。如英国为上议院和下议院(亦可称贵族院和平民院);美国和日本为参议院和众议院;法国为参议院和国民议会;瑞士为联邦院和国民院等。

除一院制和两院制外,当今世界还有南非实行三院制。1984年9月3日起,南非设立三院议会,包括白人议院、有色人议院和印度人议院。在议会发展史上也曾出现过四院制议会。如法国执政府时期(1799—1804年)就曾设参政院、评议院(保民院)、立法团和参议院共同行使国家立法权。

一院制和两院制各自的优劣利弊,西方学者始终争论不休。从实际情况来看,现行采用一院制的国家有日益增多的趋势。就国家结构形式的影响而言,单一制国家多为一院制,联邦制国家多为两院制。就传统而言,亚洲、非洲国家多为一院制,美洲国家多为两院制。

三、立法机关的组成

现代立法机关的组成,是指立法机关的实体构成。一般而言,立法机关的实体构成包括:议员(或代表)、议会领导机构、议会委员会、议会党团、议会的工作机构等。当然,这并非是立法机关必要的构成要件,而是由各国根据本国具体国情的需要而进行设计、组建,并无固定的模式。

(一) 议员(或代表)

议员(或代表),是指在代议机关中具有代表资格、享有表决权的人员,是组成议会的最基本的单位。[①]

1. 议员(或代表)的数量。组成议会的议员人数是由各国根据自身的人口基数等因素加以确定的,并无固定的数额。有的国家限定了议员的最高或最低限额,如法国1946年宪法第6条规定:"参议院名额不得少于256名,亦不得超过320名。"也有的国家不规定具体数额,而规定确定数量的原则。如意大利宪法第56条规定:"每8万居民得选众议院1名,余数每超过4万居民得增选1名";第57条规定:"每省有权按20万居民或余数每超过10万居民选举参议员1

[①] 在少数国家,某些无表决权的在代议机关中具有代表资格的人员,也是议员。如德意志联邦共和国的联邦议院给予西柏林22个议席,这些议员一般无表决权,只享有列席议员的待遇。而有些议会成员在代议机关中享有表决权,但又不是议员。例如,在议长由非议员人员担任的国家,当赞成票和否决票相同时,议长有投抉择票的表决权。参见李林:《立法机关比较研究》,人民日报出版社1991年版,第140页。

名的比例选举参议员。"

2. 议员(或代表)的名额分配。议员或代表的名额如何分配,往往是一国管理形式、结构形式、地理和人口状况以及历史传统等因素的反映。有的国家按照地域和人口相结合的方法分配议员名额,如美国、瑞士、意大利、德国等国家。有的国家则采用根据实际情况决定和分配代表名额的方法。如我国代表名额的分配以一定的人口比例为基础,同时又适当照顾地区、单位、妇女、少数民族和华侨等。

3. 议员(或代表)的资格。理论上,无论从社会的管理,还是从社会的分工分析,立法在总体上确实是立法者的活动,是充分发挥人的主观能动性,实现法律规范与客观规律相一致的社会劳动。因此,议员(或代表)的个人资格与素质是整个立法活动中极为重要的物质因素。正是基于此,各国对作为议员或代表必须具备的资格从年龄、学历、财产、居住年限以及政绩等方面进行了规定。

4. 议员(或代表)的保障和限制。为了使议员或代表能够更好地履行职责,各国宪法和法律均在不同程度上规定了议员或代表的保障制度。议员保障制度通常包括以下几个方面:(1)言论表决自由保障制度。在多数国家的法律中,议员被赋予言论表决的自由,即享有言论表决免责权。(2)议员人身自由保障制度。该制度是指,为保障议员身体的自由安全,除现行犯外,议员非经议会许可,不得逮捕或拘禁。(3)许可逮捕拘押议员的制度。司法机关如认为议员有犯罪行为,应予逮捕拘押时,通常须先请求所属议会许可。(4)议员保障的时间和空间范围,一般有任期内、常会期间、在议会及其往返期间等不同规定。(5)物质保障制度。议员或代表有享受年薪或津贴、免费乘车等权利。

在给予议员相当程度的保障措施的同时,为防止议员或代表滥用职权,各国也规定了对议员或代表的限制。这些限制包括:(1)兼职的限制,即不得兼任行政职务、议员或其他职务;(2)不得利用职权图利;不得自行增加薪俸;(3)不得脱党转入他党;(4)不得无故缺席;(5)关于不得出任议员的职业限制等。

(二)议会领导机构

1. 种类及名称。在各国议会中,议会的领导机构形式各不相同,主要有两大类型。一类是个人性领导机构。如英美等国设议长、副议长,保加利亚、俄罗斯等国称为主席、副主席,中国则称为委员长、副委员长。二是集体性领导机构,包括议会(院)主席团、议长会议及其他常设机构等多种形式和称谓。有的国家如芬兰、瑞典以议长会议为其常设机构,有的国家如匈牙利则称为主席团。

2. 产生及职权。议会领导机构的产生大致可以分为四种体制,即:选任制、当然担任制、任命制和轮流担任制。其职权范围各国规定差别较大。一般而言,议会领导机构在议会内部主要有如下职权:(1) 召集会议权;(2) 主持会议召开权;(3) 批准议员发言权;(4) 决定议员发言时间权;(5) 中止议员发言权;(6) 主持表决权;(7) 维持会议秩序权;(8) 任用议会工作人员的人事权。

在议会之外,有些国家的议长代表议会(院)进行活动,包括:兼任国家领导职务、负责与总统或政府首脑的联系、在某些特殊情况下代行总统职务等。

(三) 委员会

1. 种类。委员会是立法机关的辅助机构和工作单位。各国立法机关设立的委员会,大致可分为常设委员会和临时委员会。

(1) 常设委员会。包括专门委员会和非专门委员会。专就一定的问题进行初步审议并对相应的政府机关的活动进行监督而成立的委员会,为专门委员会。如目前我国全国人大常委会中有 9 个专门委员会。非专门委员会是没有专门职权的委员会,可以审议任何议案。如全院委员会、联席委员会等。

常设委员会在议会或代表机关中居于重要地位。在立法过程中,各种立法议案和法案都必须经过常设委员会的审议。尽管这种审议是事务性的,但往往能决定法案的通过与否。正因为常设委员会的法案审议是极为关键的环节,故有的西方学者将其命名为"小型议会",并称委员会的负责人是立法机关的"真正"领导人。[1]

(2) 临时委员会。为解决某个具体问题或处理某种特定事务而成立的委员会,称为临时委员会,有关问题一经解决,临时委员会即行撤销。其中又包括会期委员会和期外委员会。会期委员会是指在会议期间为审议不属于任何常设委员会的法案而设立的委员会。如我国全国人大开会期间的提案审查委员会。期外委员会是指为了某项特定的调查活动而设立的委员会。如为调查某政府机关、国会议员或政府官员的活动,美国国会可成立调查委员会,实施调查,并向国会报告工作。

2. 职权。各国立法机关委员会的职权在该国政治体制的制约下呈现出差异性。在责任内阁制国家,阁员兼任议员,立法机关由多数党组成,政府支配着立法的全过程,因而委员会的职权也受政府支配并掌握在政府手中。在以美国为代表的总统制国家,由于奉行三权分立的原则,政府阁员不得兼任议员,委员

---

[1] 参见张善恭主编:《立法学原理》,上海社会科学院出版社 1991 年版,第 127 页。

会则成为政府与立法机关之间的桥梁而拥有较大实权。而在法国和我国等国家,委员会的职权介于上述两者之间。

尽管委员会在各国的职权相异,但一般都涉及以下内容:(1) 提出议案;(2) 审查议案;(3) 检查和监督政府工作;(4) 提出工作建议;(5) 成立特别委员会以调查特定事项。

(四) 议会党团

1. 法律地位。议会党团是指议会中由来自同一政党或政治倾向相同的议员组成的集团。议会党团是政党政治的产物,其存在是为了保证本党成员在议会中进行统一协调的活动,以达到左右议会,将本党政策上升为法律以及领导议会的目的。在一个国家中,议会党团的法律地位要视该国是否承认及以何种方式承认政党组织。有的国家如巴哈马、约旦、摩纳哥、突尼斯等国,不承认包括议会党团在内的任何党派组织;有的国家以宪法、组织法或议事规则等形式承认政党组织的存在,如土耳其、意大利、爱尔兰、印度尼西亚等国;还有的国家虽未在法律上正式承认政党组织,在实际上或惯例中仍允许其存在,如美、英等国。

2. 权利和义务。一般而言,议会党团的权利大致有:(1) 推荐本党议员参加议会各委员会;(2) 行使立法动议权;(3) 对议事程序发表意见;(4) 监督政府;(5) 要求成立并参加议会调查委员会;(6) 在议会中拥有办公场所和办公经费。

议会党团最根本的义务,是按照宪法和法律的规定进行活动,不得实施危害国家主权和政治制度的行为。此外,各议会党团通常还有自己内部的纪律性义务。

(五) 工作机构

各国立法机关通常设有主要由非议员组成的工作机构,负责立法机关的政策研究、立法咨询、信息收集与分析、行政管理等各项工作。一般而言,多数国家的立法机关设有从事立法事务的工作机构、行政管理机构和图书资料系统,同时,各国的具体机构设置、人员安排、承担的职责及发挥的作用均各有不同。

(六) 立法助理

立法助理是协助立法机关及议员(或代表)履行立法职责、完成立法工作的具有立法专门知识的人员。其作为一项立法制度,是随着近代以来各国立法机关的职能不断增强和立法工作的日益专业化、技术化而发展起来的。

1. 种类。各国立法助理种类繁多,通常可分为六种:(1) 议员助理。即行政助理,其职责是出版公报和官方文件,发布新闻,安排日程和听证会,按规定安排立法程序。(2) 领袖助理。其职责是与行政官员、利益团体协商谈判,评估、分析政策和政治信息。(3) 政党助理。其为各院党团工作,其职责是站在政党利益的立场,摘记法案,发布新闻,编纂投票记录等。(4) 议员个人助理。依其工作性质不同,又可分为行政助理、立法助理(狭义)、个人秘书、个案工作者、新闻助理等。(5) 委员会助理。其职责是协助常设委员会草拟、分析法案,审核预算和计划,规划国家税收等。(6) 特别助理。其针对特定服务对象或特定目的而工作,职责是草拟法案、修正法案、研究专题等。

2. 对立法助理制度的评价。立法助理制度在现代法治社会中发挥着重要作用,有助于增强立法机关运行效率,提高立法质量,增强立法科学化和民主化,促进立法民主与效率的统一。而且,政府的职能不断扩充,为了应付日益繁杂和专门化的事务,政府不断延揽大批专门人才。立法机关如果只有民意代表,缺乏机构性的专业幕僚和助理来分担工作,则必然使立法权萎缩。同时,为了保障立法机关对政府的监督,也需要专门人员,否则便会成为"橡皮图章"。因此,立法助理制度的设计是推行民主政治的必然趋势。一般民主国家的立法机关必须要有专家在立法过程中帮助议员(或代表)进行搜集资料、调查事实、协助听证等工作。

但这一制度并非完美无缺。一方面,随着立法助理数量的逐渐增多乃至膨胀,立法机关开支增大,预算飞涨。如美国自 1970 年修正和通过国会重组法以后,在国会工作的各类人员迅速增多,为此每五年国会必须为之增加 4 亿美元的预算。[①] 另一方面,立法助理由于自身参与立法而往往成为立法政策的实际推动者。议员对立法助理的过分依赖使得后者可能控制立法过程而成为"隐形政府"。立法助理逐渐由单纯的行政、立法助手演变成为辅选连任及创制法律的角色,甚至可能结成利益集团,蜕变为官僚,使议会官僚化。而这对民主制度确实是个冲击。

四、立法机关的会议

立法机关存在的基本方式之一是召开会议,通过会议来履行自己的职责。

(一) 会议的种类

立法机关的会议按不同标准可分为多种分类。其中按会议的召开是否定期可分为例行会议和非例行会议两种。

[①] 参见罗伊、信强:《国会山庄里的"隐形政府"——为美国立法的国会助理制度》,载孙哲主编:《美国国会研究》(I),复旦大学出版社 2002 年版,第 54 页。

1. 例行会议。例行会议又可简称为"例会"或"常会",是一种定期召开的会议。就各国实践来看,绝大多数国家在其宪法或法律中规定了每年召开例会的会期。会期是指立法机关在一定时期内开会的间隔及每次开会的时间。在一个立法年度中,有的国家召开一次,如日本、加拿大、瑞士等;有的国家召开两次,如法国、西班牙、阿尔及利亚等;有的国家召开三次或三次以上,如保加利亚、印度、瑞士等;还有的国家实行长期集会的制度,如意大利、卢森堡等。① 同时,各国立法机关在同一立法年度里规定的会期天数也不同。据对 48 个国家的统计,最多者达 125 天以上,最少者在 24 天以下。②

一定意义上,开会时间的长短,是立法机关在立法过程中态度和作用的反映。如果议事时间过短,则议员(代表)们无法认真细致地对法案进行审议,只能匆匆表决通过或否决。这种立法往往只是在走过场,立法机关只是充当了"橡皮图章"的角色。如在第二次世界大战中德国议会在希特勒的控制下所进行的立法即是如此。因此,虽然会期长短究竟以多少为宜并无定数,但为了提高立法质量,确保立法机关的政治地位不被削弱,会期不可太短。在立法中,可以规定最低天数,以保证议员(代表)有足够时间来审议法案并作出最终决定。

2. 非例行会议。非例行会议又可称为"非常会议",是一种因某种原因召开的不定期的、临时的、特别的会议。多数国家规定了召开非例行会议的条件,包括有权提出召开非常会议的机关或人员数量。如日本规定,国会任何一院 1/4 以上的议员有权提出召开临时会议的要求,内阁在国家有紧急需要时可以要求参议员举行紧急集会。③

(二) 会议的法定人数

会议的法定人数是指依据法律规定举行会议、表决法案或作出决定时的必要人数。未达法定人数时,无论是会议的举行还是法案或决定的通过,均视为无效。各国立法机关举行会议的法定人数各不相同。其中大多数国家规定为全体成员的半数以上;少数国家规定为不少于全体成员的 1/3;也有的国家未规定举行会议的法定人数,如法国。

---

① 立法机关的每届任期,包含若干个立法年度。每 12 个月为一个立法年度,但不一定起于元月止于 12 月,也可起于头年的某月止于次年的同月。
② 参见《世界各国议会》,1988 年英文版,第 271 页。转引自吴大英等:《比较立法制度》,群众出版社 1992 年版,第 355、356 页。
③ 参见周旺生:《立法学》,法律出版社 2004 年版,第 103 页。

五、立法机关的职权

正如洛克所言:"人民设置一个立法机关,其目的在于使立法机关在一定时间或在需要时行使制定法律的权力"①。也就是说,国家某些权力的行使需要一定的主体来承担,立法机关才有产生和存在的必要。从近现代各国实践来看,议会(或代表机关)作为立法机关的主要职权是立法,因此人们往往将议会(或代表机关)视为立法机关的同义词。此外,立法机关的职权同时还包括通过国家预算、监督政府等。具体而言,立法机关的职权包括:

(一) 立法权②

(二) 财政监督权

立法机关除行使立法权外,还行使一定财政监督权。这一职权起源于英国。它主要是通过对政府提出的财政法案的审议来实现的。财政法案包括国家收入和支出的各种法案,其中以预算案和决算案最为重要。各国都把事关国计民生的预算决算法案交由议会(或代表机关)批准或通过,表明议会(或代表机关)的权力在国家权力体系中具有特别重要的地位。由于预决算大多是由政府提出,是政府施政方针的体现,因此,对于预决算法案的审议,实际具备了立法和监督政府财政的双重性质。

(三) 监督政府权

立法机关对政府进行监督通常有以下几种形式:

1. 提出质询权

所谓质询,是指立法机关成员依法对于行政事务或其他事务,用书面或口头形式向政府及其他国家机关提出质问或询问,要求它们在法定期限内作出答复。立法机关的质询,形式上是向政府寻究关于某一事件的内容和处理情况,实际上却是一种重要的监督方式。

各国的质询虽各有不同,但通常可按照质询所产生的后果不同来进行划分,分为质问和询问两种。质问制度又称"正式质询"。在这一制度下,议员(或代表)提出的通常是有关公共利益的或涉及政府施政方针、重要政策措施的问题,引起议会辩论。辩论终结时,立法机关往往会对政府全体阁员或某部长有信任和不信任的表决。如果表决结果是不信任案,则可能导致内阁解散、政府出现危

---

① 〔英〕洛克:《政府论》(下篇),叶启芳等译,商务印书馆1996年版,第95页。
② 参见第五章"立法体制"中的有关内容。

机。询问制度又称"普通质询"。指立法机关成员向政府就某事发问,对方在一般情况下只予以回答而不会构成辩论的一种监督形式。

2. 提出弹劾案

弹劾是议会(或代表机关)揭发政府高级官员的违法失职行为,并进行审理以追究其法律责任的活动。近代意义上的弹劾起源于 14 世纪的英国,并被世界各国广泛采用。议会(或代表机关)之所以需要有弹劾权,是因为:一方面,如仅仅依靠普通法庭审查和制裁政府首脑和高级官吏,可能会因法庭有所顾忌而使制裁形同虚设;另一方面,这些人的违法犯罪行为往往带有政治性质,也会给普通法庭的处理造成困难。因此,许多国家由议会(或代表机关)行使弹劾权。

弹劾案的提出,大多数国家仿照英国由下院提出,如美国是由众议院提出的。也有的国家由两院中的任一院或由两院联席会议共同提出。前者如联邦德国,后者如意大利。弹劾案的对象主要是总统、总理或内阁成员,也有的国家适用于法官或议员。

3. 提出不信任案

在实行责任内阁制的国家中,议会如果不同意政府的政策和施政方针,可以提出不信任案。议会如通过不信任案,政府必须总辞职,或提请国家元首下令解散议会,重新改选,由新的议会决定政府去留。这一制度起源于英国,是议会对政府的政策进行监督的一项手段。[①] 它仅存在于责任内阁制国家中,如英国、日本、意大利等国,并适用于内阁,而不能适用于总统或君主。不信任案的提出一般是由代表民意的下院提出。也有少数国家规定,政府必须获得两院的信任。

4. 进行国政调查权

这项权力普遍存在于各国立法机关中。在有的国家,国政调查具有司法性质,立法机关具有司法机关的某些权限,如意大利。而在有的国家则不具有司法性质。

国政调查的方法各国均有不同。运用较为普遍的有:组织调查小组或委员会,举行调查会或听证会,传唤证人,获取物证或书证等。调查范围在各国也有大小之别。在苏联,最高苏维埃认为必要时,可以就任何问题设立调查委员会、检查委员会和其他委员会;而有些国家则有所限制,如意大利规定,只能就公共利益问题进行调查。

[①] 参见吴大英等:《比较立法制度》,群众出版社 1992 年版,第 300 页。

（四）人事任免权

立法机关通常还行使选举或决定有关国家机构和公职人员的人事权。具体做法包括直接任命或选举、将候选人提交国家元首任命、批准或同意行政机构的任命等。

（五）其他职权

除以上职权外，立法机关还有部分司法权和行政权等其他职权。如英国上院同时又是英国最高上诉法院，有权受理除苏格兰刑事案件以外的所有民事、刑事上诉案件。上院议长同时又是内阁阁员、最高法院的首脑，具有一定的人事推荐和任免权。他还和下院议长共同负责议会所在地威斯敏斯特的行政管理。

六、我国的立法机关

我国立法机关的表现形式是人民代表大会。人民代表大会制度是按照"议行合一"的原则建立起来的。在这一制度下，由全国人民代表大会行使国家的最高权力，直接负责国事的议决和执行。国家行政机关及司法机关均由人民代表大会产生并向其负责、受其监督，因此人民代表大会及其常设机构在我国又称为权力机关。全国人民代表大会及常务委员会是我国的最高权力机关。

（一）我国立法机关的设置

我国立法机关的设置是由现行《宪法》以及《地方各级人民代表大会和地方各级人民政府组织法》(简称《地方组织法》)、《立法法》等宪法性法律规定的。由于我国是单一制国家，立法机关从级别上可以分为中央立法机关和地方立法机关。中央立法机关，即我国最高权力机关，是全国人民代表大会及其常务委员会，有权制定法律。地方立法机关，包括省、自治区和直辖市以及较大的市的人民代表大会及常务委员会，有权制定地方性法规。其中，较大的市又包括经济特区所在地的市、省人民政府所在地的市以及经国务院批准的较大的市。除较大的市以外的其他市、县和乡一级人民代表大会及常务委员会虽然也是权力机关，但没有立法权，不属于立法机关。此外，自治区、州、县的人民代表大会是制定自治条例和单行条例的特殊地方立法主体。

（二）我国立法机关的组成

根据我国现行《宪法》和相关法律规定，立法机关主要由人民代表、专门委员会、代表大会及其常设机关组成。人民代表大会召开全体会议期间还设有主席团。

我国除县、乡两级人民代表大会由选民直接选举产生外，其他各级人大的代表都是由下级人大间接选举方式产生；即由下级人大组成选举单位，选举产生出席上一级人大会议的代表。就全国人大代表的产生而言，我国《选举法》规定，全国人大代表的名额不超过三千人（第15条第2款）。代表名额的分配方法有两种。其一是地域代表和职业代表相结合。《宪法》规定，全国人大由省、自治区、直辖市和军队选出的代表组成（第59条）。其中，军队选出的代表为职业代表。其二是根据实际情况决定和分配。根据我国《选举法》有关条款的规定，全国人大代表的名额分配以一定的人口比例为基础，又适当照顾地区、单位、妇女、少数民族和华侨。如农村每一代表所代表的人口数要四倍于城市每一代表所代表的人口数；少数民族的代表要按人口数和分布情况分配，人口特少的少数民族至少有代表一人；等等。就代表资格而言，根据现行《宪法》第34条的规定，凡我国年满18周岁并享有政治权利的公民，均具备代表资格。这些规定体现了我国选举制度的普遍性和平等性。

主席团是我国人民代表大会会议期间的集体性领导机构。

常委会是我国人民代表大会的常设机关，是国家权力机关的一部分，由本级人民代表大会选举产生，对本级人民代表大会负责并报告工作。

全国人大设有民族、法律、财政经济、教育科学文化卫生、外事、华侨、内务司法、环境及资源保护以及农业和农村委员会等九个专门委员会。地方人大也设有相应的专门委员会。

(三) 我国立法机关的职权

1. 全国人民代表大会的职权

根据现行《宪法》第62、63、71、73条以及《全国人民代表大会议事规则》的规定，全国人大的职权包括：

(1) 立法权。包括修改宪法，监督宪法的实施，制定和修改刑事、民事、国家机构和其他的基本法律。

(2) 人事任免权。全国人大选举全国人大委员长、副委员长、秘书长和委员；选举国家主席和副主席；根据国家主席提名，决定国务院总理人选；根据国务院总理提名，决定国务院副总理、国务委员、各部部长、各委员会主任、审计长和秘书长人选；选举中央军委主席；根据中央军委提名，决定中央军委副主席和委员；选举最高人民法院院长和最高人民检察院检察长。以上人员，全国人大有权依照法定程序予以罢免。

(3) 重大国事决定权。包括审查和批准国民经济和社会发展计划及计划执行情况的报告；审查和批准国家预算和预算执行情况的报告；批准省、自治区和直辖市的建制;决定特别行政区的设立及制度;决定战争与和平的问题等。

(4) 监督权。包括改变或者撤销全国人民代表大会常务委员会不适当的决定;听取和审议全国人大常委会、国务院、最高人民法院和最高人民检察院的工作报告;运用质询、特定问题调查、罢免等监督手段。

(5) 其他应当由最高国家权力机关行使的职权。

2. 全国人大常委会的职权

全国人大常委会是全国人大的常设机关,是在全国人大闭会期间经常行使国家权力的机关。根据现行《宪法》第 60、61、67、68、69、71 条之规定,具体行使以下几方面的职权:

(1) 关于全国人大组织方面的职权。常委会主持全国人大代表的选举,召集全国人大会议;联系全国人大代表,听取他们的反映,组织他们视察工作;在全国人大闭会期间,领导各专门委员会的工作。

(2) 立法权。全国人大常委会行使的立法权包括:解释宪法、监督宪法的实施;制定和修改除应当由全国人民代表大会制定的法律以外的其他法律;在全国人民代表大会闭会期间,对全国人民代表大会制定的法律进行部分补充和修改,但是不得同该法律的基本原则相抵触;解释法律。

(3) 国家重大事务的决定权。在全国人大闭会期间,可以审查和批准国民经济和社会发展计划、国家预算在执行过程中所必须作的部分调整方案;决定国际条约的批准或废除;规定军人和外交人员的衔级制度和其他专门衔级制度;规定和决定授予国家的勋章和荣誉称号;决定特赦等。

(4) 人事权。有权任免国家部分高级工作人员:在全国人大闭会期间,可以根据国务院总理的提名,决定部长、委员会主任、审计长、秘书长的任免;根据中央军委主席的提名,决定中央军委其他组成人员的任免;任免最高人民法院副院长、审判员、审判委员会委员和军事法院院长,任免最高人民检察院副检察长、检察员、检察委员会委员和军事检察院检察长,并批准省、自治区、直辖市人民检察院的检察长的任命;决定驻外全权代表的任免。

(5) 监督权。有权监督国务院、中央军委、最高人民法院、最高人民检察院的工作;撤销国务院制定的同宪法、法律相抵触的行政法规、决定和命令;撤销省、自治区、直辖市国家权力机关制定的同宪法、法律和行政法规相抵触的地方性法规和决定等等。

(6) 其他权力。除行使上述权力外,还有权行使全国人大授予的其他职权。

3. 省、自治区、直辖市和较大的市人民代表大会及常务委员会的职权

(1) 立法权。在不与宪法、法律、行政法规等上位法相抵触的前提下有权制定地方性法规。

(2) 重大事务决定权。讨论、决定本行政区域内的政治、经济、教育、科学、文化、卫生、环境和资源保护、民政、民族等工作的重大事项；根据本级人民政府的建议，决定对本行政区域内的国民经济和社会发展计划、预算的部分变更等。

(3) 监督权。包括法律监督和工作监督两个方面。人大有权听取和审查本级人民代表大会常务委员会的工作报告；听取和审查本级人民政府和人民法院、人民检察院的工作报告；改变或者撤销本级人民代表大会常务委员会的不适当的决议；撤销本级人民政府的不适当的决定和命令；以质询、特定问题调查等方式进行工作监督。人大常委会有权监督本级人民政府、人民法院和人民检察院的工作，联系本级人民代表大会代表，受理人民群众对上述机关和国家工作人员的申诉和意见；撤销下一级人民代表大会及其常务委员会的不适当的决议；撤销本级人民政府的不适当的决定和命令等。

(4) 人事权。人大有权罢免本级人大常委会、本级人民政府的组成人员和由它选出的人民法院院长、人民检察院检察长。人大常委会在本级人大闭会期间，决定副省长、自治区副主席、副市长、副州长、副县长、副区长的个别任免；任免人民法院副院长、庭长、副庭长、审判委员会委员、审判员，任免人民检察院副检察长、检察委员会委员、检察员，批准任免下一级人民检察院检察长；省、自治区、直辖市的人大会常委会根据主任会议的提名，决定在省、自治区内按地区设立的和在直辖市内设立的中级人民法院院长的任免，根据省、自治区、直辖市的人民检察院检察长的提名，决定人民检察院分院检察长的任免等。

(四) 我国立法机关的任期和会议

根据《宪法》和《地方组织法》的规定，作为立法机关的各级人民代表大会的任期是 5 年。① 另外，我国《宪法》第 60 条第 2 款还明确规定："如果遇到不能进行选举的非常情况，由全国人民代表大会常务委员会以全体组成人员的三分之二以上的多数通过，可以推迟选举，延长本届全国人民代表大会的任期。"可见，我国在法律上确认了人民代表大会任期的延长制度。当然，这种情况在我国迄今尚未发生过。

---

① 2004 年 3 月 14 日，十届全国人大二次会议通过了宪法修正案，将乡镇人大的任期由 3 年改为 5 年。同年 8 月 23 日第十届全国人大常委会第十一次会议对《地方组织法》进行了相应修改。

我国的立法机关实行合议制,主要工作方式是举行会议。就全国人大而言,根据《宪法》第 61 条之规定:全国人民代表大会会议每年举行一次,由全国人民代表大会常务委员会召集。当全国人大常委会认为必要,或者有 1/5 以上的全国人大代表提议,可以召开全国人大临时会议。全国人大常委会举行的会议有两种:一种是由委员长、副委员长和秘书长组成的委员长会议,主要决定常委会每次会议的议题等;另一种是常委会全体会议,一般每两个月举行一次。就有立法权的地方人大而言,根据《地方组织法》第 11 条之规定:地方各级人民代表大会会议每年至少举行一次。经过 1/5 以上代表提议,可以临时召集本级人民代表大会会议。至于会议召开的时间和会期,有关法律并未作具体规定。

第三节 其他立法主体

一、行政机关

行政机关是国家政权机构中以组织管理行政事务为主要职能的国家机关的总称,或称"政府"。一般由行政首脑、行政机构和公务员组成。各国作为立法主体的行政机关的具体设置颇有不同,而一国最高行政机关在世界绝大多数国家中都是能行使一定立法权的立法主体。因此,这里所讨论的作为立法主体的行政机关,主要指一定政权中的最高行政机关。

现代国家中各国政府一般都行使广泛的行政权力。如有必要,或由议会授权,或基于自身职权,行政机关均可通过自己的立法活动达到目的。同时,由于现代立法活动的日益专业化、技术化,立法机关制定的法律往往只能是较为原则的规定,在很大程度上需要行政机关的立法使之具体化,以便于贯彻实施。因此,行政机关在法律上和事实上均行使着广泛的立法权。值得注意的是,行政机关的立法活动兼具行政和立法的双重性质。作为立法主体的行政机关并未改变其行政机关的性质。行政机关立法的主要目的是更为有效地实施行政管理,所立之法也主要针对行政管理事项,这就使得行政机关的立法活动属于行政活动的范畴。而另一方面,行政机关的立法活动又与行政机关发布行政命令、采取行政措施、作出行政决策等行为相区别,行政机关所立之法具有普遍规范性和抽象性,具有法的效力,并在一定程度上成为司法机关审理案件的依据。因此行政机关的立法又是一国立法体系中的重要组成部分。

世界范围内,就行政机关行使立法权的来源而言,可分为两大类:一是由议会(或代表机关)授权行政机关行使一定立法权,并对之进行严格限制。美国、英国、德国等国家均属此种类型。在这些国家中,基于权力分立的基本原则,行政机关本身并无立法权,必须依据议会授权进行授权立法,也可就纯粹属于行政管理的事项制定行政规则。二是由宪法直接规定行政机关的立法权,且其立法范围较为广泛。如法国宪法明确规定了由政府制定法令的条例事项,在该范围内政府可自行立法,同时还可对议会的原则性规定进行具体立法。为施政需要,政府可向议会申请将原应属于法律的事项授予政府。国家处于紧急状态时,总统还可制定一切措施应对,包括发布条例以改变法律。

二、司法机关

现代国家中,司法机关除了主要行使其司法职能以外,在某些情况下也有一定的立法权,对立法有着相当重要的作用。因此,司法机关也是现代国家机关中的立法主体之一。

司法机关作为立法主体所具有的立法权以及对立法产生的作用取决于各国的国情,尤其是该国的司法制度、法律制度和基本政治制度。一般而言,其立法权主要反映在:其一,创制作为法的渊源的典型判例;其二,解释法律;其三,根据立法机关的授权直接立法。此外,司法机关还通过行使司法审查、向立法机关提出立法议案等权力而对立法过程产生重要影响。

创制判例,是指根据对具体案件的判决概括出可以适用于后来案件的法的原则或规则,亦称"遵循先例原则"。由司法机关创制判例形成判例法,继而成为法的渊源之一,这一现象发源于英国,后成为整个英美法系的主要传统之一。这种判例法传统虽然未在宪法或法律中以成文法的形式表达出来,但其却以具有以下四个特点而被证明是正确的:其一,平等。在后来的同类案件中适用同样的准则,对所有的当事人都是平等的。其二,可预知性。遵循先例有助于预知未来的纠纷。其三,经济。用已定的标准办理新的案件有助于节省时间和精力。其四,尊敬。遵循先前的判决可以表现对前辈法官的智慧和经验的适当尊重。[①]

大多数国家的司法机关都可行使法律解释权,所形成的解释文件也具有普遍约束力,从而使这种司法解释也成为一种立法活动。这是司法机关作为立法主体的又一表现。司法机关对法律的解释是世界各国的普遍现象,而具体表现却各异。就解释权的权力渊源而言,有的国家,司法机关的解释权源于宪法或法

---

① 参见周旺生:《立法学》,法律出版社 2004 年版,第 116 页。

律的规定；有的国家是基于传统或事实的存在。就解释权的权限而言，有的国家只能由最高司法机关进行法律的解释，解释的目的限于弥补立法的不足；而有的国家则包括最高司法机关在内的其他司法机关也可解释，解释的目的往往不限于立法的意图，而由法官赋予法律以他认为应当具有的与法律的措辞相符合的意义。

司法审查权是法院审查立法和行政活动是否违反宪法的专门活动。经审查被认为是违宪的立法和行政活动则为无效。许多国家的司法机关拥有司法审查权，实际意味着它们能对立法行使监督权、废止权。司法审查权的归属在不同国家不尽相同。有的国家由普通法院中的最高法院行使该权，如美国、加拿大等；有的国家普通法院即享有司法审查权，如日本；有的属于宪法法院，如德国、意大利。美国是典型的实行司法审查制度的国家。在美国宪法中，并未规定联邦最高法院有权进行司法审查，而在事实上，1803年"马伯里诉麦迪逊案"使得最高法院获得了宪法解释权。自此美国联邦最高法院对法律或行政规章都拥有实际上的司法审查权。

有的国家的司法机关可以根据议会的授权直接行使立法权。如英国的最高法院、郡法院可依据议会授权制定有关程序性规则。美国国会亦把制定民事、刑事以及上诉程序方面的法律的权力授予最高法院。

三、国家元首

国家元首是代表国家处理对内和对外事务的最高领导人。在各国立法主体的立法活动中，国家元首通常居于重要地位，亦发挥着不可取代的作用。

以政体为标准来划分，国家元首可以分为君主制国家元首和共和制国家元首。在君主制国家，国家元首统称为君主，但各国具体称谓不同。如在英国、泰国、荷兰、比利时、挪威等国称为君主；卢森堡等国称为大公；阿曼等一些国家称为苏丹；日本则称为天皇。在共和制国家，国家元首多称为总统和主席等。以担任元首的人数为标准来划分，可分为个人制国家元首和集体制国家元首。世界上大多数国家都实行个人制国家元首，由总统或国王或其他世袭君主担任。实行集体制国家元首的只有少数国家，如瑞士。

国家元首的职权范围在各国有较大差别。总统制下的国家元首与行政首脑合二为一，国家元首在实际上和形式上都是国家权力的执掌者和国家在对外关系中的最高代表，可以行使广泛的重大的职权，如美国总统。而内阁制下的国家元首，无论是君主还是总统，都不兼任行政首脑，行政首脑由总理或首相担任。

在这些国家当中,国家元首一般只是形式上的国家权力的执掌者,而实质权力属于内阁,如英国女王和日本天皇。

国家元首也是一种颇为重要的立法主体。就国家元首的立法职权而言,可以分为两类:一是由国家元首直接行使国家立法权。这类国家元首的职权通常较大,主要包括任命一定数量的议员;召集议会开会;宣布议会休会和闭会;解散议会;提出法律议案;批准或否决法案;修改或解释法律;颁布法律等。此类国家包括印度尼西亚、新加坡、比利时等国。[①] 二是有些国家的国家元首通过获得议会(或代表机关)的授权而行使立法权。如美国总统除了行使签署、公布法律及否决法案等元首权以参与立法之外,还经常行使国会授权行使的立法权,制定法律的实施细则和针对其他有关事项进行立法。

四、被授权的社会团体或组织

在有的国家中,立法主体除了上述政权机关外,有些社会团体或组织依据议会授权也可进行立法活动。如在德国,某些自治组织有权根据议会授权进行立法,所形成的自治性规范性法文件统称为"规章"。这些组织主要是指乡、镇、县,另外还包括大学、工业、商业协会、医师协会、社会保险机构、广播电视设施等。

五、我国其他立法主体

根据《宪法》及《组织法》《立法法》等宪法性法律的有关规定,我国的立法主体除了全国人大及其常委会和地方人大及其常委会外,还包括行政立法主体、军事立法主体、民族自治立法主体以及特别行政区立法主体。

(一)行政立法主体:有权行使立法权的行政机关

1. 国务院

国务院是我国最高国家权力机关的执行机关,同时也是中央人民政府,即最高行政机关。为更好地执行最高国家权力机关的意志,领导全国范围内的行政事务,国务院有权根据宪法和法律制定行政法规。

国务院由总理、副总理若干人、国务委员若干人、各部部长、各委员会主任、审计长和秘书长组成。国务院总理由国家主席任命。国务院副总理、国务委员、各部部长、各委员会主任、审计长、秘书长由国务院总理提名,全国人民代表大会决定。全国人民代表大会闭会期间,全国人大常委会可以改变除总理、副总理、

---

① 参见吴大英等:《比较立法制度》,群众出版社1992年版,第235页。

国务委员以外的其他国务院组成人员的人选。国务院每届任期5年,与全国人民代表大会任期相同。如全国人民代表大会因特殊情况需延长任期,国务院任期也相应延长。国务院总理、副总理、国务委员连续任职不得超过两届。总理领导国务院工作,副总理协助总理工作。总理、副总理、国务委员、秘书长组成国务院常务会议,国务院全体成员组成全体会议,由总理召集和主持国务院常务会议和全体会议,讨论和决定国务院工作中的重大问题。

2. 国务院各部、委、审计署、中国人民银行以及具有行政管理职能的直属机构

上述各行政机关有权根据自身管理权限制定部门规章,均具有立法主体资格。

国务院各部、委员会是国务院根据全国行政工作需要而设立的专业性的职能机关,在国务院的统一领导下掌管某一方面的行政工作。各部部长、各委员会主任都是国务院的组成人员,是所在部委的法定代表人,均由国务院总理提名,经全国人民代表大会或全国人大常委会决定,由国家主席任免。其他组成人员由国务院任免。

审计署是政府的审计机关,在国务院的直接领导下,对国务院各部门和地方各级人民政府的财政收支、对国家财政金融机构和企事业组织的财务收支进行审计监督。审计长是国务院组成人员,其产生、任期与国务院其他组成人员相同。

中国人民银行是国务院的组成部门,在国务院的领导下,制定和实施货币政策,对金融业实施监督管理,是中华人民共和国的中央银行。其有权根据依据金融法律和法规,根据经济建设与社会发展需要以及金融运行的具体情况,制定和发布有关金融调控和金融监管等业务方面的规章。中国人民银行行长的人选,根据国务院总理的提名,由全国人民代表大会决定,由国家主席任免。副行长若干名,由国务院总理任免。

国务院直属机构是在国务院统一领导下主管专门业务的机关,其负责人一般不是国务院组成人员,由国务院任免。现有直属机构共17个,除国务院机关事务管理局、国务院参事室外,其他直属机构都具有相应的行政管理职能。

3. 省、自治区、直辖市和较大的市等地方各级人民政府

省、自治区、直辖市和较大的市(包括省人民政府所在地的市、经济特区所在地的市以及经国务院批准的较大的市)等地方各级人民政府属于我国地方国家行政体系的组成部分,是地方各级权力机关的执行机关,有权制定地方政府规章。它们由同级人民代表大会产生,任期与同级人民代表大会相同,每届为5年。

(二) 军事立法主体

中央军事委员会、中央军事委员会各总部、军兵种、军区作为国家武装力量的领导机关和执行机关,有权制定军事法规和军事规章,在我国立法主体构成体系中处于军事立法主体的地位。

根据我国现行《宪法》规定,中央军事委员会是全国武装力量的领导机关,是中央国家机关体系中的一个独立机构。中央军事委员会主席由全国人民代表大会选举产生,其他组成人员如副主席、委员等则根据中央军委主席的提名,由全国人大常委会决定。中央军事委员会每届任期5年,下设总参谋部、总政治部、总后勤部、总装备部以及海军、空军、战略火箭部队等领导机关。在全国各地还设有驻军领导机关,统一指挥本地区的各军、各兵种部队。

(三) 民族自治立法主体

民族区域自治制度是我国一项基本政治制度。为贯彻该项制度,宪法赋予我国民族区域自治地方、自治州、自治县的人民代表大会行使立法权,制定自治条例或单行条例,并且可以根据本民族区域的特点行使变通权。

(四) 特别行政区立法主体

除上述各类立法主体外,我国还有一类特殊的立法主体,即香港特别行政区和澳门特别行政区的立法会。根据《中华人民共和国香港特别行政区基本法》的有关规定,香港特别行政区立法会每届60名,主要由在外国无居留权的香港特别行政区永久性居民中的中国公民经选举组成。除第一届任期为2年外,每届任期4年。立法会主席由年满40周岁在香港居住满20年并在国外无居留权的香港特别行政区永久性居民中的中国公民担任,并经立法会议员互选产生。根据《中华人民共和国澳门特别行政区基本法》的有关规定,澳门特别行政区立法会议员由澳门特别行政区永久性居民担任,多数议员由选举产生,少数通过行政长官委任产生。除第一届另有规定外,每届任期4年。设主席和副主席各1人,由在澳门通常居住连续15年的澳门特别行政区永久性居民中的中国公民担任,由立法会议员互选产生。

与西方国家不同,我国的国家元首、司法机关等政权机关并不属于立法主体。根据《宪法》规定,我国国家元首的职权是由全国人大及常委会与国家主席结合行使:国家主席行使公布法律权、外交权;人大常委会行使召集议会权;两者共同行使发布命令权、任免权、赦免权、荣典权;统帅武装部队的权力属于中央军事委员会。因此,我国实行集体元首制。就国家主席而言,在立法方面的职权仅是形式意义上的公布法律权,而不具备实质意义上的立法权,因此,国家主席在我国不具有立法主体的地位。同时,我国的最高司法机关,即最高人民法院和最高人民检察院,根据《宪法》及《立法法》的规定,有权向全国人大及常委会提出立法议案,也可向全国人大常委会提出法律解释的要求,但没有独立的立法权。因此,我国的最高司法机关也不是立法主体。此外,我国的立法实践中也未出现过授权社会组织或团体进行立法的先例。

【小结】

立法主体是根据宪法和法律规定或授权,有权制定、修改、废止、解释规范性法文件的政权机关或社会组织、团体。按照不同的标准,立法主体可以分为若干类型。议会是主要的立法机关,一般包括议员(或代表)、议会领导机构、议会委员会、议会党团、议会的工作机构等,其履行职责的方式主要是召开会议。其他立法主体包括行政机关、司法机关、国家元首、被授权的社会团体或组织。我国的立法主体是全国人大及其常委会,国务院及其下属各部委和具有行政管理职权的直属机构,中央军事委员会、中央军事委员会各总部、军兵种、军区,省、自治区和直辖市以及较大的市的人大及常委会、政府,民族自治地方(区、州、县)的人大,特别行政区立法会等。

【思考题与案例分析】

1. 本教材关于立法主体的概念是什么?
2. 立法主体与立法机关有哪些区别?
3. 立法主体有哪些种类?
4. 简述立法机关的实体构成。
5. 立法机关有哪些职权?我国立法机关的职权是什么?
6. 我国除立法机关以外有哪些其他立法主体?
7. 试运用我国立法主体原理对以下示例中法院的法律地位进行评述:

中新社北京(2015年)4月27日电(记者 欧阳开宇)最高人民法院27日在北京发布行政诉讼法司法解释。此举被视为中国民告官进入"2.0"时代。

在当天召开的新闻发布会上,最高法院行政庭副庭长李广宇发布了《最高人民法院关于适用〈中华人民共和国行政诉讼法〉若干问题的解释》。李广宇介绍说,《解释》共27条,包括十个大的方面:立案登记制、起诉期限、行政机关负责人出庭应诉、复议机关作共同被告、行政协议、一并审理民事争议、一并审查规范性文件、判决方式、有限再审以及新旧法衔接。

在立案登记制方面,《解释》明确要求人民法院对符合起诉条件的案件应当立案,依法保障当事人行使诉讼权利。具体规定:对当事人依法提起的诉讼,一律接收起诉状;能够判断符合起诉条件的,应当当场登记立案;当场不能判断是否符合起诉条件的,应当在接收起诉状后七日内决定是否立案;七日内仍不能作出判断的,应当先予立案。

为了便于当事人寻求救济,加强上级法院对立案工作的监督,《解释》还明确,当事人对不予立案裁定不服的,可以提起上诉。同时,《解释》还对虽然已经立案但因确实不符合起诉条件应当裁定驳回起诉的情形作了列举规定。包括超过法定起诉期限且无正当理由,错列被告且拒绝变更,未按照法律、法规规定先向行政机关申请复议,重复起诉等十种情形。

《解释》还对行政诉讼法规定的原告起诉时要"有具体的诉讼请求"进行了具体指引,列举了"请求判决撤销或者变更行政行为""请求判决行政机关履行法定职责或者给付义务""请求判决确认行政行为违法"等九项具体的诉讼请求。《解释》还规定,当事人未能正确表达诉讼请求的,人民法院应当予以释明。

对于新行政诉讼法没有明确的针对行政机关不履行法定职责提起诉讼的起诉期限,《解释》规定,公民、法人或者其他组织应当在行政机关履行法定职责期限届满之日起六个月内提出。

针对行政机关负责人出庭应诉这一新制度,《解释》作了两项规定。一是明确行政机关负责人包括行政机关的正职和副职负责人;二是行政机关负责人出庭应诉的,可以另行委托一至二名诉讼代理人。

《解释》还对原告请求行政机关履行法定职责或者给付义务的判决方式、"一次再审、一次抗诉"路线图以及新旧法衔接等问题作出了解释性规定。

——辑自《最高法发布行诉法司法解释 民告官进入"2.0"时代》,http://legal.people.com.cn/n/2015/0427/c188502-26913160.html,2015年8月4日访问。

【课外阅读文献】

1. 张善恭、徐向华主编:《立法学原理》,上海社会科学院出版社1991年版,第113—139页;

2. 吴大英、任允正、李林:《比较立法制度》,群众出版社1992年版,第41—369页;

3. 曹海晶:《中外立法制度比较》,商务印书馆2004年版,第68—130页;

4. 朱力宇、张曙光主编:《立法学》,中国人民大学出版社 2006 年版,第 115—130 页;

5. 周旺生:《立法学》,法律出版社 2004 年版,第 86—120 页;

6. 郭延军:《两种主体立法之比较评价》,载《现代法学》2000 年第 5 期;

7. 蒋劲松:《英美法德瑞以六国议会的组织结构》,载《人大研究》2001 年第 6 期。

第五章　立法体制

【本章提要】

　　立法体制指一定政权中立法行使权力的配置体系和制度。基于各种因素的制约,立法体制在不同国家有不同的表现形式。其具体内容,即行使立法权的主体及其各自权限范围通常由一国的宪法或者宪法性法律予以规定。我国《立法法》根据宪法的规定,确立了我国现行的立法体制,基本明晰了中央权力机关、中央行政机关以及地方权力机关和行政机关各自的立法权边界,为完善社会主义法制和建设法治国家提供了制度保障。随着政治文明和法治建设的发展,我国立法体制尚需进一步完善。

【主要教学内容】

　　1. 基本概念:立法体制;立法权;

　　2. 基本知识和制度:立法体制的概念;立法权的分类;制约立法体制的因素;立法体制的种类;划分立法权限的方法;授权立法的构成要素和类别;我国现行立法体制的法律规定;

　　3. 基本理论:立法权的基本特征。

【教学目标】

　　1. 讨论立法权与立法体制之间的关系;

　　2. 判断、分析一国立法体制所属的类型与特点;

　　3. 说明我国立法权限划分的法律制度;

　　4. 讨论不同性质规范性法文件之间的关系。

第一节　立法体制概述

　　现代宪政理论认为,在民主制国家,国家政权的活动受到法的限制,政府的权力不能超出法所限制的范围,因此立法权的行使是有限度的。① 而在一定政权中划分立法权的限度和范围,就形成了该政权中的立法体制。如何建立一个科学而合理的立法体制,是一国民主法治建设中的重大理论和实践问题。

一、立法体制的概念及其主要内容

对于立法体制这一概念的认识,我国法学界颇有分歧。有学者根据其不同观点主要概括为二要素说和三要素说。二要素说认为,立法体制一般是指有关国家机关立法权限的划分及其相应机构设置的系统或者体系。三要素说则认为立法体制是指有关立法权限、立法权运行和立法权载体诸方面的体系和制度所构成的有机整体,其核心是有关立法权限的体系和制度。② 但无论人们对于立法体制概念内涵的揭示有何差异,几乎无一例外地认为,对于立法体制概念的界定,必须围绕立法权限的划分而展开,因为这是立法体制的核心内容。因此,本教材认为,立法体制可以有广义与狭义两种理解。广义上的立法体制,是一国有关立法制度的总系统,除包含了作为子系统的立法权限的划分体制之外,还包括行使立法权的立法主体的设置体制、立法权的运行体制、规范性法律文件的效力体系和立法监督体制等等。③ 而狭义上的立法体制,是指在一定政权中立法行使权力的配置体系和制度。

本教材是在狭义上使用立法体制这一概念。其主要解决两个层次的问题:第一,一定政权中有哪些立法主体分别行使立法权? 它们各自行使何种性质、范围和层次的立法权力? 第二,由不同的立法主体所行使的不同性质、范围、层次的立法权力之间的相互关系是什么? 由此,一定政权中立法权能否分别行使和如何分别行使就是立法体制所研究的两项主要内容。

二、立法权的概念、基本特征和种类

正确把握立法权的概念和特征,有助于对立法权能否分别行使的命题作出科学判断。

(一) 立法权的概念

立法权是被古今中外法学家和政治学家经常使用的概念。其创立之初,是为了区别政府的不同功能,即:法律的创制、法律的执行和法律的适用,其中创制

---

① 参见〔美〕查尔斯·A.比尔德:《美国政府与政治》(上册),朱曾汶译,商务印书馆1987年版,第21页。
② 参见马怀德主编:《中国立法体制、程序与监督》,中国法制出版社1998年版,第16页。
③ 参见张善恭主编:《立法学原理》,上海社会科学出版社1991年版,第89页。

法律的权力被称为"立法权"。维尔在《宪政与分权》中指出,"政府有立法、行政和司法三种职能,这一现代观点是在许多世纪间慢慢衍发起来的"。这些观念首先是在17世纪英格兰被人们明晰地领悟,而今天仍然在形成的过程中。① 这段话表明,立法权概念的正式确立,是以政府职能区分的需要及现实运作为前提的。

学界往往从多个角度对立法权进行界定,常见的表述主要有广、狭两种。广义上的立法权,是指一切有权立法主体行使创制、认可、修改或废止规范性法律文件的权力;狭义上的立法权,则是指立法机关(议会或者代表机关)行使的创制、认可、修改或废止法律的权力。②

上述定义固然简洁,但似乎仅停留于形式特征而未揭示其实质属性。本教材认为,所谓立法权,是指为一国主权者所独立拥有的,由特定主体所行使的,在国家权力体系中占据特殊地位的,旨在制定、修改和废止规范性法律文件的综合性权力体系。

(二)立法权的基本特征

立法权的基本特征是立法权的规定性,是立法权概念所反映的本质属性。其主要包括:

1. 就一国政权的外部关系而言,立法权具有排他性,也可称为独立性

立法权是一国主权者所独立拥有的权力,是其排他属性的集中体现。

"主权"一词最早由亚里士多德提出,而真正全面阐述主权精义的鼻祖则是16世纪法国思想家博丹(1530—1596年)。在其著作《国家论》中,博丹论述了"主权的原理"。他认为,国家具有主权是国家区别于其他组织的根本所在。在他看来,主权是一种绝对永久、不可分割而且必须由一人或一个机构掌握的权力,简言之,主权具有三个特性:绝对性、永久性和不可分性。③ 这三个特性成为传统主权理论的基本观点。"主权是一个国家所拥有的独立自主地处理其内外事务的最高权力"④。在国家内部,主权是最高权力,具有最高性,是一切国家权力的来源;在国家外部,即相对其他国家而言,主权是独立的权力,具有排他性,

---

① 参见〔英〕M.J.C.维尔:《宪政与分权》,苏力译,三联书店1997年版,第20页。维尔认为,古希腊的亚里士多德曾经将政治科学分为立法科学和政治学或者政策,但这并非权力分立的理论。在17世纪的英国,国王与议会之间的激烈斗争,使立法和执行"权力"之间的区别更为明确。随着政府的基本司法职能的再划分,权力的分立才被人们看到。参见《宪政与分权》第24页。
② 参见李林:《走向宪政的立法》,法律出版社2003年版,第26页。
③ 参见浦兴祖、洪涛主编:《西方政治学说史》,复旦大学出版社1999年版,第148页。
④ 《中国大百科全书》(政治学),中国大百科全书出版社1992年版,第609页。

在任何情况下均不允许分割或者转让。

由于一国主权在国家内部由立法权、行政权、司法权等权力来集中承载和体现,因此,立法权作为国家主权的体现和重要组成部分之一,同样也具有独立、排他、不可分割和转让的特性。

2. 就一国政权的内部关系而言,立法权具有多元性

立法权在一国政权内部可以由不同的特定主体分别行使是立法权所呈现的多元化特征。

如上所述,立法是国家的主权行为,立法权具有排他性。由此,有的学者否认立法权的多元性,并进而引申出立法权与国家立法权等同的观点。事实上,一个具有独立主权的国家制定何种法律以及如何制定法律的确是一国内政,绝不容许他国干预。但就一国内部而言,立法权则完全可以由不同的主体分别行使。这是因为:从国家权力的自身运动规律来看,当国家权力的所有权和行使权从合一走向分离以及国家权力的行使权在功能和结构上作进一步分解之后,包括立法权在内的一切国家权力都属于人民,而立法的行使权则受制于特定的历史阶段和特殊的国情被配置于某个或者某些主体执掌,并通过制宪权和修宪权来加以外化和固定。① 因此,行使立法权的主体并非必然一元,近代以来的人类立法史早已充分证明,一国的立法权通常由不同主体分类行使。至于立法权究竟由哪个或者哪些特定主体行使,则因时代和国情的不同而有所差异。也正因为如此,人类社会才会存在不同类型的立法体制。

3. 就立法权的自身关系而言,立法权具有综合性

与其他任何一种国家权力一样,立法权自成体系,是由一系列子权力所构成的权力综合体。其主要表现为:

(1) 立法权是由一系列实体性子权力所构成的权力综合体

就实体而言,立法权的综合性是指其由制定权(狭义)、修改权、废止权、解释权、批准权、认可权、变更权、撤销权、裁定权和否决权等一系列子权力所构成。其中制定权是其他实体性子权力的基础,即实体上的基本权;修改、废止和解释权是立法主体针对自身行使的自律权;批准、认可、变更、撤销、裁定和否决权则是一个立法主体对另一个立法主体所行使的律他权。②

判断某一主体是否为有权立法的主体,应当视其是否有权行使某种形式立

---

① 参见徐向华:《中国立法关系论》,浙江人民出版社1999年版,第25页以下。
② 参见郭道辉主编:《当代中国立法》(上),中国民主法制出版社1998年版,第37页。

法权的实体性基本权和自律权。若某一主体仅能行使某种形式立法权的律他权,则不能判定其是"适格"的立法主体。如,有权对规范性法律文件进行解释的司法机关、有权对规范性法律文件进行违宪立法审查的立法监督机关都不是一国特定的立法主体。

(2) 立法权是由一系列程序性子权力所构成的权力综合体

立法是一系列连续行为的积累,其每一个阶段都由特定的程序构成,而每一种程序又与特定的程序性子权力相对应。以议会立法为例,其至少包含了提出立法议案、审议法律草案、表决和通过法律草案以及公布法律等四个主要程序,因此,议会立法权至少包括立法提案权、审议权、表决权和公布权等四种程序性子权力。而不同性质的其他立法权,如行政机关的立法权则因为有着不同程序,亦包含了相应的特定程序性子权力。

判断某一主体是否有权行使立法权力,应当视其能否行使各项程序性的立法子权力。若仅行使其中的某一项或者某几项,则不能认定其是行使某种形式立法权力的有权主体。如,依据我国《宪法》的规定,国务院、最高人民法院和最高人民检察院都有向全国人大及其常委会提出立法议案的权力,但不能据此认为上述三个主体能行使制定法律的权力。

综上所述,我们明确了立法体制所关乎的第一个问题,即立法权作为在程序和实体上均自成整体的综合性权力体系,尽管因是主权的集中体现和组成部分而具有独立排他性,但却具有可以由一国内不同主体分别行使的多元特征。

(三) 立法权的类别

作为在国家权力体系中占据特殊地位的一种权力,立法权本身是一个蕴涵丰富、结构严谨的权力体系。除依据其在立法中所发挥的作用而划分为前文所论及的实体性立法权力和程序性立法权力之外,立法权还可以根据如下标准进行分类,呈现多样的表现形式。

1. 按立法权的性质分类

根据立法权的性质不同,即依据立法权的权源不同可以分为法定立法权和授权立法权。法定立法权是指根据宪法规定而获得的立法权,属于该立法主体的职权,如,日本宪法第41条规定,国会是最高权力机关,是国家唯一立法机关。因此,日本国会行使的立法权是由宪法规定的法定立法权。授权立法权通常是指由于立法机关的授权而使有关国家机关获得的一定的立法权。如日本宪法第73条规定了内阁的职权,其中第6项规定,内阁有权"为实施本宪法及法律的规定而制定政令。但此种政令中,除法律特别授权者外,不得制定罚则"。① 根据该条款可知,日本内阁制定有关罚则政令的立法权应属授权立法权。

2. 按立法权行使主体的性质分类

根据立法权行使主体的性质不同,可以分为代议机关立法权、行政机关立法权和其他机关立法权。代议机关立法权指由代议机关行使的立法权。现代代议制国家中,由其议(国)会行使的立法权即为代议机关立法权,如我国全国人大行使的立法权。行政机关立法权则是指特定的行政机关依据宪法规定或法律授权而获得的立法权,如我国最高行政机关国务院行使的立法权。其他机关立法权是指一国内部除代议机关和行政机关之外,其他机关也有可能通过法律授权而获得某种立法权,即其他机关立法权。如英国议会在1833年首次把制定具有法律效力的《法院规则》的权力授予高级法院。根据议会授权,最高法院规则委员会制定了英国民事诉讼法典《最高法院诉讼规则》。②

3. 按立法权行使主体的层次分类

根据立法权行使主体的层次不同,在单一制国家可以分为中央立法权和地方立法权,在联邦制国家可以分为联邦立法权和邦(或者州)立法权。如在我国,由全国人大及其常委会、国务院、国务院各部委及直属机关等中央立法主体所行使的立法权是中央立法权,而特定的地方人大及其常委会、相应的地方人民政府行使的立法权则是地方立法权。美国是联邦制国家,其联邦国会根据美国联邦宪法的授权而行使联邦立法权,各州有权行使宪法未授权联邦亦未禁止各州行使的州立法权。③

4. 按立法权的行使结果分类

根据立法权行使结果的不同,即依据行使立法权所形成的规范性法文件的不同,可以分为立宪权、立法律权、立法规权、立规章权和立其他规范性法文件权。如我国的法律体系由宪法、法律、行政法规、地方性法规、部门规章、地方政府规章等不同规范性法文件构成,其各自的立法主体行使相应的立宪权、立法律权、立法规权、立规章权。

---

① 参见姜士林等主编:《世界宪法全书》,青岛出版社1997年版,第387页。
② 参见邓世豹:《授权立法的法理思考》,中国人民公安大学出版社2002年版,第75页。
③ 美国联邦宪法第1条第1款规定:"本宪法授予的全部立法权,属于由参议院和众议院组成的合众国国会。"第10条规定:"宪法未授予合众国,也未禁止各州行使的权力,由各州各自保留,或由人民保留。"参见姜士林等主编:《世界宪法全书》,青岛出版社1997年版,第1615、1619页。

5. 按立法权的完整性分类

根据立法权行使的完整程度,可以分为完全立法权和不完全立法权。所谓完全立法权,是指立法主体不仅能够制定、变动规范性法文件,而且有权直接颁布实施。一般情况下,立法主体行使立法权,应是完全立法权。但对于某些特殊立法主体而言,其只能行使不完全立法权,即制定或变动规范性法文件的行为必须经过法定的批准程序后才能生效。如我国较大的市的人大及其常委会行使地方立法权所制定的地方性法规,须报省、自治区、直辖市的人大常委会批准后方能发生法律效力。又如,西班牙宪法(1978年)第147条第3款规定,其自治区的自治章程的修改"将按照章程中的程序进行,并在任何情况下均须经总议会通过组织法批准之"。①

在我国,根据《宪法》和《立法法》的规定,学界通常将各种规范性法文件的制定权分别称为"国家立法权""行政立法权(或者政府立法权)""地方立法权""授权立法权"。② 应当说明的是,"国家的立法权"与"国家立法权"具有种属关系,是两个不同的概念。其中"国家立法权"只是"国家的立法权"的组成部分之一,由我国最高国家权力机关行使;"国家的立法权"则是各种立法权的总称,不仅包括国家立法权,而且包括诸如行政立法权、地方立法权、授权立法权等多种形式的立法权力。③

三、制约立法体制的因素和立法体制的种类

系统了解制约一国立法体制的各种因素,有助于对立法权如何分别行使的问题作出理性应答。

(一)制约立法体制的因素

在不同的国家或者同一国家的不同时期,立法体制往往不尽相同。同是联邦制国家,联邦和其成员虽都行使立法权,但立法权限的具体划定在不同的联邦制国家仍有差别。如,美国各州立法权限较大,且联邦不得侵犯和剥夺;德国各州的立法权限较小,不仅联邦与各州的共有立法范围比较广泛,而且在共有立法

---

① 参见姜士林等主编:《世界宪法全书》,青岛出版社1997年版,第1208页。
② 各种立法权力的行使主体、立法的范围或者界限以及运行情况详见本章第二节。
③ 我国国家的立法权还包括军事机关的立法权。我国《宪法》规定,中央军事机关即中央军事委员会,领导全国武装力量。但未规定军事委员会的立法权限。《立法法》第103条对中央军事机关的立法权限作了较为原则的规定:中央军事委员会有权根据宪法和法律制定军事法规;中央军事委员会各总部、军兵种、军区、中国人民武装警察部队,可以根据法律和中央军事委员会的军事法规、决定、命令,在其权限范围内制定军事规章。

范围内,只有联邦未行使立法权的事项,各州才有权立法。同样,不同单一制国家的立法体制也各有特征。有的地方政权机关无权制定具有法律效力的规范性文件;有的地方政权机关基于宪法的规定有权立法;也有的因法律或法令的特别授权才行使授权立法权。

各国立法体制之所以迥异,归因于一系列客观因素的制约。这些制约因素主要有:

1. 国家性质因素

一国国体即国家性质,是指社会各阶级在国家政治生活中的地位。立法是一定政权中执政者意志的集中反映,立法权的划分也最终反映和服从执政阶级的共同意志。因此,国家性质不同,其立法体制当然不同。如,在封建制国家中,一般都建立了以专制或独裁为特征的立法体制;在社会主义国家中,一般都设立了以民主原则为基础的立法体制。

2. 政权组织形式因素

一国政权组织形式即政体是国家制度中的重要组成部分,表明执政者通过何种方式组织政权机关并实现国家管理。不同的政权组织形式,其行使不同性质国家权力的机关之间的关系便不同,对行使立法权的国家机关的影响也不同。如同是资产阶级君主立宪制国家,二元君主立宪制的尼泊尔、约旦和沙特阿拉伯,议会制定的法律须经君主同意才能生效;议会君主立宪制的英国、西班牙、荷兰和现在的日本,君主因成为虚权元首而对立法无实质性权力。

3. 国家结构形式因素

国家结构形式是指调整国家整体与其组成部分之间的形式。国家结构形式的核心是在代表国家整体的中央或者联邦政府和代表国家组成部分的地方或者邦政府之间进行国家的立法权的分配和调整,因此,它是决定纵向立法权力划分的最重要的因素。在联邦制国家中,联邦体和各成员国(州)通常按照分权原则在各自的立法权限范围内行使立法权。在单一制国家中,尽管地方也能在不同程度上行使中央授予的立法权,但最终仍然从属于中央,与联邦制中各成员国(州)具备独立立法权有本质的不同。

4. 历史传统因素

历史传统是指经过长期历史沉淀并得以延续的某些社会观念、信仰、习惯和制度。传统的因素往往会影响到一国立法体制的形成。如法国自拿破仑时代就实行中央集权制,其他地方国家机关几乎没有任何立法权限,甚至根据授权进行立法的情况也很少发生。直到1982年3月2日法国议会通过《关于市镇、省和专区的权力和自主权的法令》后,地方政府才获得了制定地方条例的权力。而英国素有地方自治的传统,地方政权机关拥有一定的立法权限。

5. 地理环境因素

一国立法权限的划分在某种程度上也会受到地理环境因素的影响。如,一般而言,地域小、人口少的国家,中央和地方政府之间立法权划分的层次就较少,甚至地方可能不需要有立法权;地域广、人口多的国家,中央和地方政府立法权划分的层次就较为复杂。

6. 民族因素

民族是国家构成的一个重要方面,国家权力结构的设计必然要考虑民族因素,同样,立法体制也受到民族因素的影响。如朝鲜民主主义人民共和国是单一民族的国家,行使立法权的最高权力机关采取一院制;而苏联是多民族国家,其权力机关采用两院制,其中民族院就是为代表各民族的特别利益而设置的。

7. 宗教因素

宗教作为一种社会意识形态,是上层建筑的一部分,对立法体制也有一定影响。如在梵蒂冈,教皇是最高首脑,他作为教会最高政府的附属权力机关,在该国拥有立法、行政和司法的无限权力。

除上述因素外,还有诸如经济发展水平、民主发展水平等其他因素对立法体制的划分也会产生一定影响。

(二) 立法体制的分类

制约立法体制的因素的复杂性决定了立法体制的多样化。

1. 立法体制的划分标准及其种类

根据不同的标准,立法体制可以作不同的划分。本教材认为,可以依据下列标准对立法体制进行分类:

(1) 根据行使立法权的政权机关的性质,可分为一元、二元或多元制的立法体制

如果一国立法权由该国某一种性质的国家政权机关来行使,就是一元制立法体制。如《越南社会主义共和国宪法》(1992年)第83条第2款规定:国会是唯一拥有立宪立法权的机关。[①]

如果该国立法权由两种或两种以上不同性质的国家政权机关分类行使,则为二元制或多元制立法体制。如丹麦王国宪法(1953年)第3条规定:立法权同

---

① 参见姜士林等主编:《世界宪法全书》,青岛出版社1997年版,第674页。

时属于国王和国会……①

(2) 根据行使立法权的政权机关的层次，可分为一级、两级和多级立法体制

如果一国立法权只由中央一级政权机关行使，则为一级立法体制。如《朝鲜民主主义人民共和国宪法》(1972年)第73条第2款规定：立法权唯有最高人民会议行使。②

如果一国立法权由中央和某一级地方政权分类行使，则为二级立法体制。如《奥地利联邦宪法》(1929年)第24条规定：联邦的立法权，由国民议会与联邦议院共同行使；第95条第1款又规定：州的立法权由州议会行使之。③

如果一国立法权由中央和某几级地方政权分类行使，则为多级立法体制。如《匈牙利宪法》(1990年)第25条第1款规定：立法权属于国会；第42条规定：农村、城市、首都和首都的各个区以及州的选民群体享有地方自治权……第44条第2款规定：地方代表团体可以在其任务范围内制定法令，但不能与较高级别的法规相矛盾。④

判断一国立法体制的类别，往往将上述两种标准相结合。具体可分为：一元一级立法体制、一元两级立法体制、一元多级立法体制；二元一级立法体制、二元两级立法体制；多元多级立法体制。

此外，也有学者根据国家立法权是否由同一个政权机关行使，将立法体制分为单一的立法体制和复合的立法体制；根据立法主体的立法权限是否受其他国家机关的制约，分为制衡型立法体制和独立型立法体制；根据国家的立法权限是否高度集中，分为集权型立法体制和分权型立法体制。⑤

2. 立法权限的划分方法

立法权限是立法主体行使立法权力的边界。在二元(级)或多元(级)立法体制下，为划定不同性质或者级别的立法主体所各自行使的立法权范围，宪法或者宪法性法律通常运用下列划分方法：

(1) "列举"与"概括"

所谓"列举"，是指宪法或者宪法性法律对某立法主体有权立法的事项予以逐一表明的方法。如，法国宪法第34条规定：法律规定有关下列事项的准则：公

---

① 参见姜士林等主编：《世界宪法全书》，青岛出版社1997年版，第784页。
② 同上书，第201页。
③ 同上书，第715、723页。
④ 同上书，第1238、1242页。
⑤ 参见刘明利编著：《立法学》，山东大学出版社2002年版，第77页。

民权利和给予公民关于行使公共自由的基本保障;为了国防对公民在人身上和财产上所设定的负担;国籍、人的身份和能力、婚姻制度、继承和赠与……①所谓"概括",是指宪法或者宪法性法律对列举以外的剩余的立法事项集中地规定由某立法主体行使立法权的方法。如,印度宪法第246条第3款规定:联邦议会有权对印度境内不属于任何邦的任何地区就任何事项制定法律……②

作为划分立法权限的方法,"列举"通过对某主体立法权限范围的明确列举以实现双重功能:一是力戒其超越列举范围而"无权"立法;二是保护其权力不被其他立法主体僭越。可见,"列举"方法的实质就是对立法权进行限制并在此基础上予以保护。当然,"列举"的限制权限、制约权力的作用只有结合"概括"方法才能充分实现。因为只有当列举之外的剩余立法事项穷尽地赋予其他立法主体之时,某立法主体所行使的立法权力界限才清晰无疑。③ 正因为如此,"列举"和"概括"作为一组彼此强化对方作用的方法,经常被各国结合使用以划分不同主体的立法权限。

(2) "专有"与"共有"

所谓"专有",是指宪法或者宪法性法律确定某些立法事项只归某个主体行使立法权力的方法。所谓"共有",是指宪法或者宪法性法律确定若干个立法主体都可以就某些立法事项行使立法权的方法。如,德国基本法第73条运用"专有"方法规定:"联邦就下列事项,享有专有立法权:(1) 外交和国防,包括年满十八岁男子的义务兵役和居民的保护;(2) 联邦的国籍……(11) 联邦性的统计";第74条使用"共有"方法规定了联邦和州的共有立法权:"共同立法权的范围包括下列事项:(1) 民法、刑法和执行判决、法院的组织和诉讼程序、律师、公证人及法律顾问;(2) 出生、死亡和结婚登记;(3) 结社和集会法……(24) 处置废物,保持空气洁净,以及与噪音作斗争。"④

由于若干个主体在共有立法范围内均可行使立法权,为保障立法权力有序行使,避免立法冲突,应当在共有立法范围确立中央优先或者联邦优先的原则。这项原则表明:在单一制国家,中央未就某事项立法,地方可先行立法;中央一旦立法,地方一般不得重复立法;中央立法在后,先行的地方立法中与中央立法相

---

① 参见姜士林等主编:《世界宪法全书》,青岛出版社1997年版,第888页。
② 同上书,第613页。
③ 参见徐向华:《中国立法关系论》,浙江人民出版社1999年版,第57页以下。
④ 参见姜士林等主编:《世界宪法全书》,青岛出版社1997年版,第798、799页。

抵触的部分自然失效。联邦制国家中联邦和邦政府之间的立法亦如此。①

(3)"法律绝对保留"与"法律相对保留"

法律绝对保留原则和法律相对保留原则合称为"法律保留原则",是指特定领域的立法事项应当保留给议会以法律进行规定,其他立法主体非因法律规定不得染指。这是近代民主法治国家为巩固议会民主制度而普遍遵循的基本原则。其不仅仅涉及议会与行政机关之间,也涉及中央与地方之间的立法权限分配。法律绝对保留原则是指某些特定领域的立法事项只能由法律进行规定,其他立法主体在任何情况下均无权涉及。法律相对保留则是指某种情况下议会可以将本应制定法律的事项授权给其他立法主体进行立法。如我国《立法法》第 8 条规定:下列事项只能制定法律:"(一)国家主权的事项;(二)各级人民代表大会、人民政府、人民法院和人民检察院的产生、组织和职权;……(十一)必须由全国人民代表大会及其常务委员会制定法律的其他事项。"这 11 项即为我国立法权限划分中的法律保留部分。同时《立法法》第 9 条又规定:"本法第八条规定的事项尚未制定法律的,全国人民代表大会及其常务委员会有权作出决定,授权国务院可以根据实际需要,对其中的部分事项先制定行政法规,但是有关犯罪和刑罚、对公民政治权利的剥夺和限制人身自由的强制措施和处罚、司法制度等事项除外。"其中绝对禁止授权国务院的若干事项为法律绝对保留事项,可授权事项为法律相对保留事项。

四、我国立法体制的沿革和现状

自 1949 年至今,我国立法体制的发展和演变经历了三个阶段。②

(一)法定集中、实际分散行使立法权力的阶段(1949 年新中国成立至 1954 年 9 月第一部宪法颁布前)

该时期的立法体制呈现出两大特征:

1. 在法定制度上,国家的立法权主要集中由中央行使

新中国成立之初,相比较权力分散的体制,中央高度集权的政治体制更能最

---

① 参见徐向华:《中国立法关系论》,浙江人民出版社 1999 年版,第 62 页;徐向华:《制衡天平的倾斜:联邦"优先"立法的急骤膨胀》,载《法学》1992 年第 10 期。

② 此部分的写作参考了徐向华:《中国立法关系论》,浙江人民出版社 1999 年版,第 8 页以下。也有学者倡导"五阶段"划分法,即将本章所概括的第二个时期再划分为 1954 年《宪法》制定到 1966 年"文化大革命"爆发、1966 年"文化大革命"爆发到 1978 年《宪法》修订、从 1978 年《宪法》通过到 1982 年《宪法》公布等三个阶段。参见郭道晖主编:《当代中国立法》(上),中国民主法制出版社 1998 年版,第 773 页以下。

大限度地利用有限资源有效应对内部的百废待兴和外部的局势严峻。此基本国情也必然制约了立法权的配置。当时,根据代行全国人大职权的全国政协所制定的具有临时宪法性质的《共同纲领》和宪法性法律《中央人民政府组织法》的规定,由政协选举产生的中央人民政府委员会是中央政府行使立法权的唯一法定主体,有权制定并解释国家的法律,有权颁布法令,有权废除和修改政务院发布的与国家的法律、法令相抵触的决议和命令。

我国是一个多民族的国家。保障民族平等、实现民族自治早在新中国成立之初就是基本国策。因此,中央人民政府委员会于1952年8月8日批准了《民族自治区域自治实施纲要》,规定自治乡以上的各级民族自治地方的自治机关有权制定本自治地方的单行法规,报上两级人民政府核准并报政务院备案。除此之外,《共同纲领》和中央人民政府委员会制定的法律都未直接赋予地方政府立法权力。

2. 在立法实践中,国家的立法权由中央到地方多级主体分散行使

尽管《共同纲领》未赋予除民族自治区域以外的地方政府行使立法权,但是,一方面当时的新老解放区因差别悬殊而无法统一实施中央立法,另一方面各地也需要因地制宜地实行各项改革,建立民主政权,恢复和发展国民经济。这种特殊历史时期的实际状况最终使得各级地方人民政府分别具有拟定法令、法规、条例的权力。根据1949年12月16日政务院第十一次政务会议通过的《大行政区人民政府组织通则》第4条第2款之规定,大行政区人民政府有权"拟定与地方政务有关之法令条例,报政务院批准或备案";根据1950年1月6日政务院第十四次政务会议通过的《省、市、县人民政府组织通则》,这些地方人民政府分别有权拟定与省政、市政、县政有关的暂行法令、条例或者单行法规,报上一级人民政府批准或者备案。特别值得注意的是,各级地方人民政府的立法权来自于政务院制定的各级人民政府组织通则,但政务院本身并非立法主体。①

(二) 法定高度集中、实际趋向结合行使立法权力的阶段(1954年9月《宪法》颁布至1979年7月五届全国人大二次会议前)

此时期的立法体制也呈现出两大特点:

1. 在法定制度上,1954年《宪法》确立了中央高度集中行使立法权的体制

在中央,根据1954年《宪法》第22条的规定,全国人大是"行使国家立法权

---

① 《中央人民政府组织法》第15条第1项明确规定,政务院仅"有权颁布决议和命令,并审查其执行。"

的唯一机关",有权修改宪法和制定法律。全国人大常委会仅有权解释法律和制定法令。

在地方,除赋予民族自治区域的自治机关自治条例和单行条例制定权之外,1954年《宪法》未延续《共同纲领》有关划分中央和地方职权的原则规定,一届全国人大一次会议通过的《地方组织法》也未对地方政府的立法权行使问题作出任何规定。

2. 在立法实践中,国家的立法权趋向结合行使

1954年《宪法》所确立的中央高度集中行使立法权的体制,是历史和现实的、观念和经济的等一系列因素综合制约的必然结果。但立法权过于集中的弊端显而易见。它影响了中央和地方两个积极性的发挥而使当时社会经济、文化发展迟缓。因此,在地方,尽管1975年、1978年《宪法》与1954年《宪法》一样,并未明确规定非民族自治区域的地方政府行使立法权力,但1978年《宪法》却以根本法的形式第一次完整提出"在中央的统一领导下,充分发挥中央和地方两个积极性"原则,为此后中央和地方相结合行使立法权的体制奠定了重要基础。

1966年"文革"开始后,我国的法制建设陷于停顿。1975年修订的《宪法》,是"文革"的产物,实际并未得到执行。直到1978年《宪法》通过,其中关于有权立法的国家机关立法权的划分,与1954年《宪法》的规定几乎完全一样。

在中央,虽然全国人大常委会依宪法规定并非法定立法主体,但因1955年和1959年全国人大的两次授权而在全国人大闭会期间有权制定单行法规和修改现行法律中已不适用的条文。[①] 换言之,通过两次授权,原由全国人大唯一行使的立法权已部分地扩大到全国人大常委会行使。

(三) 中央适当集权与地方相对分权的阶段(1979年7月五届全国人大二次会议至今)

在这一阶段,我国立法体制在1954年和1978年《宪法》的基础之上逐步健康发展。

在中央,根据1982年《宪法》的规定,立法主体发展为两类。第一类是中央权力机关,即全国人大及其常委会,具有各自的立法权;第二类是中央行政机关,即国务院及国务院各部委,分别行使行政法规和部门规章的制定权。2000年3

---

① 两次授权分别是:1955年7月30日一届全国人大一次会议通过《关于授权常委会制定单行法规的决议》,专门"授权常务委员会……适时地制定部分性质的法律",即单行法规;1959年4月二届全国人大一次会议进一步授权全国人大常委会"在全国人民代表大会闭会期间,根据情况的发展和工作的需要,对现行法律中一些已经不适用的条文,适时地加以修正,作出新的规定。"

月通过的《立法法》又将部门规章的制定主体扩大至中国人民银行、审计署和具有行政管理职能的直属机构。此外,全国人大及常委会还在1984年和1985年两次授权国务院"拟定有关税收条例"和"制定暂行的有关经济体制改革和对外开放方面的规定和条例"。

在地方,根据1982年《宪法》及《地方组织法》《香港特别行政区基本法》《澳门特别行政区基本法》《立法法》等宪法性法律以及全国人大及其常委会的授权决定,现行地方立法也包括两大类。第一类为一般地方立法:根据2000年《立法法》之规定,此类立法包括省、自治区、直辖市的人大及其常委会、较大的市(省政府所在地、经济特区所在地的市以及经国务院批准的较大的市)的人大及其常委会有权制定的地方性法规,相应级别的地方政府有权制定政府规章;2015年3月第十二届全国人大第三次会议对《立法法》进行了修改,进一步将较大市的地方立法权扩大为包括所有设区的市以及自治州在内的地方性法规制定权,同时,省、自治区、直辖市、设区的市以及自治州的人民政府有权制定地方政府规章。第二类为特殊地方立法,即自治区、自治州和自治县的人大制定自治条例和单行条例;经济特区所在地的省、市的人大及常委会根据授权进行立法;香港、澳门特别行政区立法会行使高度自治权而制定法律。

综上所述,我国现行立法体制模式是中国历史上前所未有的。其特征在于:第一,立法主体具有多元多级性,但所立之法要求统一性;第二,中央立法主体具有多元性;第三,地方立法主体具有适度扩大性。

对我国立法体制沿革的考察表明,新中国的立法权行使经过了从相对分散到高度集中再到适当分权的历程,统一而分层次的立法体制已基本形成。实践证明,这一体制是比较科学和行之有效的,它在发挥中央与地方、权力机关与行政机关的主动性的同时,保证了国家立法权的统一,有力地推动了立法工作并取得很大成就,适应了建设社会主义市场经济和社会主义法治国家的需要。

当然,应当看到,目前我国地方越权立法、重复立法的现象依然存在,行政机关的立法极易陷入部门分割的怪圈,国家立法权的行使主体之权限配置也与民主政治的发展不尽协调,各类规范性法文件之间互相冲突的现象也比较普遍。基于此,我国现行立法体制仍存在不少缺陷和亟待完善之处。

第二节 中央立法机关的立法权

本节所称中央立法机关,是指联邦制国家中的联邦一级或单一制国家中的中央一级的议会或代表机关。无论是联邦制国家,还是单一制国家,中央立法机关所立之法在国家法律体系中均占据主导地位。

一、中央立法机关立法权的含义和特点

中央立法机关立法权是指一国中央一级议会或代表机关行使的立法权。一般而言,中央立法机关立法权具有如下特点:

(一)修改宪法的权力是中央立法机关立法权的重要组成部分

宪法作为规定一国国家根本制度和公民基本权利的根本大法,由各国的制宪组织在新中国成立之初制定,但宪法的修改几乎无一例外由该国依照宪法所设定的中央立法机关行使。修宪权是中央立法机关立法权中最为重要的部分。

至于宪法解释权,不少国家由中央立法机关行使,但也有由司法机关或者其他特定机关承担。如,在我国,由全国人大常委会行使宪法解释权;而美国联邦最高法院则拥有司法审查权,并有权对宪法进行解释。

(二)中央立法机关立法权的权限范围通常是一国中最为基本和重要的立法事项

中央立法机关立法权所及范围通常为一国基本制度和国计民生的重大事项,诸如国家主权、外贸、海关、税收和公民政治权利的剥夺等方面的基本制度。即便在联邦制国家,各成员国有自己的宪法或者宪法性法律,但始终有一部分涉及全国基本和重要的立法事项,如涉及外交、国防、货币等事项,是联邦"专有"的立法权限范围,各成员国在任何情况下都不得僭越。

(三)中央立法机关所立之法在全国范围内统一实施

在单一制国家,中央立法机关制定的法律当然在全国范围内统一实施。在一国实施两级或多级立法体制的情况下,地方立法主体行使立法权,也必须要服从于中央的统一立法。在联邦制国家中,尽管联邦和各成员国有各自的法律体系,但由联邦立法机关行使联邦立法权所制定的法律,在全国范围内仍应得到有效实施。

(四)中央立法机关立法权所立之法一般比较原则,由下位法进行细化或者补充

由于中央立法机关所立之法是在全国范围内统一适用的,因此,除"专有"立

法之外，所制定的法律规范不宜过细，否则必然会因各地相异而影响其有效实施。同时，由于现代国家日益繁杂的社会事务以及新兴的、专业性的领域层出不穷，中央立法机关基于自身立法能力的限制，也一般进行原则性、框架性的立法。在遵循法律所确定的原则和相关规定的前提下，各国通常由行使专门职能、集聚专门人才，同时依法行使立法权的行政机关或者授权行政机关制定实施细则或者技术性标准。在单一制国家中，地方立法主体也根据当地实际情况对相对原则、粗放的法律进行细化和补充。

二、我国与西方国家中央立法机关立法权的主要区别[①]

我国中央立法机关是全国人民代表大会及其常务委员会。在"议行合一"的政治制度下，全国人大及其常委会根据宪法规定行使包括监督宪法实施权、国家立法权等一系列重要权力。因此，我国中央立法机关同时又是最高国家权力机关。

尽管我国最高权力机关与西方国家议会同为一国最高立法机关，但各自的权力范围、组织结构、在国家机构体系中的地位等均不相同，由此决定了各自所行使的立法权也有所不同。其区别主要体现在：

（一）我国中央权力机关立法权至高无上，不受其他主体制约

全国人大及其常委会有权监督其他立法主体的立法行为，而其自身立法行为则不受其他政权机关约束。西方国家的议会立法则往往要受国家元首、政府、最高法院或者宪法法院等其他政权机关的制约。[②] 如，奥地利议会制定的法律若侵犯州的立法权限，宪法法院便有权审理，并对越权的立法予以撤销。

（二）我国中央权力机关立法权的边界"虚无"，似无越权可能

从我国立法制度上看，中央权力机关只要认为有立法必要，可以通过法律规定各种事项，而不必担心是否侵犯地方立法权限。而在西方国家，尤其是联邦制国家，联邦立法权和各成员国立法权具有严格划分，互相不得超越。如，美国联邦宪法把立法权划分为：授予联邦的权力、联邦的默示权力、保留给州的权力、禁止州行使的权力等，[③]联邦和各州都只能在宪法确认的范围内实施立法。

---

① 本部分所谓"西方国家"，泛指西方主要资本主义国家。
② 英国是一个例外，其奉行"议会至上"原则。权威宪法学家将该原则解释为：制定或不制定任何法律的权力属于议会，法律不承认任何人或机构有权超越或废除议会制定的法律。参见林征编译：《英国的立法制度》，载李步云主编：《立法法研究》，湖南人民出版社1998年版，第499页。
③ 详见美国联邦宪法第1条第8款第1—18项、第10条以及第10条宪法修正案。

三、我国国家立法权的法定制度

根据我国现行《宪法》第 58 条规定,国家立法权由全国人大及其常委会行使。因此,中央立法机关的立法权在我国亦称为国家立法权。

作为国家立法权的两大行使主体,全国人大及其常委会的各自立法权限是由《宪法》以及《全国人大组织法》《立法法》等宪法性法律予以明确规定的。

(一) 全国人大行使的国家立法权

1. 修改宪法权

《宪法》第 62 条第 1 项规定,全国人大有权"修改宪法"。

宪法是国家的根本大法,是治理国家的总章程。它规定了国家制度和社会制度的根本原则、公民的基本权利和义务以及国家机关的组织。我国一切规范性法律文件的制定,都必须以宪法为根据,不得违背宪法。因此,宪法修改的权力必须由全国人大自己行使。

2. 制定和修改基本法律权

《宪法》第 62 条第 3 项、《立法法》第 7 条第 2 款规定,全国人大"制定和修改刑事、民事、国家机构的和其他的基本法律。"

由于刑事基本制度方面的刑法和刑事诉讼法、民事基本制度方面的民法和民事诉讼法、国家机构制度方面的全国人大组织法和国务院组织法、基层群众自治制度方面的村民委员会组织法等其他基本法律,都直接调整和规范国家、社会和公民生活中具有重大意义的社会关系和社会秩序,因此,这些基本法律由全国人大制定和修改。

3. 立法方面的监督权

《宪法》第 62 条第 2 项规定,全国人大有权"监督宪法的实施"。这一权力包括有权对违反宪法的立法活动进行监督。

此外,《立法法》还赋予全国人大在立法方面的改变权和撤销权。[①]

(二) 全国人大常委会行使的国家立法权

1. 解释宪法和法律权

《宪法》第 67 条第 1、4 项规定,全国人大常委会有权"解释宪法"和"解释法律"。这里的法律解释权,既包括对全国人大制定的基本法律的解释权,也包括对全国人大常委会自身制定的其他法律的解释权。根据《立法法》第 46 条之规

---

① 详见本教材第九章第三节第二部分"我国现行立法监督制度"。

定,法律有以下情况之一的,由全国人大常委会解释:(1) 法律的规定需要进一步明确具体含义的;(2) 法律制定后出现新的情况,需要明确适用法律依据的。

2. 制定和修改其他法律权

《宪法》第 67 条第 2 项、《立法法》第 7 条第 3 款规定,全国人大常委会"制定和修改除应当由全国人民代表大会制定的法律以外的其他法律"。换言之,除"应当由全国人大制定的法律",即刑事、民事、国家机构的和其他的基本法律以及"必须由全国人大制定的其他法律"之外,对于其他法律全国人大常委会均有权制定和修改。

3. 部分补充和修改基本法律权

《宪法》第 67 条第 3 项、《立法法》第 7 条第 3 款规定:"在全国人民代表大会闭会期间,对全国人民代表大会制定的法律进行部分补充和修改,但是不得同该法律的基本原则相抵触。"该项权力的指向对象并非全国人大常委会自身所立之法,而是全国人大制定的基本法律。当然,《宪法》和《立法法》的上述规定对该项权力行使的限制也作出了制度安排。即,在时间上,补充和修改须在全国人大"闭会期间";在程度上,只能进行"部分"修改和补充,且"不得抵触"基本法律的基本原则。

4. 决定同外国缔结的条约和重要协定的批准和废除

根据《宪法》第 67 条第 14 项的规定,对是否批准和废除我国与外国缔结的条约、公约和重要协定的决定权由全国人大常委会行使。如 2015 年 7 月 1 日第十二届全国人民代表大会常务委员会第十五次会议分别通过了关于批准《多边税收征管互助公约》的决定和关于批准《中华人民共和国和哈萨克斯坦共和国关于移管被判刑人的条约》的决定。

5. 全国人大授予的立法权

根据《宪法》第 67 条第 21 项的规定,全国人大常委会可以接受全国人大授予的立法权,进行授权立法。

6. 立法方面的监督权

根据《宪法》第 67 条第 1、7 和 8 项、第 100 条、第 116 条及《立法法》的规定,全国人大常委会有权对其他立法主体所立之法行使备案、批准撤销、裁决和审查权。[①]

[①] 详见本教材第九章第三节的第二部分"我国现行立法监督制度"。

四、我国国家立法权的运行现状和发展完善

（一）运行现状

自1982年《宪法》确立了国家立法权制度的三十余年来，全国人大及其常委会根据国家政权建设和社会发展的需要，开展了量大、覆盖面广的立法工作，我国社会主义法律体系正在加快形成。①《立法法》的制定及其修改均致力于完善我国立法体制。然而，本教材认为，就国家立法权的实际运行而言，依然存在一些不足之处需要进一步改进。其不足主要集中在以下两点：

1. "基本法律"和"其他法律"的含义和范围模糊，导致全国人大和全国人大常委会各自行使的国家立法权边界部分不清

由全国人大制定和修改的"基本法律"中包括"其他的"基本法律，而全国人大常委会有权制定和修改"其他法律"中也有"其他"一词，因此，《宪法》所使用的两个同样载负大量信息的模糊词语导致两个主体各自立法的事项在制度上含混不清。

应该指出，《立法法》本应在总结多年立法经验的基础上，结合我国民主政治和市场经济发展的需要和趋势，将1982年《宪法》难以一一列明的两大主体各自的立法事项予以相对清晰的划分。然而，这部宪法性法律并未明确"其他的基本法律"与"其他法律"各自的范围，而且其第8条关于全国人大和常委会都能就诸如"各级人民代表大会、人民政府、人民法院和人民检察院的产生、组织和职权""犯罪和刑罚""民事基本制度"的事项制定法律的规定，似乎将宪法划分的"基本法律"和"其他法律"的粗浅区别也"一笔勾销"了。正因为如此，立法实践中确实难以判断某一事项究竟属于"基本法律"还是属于"其他法律"的立法事项，由此也导致难以判断全国人大与全国人大常委会之间的立法权限范围，无法判断两者是否恪守国家立法权的行使边界。

2. "部分"补充和修改基本法律的限定不明，导致全国人大常委会对该项立法权力的运用几乎漫无边际

尽管《宪法》规定全国人大常委会只能"部分"补充和修改基本法律，但"部

---

① 2011年10月27日，国务院新闻办公室发表《中国特色社会主义法律体系》白皮书。据此，截至2011年8月底，中国已制定现行宪法和有效法律240部、行政法规706部、地方性法规8600多部，中国特色社会主义法律体系已经形成，这是中国社会主义民主法制建设的一个重要里程碑，是中国特色社会主义制度逐步走向成熟的重要标志。参见《中国发表法律体系白皮书 展现法制建设成就》，http://www.chinanews.com/fz/2011/10-27/3418151.shtml，2015年8月4日访问。

分"一词同样因模糊而弱化了其本欲发挥的限制作用。因此,全国人大常委会在立法实践中不仅多次和大幅度对基本法律进行补充和修改,而且在内容上涉及该法律基本原则和基本内容的变动。如,全国人大常委会曾17次修改全国人大制定的1979年《刑法》,发布了21个单行法规,并在其他非刑事法律中设定了百余条刑事责任条款。这些修改直接涉及犯罪主体的增设、刑罚种类的增加、量刑制度的加重和法定刑的提高,甚至涉及溯及力原则的变动。

同样,《立法法》仅延续了《宪法》的表述而未作出提升操作性的具体规范,因此,全国人大常委会此后依然对《婚姻法》《民族区域自治法》等进行了包括核心内容、基本制度的大幅度修改。[①]

总之,上述问题导致的现实是:恢复法制建设三十余年以来,作为最高权力机关的全国人大并未承担主要的立法工作,而其常设机构全国人大常委会却在实际上成为我国法律的主要制定者。

(二) 发展完善

1. 正确认识全国人大常委会"常设机关"的宪法地位

立法的正当合法在很大程度上取决于立法的民意基础。立法机关组成人员与选民之间的恰当比例是广泛民意的必要保障。在我国,全国人大常委会与全国人大的宪法地位并非等同,只是全国人大的常设机构,不仅必须向人大"负责并报告工作",而且其组成人员由全国人大代表选举并有权罢免,人数仅占全国人大代表二十分之一左右。[②] 如果我国全国人大代表与选民之间的比例是比较符合现阶段民主政治发展水平的话,那么显然全国人大常委会组成人员与选民之间的过高比例将会使其立法的民意基础大打折扣,进而影响到立法的正当性。[③] 正因为全国人大和全国人大常委会虽然同为我国国家立法权的行使主体,但两者的宪法地位以及民意基础并不相同,因此,两者立法权的权限范围也不应完全等同,不能由全国人大常委会过多行使立法权而使得全国人大的立法权相对萎缩。

---

① 参见林彦:《基本法律修改权失范及原因探析》,载《法学》2002年第7期。
② 第九届全国人大代表共有2979名,其中常委会委员155名,占全体代表5.2%;第十届全国人大代表共2984名,常委会委员159名,占全体代表5.3%;第十一届全国人大代表共2987名,常委会委员159名,占全体代表5.3%。部分数据参见蔡定剑:《中国人民代表大会制度》,法律出版社2003年版,第233页。
③ 第九届全国人大代表与全国13亿人口之比是1∶430000,而全国人大常委会155名委员与13亿人口之比是1∶10000000。参见徐向华、林彦:《我国〈立法法〉的成功与不足》,载《法学》2000年第6期。

2. 高度重视全国人大的选举、代表和会议等制度的完善

事实上,全国人大常委会过于宽泛和经常地行使国家立法权这一现象,很大程度上是由于人大制度设计的自身缺陷导致全国人大立法能力不足而造成的。因此,在现有宪政框架内,应当完善人大制度以提高其立法能力。当前应当重视的是:其一,适当减少全国人大代表的人数;其二,强化代表的代议责任和法律素质;其三,适当增加会议次数和会期。

3. 科学划分全国人大和全国人大常委会立法权限,相对细化各自立法的具体事项

(1) 改变《立法法》合并规定两大主体立法权限的现状,科学划分基本法律与其他法律的调整对象。

在权限划分的理念上,应当坚持《宪法》对全国人大和全国人大常委会的基本定位,坚持《宪法》对两大主体立法权限的原则划分,改变《立法法》第8条在权限划分上的模糊化。

在权限划分的方法上,首先应当明晰列举基本法律的调整事项而不再继续"民事、刑事、国家机构和其他的基本法律"的含糊规定。诸如规定犯罪和刑罚的刑法典、民事基本制度的民商法典,规定各级人大、人民政府、法院和检察院的产生、组织和职权的法律,规定民族区域自治制度、特别行政区制度和基层群众自治制度的法律,规定预决算制度、所得税制度的法律等。其次应当对基本法律和其他法律"共有"的调整事项也作出相对明晰的界定。诸如规定财政、海关、经贸和外贸基本制度的法律,规定限制人身自由强制措施和处罚的法律等。

(2) 增加对全国人大常委会部分修改和补充基本法律权予以限制的操作性规定。如在修改内容上,涉及基本法律的基本原则、基本制度的条文必须只能由全国人大修改,全国人大常委会不得涉足。

(3) 增加全国人大授权全国人大常委会立法的制度。在基本法律范畴内,如因某些特殊情况,全国人大不能及时立法,进而会导致立法时机的延误,在此情况下,全国人大可以授权全国人大常委会就基本法律范畴中的立法事项进行立法。

(4) 确立全国人大对紧急情况下全国人大常委会立法的追认制度。当国家处于战争、传染性疾病、自然灾害等紧急情况时,需要就某些重大事项制定基本法律。此时若全国人大闭会,为不致延误立法时机,避免或者减轻危害结果,可由全国人大常委会先进行立法,并在事后向人大汇报并请求追认。当然,如果在

追认程序中发现常委会所立之法有违反宪法之处,全国人大依然有权予以改变或者撤销。

第三节 中央行政机关的立法权

中央行政机关立法权在近现代世界各国的立法体制中占据极为重要的地位。

一、中央行政机关立法权的含义和配置

中央行政机关立法权指一国中央一级行政机关行使的立法权。

在现代,各国配置中央立法机关与中央行政机关两者之间立法权的模式,大体可分为两类。

(一)中央立法机关立法权范围宽泛,中央行政机关立法权严格限制

美国、英国、德国等大多数国家采用此类模式。在这些国家中,行政机关的立法一般仅限于如下形式:(1)中央行政机关只能基于中央立法机关的立法进行补充性或者实施性立法;(2)中央行政机关只能就纯粹属于行政管理事项进行自主性立法;(3)中央行政机关只能依据中央立法机关的授权进行授权性立法。

(二)中央立法机关立法受到限制,中央行政机关立法范围非常宽泛

法国为代表的极少数国家采取此类模式。法国现行1958年宪法第34、37条将全法国立法事项分为法律事项和条例事项,前者由议会制定法律,后者由政府制定法令。其中法律事项由第34条通过逐一列举的方式予以规定;列举之外的其他事项则由第37条以概括方式全部赋予政府以条例方式进行立法。显然,议会立法的范围不仅明显窄于政府的立法范围,而且因有权立法事项的一一列举而受到明确限制。此外,法国宪法还在其他条款中为保障政府立法、防止议会越权规定了严格的措施。[①]

总之,中央立法机关与中央行政机关之间立法权的具体配置,在不同国家或者同一国家的不同阶段有不同的模式。至于采用什么具体方式予以分配,则完全取决于历史传统、现实状况等多种因素。

---

① 详见1958年法国宪法第16条、第38条和第61条。

二、我国中央行政机关立法权的法定制度

根据《宪法》和《立法法》的规定,我国行使立法权的中央行政机关包括国务院、国务院所属各部、委员会、中国人民银行、审计署和具有行政管理职能的直属机构,它们分别有权制定行政法规和部门规章。因此,中央行政机关的立法权在我国也称为行政法规制定权和部门规章制定权,或者简称为中央行政立法权。①

(一)国务院行使的行政法规制定权

国务院是制定行政法规的唯一主体,其行使的立法方面的权力包括：

1. 职权性行政法规制定权

《宪法》第 89 条第 1 项规定,国务院"根据宪法和法律,……制定行政法规",《立法法》第 65 条第 2 款进一步规定了制定行政法规的两大类事项：

(1)实施性或者执行性立法事项。《立法法》第 65 条第 2 款第 1 项规定,行政法规可以就"为执行法律的规定需要制定行政法规的事项"作出规定。如国务院为实施全国人大常委会制定的《专利法》,制定了《专利法实施细则》。由于这类立法事项具有根据上位法作出更为细化和可操作性的规定以保障该上位法实施的特点,因此,此类事项称为实施性或者执行性立法事项,对这类事项的立法由此称为实施性立法或者执行性立法。

(2)创制性或者自行性立法事项。《立法法》第 65 条第 2 款第 2 项规定,行政法规可以就"宪法第 89 条规定的国务院行政管理职权的事项"作出规定。如国务院根据《宪法》第 89 条第 8 项赋予其"领导和管理……公安……等工作"的职权,为保护计算机信息系统的安全,促进计算机的应用和发展,制定了《计算机信息系统安全保护条例》。由于这类立法具有为履行宪法所赋予的职责而在无上位法的情况下"自行"立法的特点,因此,此类立法称为创制性立法或者自行性立法,这类立法所涉及的事项当然称为创制性或者自行性立法事项。

2. 授权性行政法规制定权

根据《宪法》第 89 条第 18 项关于国务院有权行使"全国人大和全国人大常委会授予的其他职权"的规定,《立法法》第 65 条第 3 款进一步规定,国务院有权"根据全国人大及其常委会的授权制定行政法规",并将可授权事项限定在"应当由全国人民代表大会及其常务委员会制定法律的事项"的范围之内。

---

① 参见袁曙宏、李洪雷：《中国行政立法的新发展》,载周旺生主编：《立法研究》(第 2 卷),法律出版社 2001 年版,第 448 页以下。

由于国务院制定此类行政法规所涉及的立法事项并非限于《宪法》第89条所规定的国务院的"行政管理职权"范围，而是全国人大及其常委会授予的本应由其自身立法的事项，换言之，此类行政法规的制定权并非源于宪法的直接规定而是出自全国人大及其常委会的授权，因此，此类行政法规的制定权理应命名为"授权性行政法规制定权"而区别于"职权性行政法规制定权"。

国务院的授权性行政法规制定权主要来自于最高权力机关的两次集中授权。一是1984年第六届全国人大常委会第七次会议通过了《关于授权国务院改革工商税制发布有关税收条例草案试行的决定》。该授权决定授权国务院在实施国营企业利改税和改革工商税制的过程中，拟定有关税收条例，以草案形式发布试行，再根据试行的经验加以修订，提请全国人民代表大会常务委员会审议。二是1985年第六届全国人大常委会第三次会议通过了《关于授权国务院在经济体制改革和对外开放方面可以制定暂行规定或者条例的决定》。该决定授权国务院对于有关经济体制改革和对外开放方面的问题，必要时可以根据《宪法》，在同有关法律和全国人民代表大会及其常务委员会的有关决定的基本原则不相抵触的前提下，制定暂行的规定或者条例，颁布实施，并报全国人民代表大会常务委员会备案。经过实践检验，条件成熟时由全国人民代表大会或者全国人民代表大会常务委员会制定法律。自此，国务院获得了包括税收立法在内的大量经济立法权，在推动我国经济体制改革和对外开放过程中发挥了巨大作用。然而，由行政机关长期掌握税收立法权，显然有违税收法定的法治基本原则。2015年3月第十二届全国人大第三次会议对《立法法》进行首次修改，在第8条涉及法律专属事项的内容中，删除了原第8项"基本经济制度以及财政、税收、海关、金融和外贸的基本制度"中有关税收的规定，同时将其在第6项专设一项，即：税种的设立、税率的确定和税收征收管理等税收基本制度。这一变化意味着税收立法权中的核心权力已回归最高权力机关，也意味着税收法定原则在我国逐渐明确并得到落实。

3. 立法方面的监督权

根据《宪法》第89条第13、14项和《立法法》第94条第2款、第95条第1款第2、3项、第97条第3项、第98条第2、3、4项的规定，国务院有权对我国其他立法主体的立法结果行使裁决权、决定权、改变和撤销权以及备案权。[①]

---

① 详见本教材第九章第三节的第二部分"我国现行立法监督制度"。

(二) 国务院各部委等行使的部门规章制定权

《宪法》第 90 条第 2 款规定,国务院各部委有权"发布规章"。

《立法法》在《宪法》规定的基础上进行了发展。表现为:

1. 明确了部门规章的命名

2. 增加了部门规章的制定主体

《立法法》第 80 条第 1 款规定,规章的制定主体是"国务院各部、委员会、中国人民银行、审计署和具有行政管理职能的直属机构",从而将制定主体从原来的"各部委"增加到包括"具有行政管理职能的直属机构"在内的国务院有关部门。①

3. 坚持了部门规章的部门权限

《立法法》第 80 条第 1 款坚持《宪法》的规定,制定主体必须"在本部门的权限范围内"制定部门规章,凡不属于本部门管理的事项,不得在本部门规章中予以规范。

4. 限定了部门规章的调整事项

《立法法》第 80 条不仅在其第 1 款强调部门规章的制定应当"根据法律和国务院的行政法规、决定、命令",而且在第 2 款限定"部门规章规定的事项应当属于执行法律或者国务院的行政法规、决定、命令的事项。没有法律或者国务院的行政法规、决定、命令的依据,部门规章不得设定减损公民、法人和其他组织权利或者增加义务的规范,不得增加本部门的权力或者减少本部门的法定职责"。此规定一方面表明,"执行性"是部门规章的制定性质,其调整范围仅仅限于与执法有关的事项。换言之,执行法律或者国务院的行政法规、决定、命令的规定可以制定部门规章;不是执行上述规定的,则不能制定部门规章。另一方面,该规定强调了部门规章的禁止事项,进一步明确了国务院下属各行政机关在行使规章立法权时必须要遵守的权限范围。

三、我国中央行政立法权的运行现状和发展完善

随着社会主义市场经济的发展以及社会主义法治国家的建设,我国中央行政机关的立法发展迅速。值得注意的是,如何防止因立法权与行政权集于一身

---

① 中国人民银行和审计署分别是国务院的部委之一,与"主管各项专门业务,设立若干办事机构协助总理办理专门事项"的直属机构不同。根据《宪法》第 62 条第 5 项的规定,中国人民银行行长和审计署审计长如同各部部长、各委员会主任,都是由全国人大根据国务院总理的提名而决定的。因此,《立法法》只是将《宪法》"各部、各委员会"的笼统提法具体化为"各部、委员会、中国人民银行、审计署"而已。

而极易产生的行政专横,力戒中央行政机关的立法膨胀、公权力与私权利失衡以及侵犯公民的基本权利等不良现象,应当成为我国中央行政立法权有序运行的关键问题。

(一)正确理解"根据宪法和法律",制定行政法规的原则

《宪法》和《立法法》在规定国务院有权制定行政法规的同时,对此权力的行使进行了原则性限制,即必须"根据宪法和法律"制定行政法规。这一规定通常被称为"根据原则"。

立法实践中对"根据原则"有多种理解。有的认为"根据原则"意味着行政法规只有在宪法和法律明确规定某些事项由国务院规定的情况下,才可以针对这些事项进行立法;有的认为"根据原则"意指制定行政法规应当根据宪法和法律的具体规定并将之予以细化;还有的则认为制定行政法规应当以宪法和法律规定的国务院职权范围为根据,只要不超出其职权范围,无论该事项是否已有上位法规范,均可以自主立法。无疑,对"根据原则"的不同理解意味着对国务院立法权限范围宽窄的不同认识。

本教材认为,"根据原则"至少包括以下含义:(1)在已有法律对某社会关系作调整的情况下,就同一事项制定的行政法规,必须根据法律的规定予以细化,以保证法律的执行,不得与法律相抵触;(2)某社会关系尚无法律调整时,国务院在其行政管理职权范围内有权进行自主性或者创制性立法;(3)已制定了行政法规,又就同一事项制定法律的,行政法规中与法律相抵触的部分应当及时修改或者废止。国务院制定行政法规时必须严格遵循"根据原则"。唯其如此,才能在充分发挥国务院立法积极作用的同时,保证国务院立法的合法性,维护社会主义法制的统一性。

(二)严谨规制国务院的授权性行政法规制定权

由于职权性和授权性的行政法规制定权的权力来源不同,因此,后者所制定的行政法规所涉及的立法事项更宽泛、立法时机更灵活,受上位法的制约相对有限。正因为如此,必须对国务院的授权立法权予以适当控制,才能杜绝其被滥用的可能。

《立法法》第9条、第10条、第11条、第12条、第97条第7项、第98条第5项已就国务院授权立法权的行使限度作了相关规定,其内容包括授权目的、事项、范围、期限、被授权机关遵守的原则、转授权的禁止、经授权所立之法的撤销与备案等监督程序。这些规定为防止授权立法的滥用奠定了较为完备的制度基础。进一步而言,为了既严谨规制授权立法,又充分发挥其在我国法治建设中的

特殊作用,还需从以下几方面予以完善:

1. 在授权方式上,明确单项授权为法定方式

就世界各国的授权立法制度和实践来看,一般都遵循"一事一授权"的原则,即进行单项授权。授权立法中的此原则有利于明确授权事项,加强对授权立法的监督,防止被授权主体逾越和滥用授权立法权。

2. 在授权事项上,缩小可授权事项的范围

除《立法法》第9条规定的法律绝对保留范围之外,第8条列举的事项中还有一些应当属于不可授权的范围。如,在我国议行合一的政治体制下,第8条第2项所涉及的各级人民代表大会、人民法院和人民检察院的产生、组织和职权等立法事项,行政机关显然在任何情况下都不能涉足,因此应修改其为法律绝对保留的范围。

3. 在授权启动程序上,建立申请授权制度

当现实生活中急需立法而全国人大及其常委会无法及时满足又未"意识"授权时,应当赋予国务院在全国人大或者全国人大常委会会议期间主动提出授权申请要求予以授权立法的权利,然后再根据全国人大或者全国人大常委会的授权决定制定授权性行政法规,以既满足现实的立法需求,又保障国务院授权性的行政法规制定权制度更为完整。

(三)赋予国务院以"紧急情况立法权"

国务院作为行政机关,其制定行政法规程序比全国人大及其常委会的立法程序简便、快速。因此,在战争、重大自然灾害等某些紧急情况下,如果只能由全国人大或者全国人大常委会立法予以相关调整,极有可能贻误立法时机。基于此,建议赋予国务院以紧急情况立法权。即在紧急情况下,赋予国务院就涉及人身自由、生命安全等方面的重大事项先行立法。待紧急情况过后,再由全国人大或者常委会进行事后追认或者授权;发现其中有违宪或者违法的条款,则宣布其无效。这样既能保证及时立法,又能在程序上防止立法无序或者侵权。

(四)依宪确认具有行政管理职能的直属机构的部门规章制定权

《宪法》仅规定国务院各部委有权制定部门规章,《立法法》则"创设性"地确认"国务院具有行政管理职能的直属机构"也是部门规章的制定主体。尽管《立法法》这一规定本身的确反映了我国体制改革的现状,适应了政府职能转变、行政执法加强和法制建设紧迫等我国现阶段的实际需要,但其结果毕竟改变了《宪法》条文,并由此遭至"违宪"的指责和批评。

据此,本教材认为,应当在充分论证国务院具有行政管理职能的直属机构成

为部门规章制定主体的必要性和可能性的基础上,使部门规章制定主体资格及其权限"依宪合法化",即应当通过宪法解释的途径确认国务院具有行政管理职能的直属机构的部门规章制定权。

宪法解释是宪法保障的内部机制。宪法解释的合理运用,是对社会急剧变迁与宪法具体条文之间的冲突进行"微调",是保障宪法稳定和权威的最佳途径。就直属机构部门规章制定权合宪化的问题,完全可以由全国人大常委会行使《宪法》所赋予的宪法解释权,对《宪法》第 90 条第 2 款所确认的规章制定主体作扩大解释,即"本条所指'各部、各委员会'包括国务院具有行政管理职能的直属机构";然后,再由全国人大依据宪法解释在《立法法》中予以清晰规定。这样,既满足应对社会现实变化的"实质正义",同时也符合法治(尤其是"形式法治")的要求。

第四节 地方立法机关和行政机关立法权

行使地方立法权所产生的规范性法律文件,在一国法律体系中有着不可或缺的地位。

一、地方立法机关和行政机关立法权的含义和配置

地方立法机关和行政机关的立法权统称为地方立法权,是相对于中央立法机关和行政机关的立法权而言的,是指各国地方议会(或代表机关)和行政机关依据宪法规定或法律授权而各自行使的立法权。

在现代,各国有权行使立法权的地方政权机关并不一致,其与中央立法之间的关系也不尽相同。然而,配置中央立法权与地方立法权的模式虽然多样,但受制于国家结构形式一般可以分为两大类。

(一)联邦制国家结构形式下联邦和各州(邦)立法权的配置

在联邦制国家,各州(邦)的立法权不仅大于单一制国家下的地方政权立法权,而且通常更为自主。主要表现在:

1. 立法权限划分方法的选择体现"地方自治"理念

联邦制国家的宪法对于联邦和各州(邦)立法权限的划分,往往运用更多体现"地方自治"理念的划分方法。如在美国,联邦宪法不仅规定了联邦和各州各自的立法权限,更关键的是将剩余的立法权力保留给各州行使。州以下的市、县、镇等也都有权以立法的形式管理当地事务。在德国,基本法规定了联邦专有

立法事项以及联邦与各州的共有立法事项,同时还规定了由联邦进行原则性立法而各州就细节内容进行立法的"框架性"立法事项。州以下的县、市和镇以及某些自治的公共机关,如社会保险基金组织、大学等,都有一定的立法权。

2 州(邦)立法的内容不以联邦立法为"根据"原则

在联邦制国家中,两级政府均有各自立法权力及权限范围。在宪法规定的各州(邦)所有的立法权限范围内,州(邦)可以根据本地区的具体情况进行立法,而无须遵循联邦立法的规定。如在美国,联邦政府有权制定刑法,同时各州也有权制定各自的刑法,而且可以与联邦立法不一致。

(二) 单一制国家结构形式下中央和地方立法权的配置

在不同的单一制国家,其地方立法权的行使主体、权限范围等往往各显"个性"。如在英国,议会是唯一的立法机构,其他机构、团体等未经议会授权不得进行立法,因此,地方政府必须依议会授权或者各中央政府部门的再授权制定包括命令和细则在内的地方性法规。在日本,其地方自治体包括地方议会和地方政府两部分,其行政区划有都、道、府、县和市、町、村等。日本宪法及其地方自治法规定,地方议会和地方行政首长在各自权限范围内可制定各自的法律规范(条例或规则),但须以不违反法律(令)为基本原则。①

同时,相比较联邦制国家,单一制国家的地方立法分权也不乏其"共性"。主要体现为:

1. 单一制下的地方立法权力一般来自宪法,其权限范围常常由宪法授权中央以法律的方式加以界定。而联邦制下州(邦)立法权源于宪法,权限范围亦由宪法规定。

2. 单一制下中央一般不能单方更改地方的立法权力和权限,但更改的主动权大于地方,并在更改中起到主要作用。而联邦制下联邦无权单方更改与州(邦)之间的立法权力关系。

3. 单一制下的地方立法必须与中央立法保持一致。无论是为了将中央的立法原则进行区域性细化而进行的实施性立法,还是对区域内特殊事务进行自主性立法,均不得与中央立法相抵触。而联邦制两级政府可以各立其法,互不统属。各州(邦)还享有制宪权和修宪权。

---

① 参见张庆华编译:《日本的地方立法》,载李步云主编:《立法法研究》,湖南人民出版社1998年版,第542页以下。

4. 单一制下的地方立法大都不具有与中央平行的专有立法权范围,①也没有中央和地方共有立法事项的明确规定。而联邦制下的联邦与各州(邦)有各自的专有立法范围,联邦无权在州(邦)专有立法范围内行使立法权,只能在共有立法范围中实行"联邦优先"。

二、我国地方立法权的法定制度

在我国,地方立法机关和行政机关指地方各级人大及其常委会,亦即地方权力机关,以及相应级别的人民政府。尽管行使立法权力的地方政权机关具有多元和多级性,但我国学界一般通称其为"地方立法主体",由这些主体行使的立法权力亦简称为"地方立法权"。②

我国地方立法权法定化是从 1979 年《地方各级人民代表大会和地方各级人民政府组织法》开始的。该法首次规定省、自治区、直辖市人大及其常委会行使地方性法规制定权。1982 年《宪法》以根本法的方式确认了该项权力并重新确认民族自治地方行使自治条例、单行条例制定权。③ 随后召开的第五届全国人大第五次会议对《地方组织法》作出补充,规定省、自治区政府所在地的市和经国务院批准的较大的市的人大常委会有权"拟订"地方性法规草案提请省、自治区人大常委会审议,并规定省、自治区政府以及省、自治区政府所在地的市政府、经国务院批准的较大的市政府有制定规章的权力。1986 年第六届全国人大第十八次会议再次对《地方组织法》进行修改,规定省、自治区政府所在地的市以及经国务院批准的较大的市的人大及其常委会有权"制定"地方性法规并报省、自治区人大常委会批准后施行。④《立法法》再次扩大了地方立法的主体范围,赋予经济特区所在的市的人大及其常委会、政府分别行使地方性法规和地方政府规章的制定权。此外,我国还有经全国人大及其常委会授权的经济特区的立法权以及香港、澳门特别行政区立法权。2015 年 3 月《立法法》修改后,将地方性法规和地方政府规章的制定主体再次扩张为包括所有设区的市以及自治州在内的地方人大、常委会以及地方人民政府。

---

① 也有一些单一制国家在其宪法中规定了地方专有的立法事项。如意大利共和国宪法第 117 条列举了区议会专有的 19 项立法事项。我国香港、澳门特别行政区行使的立法权也是中央立法范围之外的专有立法权。

② 参见周旺生主编:《立法学》,法律出版社 1995 年版;田成有:《地方立法的理论与实践》,中国法制出版社 2004 年版;汤唯、毕可志等:《地方立法的民主化与科学化构想》,北京大学出版社 2006 年版。

③ 参见《宪法》第 100、116 条。

④ 参见《地方组织法》第 7 条第 1、2 款及第 60 条。

综上,我国现行的地方立法权法定制度呈现多元多级的复杂特点。从各类地方立法主体所进行的制定各种规范性法律文件的性质而言,我国地方立法权法定制度可以从"一般地方立法"和"特殊地方立法"两方面予以概括。其中除香港、澳门特别行政区立法权外,《立法法》对我国地方立法权从名称、主体、范围、性质等方面作了全面规定:

类别	法文件名称	立法主体	权限范围	性质
一般地方立法	地方性法规	① 省、自治区、直辖市人大及其常委会	① 执行性立法事项:为执行法律、行政法规规定,需要根据本行政区域的实际情况作具体规定的事项(《立法法》第73条第1款第1项); ② 自主性立法事项:属于地方性事务需要制定地方性法规的事项(《立法法》第73条第1款第2项); ③ 共有立法事项:除《立法法》第8条规定的事项外,其他事项国家尚未制定法律或者行政法规的,省、自治区、直辖市和设区的市、自治州根据本地方的具体情况和实际需要,可以先制定地方性法规(《立法法》第73条第2款)。 注:上述权限范围中,设区的市、自治州的地方性法规权限范围限于城乡建设与管理、环境保护、历史文化保护等方面的事项。	① 执行性或者实施性立法 ② 自主性或者创制性立法 ③ 先行性立法
		② 设区的市、自治州人大及其常委会		
	地方政府规章	① 省、自治区、直辖市人民政府	① 执行性立法事项:为执行法律、行政法规、地方性法规的规定需要制定规章的事项(《立法法》第82条第2款第1项); ② 自主性立法事项:属于本行政区域的具体管理事项(《立法法》第82条第1款第2项)。 注1:上述范围中,设区的市、自治州的地方政府规章权限范围限于城乡建设与管理、环境保护、历史文化保护等方面的事项。 注2:没有上位法依据,地方政府规章不得设定减损公民、法人和其他组织权利或者增加其义务的规范。	① 执行性或者实施性立法 ② 自主性或者创制性立法
		② 设区的市、自治州人民政府		

(续表)

类别	法文件名称	立法主体	权限范围	性质
特殊地方立法	自治条例和单行条例	① 自治区人大 ② 自治州人大 ③ 自治县人大	可变通性事项：依照当地民族特点，对法律和行政法规的规定作出变通规定，但是： ② 不得违背法律或者行政法规的基本原则； ② 不得对宪法和民族区域自治法的规定以及其他有关法律、行政法规专门就民族自治地方所作的规定作出变通规定（《立法法》第75条第2款）。	变通性立法
	经济特区法规	经济特区所在地的省、市的人大及常委会	授权性事项：根据全国人大的授权（《立法法》第74条）。	授权性立法
	特别行政区法律	① 香港立法会 ② 澳门立法会	除国家主权、外交事务、不属特别行政区自治范围的事项之外都有权制定。①	自治性立法

需要特别说明的是，2015年《立法法》的修改将市级一般地方立法权从原来的"较大的市"（包括省、自治区人民政府所在地的市、经济特区所在地的市和经国务院批准的较大市）扩展到了所有设区的市和自治州，这种立法权延续了原《立法法》关于"须报省、自治区人大常委会批准后施行"（批准期限为4个月）的规定。② 但与原《立法法》规定的市级一般地方立法权限范围相比，现行《立法法》将其限定为"对城乡建设与管理、环境保护、历史文化保护等方面的事项"制定地方性法规和地方政府规章。同时，除省、自治区人民政府所在地的市、经济特区所在地的市和国务院批准的较大市以外，其他设区的市、自治州开始制定地方性法规的具体步骤和时间，由省、自治区人大常委会综合考虑人口数量、地域面积、经济社会发展情况以及立法需求、立法能力等因素确定，并报全国人大常委会和国务院备案。相应地方政府规章制定权的行使时间与同级地方性法规制

---

① 《香港特别行政区基本法》第18条第2款规定："全国性法律除列于本法附件三者外，不在香港特别行政区实施。凡列于本法附件三之法律，由香港特别行政区在当地公布或立法实施。"第3款规定："……任何列入附件三的法律，限于有关国防、外交和其他按本法规定不属于香港特别行政区自治范围的法律。"《澳门特别行政区基本法》第18条第2、3款也有相同的规定。

② 目前我国立法体制中与此相类似的立法权有自治条例和单行条例的制定权。根据《立法法》第75条之规定，自治区的自治条例和单行条例须报全国人大常委会批准后生效，自治州和自治县的自治条例和单行条例须报省、自治区人大常委会批准后生效。但《立法法》并未规定批准期限。

定权开始行使的时间同步。而根据原《立法法》所制定的地方性法规和地方政府规章中可能涉及上述限定事项以外的,仍继续有效(《立法法》第72、73、82条)。

三、我国地方立法权的运行现状与发展完善

在《立法法》颁布之前,中央权力机关制定法律和省级以及较大市级权力机关制定地方性法规之间的权限划分并不清晰。尽管《宪法》第62条、第67条以及其他38个条文中所涉及45个用"法律"表述的事项规定了全国人大及常委会的立法权限范围,尽管《宪法》第100条和115条规定省级人大及其常委会在不同宪法、法律、行政法规相抵触的前提下制定地方性法规,但上述规定是原则而模糊的,两者的立法权限仍未划清。其中两个问题较为突出,需要进一步明确界限:一是宪法明确由中央立法,但中央尚未立法,则地方可否就该事项先行立法?二是宪法未明确中央专有立法,中央也还未立法,则地方可否就该事项进行共有性立法?正由于两个问题无制度规范,导致地方在立法工作中往往左右为难:既担忧延误立法时机,又唯恐越权立法。

《立法法》的颁布实施为中央和地方权力机关立法权限的科学划分提供了制度性规范。其具体表现在:

首先,明确列举中央权力机关的专有立法事项。《立法法》第8条的前十项用列举的方法对全国人大及其常委会的专有立法事项进行逐一规定,明确这些事项由其行使排他性立法权力。值得注意的是,《立法法》选用"列举"方式来规范中央权力机关的立法权限,其主要功能就是明确只能由该主体行使立法权而禁止其他立法主体涉足的范围,以有效保障而非限制全国人大及其常委会的立法权力。其理由是:其一,《立法法》第8条的前十项虽然明确列举了制定法律的专有事项,但并未排除中央权力机关在列举事项之外行使立法权。该条第11项以概括的方式表明:中央权力机关的立法事项还包括"必须由全国人民代表大会及其常务委员会制定法律的其他事项";同时,《立法法》第73条第2款也规定,除第8条所规定的是法律的专有立法事项之外,其他事项为中央和地方权力机关皆有权立法的共有事项。其二,列举的限制功能主要是通过与概括方式的合并行使才能有效地充分体现出来。如果仅使用列举方法规定了某一立法主体的立法权限,而未将剩余立法事项概括地赋予其他主体,列举的限制作用则无法实现。《立法法》在列举的同时并未将列举之外的其他事项之立法权交给其他主体。可见,中央立法机关的立法权并未因列举而受到限制,相反这种列举恰恰有

助于中央权力机关立法权范围的清晰和保障中央立法的权威。①

其次,明确中央和地方权力机关共有的立法事项范围,并坚持中央优先的原则。在确定中央权力机关专有立法事项的基础上,《立法法》第73条第2款规定了中央和地方权力机关都有权立法的共有事项,即"除本法第八条规定的事项外国家尚未制定法律或者行政法规"的其他事项。这是我国立法权限制度发展史上的首次规定。当然,为避免两者在共有立法事项范围内的立法冲突,《立法法》借鉴其他国家划分权限的基本原则,即在同一款中既明确地方权力机关有权就共有事项先行立法,同时严格坚持了共有立法范围内的中央优先原则。

最后,明确了设区的市、自治州的立法权限范围。此次《立法法》修改,在扩大市级立法主体范围的同时,将设区的市、自治州的立法权限范围限定为城乡建设与管理、环境保护、历史文化保护等方面的事项。这一变化既适应了我国区域发展不平衡和各地改革发展的现实需要,充分发挥各地自主性和灵活性,又可避免重复立法,维护国家法制的统一,体现了对地方立法权"既放又收"的原则精神。

由此可见,根据《立法法》的有关规定,我国当前中央和地方权力机关之间的立法权限已有较为清楚而科学的划分。这当然有助于社会主义法律体系的统一和法治建设的有序发展。然而,目前我国地方立法权的运行仍存在一些问题,权限配置仍需进一步完善。

(一)划分省、自治区、直辖市以及设区的市级人大与省、自治区、直辖市以及设区的市级人大常委会所各自制定地方性法规的权限

《宪法》并未规定省、自治区、直辖市以及设区的市级人大与其常委会各自的立法权限,《立法法》第76条也仅规定了两者之间的划分原则:即凡"规定本行政区域特别重大事项的地方性法规,应当由人民代表大会通过。"然而,在现实中,全国逾万件地方性法规中由地方人大制定的比例极低,甚至有些有权地方人大除了制定人大议事规则、地方性法规程序条例等自身建设方面的地方性法规之外,几乎从未行使过地方性法规制定权,以致地方人大的立法权几乎形同虚设。

如本章第二节所述,在我国,由于某些客观原因致使地方人大常委会往往替代人大的工作,经常而宽泛地行使着立法权。这种现象并不符合民主政治的基本要求。人大常委会仅是人大的工作机关,要向人大负责并报告工作,并不具备与人大的同等地位。因此,应当纠正地方人大地方性法规制定权被虚置的现象。为此,应当认真总结三十余年来地方立法的实践经验,并在此基础上相对明晰地

---

① 参见徐向华:《中国立法关系论》,浙江人民出版社1999年版,第58页。

归纳出地方人大的立法事项范围。其中,省、自治区、直辖市人大的立法权限范围至少可以包括:(1)自身建设事项,如本级人大及其常委会为履行宪法赋予职责而需要规范的程序性事项;(2)实施基本法律事项,即为保证全国人大制定的基本法律在本行政区域内具体实施的事项;(3)行政区域内全局性事项,如有关地方经济发展、资源环保、劳动保护、特殊人员权益保护等本行政区域内全局性强、涉及面广的事项。设区的市、自治州的人大立法权限范围可以包括城市规划、基础设施等事关公民基本权利、具有全局性的事项。

(二)明确划分省级、设区的市、自治州级人大及其常委会制定地方性法规和同级人民政府制定地方政府规章之权限的标准

《宪法》同样未规定地方权力机关与同级行政机关在立法方面的权限。《地方组织法》对两者之间权限的划分也都比较抽象和模糊,以致立法实践中难以把握究竟哪些事项应制定地方性法规、哪些事项应制定地方政府规章。事实表明,如果在地方权力机关与同级行政机关之间无权限范围的划分,便会加剧行政机关为谋求更多权力乃至更多利益而越权立法、违法立法或者立法不作为等倾向。为此,现行《立法法》第82条第5款规定:"应当制定地方性法规但条件尚不成熟的,因行政管理迫切需要,可以先制定地方政府规章。规章实施满两年需要继续实施规章所规定的行政措施的,应当提请本级人民代表大会或者其常务委员会制定地方性法规。"显然,这一新增规定为划分地方权力机关和同级行政机关之间的立法权限提供了原则性标准。本教材认为,为了更清晰地划分两者的具体立法事项范围,除上述原则规定外,实践中还可采取以下标准作为补充:

(1)对执行性立法事项采取立法依据标准。即,上位法要求地方人大作出实施规定的,由地方立法机关制定地方性法规;上位法要求地方政府作出实施规定的,由地方人民政府制定地方政府规章。

(2)对自主性立法事项采取内容标准等。即,凡涉及公民基本权利义务的事项,原则上制定地方性法规;涉及公民其他权利义务的,制定地方政府规章。

当然,这些标准是概括的、原则的,实践中还可以通过授权立法制度予以"灵活化"。

(三)清晰界定民族自治区地方性法规与自治条例、单行条例制定权的范围

根据《立法法》的规定,我国民族自治区、自治州的人大实际行使双重立法权,既可制定地方性法规,又可制定自治条例和单行条例。但对两种不同性质的地方立法权之间的界限并未明确规定。实践中往往造成民族自治地方的地方性法规和自治条例、单行条例所规范事项的重复或冲突等现象。因此,对于两者之

间的界限,还有待于法律的进一步完善。在民族自治地方,更应细化到哪些事项需以地方性法规的形式来规范,哪些事项需以自治条例、单行条例的形式来规范。这样才有利于保障民族自治地方立法权的行使,同时也更富有操作性。

(四)明确禁止向地方授权的立法事项范围

根据《立法法》第74条的规定,经济特区所在地的省、市的权力机关具有依据全国人大授权决定制定在经济特区有效施行的法规的权力。这一特殊地方立法权在其权限范围上要大于一般地方立法,因为其立法事项原本应属全国人大制定法律的范围,而在全国人大授权前提下,经济特区法规可以对法律、行政法规作变通性规定。这是《立法法》赋予经济特区的特殊权力,从而为经济特区充分发挥我国改革开放实验田的作用提供了法治保障。问题在于,《立法法》没有规定当全国人大向经济特区授权时,是否存在禁止授权的事项。这便意味着法律默许全国人大可以将所有的法律专有事项授权给经济特区。显然这违背了我国中央集权、地方相对分权的宪政体制。如果没有对禁止向地方授权事项的规定,在立法实践中,也会进一步加剧越权立法现象的产生。因此,在立法法中明确禁止中央向地方授权的立法事项是十分必要的。

第五节 授权立法权

授权立法是立法制度的重要组成部分之一。尽管世人始终对其褒贬不一,但授权立法迄今已在世界各国广泛存在,并成为政府管理的重要手段。

一、授权立法的概念及其要素和种类

(一)授权立法的概念

关于授权立法的概念,由于各国国情以及授权立法的实践不同,学者的观点不尽一致。

在西方,授权立法也称为委任立法。最初仅指议会授权行政机关立法,其后授权立法的形式逐渐丰富,其内涵和外延均有所发展。据《牛津法律大词典》的界定,授权立法指法律非由议会制定,而由议会将特定事项授予无立法权的团体或个人制定,这些被授权者可包括政府、公共事务行政机构和委员会、地方当局、司法机关、法院、大学和其他机构等。[①]

---

① 参见〔英〕戴维·M.沃克:《牛津法律大辞典》,北京社会与科技发展研究所组织翻译,法律出版社2003年版,第315页。

在我国,关于授权立法的概念更是莫衷一是。代表性的观点包括:

有学者认为,授权立法一般是指立法机关通过法定形式将某些立法权授予行政机关,行政机关得依据授权法(含宪法)创制法规的行为。① 该观点将授权主体和被授权主体分别限于立法机关和行政机关。

也有学者认为,授权立法是指一个立法主体依法将其一部分立法权限授予另一个国家机关或组织行使,另一个国家机关或组织根据所授予的立法权限进行的立法活动。② 该观点未具体说明授权和受权的主体,从而为研究并界定授权立法留下较大空间。

有的观点认为,授权立法是指一个立法主体将其部分立法权授予另一个能够承担立法责任的主体,该主体根据授权要求进行的立法活动。③ 该观点强调被授权主体是能够承担立法责任的主体。

本教材认为,授权立法是指行使立法权的法定主体将其立法权限内的某立法事项通过授权决定或者法条等形式授予其他主体,令该主体在授予时限内对授予的立法事项进行规范性法律文件的制定活动。

(二)授权立法的构成要素

作为现代法治社会中重要的法律行为,授权立法本身需要制度化和法律化。授权立法由一系列要素构成。明确授权立法的组成要素,无疑有助其制度化和法律化。

1. 授权立法的主体资格

授权立法的主体资格涉及授权和被授权两大主体的资格。

(1) 授权主体的法定立法主体性。授权主体是宪法或者宪法性法律确定的行使一定立法权的机关。换言之,只要是宪法或者宪法性法律确认的行使一定立法权的法定立法主体,无论其是中央立法机关还是地方立法机关,甚至是行政机关,在确有需要时,均可成为授权主体。

(2) 被授权主体的能立法性。一个主体只要具备立法能力,能较好完成立法任务和承担立法责任,就具备了被授权的前提。从授权立法的实践看,初起的各国被授权主体主要是行政机关,随后逐渐发展至司法机关、地方代议机关,甚至包括某些社会组织。当然,后者较为少见。此外,有些国家强调,被授权主体必须首先具有法定立法主体的资格。

---

① 参见李林:《立法机关比较研究》,人民日报出版社1991年版,第276页以下。
② 参见张根大、方德明、祈九如:《立法学总论》,法律出版社1991年版,第212页。
③ 参见陈伯礼:《授权立法研究》,法律出版社2000年版,第13页。

在授权立法中,授权主体通常不会允许被授权主体进行转授权。一则被授权主体所行使的立法权原本并非其法定立法权,被授权以后只是暂时行使该项权力,无权予以转授;二则授权主体难以对已被转授的立法权的行使进行有效监督。因此,如果没有授权主体在授权法中的专门允许,被授权主体不得将授权主体所授予的立法权转授其他机关或者组织,即被授权主体不能成为同一个立法事项的授权主体。

2. 授权立法的范围

授权立法的范围包括授权事项范围和授权时限范围,即被授权主体在授权法规定的何种权限范围内和何种时限范围内行使授权立法权。

为了在保证授权立法发挥积极作用的同时,防止被授权主体的越权或者侵权,必须明确授权立法的事项范围和时限范围。因此,法治国家高度重视授权立法的法定范围。如意大利宪法第76条规定:除非有指导性原则和规则的规定,并仅在限定的时间和就特定的问题,立法权不得授予政府行使。

此外,对授权主体所授出权力的行为的限制还有:第一,不能授予非由自己行使的法定立法权,否则就是越权,授权当属无效;第二,不得授予法律绝对保留的立法事项,如有关国家主权、基本人权、刑事犯罪、司法制度等立法事项往往只保留给代议机关立法;第三,不得向处于高位阶的主体授权。

3. 授权立法的程序

授权立法的程序包括授权主体作出授权的程序和被授权主体依据授权进行立法的程序。授权主体作出授权的程序应与该主体进行其他立法所遵循的程序相同。被授权主体依据授权进行立法的程序,既要遵循一般意义上的立法程序,同时还要根据授权要求,遵循某些特殊程序。如,被授权主体制定规范性法律文件,一般要先行公告或者公布草案程序;举行听证或者采取其他听取意见的方式;引证授权法的根据;获得授权主体的批准或向授权主体备案等。这些特殊的制定程序实际上就是对授权立法予以监督的程序。由于授权立法是一柄双刃剑,极易产生滥用权力的危险,因此,运用特定程序对授权立法进行监督是完全必要的。

4. 授权立法的授权方式

授权立法的方式通常有特别授权和法条授权两种。

特别授权是指以专门的授权决议或者授权法授出原本由自身行使的对某一事项的立法权力。这种授权也称为专门或者专项授权。

法条授权则是授权主体以其所制定的规范性法律文件的某一条(款)授出原

本由自身行使的对某一事项的立法权力。

需辨明的是，在我国，由上位法的某一条款规定某一居于下位阶的主体进行实施性立法是否属于以法条的方式所进行的立法授权？如《教育法》第17条规定："省、自治区、直辖市人民代表大会常务委员会可以根据本法，结合本地实际，制定具体实施办法。"有人视其为法条授权。本教材认为，授权立法是与职权（法定）立法相对而言的，授权立法的实质在于宪法或者宪法性法律所赋予的立法行使权力的转移，被授权主体通过授权获得的立法权原本并非由自己行使的法定权力，这正是职权（法定）立法和授权立法的区别。在我国，根据《立法法》的规定，无论上位法是否作出由某一处于下位的法定立法主体进行该法的实施性立法的规定，居于下位的立法主体均有"法定的"实施上位法的立法职权，均可进行相关的实施性立法。① 因此，上述情形依然是法定立法而并非法条授权。

5. 授权立法的效力等级

授权立法的效力等级是指被授权主体依据授权所制定的规范性法律文件在一国法律体系中的位阶。

《立法法》对授权所立之法的效力等级未作出直接规定。

本教材认为，规范性法律文件的效力等级主要取决于制定主体在法律体系中的地位。无论立法权的性质究竟是"法定"还是"授权"，同一主体所立之法的效力等级应当相同；反则，不同主体所立之法的效力等级不相同。② 因此，被授权主体依据授权所立之法与依其根据自身法定立法权所立之法的效力等级相同。③

（三）授权立法的分类

依据不同的标准，授权立法可作如下分类：

1. 以授权方式为标准，分为普通授权立法和特别授权立法

普通授权立法又称为一般授权立法或者法条授权立法，其授权方式是在授权主体所立之法的具体条文中予以授权。

特别授权立法又称专门授权立法，其授权方式是授权主体通过专门的授权决议或者授权法进行授权。

---

① 详见《立法法》第65条第2款第1项、第73条第1款第1项、第80条第2款、第82条第2款第1项。
② 也有例外，如根据《立法法》第91条的规定，部门规章、地方政府规章之间具有同等效力，在各自权限范围内施行。
③ 详见本教材第八章第二节"我国的效力等级制度"。

2. 以授权事项确定与否为标准,分为综合授权立法和单项授权立法

综合授权立法又称为概括授权立法,其特点是授权的事项较为宽泛,没有明确界限。

单项授权立法的授权事项则较为具体,甚至单一。

3. 以授权的启动状态为标准,分为主动性授权立法和被动性授权立法

主动性授权立法指被授权主体主动向授权主体提出授予其立法权力,并实际获得授权而进行立法的活动。

被动性授权立法则由授权主体根据需要向被授权主体进行授权,并由后者进行立法的活动。

二、我国授权立法的法定制度

在我国,自1954年《宪法》生效之后,授权立法即已出现。时至今日,授权立法已在我国社会生活中发挥着重要作用,授权立法的规则也不断得以制度化和规范化。概括而言,以1982年《宪法》的实施为分界点,我国授权立法及其制度建设分为两个阶段:

(一) 内部授权和制度缺位的阶段(1955年全国人大发布授权决定到1982年《宪法》公布实施前)

1954年《宪法》规定全国人大是唯一的立法主体,全国人大常委会只能"解释法律,制定法令",无权制定法律。然而这种立法权体制很难满足当时社会政治经济发展过程中的立法需求。为解决这一矛盾,1955年7月30日,第一届全国人大第二次会议作出决议,授权全国人大常委会根据实际需要适时制定单行法规。1959年4月28日,第二届全国人大第一次会议授权全国人大常委会在全国人大闭会期间,根据情况的发展和工作需要,对现行法律中的一些已经不适用的条文加以修改,作出新的规定。1981年12月第五届全国人大第四次会议再次授权全国人大常委会通过和公布《民事诉讼法(试行)》。而后两次授权均未作出专门性决议。此外,1981年11月26日,第五届全国人大常委会第二十一次会议通过关于授权广东省、福建省人大及其常委会制定所属经济特区的各项单行经济法规的决议。

这一时期授权立法的一大特点是"内部授权",即四次授权中有三次均只是由全国人大向其常设机构常委会授权,具有最高权力机关内部授权的明显特征。之后,由于1982年《宪法》确认全国人大与全国人大常委会共同行使国家立法权,全国人大授权全国人大常委会立法的情形迄今未再出现。

同时,制度缺位也是这一阶段授权立法的明显特征。如1959年和1981年全国人大向全国人大常委会的两次授权均未作出正式决议,1981年全国人大常委会向广东和福建作出授权,而此时的全国人大常委会还未取得法定的立法权。因此,在授权制度方面存在着制度缺位的问题。

受制于我国新中国成立之初的百废待兴和60—70年代的法制虚无,此阶段的立法授权处于"无规则"状态。

(二)频繁授权和规制授权阶段(1982年《宪法》公布实施至今)

这一时期,我国授权立法的实践活动颇为频繁,表现出以下特点:

第一,授权主体非单一性。授权主体与被授权主体均呈现扩大化趋势。授权主体除全国人大之外,还包括全国人大常委会,被授权主体包括国务院、经济特区人大及其常委会和政府。

第二,特别授权为唯一方式。全国人大及其常委会以专门决定的方式,分别向国务院和经济特区特别授权三次和四次。向国务院的授权包括:1983年9月2日,第六届全国人大常委会第二次会议决定,授权国务院修改和补充1978年5月24日第五届全国人大常委会第二次会议原则批准的《国务院关于安置老弱病残干部暂行办法》和《国务院关于工人退休退职暂行办法》的部分规定;1984年9月18日,第六届全国人大常委会第七次会议授权国务院在实施国营企业利改税和改革工商税制的过程中,拟定有关税收条例,以草案形式发布试行;1985年4月10日,第六届全国人大第三次会议决定,授权国务院对有关经济体制改革和对外开放方面的问题,必要时可以制定暂行的规定或者条例。向经济特区的特别授权包括:1988年第七届全国人大第一次会议在《关于建立海南经济特区的决议》中,授权海南省人大及其常委会,根据海南经济特区的具体情况和实际需要制定法规,在海南经济特区实施;1992年7月1日第七届全国人大常委会第二十六次会议通过决定,授权深圳市人大及其常委会、市政府分别制定法规和规章在深圳经济特区实施;1994年3月22日,第八届全国人大第二次会议决定,授权厦门市人大及其常委会、市政府分别制定法规和规章在厦门经济特区实施;1996年3月17日,第八届全国人大第四次会议决定,授权汕头市和珠海市的人大及其常委会、人民政府分别制定法规和规章在各自的经济特区内实施。应当看到,这一阶段的授权在方式上较为规范化。

第三,综合性授权为主导。历次授权中关于授权事项的规定均概括而宽泛,没有具体的范围,被授权主体由此获得了相当宽泛的立法权。如1985年国务院根据特别授权获得了对"经济体制改革"和"对外开放"中的问题制定条例的与国外授权立法实践与制度发展同步不同,我国授权立法实践早已有之,但相关制度却始终缺失。直至《立法法》颁布,这种状况才得以改变。《立法法》所确立的授权立法法定制度的主要内容有:

1. 关于授权立法主体

根据《立法法》第 9 条、第 65 条第 2 款、第 74 条、第 90 条第 2 款的规定,我国现有的授权主体为全国人大和全国人大常委会,被授权主体分别为国务院、经济特区所在地的省、市的人大及其常委会。

2. 关于授权立法的方式及内容

根据《立法法》第 10 条第 1 款的规定,特别授权是我国授权立法的唯一方式,即授权立法以"授权决定"的方式作出。同时,该条款详细列举了授权决定中应当明确的内容,即包括授权目的、事项、范围、期限以及被授权机关实施授权决定应当遵循的原则。

3. 关于授权立法的事项范围

《立法法》第 9 条明确规定全国人大及其常委会可以向国务院授权的事项范围,即在《立法法》第 8 条规定的"只能制定法律"的专有事项中,有一部分可作为授权事项,授权国务院可以根据实际需要,对其中部分事项先制定行政法规。而第 9 条列举的"有关犯罪和刑罚、对公民政治权利的剥夺和限制人身的强制措施和处罚、司法制度等事项"属于法律绝对保留范围,在任何情况下均不得授权。

4. 关于授权立法的期限

首先,《立法法》第 11 条和第 65 条第 3 款规定了授权立法的原则性期限范围,"授权立法事项,经过实践检验,制定法律的条件成熟时,由全国人大及其常委会及时制定法律",作为被授权主体的国务院,"应当及时提请全国人大及其常委会制定法律","法律制定后,相应立法事项的授权终止。"其次,《立法法》修改后首次明确了授权立法的具体期限,其第 10 条第 2 款规定:"授权的期限不得超过五年,但是授权决定另有规定的除外。"这一新增规定为防止实践中无时间上限的授权奠定了制度基础。最后,该条对五年期限届满以后授权的存续问题也作了规定:"被授权机关应当在授权期限届满的六个月以前,向授权机关报告授权决定实施的情况,并提出是否需要制定有关法律的意见;需要继续授权的,可以提出相关意见,由全国人民代表大会及其常务委员会决定。"

5. 关于转授权的禁止

《立法法》禁止了立法的转授权,其第 12 条第 2 款规定:"被授权机关不得将该项权力转授给其他机关。"

6. 关于对授权立法结果的监督

根据《立法法》第 98 条第 5 项和第 97 条第 7 项的规定,"备案"和"撤销"是授权立法结果的两种事后监督制度,即"根据授权制定的法规应当报授权决定规定的机关备案";"授权机关有权撤销被授权机关制定的超越授权范围或者违背授权目的的法规,必要时可以撤销授权"。

7. 关于授权制定的法规的效力和适用

《立法法》并未规定依据授权所制定的行政法规和特区法规的效力等级。为了解决根据授权制定的两类法规与法律规定不一致时的适用问题,《立法法》第 95 条第 2 款规定,"不能确定如何适用时,由全国人大常委会裁决"。这是因为授权法规的制定依据是全国人大及其常委会的授权决定,被授权机关必须严格按照授权决定中所确定的目的、事项、范围、原则等内容行使被授予的权力。当根据授权制定的法规与法律不一致时,或者其依然符合授权目的和范围,或者其已不符合授权目的和范围。至于究竟符合与否,只有全国人大常委会有权解释授权决定。正因为如此,当上述情况发生时,由全国人大常委会负责对法律规定不一致的授权法规是否适用进行裁决。

8. 关于授权地方暂时调整或暂停适用法律的部分规定

《立法法》第 13 条规定:"全国人民代表大会及其常务委员会可以根据改革发展的需要,决定就行政管理等领域的特定事项授权在一定期限内在部分地方暂时调整或者暂时停止适用法律的部分规定。"这一新增条款主要针对我国在改革开放中出现的某些具有特殊需求的地方,在获得最高权力机关的授权以后,允许其就特定事项在一定期限内对全国统一适用的法律可以进行暂时调整或暂停适用,从而在一定程度上充分保留这些特殊地方的自主权,对改革发展中涌现的新生事物或新兴社会关系展开先行先试,为进一步完善中国特色的社会主义法律体系探索宝贵的经验。

三、我国授权立法制度的现实问题及发展完善

《立法法》确立的上述授权立法制度无疑为我国授权立法的发展提供了基本的法律依据。然而,从完善角度看,《立法法》关于授权立法的规定并不全面。同时,除本章第三节已涉及的加强规制国务院的授权性行政法规制定权之外,我国授权立法实践中存在的其他问题也需要通过法定授权立法制度的完善予以解决。

（一）进一步规范授权立法主体

《立法法》关于授权立法的规定仅仅涉及全国人大及其常委会向国务院的授权以及全国人大向经济特区人大及其常委会的授权。然而，授权立法理论表明，任何法定立法主体都具有将其本身所行使的立法权力予以授出的资格；同时，我国立法体制运行实践中曾出现过全国人大和省级、较大市级人大对其常委会的授权，地方权力机关的常设机构对同级人民政府的授权等等，其所显现的问题也提出了进一步扩大授权立法的实际需求。

因此，应当在《立法法》或者其他宪法性法律中进一步明确授权主体和被授权主体的范围。本教材认为，授权主体应以全国人大及其常委会，以及省、自治区、直辖市人大及其常委会为主。其他法定立法主体中，有的所行使的立法权是不完全的，如设区的市、自治州人大及其常委会制定的地方性法规必须报省级人大常委会批准后才能施行，有的本身行使的只是实施性立法权力，如国务院各部委和具有行政管理职能的直属机构等，这两类主体均不宜成为授权立法主体。就被授权主体而言，则应限于现行立法权体制中具有立法主体资格的国家机关，不能扩展至个人或者团体，否则难以保证授权立法的正当和有效。

（二）强化对授权立法的监督

在《立法法》颁布以前，我国授权立法实践并不鲜见，但因全国人大或者全国人大常委会的授权决定对授权立法的事项和时间范围的限制比较原则和"粗放"，以致授权主体无法对授权立法进行必要的监督。《立法法》虽然首次规定了对授权制定的法规的备案、撤销等制度，但实践中的运行及其效果也并不理想。为保障授权立法的正当和有效，防止越权立法乃至行政专横和地方不当保护，应当进一步完善授权立法的监督制度。具体可从如下方面予以强化：

1. 建立程序审查制度

即被授权主体制定规范性法律文件时应当遵循授权立法的一般程序和授权法规定的特别程序；若违背程序要求的，授权主体应当认定该授权之立法无效。

一般立法程序是所有授权立法的基本制定程序，对某些重要的立法事项，授权法可专门规定特别的制定前程序和制定后程序。所谓制定前程序，主要包括听证或者协商程序，即授权法规定被授权主体在制定该规范性法律文件之前应当举行听证，或与该项立法相关的团体进行协商。所谓制定后程序，主要涉及对授权制定的规范性法律文件的实施日程序。一般而言，除非赋予公民某种权利，否则授权所立之法应当在公布一段时间之后才能生效实施。

2. 完善授权之立法和授权的撤销制度

即授权主体发现授权所立之法违背授权目的、超越授权范围或违反制定程序的,有权直接宣布该授权立法无效并将其撤销;在必要时,授权主体经审查认为被授权主体不具备完成或不适宜完成某项授权立法时,有权直接收回该立法事项的授权。尽管《立法法》第97条第7项原则规定了授权立法和相应授权的撤销制度,但应当就两种予以撤销的"情况"以及各自的撤销程序进一步作出具体的、可操作的规定。

3. 细化备案审查制度

即被授权主体在立法之后的一定时期内向授权主体报送所制定的规范性法律文件,以备授权主体审查。尽管《立法法》对授权立法的备案已作了规定,但因过于原则和简洁而难以具体执行和操作。因此,建议细化备案的期限、备案的登记部门等具体程序,并明确规定被授权主体应当在备案期限内向授权主体提交所制定的规范性法律文件,授权主体也应当在一定期限内完成审查,以保障备案监督的功能性、严肃性和有效性。

(三) 补充缺漏或者疏漏的授权立法制度

需要补充建立的制度主要有:授权制定的法规的效力等级、授权制定的经济特区法规的时限、授权制定的经济特区法规与同一主体所制定的地方性法规不一致时的适用,等等。

【小结】

立法体制是指一定政权中立法行使权力的配置体系和制度,用于解决一定政权中立法权能否分别行使和如何分别行使两方面的问题。立法权是指为一国主权者所独立拥有的,由特定主体所行使的,在国家权力体系中占据特殊地位的,旨在制定、修改和废止规范性法律文件的综合性权力体系。其具有排他性、多元性、综合性等特征。不同政权中立法权的配置通常要受到各种因素的制约或影响,形成不同种类的立法体制。划分立法权限的方法通常包括"列举"与"概括"、"专有"与"共有"、"法律绝对保留"与"法律相对保留"等方法。

我国立法体制的发展经过了不同阶段。当今中国的立法体制主要通过《宪法》和《立法法》等予以确立,规范了我国不同立法主体各自的权限范围,其中包括全国人大及其常委会的立法权、国务院及其下属部委的立法权、地方人大及其常委会的立法权、授权立法权等。这些立法权在实际运行中依然存在不少问题,有待于进一步完善相应的法律制度。

【思考题与案例分析】

1. 如何理解立法权的基本特征？
2. 立法权依据什么标准进行分类？对立法权区分类别的意义是什么？
3. 如何阐述立法体制的概念和内容？
4. 判定立法体制种类的标准是什么？
5. 划分立法权限的具体方法有哪些？
6. 如何辨析中央立法机关立法权和我国国家立法权？
7. 规范我国国家立法权的法定制度有哪些？如何完善？
8. 我国中央行政立法权包括哪些规范性法文件的制定权？这些制定权在实际运行中存在哪些问题？如何完善？
9. 我国地方立法机关和地方行政机关的立法权限是如何划定的？如何完善？
10. 我国授权立法的法定制度有哪些？如何完善对授权立法的监督？
11. 2008年6月1日，由第十届全国人民代表大会常务委员会第三十次会议于2007年10月28日修订通过的《律师法》正式实施。但该法在律师会见、阅卷、调查取证等问题上与现行《刑事诉讼法》的规定不一。如新《律师法》规定，从侦查机关第一次讯问犯罪嫌疑人时起，律师可凭"三证"直接会见犯罪嫌疑人，但现行《刑事诉讼法》则规定，如果律师会见犯罪嫌疑人，必须在侦查机关第一次讯问犯罪嫌疑人后(有些案件还需侦查机关批准)方可会见犯罪嫌疑人；新《律师法》规定，律师自审查起诉之日起有权查阅、摘抄和复制与案件有关的所有案卷材料，但现行《刑事诉讼法》规定，在此阶段律师只能查阅、摘抄、复制本案的诉讼文书、技术性鉴定材料等。试分析：新《律师法》能否作出与《刑事诉讼法》不相一致的规定？两者之间有无位阶差异？为什么？
12. 2004年11月21日8时20分，东方航空公司从包头飞往上海的MU5210航班起飞不到一分钟，即坠入距机场不远的南海公园。机上47名乘客、6名机组人员全部遇难，同时造成地面两人死亡。灾难发生一周后，东航根据1993年国务院132号令《国内航空运输旅客身体损害赔偿暂行规定》，民用航空运输旅客伤亡赔偿最高限额为7万元人民币，再加上其他各项赔偿，提出向每位遇难乘客赔偿21.1万元人民币。此赔偿标准引起绝大部分空难家属的不满。协商未果后，遇难者家属将中国民航总局起诉到北京市二中院，称1996年《民用航空法》第128条规定，"国内航空运输承运人的赔偿责任限额由国务院民用航空主管部门制定，报国务院批准后公布执行"。但该法实施已近十年时间，民航总局仍然没有依法制定相应规定,导致国务院132号令成为飞行事故旅客伤亡赔偿标准唯一的法律依据。然而,此案最终没有被法院受理。如何评价《民用航空法》第128条近十年未得到执行的现象。

——辑自《包头空难遇难者家属提出诉讼 索赔1175万美元》,http://beelink.com/20071122/2439485.shtml,2015年8月4日访问。

13. 2004年4月,某市人大常委会通过决议,修改《某市房地产登记条例》,将原文第49条第1款第1项"房屋尚未建成时,有下列情形之一的,当事人可以申请预告登记:预购商品房及其转让"修改为"(1)预购商品房以及按照市人民政府有关规定进行预购商品房的转让";第51条第1款"预购商品房未经预告登记的,不予办理预购商品房转让的预告登记"修改为"预购商品房未经预告登记的,或者不符合市人民政府有关规定进行预购商品房换让的,不予办理预购商品房转让的预告登记"。条例的修改,是要以不予办理相关的登记手续作为限制期房转让的法律制约手段,同时,将是否允许期房转让的决定权授予市政府,由市政府根据本市房地产的具体情况,规定期房是否可以进行转让登记,以加强市政府调控房地产市场的能力。其实质是限制了期房转让行为。期房的转让是公民的民事权利,某市人大常委是否有权通过制定或修改地方性法规来限制公民的民事权利?为什么?

——辑自韩大元主编:《中国宪法事例研究》(一),法律出版社2005年版,第136页,有改动。

14. 2015年7月8日,网友通过东南网《直通屏山 福建省委领导留言板》反映,莆田九龙谷景区未经审批擅自开展漂流活动,且景区安全防护人员没有培训并持证上岗,存在很大的安全隐患。九龙谷景区有关负责人对此回应,景区的营业执照经营许可范围已经涵盖了漂流等运动项目,而且安排的救护人员都是经过专业培训,取得资质的。莆田市体育局相关负责人告诉东南网记者,根据国家体育总局出台的2013年5月1日起施行的《经营高危险性体育项目许可管理办法》规定,经营高危险性体育项目,应当向县级以上地方人民政府体育主管部门申请行政许可。根据国家体育总局、工商总局等五部门联合发布的公告,经国务院批准,第一批高危险性体育项目目录内只有游泳、滑雪、潜水、攀岩等四个项目需要审批。而根据《福建省体育经营活动管理条例》规定,开办滑翔、跳伞、热气球、漂流、登山、攀岩、蹦极、武术、拳击、赛车、飞艇、摩托艇、帆船、游泳、潜水、滑水、滑冰、滑轮等危险性大、技术要求高的体育经营项目的,经营者应当在项目开办前15日,向所在地县级以上体育行政管理部门书面备案。负责人表示,省级法规和国家规定之间产生冲突,只能遵循"下位法服从上位法"原则,因此漂流项目无法进行审批。如何评价该负责人的观点?如何解决两者之间的冲突?

——辑自《九龙谷漂流项目未审批 因省级与国家级法规冲突》,http://news.fznews.com.cn/fuzhou/20150710/559f7d3d81614.shtml,2015年8月4日访问,有改动。

【课外阅读文献】

1. 张善恭、徐向华主编:《立法学原理》,上海社会科学出版社1991年版,第89—112页;

2. 周旺生主编:《立法学》,法律出版社1995年版,第64—85页、第126—183页;

3. 徐向华:《中国立法关系论》,浙江人民出版社1999年版,第1—76页;

4. 李步云、汪永清主编:《中国立法的基本理论和制度》,中国法制出版社1998年版,第123—331页;

5. 田成有:《地方立法的理论与实践》,中国法制出版社2004年版,第65—88页;

6. 李步云主编:《立法法研究》,湖南人民出版社1998年版,第452—584页;

7. 陈伯礼:《授权立法研究》,法律出版社2000年版,第1—44页、第196—220页、第331—335页;

8. 曹海晶:《中外立法制度比较》,商务印书馆2004年版,第131—202页;

9. 朱力宇:《立法体制的模式问题研究》,载《中国人民大学学报》2001年第4期;

10. 张世诚:《立法法的基本原则及立法权限的划分》,载《中国行政管理》2000年第4期;

11. 薛佐文:《对立法权限度的法理思考——专论全国人大与全国人大常委会的立法权限》,载《河北法学》2008年第2期;

12. 林彦:《基本法律修改权失范及原因探析》,载《法学》2002年第7期;

13. 袁明圣:《行政立法权扩张的现实之批判》,载《法商研究》2006年第2期;

14. 宋玉波:《论地方立法的层次构成与效力体系》,载《现代法学》2000年第10期;

15. 宋方青:《突破与规制:中国立法变通权探讨》,载《福建法学》2008年第3期。

第六章 立法程序

【本章提要】

本章在全面而简要地介绍立法程序的含义、特征、价值、分类以及制度渊源之基础上,从议事性立法程序和行政性立法程序两个方面,分别介绍了国内外有关立法程序的基本内容。由于现代各国代议机关的立法程序一般都包括立法议案的提出、草案的审议、草案的表决和公布等四个法定阶段,因此本章第二节以四个阶段为基础,采用中外制度对比研究的方法,阐述了行使提出立法议案权、审议权、表决权和公布权等程序性立法权的主体、权限范围、行使权力的方式、方法、步骤以及应遵循的原则或规则。又因各国行政立法程序内容差异较大,因而本章第三节从国外和国内两个不同角度分别描述了行政机关的立法程序,并重点介绍了动议、审查、决定、公布等重要的行政立法程序环节。

【主要教学内容】

1. 基本概念:立法程序;提出立法议案;审议法律草案;表决法律草案;公布;行政机关的立法程序;

2. 基本知识和制度:议案、立法议案和法律草案的关系;立法提案权行使主体;立法议案列入议程;审议法律草案的方法和步骤;表决法律草案的方式;表决中计算多数的比例规则和范围规则;公布;我国法定的立法程序及其完善;国外行政机关的主要立法程序;我国行政机关立法程序的法定制度;

3. 基本理论:立法程序的意义。

【教学目标】

1. 讨论立法程序的含义及其价值;

2. 明了立法过程与立法程序、议事性立法程序与行政性立法程序、立法议案与议案以及法律草案、表决与通过等专业术语之间的关系,并列举它们之间的相同与差异之处;

3. 列举国内外立法议案的提案权主体和立法议案列入立法议程的方式,并举例说明;

4. 讨论审议法律草案的方法、步骤及其蕴含的价值理念;

5. 对立法表决方式分类,并举例说明将特定立法表决方式适用于具体立法议案时的决策理由;

6. 讨论计算多数决的比例、范围规则及其利弊;

7. 描述全国人大及其常委会等议事性立法程序和国务院等行政性立法程序的主要立法流程;

8. 讨论我国法定议事性或行政性立法程序中存在的问题,并发现解决问题的合理性对策。

第一节 立法程序的概述

一、立法程序的概念及相关辨析

何谓立法程序?从词语的语义和结构上看,"立法"是"程序"的限定性词语,用以指明"程序"的功能和目的。由于学者的研究角度不同,对"立法"和"程序"两词的认识和界定往往不同,对二者组合后的术语的界定则更具特色。从立法主体及其职能的差异性看,有的学者认为,立法程序是规范立法机关会议之构成、法案之提出、议程之编制、法案之审查、讨论、修正、再议、复议诸种立法过程中必要的程序,及其应有的规律,兼及委任立法的运用与限制;[①]有的认为,立法程序是有权的国家机关,在制定、认可、修改、补充和废止法的活动中,所须遵循的法定的步骤和方法。[②] 从程序外延的差异性看,有的认为,立法程序是指立法主体在产生和变动法规范性文件的活动中所必须遵循的法定的时间、顺序、步骤、方式的总称;[③]有的认为,立法程序是指有权机关制定法律的工作程序,包括起草法律草案、提出法律草案、审议法律草案、通过法律和公布法律等五个阶段。[④]

我们认为,既然立法的程序和立法有着内在的联系,是规范立法权行使的一种程序,那么,只有从"立法"概念的内涵和外延着手,才能对"立法程序"作出较确切的定义。现代立法程序是指有权的政权机关或者授权组织在制定、变动规范性法文件的活动中所必须遵循的法定的步骤和方法。

[①] 参见罗志渊:《立法程序论》,台湾正中书局印行 1974 年版,第 3 页。
[②] 参见周旺生:《立法学》(第 2 版),法律出版社 2009 年版,第 220 页。
[③] 参见刘明利编著:《立法学》,山东大学出版社 2002 年版,第 131 页。
[④] 参见孙琬钟主编:《立法学教程》,中国法制出版社 1990 年版,第 138、141 页。

此概念表明：

1. 立法程序主体是有权立法的政权机关。立法程序是有权政权机关进行立法活动时必须遵循的步骤和方式。因此，有权立法的政权机关就是立法程序的主体，其包括专门立法机关，也包括宪法、宪法性文件或有关法律赋予立法职能的其他机关。

2. 立法程序所涉及的内容仅仅是立法活动过程中的步骤和方式。该程序是专门规范有权政权机关制定和变动规范性法文件活动的步骤和方式，而不是规范有权政权机关的立法职能之外的其他活动的步骤和方式。因此，具有多项职能（包括立法职能在内）的政权机关，只有在进行立法活动时，才须遵循这些步骤和方法。

3. 立法程序所涉及的行使立法职能的步骤和方法在性质上具有法定性。尽管立法过程的不同阶段中都存在各种各样的步骤和方法，但并非所有阶段的步骤和方法都是立法程序的规范对象，只有立法必要阶段的法定步骤和方法才是立法程序的规范对象。在现代社会中，立法程序所涉及的立法主体、立法内容以及必要步骤和方式都是由宪法、宪法性文件或有关法律明确规定的。因此，有权政权机关在履行立法职能时，必须遵守的这些步骤和方法就具有法定性特征。换言之，立法主体如果违背立法必要阶段所必须遵循的法定步骤和方法，那么其所立之法便会因为程序违法而不具有正当性和权威性，并最终对立法结果产生应当被改变或者撤销的不利影响。①

我国学界对代议机关立法程序的法定必要阶段尚存在争议。② 有人主张"四阶段说"，即提出立法议案、审议法律草案、表决和通过法律草案、公布法律；③有人主张"五阶段说"，即起草法律、提出立法议案、审议法律草案、表决和通过法律草案、公布法律；④也有人主张"六阶段说"，即制定立法规划、起草法律、提出立法议案、审议法律草案、表决和通过法律草案、公布法律。⑤

---

① 参见徐向华：《中国立法关系论》，浙江人民出版社1999年版，第202页。
② 目前，我国法学理论界对行政机关行使立法职能过程中必须依循的法定程序所包含的必要阶段的研究较为鲜见。
③ 参见孙敏、侯淑雯主编：《立法学教程》，中国政法大学出版社2000年版，第183页；刘明利编著：《立法学》，山东大学出版社2002年版，第131页；孙国华主编：《法的形成与运作原理》，法律出版社2003年版，第164页。
④ 参见苗连营：《立法程序论》，中国检察出版社2001年版，第162页；蔡定剑：《中国人民代表大会制度》，法律出版社1998年版，第302页。
⑤ 参见李步云、汪永清主编：《中国立法的基本理论和制度》，中国法制出版社1998年版，第144页。

本教材认为,立法程序和立法过程是不同的。前者是形成规范性法条文或法文件的法定步骤和方式,后者是与形成规范性法条文或法文件具有关联的全部活动。因此,起草法律阶段并非立法程序的起始阶段。这是因为,其一,就行为主体而言,立法仅仅是法定的有权政权机关的专有职权,其他机关和人员都不得为之;而起草法律的主体并无法定限制。其二,就行为意义而言,法律草案虽然和立法程序的第一个阶段——立法议案的提出密不可分,但立法议案的提出并非是法律草案拟就的必然结果,而法律的草案有时恰恰是立法议案提出的后续行为。换言之,一定数量的法律草案并不能导致立法程序的必然启动,而一定数量立法议案的提出恰恰引发了法律草案的必然拟就。因此,将起草法律作为立法的第一道程序是相异于立法实践的。同样,立法规划也并非法定的立法程序。然而,法律公布则不同。法律公布程序的法定性主要表现在:其一,就行为主体而言,无论行使形式公布权还是实质公布权的主体都是依照法定的步骤和方式履行公布职责。其二,就行为意义而言,法律公布与其生效直接相关。在西方国家,行政首脑甚至还可以通过批准或拒绝公布法律的行为,以实现行政权制约立法权的目的。

二、立法程序的价值

立法程序是行使立法权力的轨道,是立法权力动态存在,并外化为法律权利的通道和载体。因此,"无程序便无立法"是现代立法的重要原则,无完善程序便无良好立法的理念亦已为人所认同。

(一)完善的立法程序是民主立法的前提

立法过程实质上是有权立法的政权机关对特定权利义务进行配置的活动。这种配置要求立法程序:

1. 充分反映民意,适当兼顾多数和少数的意志及利益,保证立法符合公意而非众人之意的简单相加或者为个别意志所左右。

"民主合意"是现代立法的精髓。立法不符合公意,所立之法便会蜕变为服务于少数利益集团的"私人产品"。立法程序中的公开和参与制度不仅有助于防止立法权行使过程中可能滋生的自腐性,而且更有助于各种利益的表达、冲突、协调、认同并整合,既坚持少数服从多数,保障多数的合理权利,又尊重少数人的意见,确认少数的恰当权利。在我国,《立法法》第 36、①37、②67、77 条和《行政法规制定程序条例》第 19、21、22 条都规定了民主参与立法制度和立法听证制度,从而为制定法获得正统性、民主性和权威性提供了程序保障,也为立法结果能够被公众接受和服从奠定了基础。

2. 切实保障立法主体的组成人员平等而有效地行使立法权力,保证立法取决于合议而非"一家之言",保证立法决定于慎重议决而非简单"附和"。

立法要合议,但合议时间有限。审议时的发言毫无限制必定将有限时间分割完毕,"合议"便不可能。因此,必须建立保证组成人员在审议过程中都有机会表达意见的程序制度。如各国代议机关的议事规则普遍规定了议员或代表在履行审议职责时所应遵循的发言规则,包括发言次数和单位发言时间,以保障组成人员平等行使法律草案审议权。

民主的立法决策结果须臾离不开立法决策信息的充分、全面的支持。因此,现代各国都非常重视立法程序在提供立法信息中的作用。我国《立法法》第 18 条第 2、3 款以及第 31 条所规定的"了解知情权"制度就是保障代表充分掌握立法信息、履行民主审议职责的有效措施。提案人应当履行的"听取意见、回答询问"和"根据要求介绍情况"的法定义务有助于代表和委员们从以往的被动参与立法转变为现在的主动介入立法。

(二) 完善的立法程序是科学立法的保障

立法不只是体现主观意志的过程,更是反映客观规律的过程。完善的立法程序有助于弱化立法者的认识局限性,克服立法活动中的随意性和盲目性,保障立法主体作出科学的立法决策,使所立之法正确反映客观规律。如我国《立法法》确立的三审制度、统一审议制度和立法评估制度为立法科学化提供了程序保障。

三审制度是指列入常委会会议议程的法律案,一般应当经过三次内容重点各有不同的常委会会议审议后,才能交付表决的制度。依照《立法法》第 29 条规定,常委会会议第一次审议法律案,在全体会议上听取提案人的说明,由分组会议进行初步审议。初步审议主要是围绕该事项立法的必要性,法律案的总体内容和结构是否合理、可行,有哪些问题需要提出研究、修改等。常委会会议第二

---

① 2015 年 3 月修正后的《立法法》不仅规定了听取意见的多种形式,而且细化了召开论证会与听证会的法定情形,还新增了向特定群体定向征求意见的规定。

② 2015 年 3 月修正后的《立法法》不仅明确了法律草案公开征求意见为原则、不公开征求意见为例外的听取民意原则,而且新增有关公开的基本内容、法定期限以及征求意见结果的公开等规定。

次审议法律案,在全体会议上听取法律委员会关于法律草案修改情况和主要问题的汇报,由分组会议进一步审议。这次审议,主要是对法律案中的一些重点、难点问题进行深入审议。常委会会议第三次审议法律案,在全体会议上听取法律委员会关于法律草案审议结果的报告,由分组会议对法律草案修改稿进行审议。这次审议是在二审基础上对审议内容的进一步深化审议。三审制度使得常委会委员有更多的时间了解情况,倾听各种不同意见和了解立法可能造成的影响,并促使立法者以审慎和科学的态度对待立法工作,以提高立法质量和规避与克服行政部门的利益渗透。

统一审议制度是指对列入人民代表大会或常委会会议议程的法律或法规案,在各代表团或常委会组成人员和有关专门委员会提出审议意见的基础上,由具有统一审议职能的机构进行审议,并向代表大会主席团或常委会提出审议结果报告和草案修改稿的制度。《立法法》第 20 条和第 33 条规定,列入全国人大会议议程和常委会会议议程的法律案由法律委员会实施统一审议,提出审议结果报告和法律草案修改稿;《立法法》第 77 条规定,地方性法规草案也实行统一审议。立法实践表明,统一审议不仅有助于克服曾经长期在某一领域中从事专职行政管理工作的代表或者委员,在审议法律或法规案时所带有的惯性行政管理色彩,而且有助于避免反映不当部门利益以及与上位法相抵触或者与同位法相矛盾的立法。

立法评估制度是指立法评估主体采用社会调研、定量分析成本效益计算等方法对特定法律(或法规)草案中的主要内容的可行性、立法时机、实施后可能出现的效果以及问题等开展分析评价,或者对公布施行一段时间后的特定法律(或法规)实施环境、实施效果、存在的问题等进行分析评价的制度。立法评估可以分为立法前评估、立法中评估与立法后评估三种。立法前评估也称为"立法预测",是指一定的机构运用科学的方法和手段,通过对有关资料和因素的系统分析,就立法的未来状况、发展趋势及演变途径作出某些估计,其目的在于揭示法律调整社会关系的客观要求,科学地预见一国法律演变的近期、中期和长期的结果和社会效应,以及预见法律调整的形式和方法所可能发生的变化,为立法工作指明方向。立法中评估是法律(或法规)正式列入立法议程后至审议结束前,有权立法主体的内设机构对法律草案中主要规范内容的可行性、法律出台时机、法律实施的社会效果和可能出现的问题等作出分析评价。立法后评估也称"立法回头看",一般是指在法律、法规公布实施一段时间后,由立法部门、执法部门及社会公众、专家学者等,采用社会调查、定量分析、成本与效益计算等方式,对法律、法规实施环境、实施效果、存在的问题等进行分析评价,为修改完善法律、法规提供科学决策依据。2015年3月修正后的《立法法》第39条和第63条新增规定的立法中评估(或者称为"列入议程后至审议结束前评估")与立法后评估等制度必将有助于促进我国科学立法目标的实现。

(三)完善的立法程序是有效立法的保证

民主立法是现代充分反映民意的立法的精神所在,但及时向社会成员提供规则亦是立法者义不容辞的责任。这就要求,立法程序既要保证立法者共同议决,实现民主,又能保证立法有章可循,赢得效率。然而,由于立法程序功能具有正反两面性,即:一方面可能有利于促成良好的合意结果出现,但另一方面也可能因过度耗费资源而使立法民主陷入无法协调的泥沼之中。因此,在立法过程中,如何有效配置和利用立法资源制定良法,并避免民主立法实践被淹没在议而不决的虚假民主之中,已经成为人们广为关注的一个问题。为此,只有建立完善的立法程序,才有可能使立法活动成为一个高效的民主合意过程。

现代各国的立法实践中,在建立能够兼顾立法民主和效率价值的完善立法程序方面,人们已经取得了一些成就,如:立法议案的列入议程制使得重要且成熟的立法议案得以优先审议;有限发言制使得审议者在较短的必要时限内精炼而有效地表达审议意见;特殊审议制使得审议者根据审议对象所需要花费的资源灵活确定审议期间;部分表决制使得尚有诸多异议的法律条文的取舍或者修改更具效率;等等。这些程序制度,均因有助于有效配置稀缺的立法资源和提高立法效率,而成为各国立法程序的主要内容。我国立法制度对这些内容也有所反映,如《立法法》第30条、第41条、第40条和第42条分别规范了加速、延长、部分表决或终止法律草案审议的特殊审议规则。此外,《全国人大议事规则》第50条和第51条、《全国人大常委会议事规则》第30条和第31条分别就代表和委员在全体会议和联组会议上的发言次数和时间作了限定。

总之,完善的立法程序将立法工作纳入规范化的程序轨道,保证立法的每一个阶段、每一个步骤和每一个方面都能配合得当、制约有度、井然有序,进而最大限度地实现立法的民主、科学和效率价值。

三、立法程序的种类

在现代国家中,如同立法的种类具有多样特征一样,立法程序也具有种类的多样性。

研究任何特定事物的现象时最有效的研究方法就是分类研究,而分类研究则首先需要确定划分类别的标准。研究立法程序现象也是如此,即:对立法程序现象的分类研究首先需要确定分类标准,其次则应依照不同的划分标准将立法程序进行归类研究。因此,立法程序的种类多样性特征表现为:以规范性法律文件是否成文化为标准,立法程序可划分为成文法立法程序与判例法立法程序;以立法程序的复杂程度为标准,立法程序可划分为宪法立法程序与普通法立法程序;以制定主体为标准,立法程序可划分为代议机关的立法程序和行政机关的立法程序;以国内立法对象的效力范围为标准,立法程序可划分为中央法的立法程序和地方法的立法程序;以制定和变动法的不同活动形态为标准,立法程序可划分为制定法的立法程序、修改法的立法程序、解释法的立法程序和废止法的立法程序;等等。

本章着重研究中央级的有权机关制定成文的国内法的立法程序。

四、立法程序的渊源

现代立法程序的渊源具有多样性。一般说来,主要有以下几个方面:

(一) 在宪法和宪法性法律(尤其是国家机关组织法)中规定立法程序

如美国 1789 年《宪法》[①]、1993 年 4 月修订的《威斯康星州宪法》和英国 1911 年《议会法》[②]中有关的程序规定。这是立法程序最为常见的渊源。

(二) 在有权立法的国家机关的活动准则中规定立法程序

如 1995 年 3 月 13 日通过的《明尼苏达州众议院永久规则》和 1997 年 1 月 28 日威斯康星州议会联合决议 1 号通过的《美国威斯康星州州议会参众两院联合规则》中的有关立法程序的规定。此种方法也为不少国家所采纳。

(三) 在专门的立法法中规定立法程序

如我国的《立法法》中有关立法程序的规定。

(四) 在专门的程序法中对立法程序作详尽规定

如 1946 年美国联邦《行政程序法》中有关制定行政法规的程序。[③]

[①] 美国《宪法》第 1 条第 7 节第 2 项规定"众议院和参议院通过的每一议案,均应在成为法律之前送交合众国总统;总统如批准该议案,即应签署;如不批准,则应附上异议书将该议案退还给最初提出该项议案的议院。该院应将总统异议详细加载本院会议记录,并进行复议。如经复议后,该院 2/3 议员同意通过,即应将该议案连同异议书一起送交另一院,另一院亦应加以复议,如经该院 2/3 议员认可,该项议案即成为法律。但在这种情况下,两院的表决应以投赞成票和反对票来决定,投赞成或反对票的议员姓名应分别加载各该院的会议记录。如议案在送交总统后 10 天内(星期日除外)未经总统退回,即视为业经总统签署,此项议案即成为法律;但如果因国会休会而阻碍该议案退还,则该项议案不能成为法律。"

[②] 1911 年的《议会法》颁布以后,限制了上院的权力,它不能像以前一样否决下院通过的法案,而只能将法案(财政法案除外)拖延 2 年生效;对于财政法案,上院只能拖延 1 个月。

[③] 参见王名扬:《美国行政法》,中国法制出版社 1995 年版,第 359 页。

（五）法律承认的立法程序惯例

如《明尼苏达州参议院永久规则》第 1 条规定："凡能应用《梅森立法程序手册》的立法惯例，且该惯例与本规则和程序及参议院和众议院联合规则和程序不抵触时，参议院须遵照《梅森立法程序手册》中的立法惯例从事立法工作。"①

在我国，立法程序的渊源几乎包括上述各类。如，《宪法》《全国人民代表大会组织法》《立法法》《全国人民代表大会议事规则》《全国人民代表大会常务委员会议事规则》《民族区域自治法》《国务院组织法》《地方各级人民代表大会和人民政府组织法》、国务院的《行政法规制定程序条例》《规章制定程序条例》《法规规章备案规定》，以及各地人大或常委会制定的有关立法活动准则的地方性法规等等。同时，也形成了一些立法程序惯例，如人大专门委员会的提前介入和政府法制机构的审读会制度等。可以说，经过几十年的努力，我国立法程序的成文化和规范化已经取得一定成就。当然，长期以来程序观念与宪政民主观念缺位的影响不可能在短时期内得以根本改变，适合我国立法体制的程序规则也需要在立法实践中总结提炼，因此，我国现行的立法程序在总体上仍处于完善过程之中。

第二节 代议机关的立法程序

基于不同的国情，各国代议机关的立法程序多有不同。但是，一般而言，代议机关的立法程序主要包括提出立法议案、审议法律草案、表决法律草案和公布通过的法案等四个阶段。

一、提出立法议案

（一）提出立法议案的含义和意义

提出立法议案，又称为提出立法案。它是指依法行使立法提案权的主体按照法定程序向有权接受立法议案的主体提出制定和变动法的书面提议的活动。②

为了准确把握这一含义，有必要将其与下列有关概念予以区分：

第一，立法议案与议案。议案泛指代议机关在履行其所有职能范围内所接受的各种建议和方案，包括预算案、决算案、任命案、质询案、不信任案和弹劾或

---

① 刘建兰、张文麒：《美国州议会立法程序》，中国法制出版社 2005 年版，第 284 页。
② 参见张善恭、徐向华主编：《立法学原理》，上海社会科学出版社 1991 年版，第 145 页。

罢免案等；而立法议案只是议案的一种，专指代议机关履行立法职能时接受的关于法的制定和变动的提议。

第二，立法议案与立法建议。立法建议是社会成员向非特定政权机关、媒体等提出的有关制定和变动法的口头或书面的主张，其内容不具有规范性；而立法议案的提出主体、接受主体、提出程序以及内容和表现形式都具有规范性。立法建议所涉及的内容通常是立法议案的渊源之一；而立法建议需要经过深化、细化和规范化，并必须由有权提出立法议案的主体向有权接受提案的主体提出才能成为立法议案。

第三，立法议案与法律草案。立法议案与法律草案既有联系又有区别。两者的联系是，立法议案的提出是法律草案得以审议的必要前提，而法律草案的审议是立法议案被列入议程后的必然结果。两者的主要区别是：其一，提出的主体不同。前者主体是法定的，即立法议案只能由依法能够行使提案权的机关、组织或个人提出；后者主体则不具有法定性，即法律草案的拟就可以由任何机关、组织甚至个人进行。其二，包含的内容不同。前者是涉及立法的一项书面方案，由案由、案据和附案（有些立法议案仅仅同时附交立法框架，有些则同时附带提交法律草案正文和起草说明）所组成；后者作为可能被审议、表决乃至通过、公布的法律的雏形，其主要内容则是待定的法律权利和义务。其三，表现形式不同。前者选用一般公文形式——段落式；后者则采取特殊文体——条文式。

作为立法的第一道法定程序，立法议案的提出不仅标志着立法程序的正式开启，而且在整个社会政治生活中都具有重要意义。换言之，立法议案的提出既是有权立法主体对某一特定立法事项正式启动立法议程的标志，又意味着因社会关系和社会秩序的变动，随着国家政策的调整，立法主体将相应调整或者创制法律规范。

（二）立法提案权的行使主体和要求

在立法理论上，依法有权提出立法议案的机构、组织或者人员被称为立法提案权行使主体，简称为立法提案主体或立法提案人。

立法提案权是提出立法议案阶段的核心问题，其直接关乎立法议案的民意基础和质量，因此，各国对立法提案权行使主体及其一些行使要求都以宪法或宪法性法律予以明确规定。

1. 立法提案权行使主体

在不同体制和传统的国家中，立法提案权主体不尽相同。一般说来，下列机构、组织或者人员有权提出立法议案：

(1) 议员或者代表。议会和代表机关的主要职能是制定和变动法,因此,作为代议机关的组成人员,议员或者代表理当成为立法提案权的行使者。对此,各国宪法均予以确认。其中美国是议员行使立法提案权最为典型的国家,该国宪法规定只有参众两院的议员有权向国会提出立法议案,其他机关和人员均无权直接提出立法议案。

在两院制国家中,议员作为立法提案人的地位和作用有所不同。在两院权力相当的国家,各院议员的立法提案权是平等的或者基本平等的,细微的差别是:有的国家规定议员须在两院同时提出立法议案,有的国家则规定议员一般向所在的院提交立法议案,但财税等特殊法案除外。在两院权力悬殊的国家,各院议员的立法提案权是不平等的。如在联邦德国,联邦议院的26名议员联名即可直接行使立法提案权,而参议院的议员则无权提出立法议案。[①]

(2) 议会或代表机关的常设机构、全体会议的领导机构、常设的专门委员会。这些机构或委员会由议员或代表组成,且有审议立法议案和法律草案的权力,因此,其提出的立法议案有较大影响力,一般也容易通过审查。如朝鲜的最高人民会议及其常任委员会、古巴的国务委员会、索马里的人民议会常设委员会、也门的最高人民委员会主席团等,依据各国宪法,均有权提出立法议案。

(3) 政府和政府首脑。由于政府不仅要实施议会或代表机关制定的法律,而且要将自身准备采取的重大措施向前述机关提出,从而在获得同意后取得合法性依据,因此所以,各国,尤其是内阁制国家的宪法普遍确认政府的立法提案权,如英国、加拿大和日本的内阁。此外,一些国家也确认政府首脑行使立法提案权,如法国宪法就赋予总理行使立法提案权。

值得说明的是,在各国代议机关的立法过程中,政府和政府首脑行使的立法提案权所发挥的作用颇为重要。这类主体所提出的立法议案不仅数量较多、所涉事宜较为重要,而且相关的法律草案一般能够在代议机关获得优先审议,其最终被通过而成为法律的比例亦最高。这是因为,政府不仅直接从事公共事务管理工作,明了执政者和社会现实的立法需要,了解并熟悉国内外各个领域的现实状况和发展趋势。此外,它还拥有一大批经验丰富的工作人员和精通各门知识的专家,能比较专业地草拟可行的法律对策。政府在立法提案方面的这些优越条件是其他机构和人员所不能比拟的。当然,这一状况也可能导致政府因在立法上处于实际的主导地位而使代议制民主流于形式。

---

① 参见吴大英、任允正、李林:《比较立法制度》,群众出版社1992年版,第443页。

(4) 国家元首。作为一国对内对外的最高代表,国家元首行使立法提案权为多数国家宪法所确认。然而,在不同国家,国家元首行使立法提案权的方式和途径有所区别。在国家元首和议会共同构成立法机关的国家,国家元首所行使的是直接立法提案权,即国家元首可以直接向议会提出立法议案。如芬兰宪法第 18 条规定,"总统及国会对于新法律之制定,或关于现行法律之修改、解释或废止,均有提议权"。又如白俄罗斯共和国总统有向众议院提出立法提案的权力。[①] 在其他国家,国家元首所行使的是间接立法提案权,即国家元首可以通过发表演说或咨文的方式提出有关立法的动议。如美国宪法第 2 条第 3 款规定,"总统定期向联邦议会提交联邦咨文,向议会提出他认为必要和适当的措施,供其讨论"。

(5) 联邦制国家中的邦或州和单一制国家中的地方代议机关。在联邦制国家,各邦或州虽丧失了部分主权和独立,但其在联邦的国家生活中仍发挥着重要作用。因此,有些国家宪法明确规定各州或邦的议会可以向联邦立法机关提出立法议案,如瑞士的邦议会和墨西哥的各州议会。在有些单一制国家,地方议会也有权向国家立法机关提出立法议案以表达地方的特殊立法诉求。如意大利规定,省议会有权向意大利国会提出立法议案。

(6) 最高司法机关。按权力分立制衡的原理,不同性质的政权机关应各司其职,因此,司法机关一般不参与立法。然而,有些国家规定最高司法机关可以行使立法提案权,但对提案范围作了严格限制,即最高司法机关一般仅可对司法问题行使立法提案权,如蒙古、秘鲁、古巴等国。

(7) 政党组织和社会团体。政党是一国政治活动的主要力量,社会团体亦是特定群体利益的组织载体,由此,有些国家规定政党组织和全国性社会团体有权提出立法议案,如越南的越南祖国战线、越南总工会、越南妇女联合会和古巴劳动者中央工会全国委员会及其他群众性社会团体的全国领导机构。

(8) 达到法定数量的选民。在少数实行"公民创制"制度的国家中,一定数量的选民有权依法联名提出立法议案。然而,由于对联名的选民数量具有较高的要求,如西班牙和意大利都规定 50 万选民方能联名提出立法议案,因此,从立法实践上看,通过此种途径所提出立法议案为数极少,且最终被通过而成为法的则更为罕见。

---

① 白俄罗斯宪法第 99 条规定:"总统、众议院和共和国院的议员、政府以及不少于五万名享有选举权的公民有法律倡议权,并由众议院实现这种权利。"

(9) 法定的其他机关。有的国家规定,私法方面的议案主要由议会外机构(如团体、企业的代理人等)提出,如英国。有的国家规定,中央军事委员会依法也能够向国家立法机关提出立法议案。

在我国,《立法法》沿袭了1982年《全国人大组织法》的规定,再次确认了行使立法提案权的主体。其中,根据《立法法》第14条和第15条的规定,有权向全国人大提出的、属于全国人大职权范围内的立法议案主体是:全国人大主席团、全国人大常委会、全国人大各专门委员会、国务院、中央军事委员会、最高人民法院、最高人民检察院、1个代表团、30名以上的全国人大代表联名;根据《立法法》第26条和第27条的规定,有权向全国人大常委会提出的、属于全国人大常委会职权范围内的立法议案主体是:全国人大常委会委员长会议、全国人大各专门委员会、国务院、中央军事委员会、最高人民法院、最高人民检察院、10名以上全国人大常委会组成人员联名。

总之,从前述内容可以看出:第一,由于受不同政治制度和传统文化习惯等国情和历史因素的影响,各国的宪法和宪法性法律所确认的立法提案权主体各有特点。第二,尽管各国的立法提案权主体呈现出多样性,但政府和政府首脑所行使的立法提案权一般占据着极其重要的地位并起着非常重大的作用。第三,实际行使立法提案权的状况有时与法定制度并不一致,如在奥地利,一定数量的选民极少行使法定立法提案权;而在美国,以总统为首的政府虽然无法定立法提案权,却能够通过议员积极行使立法提案权。第四,相对于前述世界各国八类主要立法提案权行使主体而言,我国法定的行使立法提案权主体的范围相对较窄。随着我国民主政治进程的不断发展,我国有必要扩大立法提案权主体范围,以体现和实践立法民主化之现实需要。

2. 行使立法提案权的要求

为了提高立法提案的质量和立法机关工作效率,保证立法活动的严肃和有序,各国一般都对立法提案权的行使规定了限制性条件。这些限制条件主要是:

(1) 立法议案提出和接受事项的限制性要求。这一限制性要求包括"单向"和"双向"限制性要求两类。单向限制性要求是指要求立法提案主体只能就职权或业务范围内的立法事项行使此权力,或者要求立法提案主体只能就接受议案的立法主体的权限范围内的事项提出立法议案。前者如意大利规定,省议会仅有权就本地区的事务向意大利国会提出立法议案,而古巴共和国总检察长只能就其职权范围内的问题、古巴最高人民法院只能就有关审判管辖方面的问题行使立法创议权;后者如美国宪法第1条第7款规定"有关征税的所有法案应在众议院中提出"。双向限制性要求意味着既对立法提案主体提出立法议案的事项进行限制,也对立法主体接受立法议案的事项作了限制,如法国、德国等。

(2)议员或代表联名提出立法议案的人数要求。有些国家在确认议员或代表立法提案权的同时,对议员或代表联名提出立法议案的人数作了最高或最低限制性要求。表现为:其一,有些国家为强调议员的个别提案权,禁止大量议员联合提出同一议案,如卢森堡规定同一议案的提案议员不得超过5人;其二,有些国家为保证提交议会审议的议案得到一定数额以上议员的支持,强调议员必须集体而不能个别行使立法提案权,如西班牙规定50名议员联名方可提出立法议案。

(3)立法议案提出时间的要求。尽管多数国家对此并无严格的具体要求,即立法议案在整个会期均可提出,但有些国家明确限定了提出时间,如冰岛规定立法议案只能在会期开始后的8个星期内提出。

(4)立法议案提出方式的要求。通常的提出方式有:其一,立法提案人口头提出,由议会或代表机关加以记录,如苏联;其二,议会或代表机关正式书面登记,如美国众议院议员提案时须将议案标题、内容填入统一的表格,签名后放进众议院书记办公室的小箱内,然后由议长送交有关委员会付印,同时将议案标题列入日志并载入国会记录,以字母H(House的简称)打头编号。

我国立法提案主体行使立法提案权的要求是:

其一,立法提案主体不能向受案主体提出超出该主体职权范围的立法议案。1982年《宪法》第72条规定,全国人大代表和委员向全国人大或其常委会提出的议案应属于受案主体职权范围以内的事项。2004年修正后的《地方组织法》第18条和第46条也规定,立法提案主体应向有关地方人大或其常委会提出属于受案主体职权范围内的事项。此外,1982年《全国人大组织法》第37条第2项规定,不仅全国人大各专门委员会向全国人大或其常委会提出的议案应属于受案主体职权范围以内的事项,而且全国人大各专门委员会提出的立法议案应与委员会自身有关。但是,《立法法》对立法议案的提案人是否应受其职权范围限制的问题未作要求。[①]

---

① 在《立法法》起草过程中,有人建议将国务院、中央军委、最高人民法院、最高人民检察院的立法提案事项限制在其职权相关的范围内,但起草人员中多数人认为由于宪法并未限制这些立法提案主体的提案范围,并且从国情实际需要看,限制不利于有效发挥这些主体在提出立法议案中的作用,因此最后未予限制。参见曹康泰主编:《中华人民共和国立法法释义》,中国法制出版社2000年版,第37页。

其二,人大代表和常委会组成人员个体不能行使立法提案权,只有达到最低法定人数时方能集体提出立法议案。

其三,立法提案权主体应在法定时间内提出立法议案。1989年《全国人大议事规则》第6条规定,凡准备提请本次会议审议的法律草案须在全国人大会议举行的1个月前发给代表。这样,其法律案最迟只能在会议举行1个月前提出。第10条规定,全国人大主席团第一次会议决定代表提出议案的截止日期。这样,凡提出准备提请本次会议审议的法律案的时间不能迟于这一截止日期。但《立法法》第17条则仅仅规定全国人大常委会作为立法提案权主体时,才受这一时间限制,而其他提案主体却没有明确。这是因为,实践中,常委会提出的立法议案有条件在全国人大开会的1个月前将议案的附案(即法律草案)发给全国人大代表,而其他提案主体直接向全国人大提出立法议案的附案无法在人大开会前发给代表。1989年《全国人大常委会议事规则》第6条和《立法法》第28条规定,向全国人大常委会提出的立法议案的时间,一般应为常委会会议举行的7日前发给常委会组成人员。此外,有些省级权力机关也以地方性法规的形式明文规定了提出地方性法规案的时间限制。如《上海市制定地方性法规条例》第19条规定,拟提请常务委员会会议审议的地方性法规案,应当在会议举行的30日前将法规案送常务委员会;未按规定期限送达的,一般不列入该次常务委员会会议议程。

总之,既然提出立法议案是立法的首要步骤,那么行使立法提案权便成为民主宪政体制下个人、利益团体和政权机构影响立法的重要手段。

(三) 立法议案列入议程及其审查

提出立法议案主体的广泛程度往往体现了启动立法程序时,民众和各种组织通过法定渠道反映民意的可能性。然而,广泛的立法提案主体提出的议案是否最终能够真正进入正式立法议程并获得立法主体的审议,则是由各国立法议案列入议程制度所决定的。从世界各国的有关规定看,有的国家的立法议案不经任何审查即可进入会议议程,由有权立法主体直接审议。而有的国家为了协调各政党、各利益集团之间的(特别是议会和政府之间的)观点和要求,兼顾立法效力,其立法议案须经过形式或实质性审查才能进入议程,而不是全部立法议案都可以成为有权立法主体全体会议的审议对象。这就是说,法案能否正式进入立法的下一道审议程序,须经过列入议程前的审查关口。只有通过了立法主体设置的审查,立法议案才能正式进入议程,否则议案所附法律草案便不可能成为审议的对象,更不可能成为法。

在绝大多数国家中,立法议案须经审查才能进入正式议程。审查工作一般由有权立法主体的领导机构或其有关委员会负责,如日本议会的议长接到议案后,交给相应的委员会审查,委员会有权决定是否将立法议案提交正式审议。并且,仅有少数国家将立法议案能否列入议程的审查工作赋予有权立法主体的大会,如80年代的波兰议会。

我国现行法律对不同的立法提案主体提出的立法议案能否列入中央权力机关议程问题上,作出了直接列入议程和审查列入议程的两种不同规定。其一,具有领导受案主体权力的类国家机构(即主席团或常委会委员长会议)作为立法提案主体提出的法案,不必经过审查即可直接列入议程。其二,对享有立法提案权的国家机构(如国务院、常委会等)和其他类国家机构(如各专门委员会)提出的法案,则须经过程序性审查方可列入议程。此种审查的实质仅具有程序性,即通过履行手续而导致立法程序的第二阶段——审议程序的启动,审查本身并不涉及对立法议案的取舍。不过,形式审查需要审查和议程决定者决定被审查的立法议案应被排入哪次会议的议程。其三,对享有立法提案权的非国家机构(如1个代表团、30名以上的代表或常委会组成人员10人以上)提出的法案,则须经过实质性审查方可决定是否列入议程。此种审查的实质不仅具有程序性,而且具有实体性,因为审查将最终决定法案的取舍和是否启动立法审议程序。

同时,我国在地方立法提案主体提出的法案能否列入地方权力机关立法会议议程问题上,也作出了直接列入和审查列入议程的类似规定。即:其一,凡由有权的地方各级国家机构和类国家机构(主席团、常务委员会、各专门委员会、本级人民政府)向本级地方人民代表大会提出的地方性法规案,由该级人大主席团决定提交人民代表大会会议审议,或先交有关的专门委员会审议、提出报告,再由主席团审议决定提交大会表决;(常务委员会主任会议、本级人民政府、各专门委员会)向本级地方人大常委会提出的地方性法规案,由该级人大常委会主任会议决定提请常委会会议审议,或先交有关的专门委员会审议并提出报告,然后再提请常委会会议审议。列入议程的方式为法规案(由主席团或常委会主任会议提出)直接进入或(由常务委员会、各专门委员会、本级人民政府提出)经程序性审查进入。其二,凡由有权的地方各级非国家机构(人大代表10人以上联名)向本级地方人民代表大会提出的地方性法规案,由该级人大主席团决定是否列入大会议程,或先交有关的专门委员会审议,提出是否列入大会议程的意见,再由主席团决定是否列入大会议程;(常务委员会组成人员5人以上联名)向本级人大常委会提出的地方性法规案,由本级主任会议决定是否提请常委会会议审议,或者先交有关专门委员会审议,提出报告,再决定是否提请常委会会议审议。列入议程的方式为法规案(由人民代表大会代表10人以上联名或常委会成员5人以上联名提出)经实质性审查进入。

(四) 撤回立法提案

撤回立法提案是指由于客观现实情况的变化或附案本身的缺陷等各种原因,享有立法提案权的机构或人员在提出法案后又要求撤回的活动。这是立法提案人依法享有的一项民主权利,也是减少因时空等客观条件的变化而造成无意义立法工作状况的要求。

不过,撤回法案权利的行使在时间和理由方面也应受到一定程度的限制。这是因为,其一,议案一经被列入议程,尤其是经过审议之后,该议案所表达的已不仅仅是提案人自己的意思表示,而是同时凝聚了整个立法主体组成人员的智慧和劳动,立法提案人无权独立处置法案的命运;其二,若某一法案符合社会公共利益需要,提案人的撤回要求会对公共利益的实现造成负面影响,即使再由别的提案主体提出同一议案,也会造成立法资源和社会资源浪费;其三,如果提案人可以因不正当理由而随意撤回法案,势必使立法程序处于不稳定状态。多数国家的做法是,提案被委员会审查前,提案人可随时撤回;当进入委员会或大会审议阶段后,撤回便须经过一定的程序并经有权立法主体审查撤回理由后才能获认可。法国规定,法案的创议人或第一个签名者,在该法案所涉及的法律草案一读前可随时撤回;政府提出的法案在议会最后通过前,可以随时撤回。

我国《立法法》第22条和第40条、《全国人大议事规则》第27条和《全国人大常委会议事规则》第19条规定,凡列入议程的法案,在交付表决前,提案人要求撤回的,若符合法定条件并履行法定程序,则对该法案的审议即行终止。就列入议程的地方性法规案而言,各地议事规则和2004年修正后的《地方组织法》在第18条第3款也规定了与全国人大及其常委会做法类似的内容,即:只要在交付表决前,提案人要求撤回的,若符合法定条件并履行法定程序,则对该法规案的审议即行终止。同时,立法制度对立法议案或地方法规案的撤回作了三方面的限制性条件:其一是在法定期间可以撤回,这是撤回时间的限制;其二是提案人应对撤回理由予以说明,这是撤回理由的限制;其三是经过法案进入议程决定主体的同意,这是撤回审查程序的限制。尽管我国实践中至今未发生过主席团或委员长会议对提案人撤回提案的要求不予同意的现象,但这种限制权限在制度层面上已经得到肯定。毫无疑问,这些限定条件不仅对享有立法提案权的机构和人员慎重地行使法定权力发生着制约作用,而且对立法提案主体民主地参与立法活动和恰当行使提案权具有保障作用。

二、审议法律草案

（一）审议法律草案的含义和意义

审议法律草案是指有权立法主体及其组成人员对列入议程的法案所附法律草案，根据法定程序进行正式的审查和辩论的活动。

在立法过程中，审议质量高低直接关系着民意的反映程度，关系着法律草案最后的命运，关系着法律草案被通过后的社会效果。因此，作为立法的第二道法定程序，审议法律草案是立法过程中的关键阶段。这主要体现在以下两个方面：

其一，从民主宪政发展的角度看，审议法律草案作为立法程序民主化的一个标志，它是资产阶级革命胜利的成果之一。在民主宪政体制下，审议法律草案实质上是一个在不同利益主体表达各自利益的基础上，通过相互冲突、协商、争议和妥协的方式，最终协调与平衡不同利益，形成共同意志的过程。审议过程直观地昭示着立法民主的重要价值。

其二，从立法审议在立法程序中所处的地位看，法律草案最终能否成为法以及一旦获得通过后实际效果如何，要视法律草案能否进入审议程序、审议深度以及审议结果而定。由于立法议案中所附法律草案须经充分审议后才可能变为法，而未经审查或未经充分辩论的法律草案往往因民意反映不够充分而最终被议员或代表否决，因此审议法律草案在法案变为法的立法程序中居于承上启下的核心地位。

（二）审议权行使主体

如上所述，审议法律草案的权力是立法权的关键部分，仅有提案权而无审议权并不能掌握立法议案所附法律草案的最终命运。审议权的归属与提案权不同，审议权行使主体具有唯一性或排他性，即法律草案的审议权只能由立法主体自身执掌。当然，立法主体如何行使审议权，各国规定不同。有的国家的审议权主要由议会或代表大会的全体会议掌握，而专门委员会的审议主要集中在立法技术上，如新西兰和巴基斯坦等国。有的国家的审议权实际上主要由专门委员会掌握，全体会议审议的草案往往已经过委员会实质性的修改，如菲律宾等国。有的国家的审议权主要归议会或代表机关的领导机构掌握。

尽管各国议会或代表机关中审议法律草案的主要承担者有所不同，但一般都是通过各种会议、领导机构和专门委员会的分工协作来完成审议任务的。我国《立法法》规定，在全国人大，法律草案的审议权主要由小组代表、代表团代表、专门委员会和法律委员会委员、主席团成员以及代表大会的代表等主体行使;在全国人大常委会,法律草案的审议权主要由小组委员、专门委员会和法律委员会委员、常委会全体会议成员等主体行使。

(三)审议的对象

审议的对象亦即审议的文本。

就专门委员会的审议而言,一般以向议会或代表大会提出的原始法律草案为对象。

全体会议审议的对象较之委员会复杂。究竟以原始法律草案为基础,还是以经过委员会修正的草案为基础,各国的规定和实践有所不同。一般不外乎以下三种情况:其一,为数不多的国家,如巴西、荷兰等,以原始法律草案文本为审议的基础,委员会的报告仅供议员或代表们参考;其二,比较普遍的做法是在委员会提出的审议报告的基础上,院会逐条审议法案,如法国、德国等;其三,丹麦、卢森堡等国则在辩论开始时由议院自行决定以哪个文本为审议的基础。

(四)审议的规则和步骤

1. 审议的方式和时间规则

(1)审议的方式。各国议会或代表大会审议法律草案的两种基本方式为公开和秘密审议。公开审议,即准许非立法主体的成员旁听,或发表讨论记录。秘密审议是与公开审议相反的一种审议方式,即不允许非立法主体的成员旁听,也不发表讨论记录的审议方式。秘密审议又依据起因于法定事由还是立法主体的组成人员提出而可以分为法定秘密审议和提议秘密审议。法定秘密审议是指立法主体因被审议法律草案的内容涉及外贸、军事等主权方面的问题,若允许非立法主体的成员旁听或发表讨论记录就可能对国家(或地区)、公共利益造成损害或不利影响的,法律规定仅由立法主体自身组成人员进行审议的秘密审议方式。提议秘密审议是指立法主体在审议特定法律草案时,立法主体的组成人员认为公开审议可能对国家(或地区)、公共利益造成损害或不利影响的,依法提出仅由立法主体自身组成人员进行审议,并经立法主体认可的秘密审议方式。如我国台湾地区规定,在审议法律案时,如有 1/10 议员提出,并经议长或主持人同意,则可以将公开审议转为秘密审议。

从现代立法制度规定看,各国立法主体审议法律草案一般采取公开方式,[①]也可以在例外的情况下采用秘密方式,但采用法定或提议秘密审议的方式往往

[①] 根据对欧亚 61 个国家宪法的统计,其中 34 个国家的议会或代表大会设有公开议事制度。

都依法受到一定条件限制。如在德国,基本法第 42 条规定,联邦议员的会议公开举行,但有 1/10 的议员或联邦政府的请求,经 2/3 多数议员通过时,可以举行秘密会议。在荷兰,议会通常公开进行,允许公民和记者自由旁听,会议记录也公开出版并向外国机构提供。荷兰各大报社、通讯社均有派驻议会的记者。当然,若有 1/10 的议员要求或议长认为有必要时,会议可秘密举行,但会议内容必须摘要公布。从 1971 年起,荷兰国会还允许通过电视录像、广播、摄影等手段报道公开听证会。

从各国公开审议方式实际操作惯例看,主要有以下几种:

其一,立法听证会。在美国,除可能泄露机密、危害国家安全的议案之外,一般情况下立法听证皆采取公开的形式。

其二,公民自由旁听立法会。在奥地利,宪法规定议会会议要公开进行,因此公民只要持有效证明即可在议会大厅内自由地旁听立法审议内容。

其三,转播审议实况。目前世界上已约有 70 个国家允许电台转播立法主体审议法律草案的实况,并且已有 38 个国家确立了允许电视台实况转播审议的制度。[①]

其四,公开审议记录和出版发行审议记录。在荷兰,议会的会议记录依法可以公开、出版、发行,公民通过查阅审议记录即可了解法律草案的具体审议情况。

在我国,会议审议是最主要的审议方式。具体包括:小组会议、联组会议、委员长会议、常委会全体会议、专门委员会会议、代表团会议、准联组会议、主席团会议以及代表大会全体会议等。

① 代表团审议。这是人大基本的审议方式。代表团是人大代表按选举单位组成的参加大会的临时性组织。鉴于人大规模庞大,为提高审议效率,除举行全体会议外,人大代表大部分时间都按代表团进行活动。充分发挥代表团在审议过程中的作用,是人民代表大会制度的基本要求。因此,《立法法》第 18 条对代表团审议法律草案作了专门规定。

② 专门委员会审议。这主要是具有专业技术性的审议方式。全国人大迄今共设立民族委员会、法律委员会、财经委员会、教科文卫委员会、外事委员会、华侨委员会、内务司法委员会、环境与资源保护委员会、农业与农村委员会。这些专门委员会是全国人大的常设委员会,有比较广泛的职能,其职能之一就是依

[①] 参见蔡定剑、王晨光主编:《人民代表大会二十年发展与改革》,中国检察出版社 2001 年版,第 123 页。

照《立法法》第 19 条的规定审议法律案。专门委员会的具体审议步骤和方式为：其一，以专门委员会的专业性质为依据，审议相关专业的法律案。例如，民族委员会负责审议与民族问题相关的法律案；内务司法委员会负责审议与司法、公安、安全、监察、民政、司法行政以及工会、妇联等方面相关的法律案。其二，审议中可以邀请提案人列席会议，发表意见，也可以在必要时邀请有关方面的代表和专家列席会议，发表意见。其三，在对法案审议后，向主席团提出审议意见，并将审议意见及时印发会议。其四，就专业有关的法律草案向法律委员会提出意见。

③ 法律委员会审议。从审议涉及内容看，这是一种全局性的审议，是各种审议中一道关键性的关口。法律委员会虽然也是专门委员会之一，但较之其他专门委员会，它在全国人大及其常委会的立法乃至整个法制活动中，担负更多也更重要的责任。《立法法》第 20 条规定，法律委员会在全国人大审议法律案的过程中承担统一审议职责，具体步骤和方式为：其一，根据各代表团和有关专门委员会的审议意见，对法律案进行统一审议。其二，对法律案进行统一审议后，向主席团提出审议结果报告和法律草案修改稿。审议结果报告应当对重要的不同意见予以说明，对法律草案是否成熟可行和其他有关情况予以评估，还包括修改内容和修改理由等。其三，在主席团会议对法律委员会的审议结果报告和法律草案修改稿审议通过后，印发会议。其四，修改稿经各代表团审议后，法律委员会根据各代表团的审议意见再进行修改，提出法律草案表决稿。

④ 分组会议审议。这是将常委会组成人员分成若干小组开会，以在较小的人员范围内对进入议程的法律草案进行审议。《立法法》第 29 条对此审议方式作出了明确规定。

⑤ 联组会议审议。这是常务委员会审议法律案时，根据需要召开的，由委员长或一位副委员长主持，常委会全体组成人员参加，对法律草案中的主要问题进行讨论的会议。

⑥ 准联组会议审议。这是全国人民代表大会主席团常务主席召开的，由团长或代表团推选的有关代表参加的，就法律案中的重大问题进行审议的联合会议。

除了有权立法主体组成人员以举行会议方式进行的正式审议外，常见的非正式审议方式还有：

① 调查。全国人大及其常委会为审议法律草案而进行的调查有两种：其一是人大法制工作机构的调查；其二是人大或其常委会调查委员会的调查。《全国人大议事规则》第 46 条规定，由全国人大主席团、3 个以上的代表团或者 1/10

以上的代表联名提出建议,主席团提请全体会议决定,全国人大可以组成调查委员会。

② 征求意见。全国人大及其常委会通常采用两条途径广泛征求立法意见:其一是向特定的单位或者个人征求意见;其二是运用大众传媒工具公开地、无特定对象地征求意见。后一方法已由《立法法》第 37 条和《全国人大议事规则》第 25 条予以规定。

③ 专题座谈。《立法法》第 36 条和《全国人大议事规则》第 26 条规定,法律委员会、有关的专门委员会和常务委员会工作机构可就法律草案所涉及的专门性问题,组织有关方面的代表和专家座谈讨论。另外,人大法制工作机构也可组织专题座谈。在实践中,座谈讨论主要有三种情况:一是征求意见性质的;二是协调性质的;三是修改定稿性质的。

(2) 审议的时间。法律案列入议程后,各国立法主体在审议法律草案的时间安排上有所差异,并且在被否决的法律草案能否重新被提出的限制上也各有特点。其一,依据是否规定了安排初次审议法律草案的具体时间或时间限制,可以将审议分为:无固定时间审议和有固定时间审议。无固定时间审议主要指有些国家未规定安排初次审议法律草案的具体时间或时间限制,而视具体情况定。有固定时间审议主要指有些国家规定了安排审议法律草案初次审议的具体时间或时间限制,即:有些国家在立法机关的会议期间内规定固定的时间审议法律草案,有些国家规定法律草案一般不得晚于一届会议进行审议。其二,依据是否允许被否决的法律草案有条件地重新被提出,可以将审议分为:可重新提出审议和不可重新提出审议。可重新提出审议主要指有些国家被否决的法律草案允许在达到必要的时间限制后再次提出审议。如在葡萄牙,否决该法律草案的一届议会任期已结束后,被否决的法律草案可以重新提出;在叙利亚,这类草案在被否决达 6 个月后,可以重新提出审议。不可重新提出审议主要指有些国家被否决的法律草案不再允许重新提出审议。

2. 审议的步骤

从各国立法的实践来看,法律草案能否在坚持民主审议的基础上被及时通过,以实现立法效率,一方面取决于各种利益团体和各政治势力(尤其是各政党)在立法机关内部的力量对比,另一方面则一定程度上依赖于立法机关的成员是否善于运用程序达到目的。为了兼顾立法的民主和效率价值,世界上各国一般都同时规定普通审议和特别审议两种步骤。

(1) 普通审议步骤。在西方,不少现代国家的议会都采用"三读(Three Readings)"形式作为审查和讨论法律草案的一般步骤。这种审议步骤起源于中世纪的英国,以后逐渐被美国、瑞典、丹麦、澳大利亚、印度、新西兰等国家仿效,但各国具体"三读"步骤的内容多有差异。在英国,法律草案首先在下议院进行审议。在法律草案分发给议员后,由提案人宣布名称或全文,并说明目的,这是初读。初读通过后,交有关常设委员会审议,并规定辩论日期。第二读是将法律草案逐条朗读和辩论,并经议员10人联署即可对其提出修正案,或在读前将修正案向议长提出。二读通过后,再复交有关常设委员会审议。最后在表决前进行第三读。下院完成三读后,再送上院进行三读。在澳大利亚,议会的一读审议步骤是由负责部长向议会宣读法律草案标题,然后确定二读日期。在议会二读期间,负责部长宣读完"二读演讲稿"后,议会便就法律草案的基本原则进行评论,如议会没有拒绝该法案,议会辩论便进入委员会阶段。在委员会阶段,法律草案将被逐条逐项地讨论、辩论。审议结束后,委员会将审议结果和修改意见报告议会。经修改的法律草案便可进入三读。若二读过程中各党派之间的必要妥协已在幕后达成,则经三读后法律草案便会为该院采纳。

在普通审议步骤中,立法机关成员的发言和修正案的提出是关系能否实现审议民主和效率目标以及审议质量高低的两个重要问题,因此各国皆对其作出一定规制。

其一,对审议中立法机关成员发言资格、内容、顺序、次数、时间的规制。

① 发言资格限制。各国一般都规定,发言须取得大会领导者允许。

② 发言内容限制。各国均要求,发言者必须针对法律草案的主题或所涉及的问题。如发言与本题无关,大会领导者有权提出警告,甚至阻止发言。在英国,众议院议长可以以发言内容"离题或一再重复他本人或其他议员提出的论据"为由而制止议员发言。

③ 发言顺序限制。各国一般都规定,由大会事先安排发言顺序,有的则由大会领导者临时决定。

④ 发言次数限制。各国对此规定不同:有些国家规定,就同一问题发言者只能发言一次,如英国、印度;有的国家为两次,如苏联;有的规定一次会议期间发言不得超过两次;有的国家则不加任何限制,如瑞典、芬兰。

⑤ 发言单位时间限制。发言者每次发言的时间的限制,少则10分钟,如挪威;多则1小时,如联邦德国。允许两次发言的,后一次发言一般不能超过前一次发言的时间。还有些国家规定,不同身份的人的发言时间不相同。在法国,议

长根据各议会党团主席所提出的本党团发言人的发言顺序和时间的建议,并根据议员自身的报名登记,确定各议员进行辩论的顺序和时间。若未经议长特许而超过时间,议长可以撤销其发言,不载入会议记录,并可同时给予纪律制裁。一个议会党团用完自己的发言时间后,其成员不得再要求发言。

其二,对审议中提出立法修正案主体、时机、方式、内容以及审议和表决修正案次序的规制。不论议会或代表机关以何种文本作为辩论的基础,它们在审议法律草案的过程中都可以提出修正案。立法修正案是立法机关内部组成人员对正式审议的法律草案提出修正的议案或对立法修正案再次提出修正的议案。由于立法修正案一旦得以通过,原法律案及其法律草案的内容则被不同程度地改变,因此与提出法案一样,各国对立法修正案提出的条件和程序也作了一些限制。

① 提出修正案的主体和人数。就主体而言,有些国家仅规定立法机关的成员可以提出立法修正案;有些则确认了其他主体(如法国政府)也有权提出立法修正案。就人数而言,有些国家(如联邦德国)规定必须达到一定数目的成员才能提出立法修正案;也有些国家(如美国)则规定议员本人或联名均可提出立法修正案,但不得由他人代行。

② 提出修正案的时机。有些国家(如法国)对此无任何限制,即在普通审议的"三读"中任何一读期间均可提出立法修正案;有些国家则要么限定在二读期间,如美国众议院,要么限定在三读期间,如英国下院。

③ 提出修正案的方式。提出立法修正案一般都要求采用书面形式,但个别国家允许任选口头或书面形式,如瑞士、苏联。

④ 提出修正案的内容。各国一般对此都作了限制。主要限制有:不得提出与大会正在审议的法律草案内容无关的修正案(如丹麦、巴西和英国等);不得提出与大会正在审议的法律草案的基本原则相抵触的修正案(如加拿大和爱尔兰等);不得普遍修正原案;不得提出没有价值、条文难以理解的修正案;不得提出减少国库收入、增加国库支出的修正案;等等。

⑤ 审议和表决修正案的次序。根据一些国家公认的"两级修正"原理,即:修正案得予以修正,而修正案的修正案则不得再予以修正。有些国家规定,一个修正案提出后,又可提出对修正案的修正。然而,其审议和表决顺序必须是:先审议和表决第二修正案,通过第二修正案后,将其归入第一修正案,然后审议和表决第一修正案,最后审议和表决原案。

不过,需要注意的是立法修正案与法律修正案并不相同。法律修正案是立法机关内部或立法机关外部享有法律提案权的主体对已经生效的法律提出予以修正的法案。

(2) 特别审议步骤。为了使立法主体依据具体立法情况,灵活控制和合理运用立法期间,提高立法效能,避免浪费立法资源,各国一般都在建立普通审议步骤的基础上规定了一些特殊审议步骤。

1) 加速审议。指有权立法主体的组成人员,为了提高立法效率,在法定条件下,采用缩短辩论、不经辩论即付表决或分隔审议阶段并限定审议时间以终结法律草案审议的方式,缩短普通审议所需时间的特殊审议步骤。大多数现代国家的立法主体都依据国情确认了适合自己的加速审议制度。

① 缩短辩论制,也称限制性辩论。即当法律草案被宣布为"紧急"或"需要优先处置"时,经法律规定的最低人数(即法定人数)提议往往可限制参与审议的特定人员发言、减少发言次数和缩短辩论时间的特别审议步骤。法国议会在限制性辩论中只允许诸如修正案的提案人、政府代表、受理委员会主席等特定的人发言,对草案持不同意见各方可有1名代表在议院内进行简短的辩论,时间被限定在5分钟之内。

② 一致议事日程制,也称为"不经辩论即付表决制"。即当立法主体组成人员对进入审议阶段的法律草案已达成了共识,不存在分歧意见时,不需经过辩论阶段即可直接交付表决的加速审议步骤。美国议会制度规定,凡满足下列条件的,均可适用这种加速审议法律草案的特殊步骤:经委员会审议通过被列入议事日程而等待议会审议的草案;由议员提出该草案不必再由议会辩论即可一致通过的建议;其他议员和政府都不提出任何异议。

③ 分隔时间终结辩论制,也称为"断头机制"。当某一项法律草案可能会陷入无休止辩论或被宣布为"紧急"时,有权立法主体组成人员便可提出为审议该草案的每个阶段规定时间限制的一项动议要求,然后组成一个由反对党代表参加的议会特别委员会,商定该草案总的审议时间和具体每个审议阶段的时间限制,以实现加速审议的目的。在英国,众议院遇上述情况时,即可适用该特别审议步骤。

2) 延期审议。指因法定事由发生,经有权立法主体组成人员提出,无期限地推迟辩论或推迟到某些条件具备后再进行审议的特殊步骤。绝大多数国家的立法程序制度都规定了延期审议。在芬兰,若有1/3以上的议员提出延期审议要求,法律草案在进入三读后便可推迟到经大选产生新议会举行首次会议时,再行审议和表决。

3）终止审议。指为了防止立法主体组成人员假借辩论名义故意拖延法案通过的目的，经立法主体最低法定人数组成人员提出或会议主持人认为必要时，及时结束辩论并使法案交付表决的特殊审议步骤。在西方一些国家，代表各政治集团利益的议员们为达到阻止法律草案通过的目的，往往采取冗长演说办法，阻止法案通过，这种目的在于施延讨论时间直到会期结束的办法称为"海盗封锁"。为避免"海盗封锁"状况发生，各国设立了立即结束辩论并付诸表决的终止辩论制度，如英国在1882年便将此制度规定在议事规则之中。

各国终止审议的方式有两种：一是提议终止，即由议员或代表提出终结辩论的动议，议长或会议主持人认为不违反议事规则和不侵犯少数党利益时，即可宣布停止发言，进行表决；二是截断辩论终止，即议长或会议主持人认为有必要时，不论发言是否完毕，即可宣布停止辩论，或在辩论开始前事先分配辩论的时间，届时便予以停止。

（五）我国的审议步骤

我国不实行连续会期制度，立法过程中也没有采取"三读"程序，而是实行"审次"制度。人大实行当场审议并且当场表决的"一审制"，而人大常委会实行可以连续或者不连续会议的"三审制"。从1983年开始，全国人大常委会对法律草案一般实行两次会议审议。从实践效果看，两次审议比过去一次审议在充分反映民意和提高立法质量方面确有进步，但对很多重要、复杂的法律草案来说，两次审议的安排仍显得仓促。在审议法律草案时，由于审议时间不充裕，一些常务委员会组成人员只能就法律草案的结构、文字等技术性问题发表意见，难于就法律草案内容的主要问题提出有针对性、有深度、有价值的具体意见。第九届全国人大会常委会把原来一般实行两次会议审议改为一般实行三次会议审议。

1. 普通步骤

（1）全国人民代表大会及其常委会审议步骤

1）全国人民代表大会审议步骤。全国人大审议法律案的具体步骤为：第一，在首次审议某一法律草案的全体会议上，由提案人负责说明法律草案的基本精神、内容及立法意图等；第二，各代表团、有关专门委员会和法律委员会进行充分讨论，发表修改意见；第三，法律委员会根据各代表团和有关专门委员会的审议意见，对草案进行统一审议，并向主席团提出审议结果报告和草案修改稿，对重要的不同意见应在报告中说明；第四，主席团审议和通过上述报告与修改稿后，印发会议，并将修改后的法律草案提请大会全体会议表决。

2) 全国人大常委会审议步骤。《立法法》第 29 条明确规定了三个步骤：一审是在全体会议上听取提案人的说明，由分组会议进行初步审议；二审是在全体会议上听取法律委员会关于法律草案修改情况和主要问题的汇报，由分组会议进一步审议；三审是在全体会议上听取法律委员会关于法律草案审议结果报告，由分组会议对法律草案修改稿进行审议。

(2) 地方人民代表大会及其常委会审议步骤

1) 地方人民代表大会审议地方性法规的步骤。《立法法》和《地方组织法》对此只有原则的规定。各地议事规则和实践中的普通做法是：第一，由提案机关（或人员）的负责人员在审议该法规草案的第一次全体会议上作草案的说明，并由专门委员会向该次大会作审查结果的报告；第二，各代表团会议和分组会议审议；第三，由负责统一审议的机构提出审议结果的报告和草案修改稿；第四，主席团会议审议，决定或表决有重大分歧的问题；第五，主席团决定将修改后的法规草案提交大会表决。另外，关于修正案的提出和审议问题，全国人大及其常委会的议事规则虽未作具体规定，但有些地方的议事规则已作规定。如，《上海市制定地方性法规条例》规定，常务委员会组成人员 5 人以上联名，可以在表决地方性法规草案表决稿的全体会议召开的 4 小时前，书面提出对表决稿的修正案，由主任会议决定是否提请常务委员会会议审议。不提请常务委员会会议审议的，应当向常务委员会会议报告并向提出修正案的常务委员会组成人员说明。大会表决时，有修正案的，先表决修正案。

2) 地方人大常委会审议地方性法规的步骤。《立法法》和《地方组织法》对此同样只有原则的规定。各地议事规则和实践中的普通做法是：提案机关的负责人向审议该法案的第一次常委会全体会议作说明；有关专门委员会向常委会会议作审查结果的报告，其中对需要常委会会议经过两次以上审议的法规草案，有关专门委员会在第一次会议审议时可不提出审查结果的报告，而在第二次会议上提出；常委会分组或联席或全体会议审议和修改；主任会议根据第三次审议情况，提请常委会会议表决，或交有关专门委员会或起草部门进一步修改并提出报告，在下一次或以后的常委会会议上再行审议，或建议人大常委会决定提请人民代表大会审议。

2. 特别审议步骤

除上述普通审议步骤外，《立法法》也确认了人大及其常务委员会审议法律案时，如果必要，可依法适用加速、延期和终止等特殊审议步骤。

(1) 加速审议

在法定的条件发生时,人大常委会可以减少审议次数即将普通三审降为二审或一审后,即交付表决。它是在保障审议民主价值的同时提高立法审议效率的一种特别审议步骤。如《立法法》第30条规定,列入常务委员会会议议程的法律案,各方面意见比较一致的,可以经两次常务委员会会议审议后交付表决;部分修改的法律案,各方面的意见比较一致的,也可以经一次常务委员会会议审议即交付表决。

(2) 延期审议

在法定的条件发生时,人大或人大常委会可以增加自身审议次数和审议时间或者通过授权其他有关立法主体审议以增加审议次数和审议时间。这是立法主体加强审议力度以保障审议中民主价值得以实现的一种特别审议步骤。如《立法法》第23条规定,列入全国人民代表大会会议议程的法律案,一次会议不能完成审议的,由主席团提出,并经大会全体会议决定后,或授权常务委员会审议决定,并报全国人民代表大会下次会议备案,或提请全国人民代表大会下次会议审议。同时,第41条第3款规定单独表决的条款经常务委员会会议表决后,委员长会议根据单独表决的情况,可以决定将法律草案表决稿交付表决,也可以决定暂不付表决,交法律委员会和有关的专门委员会进一步审议。

(3) 终止审议

在提案人要求撤回法律案或出现终止审议的法定条件时,人大或人大常委会可以在表决法律草案前依法终止审议。这也是一种特别审议步骤。如《立法法》第22条和第40条规定,列入全国人民代表大会或常务委员会会议议程的法律案,在交付表决前,提案人要求撤回的,应当说明理由,经主席团或委员长会议同意,并向大会或常务委员会报告,对该法律案的审议即行终止。同时,第42条规定,列入常务委员会会议审议的法律案,因各方面对制定该法律的必要性、可行性等重大问题存在较大意见分歧搁置审议满2年的,或者因暂不付表决经过2年没有再次列入常务委员会会议议程审议的,由委员长会议向常务委员会报告,该法律案终止审议。

此外,全国人大审议香港和澳门特别行政区基本法的草案时所采用的步骤也属于一种特别步骤,只是本教材对此不作研究。

(六) 审议的原则

审议步骤是就法律草案审议形式方面而言的;就法律草案审议的内容而言,还须遵循一定的原则和标准。如果说,程序是立法的一个操作规程的话,那么,审议草案的内容,要像对产品的加工和质量的检验一样,要有一定的审议标准和尺度。就审议者个人而言,不仅需要有较高的政策水平、民主和法制观念以及精细缜密的科学态度,而且还要具备相当程度的专业知识和实际工作经验。

在我国,不论法律的渊源及其所涉及的领域,审议草案内容应掌握的主要原则是:法律规范的合宪性;权益调整的全面性;条文内容的实效性;外部体系的和谐性;语言文字的准确、简洁性;各方意见的协调性。

(七)保障审议民主和科学的其他有关制度

为保障审议的民主和科学性,除了建立前述审议制度外,我国还建立了下列相关的制度:

1. 公开合议制。审议会议一般公开举行;但在必要时,可举行秘密会议。

2. 列席会议制。就全国人大及其常委会的立法活动而言,"一府两院"、中央军委的组成人员或负责人可分别列席全国人大或常委会会议;其他经常委会决定的机关、团体负责人也可列席全国人大会议;全国人大各专门委员会主任和副主任、有关专门委员会委员和顾问、有关部门负责人、省级人大常委会主任或副主任可列席全国人大常委会会议;全国人大代表经邀请也可列席常委会会议。

3. 回答询问制。立法法和有关审议制度规定,我国立法主体开会审议法律草案时,应该通知有关部门派员到会,听取意见,回答询问。提案机关负责人还可在常委会会议上对草案作补充说明。

三、表决法律草案和通过

(一)表决法律草案和通过的含义和意义

表决法律草案是指有表决权者对法律草案表示最终赞成、反对或弃权的态度。通过是指经享有表决权的立法者表决,法律草案获得法定数目以上赞成票的表决结果。

从含义看,表决法律草案和通过既有联系又有区别。表决法律草案是有权者在立法过程中行使表决权的专有活动,而通过法律草案则是表决活动呈现的结果。因此,表决法律草案和通过,作为立法的第三道程序,是多数决民主政治原则的最直接体现,是决定法律草案能否获得立法机关的通过而最终成为法的最重要阶段,也是立法阶段会议的"出口"。

(二)表决法律草案的程序

表决一旦完毕,法律草案的最终命运就将决定,因此,为防止表决中出现错误和弊端,各国都规定了严密的表决程序。根据表决主体的不同,可将表决法律草案程序分为两种,即:立法机关表决的普通程序和全民公决的特别程序。在世界各国中,不少国家同时存在着这两种程序,如菲律宾、瑞士等国,但在一些国家中没有全民公决特别程序,例如我国。

1. 普通表决程序

表决法律草案的普通程序是指由立法机关成员行使表决权,以决定法律草案通过与否的程序。尽管各国皆有普通表决程序,但其普通程序的具体步骤却又各有千秋,例如有的国家的普通表决程序中有两院往返表决步骤(如美国),但有的国家就没有(如奥地利)。这里着重介绍构成两院制国家表决法律草案普通程序的具体步骤。

两院制国家所采取的表决办法是多样的。第一种办法是任何法律草案必须经过两院表决通过才能正式成为法律。这是绝大多数两院制国家所公认的办法。不同的是,有些国家要求法律草案首先在某一院通过,然后再交另一院表决,如比利时和法国;另一些则要求两院同时表决法律草案,如苏联。第二种办法是下院拥有表决通过法律草案的权力,上院只能表示异议,而无权予以否决,如英国。

绝大多数两院制国家只有在两院分别表决通过之后,法律草案才被确认为法律,然而,两院在表决过程中经常出现分歧,为此,必须运用特殊的制度或程序,以期调整双方异议,取得一致意见。各国两院制议会最为常见的解决这些分歧的制度或程序有:

① 往返制度。当两院产生分歧时,法律草案须在两院间往返,以达到一致。若数次往返始终不能形成两院一致同意的文本,该草案即被否决。该制度的特点是在两院之间不建立任何形式的协商调解机构,任何一院在不愿意继续审议时都可否决法律草案。如比利时议会的两院对某法律草案有分歧时,该案须在两院往返讨论。若仍然不能达成一致,则撤销该案,并且主管大臣辞职,或由国王宣布解散议会,重新进行大选。

② 下院定夺制度。即法律草案在形式上需要由两院表决通过,但实际上由下院最终决定。如奥地利宪法规定,国民议会(即下院)通过的法律草案应送交政府总理,并由他通知联邦议会(即上院)。联邦议会若无异议,则对该案加以认证并予以公布;若有异议,应在接到草案后 8 周内提出,并通过总理通知国民议会。若国民议会在有半数以上议员出席的情况下决定维持原议,便可将该案认证并公布。在 1975 年 10 月至 1979 年 5 月期间,联邦议会曾行使过 14 次反对权,国民议会则 14 次"坚持原议"。

③ 上院决定制度。它分为三种情况：第一，绝对否决。法律草案一经上院否决之后，下院不能再予以推翻。第二，相对否决。法律草案被上院否决之后，下院在一定条件下可以再次表决通过。如有些国家规定，下院再次或者以 2/3 以上的绝对多数表决通过时，则可推翻上院的否决。第三，搁延否决。英国议会 1949 年通过的议会法规定，贵族院对于由众议院通过的一般议案，只能延迟 1 年后生效，财政法案只能拖延 1 个月生效。

④ 两院联合组成委员会进行调解或协商的制度。在美国，当两院存在分歧时，须由两院各派人数相等的议员组成调解委员会，提出建议或折中条款后交两院表决通过。

⑤ 两院联席会议以多数表决作出决定的制度。印度等国采取这种办法解决两院的矛盾。但是，由于两院议员人数不相等，所以，组成人员较多的一院中居于优势地位的意见，往往能在联席会议的表决中占上风。

2. 特别表决程序

全民公决（又称为人民公决、全民表决、全民投票、人民投票或公民投票）的特别程序是指由享有选举权的一切公民行使立法表决权，以决定法律草案通过与否的程序。

全民公决程序具有多种形式。如依据以全民公决通过的法文件是否具有宪法地位为标准，可划分为宪法性全民公决程序和普通法全民公决程序。1976 年 10 月和 1981 年 4 月 7 日菲律宾公民曾两次依宪法性全民公决程序修改 1973 年宪法；而从 1874 年以来，瑞士公民享有了依普通法全民公决程序表决通过普通法律的权利。

（三）表决法律草案的方式

表决应该是在保障立法民主基础上的有效表决。由于不同的表决方式蕴含的民主价值和效率价值的差异，以及各国立法实践中依据历史传统、风俗习惯和表决方式可能造成表决气氛的不同，各国对不同表决对象规定了各有特色的表决方式。

1. 公开和秘密表决方式

就历史发展总体而言，各国对法律草案进行表决时所采用的表决方式，呈现出由秘密表决逐步走向公开表决的趋势。若以议员或代表采取的立场是否为他人所知，可将世界各国多样的表决方式划分为公开和秘密表决两大类。

（1）公开表决。公开表决是指表决者的态度、立场明显可以被外界知晓的表决方式。它依据议员的态度和姓名是否同时被记录并被外界知晓的标准，又可以划分为无记名公开表决和记名公开表决。

无记名公开表决是指在表决时,表决者的意思表示(赞成、反对或弃权)虽然为外界所知晓,但在表决记录中,只记录表决结果而不记录议员(或代表)姓名的表决。其常见方式有:口头、举手、起立、记牌、掷球和鼓掌等表决方式。

记名公开表决就是把表决结果以及议员的姓名及其所持表决态度(赞成、反对或弃权)同时记录下来的表决方式。其常见方式有:唱名、记名投票、记名电子表决器表决等方式。唱名表决是由议长或书记员点名,被点到名字的议员逐一表明态度的表决方式,为许多欧洲大陆国家采用。并且,由于唱名表决记录精确,便于检查证实,也便于选民对议员表决态度的监督,因此它在记名电子表决器表决方式被广泛采用之前曾是表决方式中最正规的表决方式,但该种表决方式花费的表决时间较长。

(2)秘密表决。秘密表决是指表决者的意思表示不被外界知晓的表决方式。其常见方式有:无记名投票和不记名电子表决器表决等。无记名投票是议员或代表仅将自己所持表决态度写在投票纸上的表决方式。不记名电子表决器表决是在电子表决屏幕上仅显示表决结果,而不显示议员或代表的姓名及其对法律草案所持态度的表决方式。

我国的《宪法》《立法法》《全国人民代表大会组织法》《地方各级人民代表大会和地方各级人民委员会组织法》皆没有对表决方式明确规定。1989年《全国人大议事规则》第53条规定,"会议表决议案采用投票方式、举手方式或者其他方式,由主席团决定";1987年《全国人大常委会议事规则》第35条规定,"常务委员会表决议案,采用无记名方式、举手方式或者其他方式"。可见,议事规则中规定的缺陷有二:其一,未明确由谁确定表决方式;其二,未指明投票方式和无记名方式是公开的还是秘密的。从其与举手方式并列及我国表决惯例来看,应为无记名的秘密投票方式。在立法实践中,以往我国人大及其常委会表决法律草案通常采用举手方式,但从1986年3月第六届全国人大会常委会第十五次会议及1990年3月第七届全国人大第三次会议开始,常务委员会、代表大会表决法律草案一般都采用无记名电子表决器的方式。另外,法律规定修改宪法时必须采取无记名秘密投票的方式。同时,从行使立法权的地方代议机关及其常设机关的议事规则来看,其表决方式与全国人大及其常委会议事规则的规定大多一致。只是在现行立法实践中,不少代议机关及其常设机关在行使立法表决权时,通常表决方式已经改为采用无记名电子表决器表决。

2. 整体和部分表决方式

以是否将法律草案全部文本作为一个整体,要求表决者表明态度为划分标准,可分为整体表决和部分表决两类。整体表决就是由表决者对整个法律草案表示赞成、反对或弃权的态度。部分表决就是由表决者对法律草案逐条、逐节或逐章表示赞成、反对或弃权的态度,最后再就整个法案进行表决;或者是由表决者对法律草案中有争议的部分进行表决,并且对争议部分的表决结果不影响整部法律草案最终命运的表决方式。应该肯定,部分表决方式对加强立法民主性和科学性颇为有益。

在我国立法实践中,立法主体对大部分法律草案采用了整体表决方式。但是,整体表决方式有可能因个体表决者对法律草案的某一款、某一条、某一节、某一章或某一编持有不赞同意见,而导致该表决者对整部法律草案投反对票或弃权票的现象,因此在利用整体表决方式为主的前提下,有必要采用部分表决方式作为补充。2015年全国人大修正《立法法》后,第41条第2款规定全国人大常委会可以对法律草案表决稿中个别意见分歧较大的重要条款作出单独表决。这是我国法律中首次确认可以对法律草案的部分作出单独表决。

(四)通过法律草案的多数决原则及其操作规则

1. 多数决原则

通过法律草案必须采用以少数服从多数为原则的多数表决制,即多数决。在立法过程中,立法机关组成人员在经过充分讨论之后,依法定程序进行表决,民主地形成立法多数意见,然后将多数意见转换为或当成全体意见。

2. 多数决操作规则

在代议制的立法表决中什么样的规则才能够既实现立法表决的效率,又能够保障多数决的民主性本质呢?这就要涉及多数决操作规则,具体指在代议制的立法表决中计算表决结果是否有效通过的方法,包括法定人数制度、多数决的比例规则和范围规则。

法定人数是指立法机关组成人员出席会议有效议事或议决所应拥有的最低人数限额。在各国计算多数决的规则中,正是一定范围的立法主体的组成人员数和一定的比例之乘积构成了一国通过法律草案的法定人数要求。

多数决的范围规则也即立法表决中计算多数决的基数标准,它反映了民主的广度。[①] 计算多数决的表决基数主要有两类:应到基数和实到基数。[②] 应到基

[①] "民主的广度是数量问题,它决定于受政策影响的社会成员中实际或可能参与决策的比率。"参见〔美〕卡尔·科恩:《论民主》,聂崇信、朱秀贤译,商务印书馆1988年版,第12页。

[②] 参见徐向华:《论我国立法多数决制度的完善》,载《上海人大》2002年第1期。

数，又称为"全体组成人员基数"，是指无论立法机关组成人员是否出席立法表决会议或参加立法表决，在计算立法表决通过的法定人数时，皆以立法机关全体组成人员作为基数。实到基数是指在计算立法表决通过的法定人数时，以立法机关组成人员出席立法表决会议或参加立法表决为基数。实到基数又可分为"出席会议基数"和"出席表决基数"。出席会议基数是指以立法机关全体组成人员中出席会议者为基数，而不必考虑出席者是否参加立法表决。出席表决基数则是指以立法机关全体组成人员中出席并参加立法表决者为基数。

多数决的比例规则表明了在给定的基数范围内持某种态度的人占多大的比例才可以说是多数，才可以通过法律。考察现代各国立法表决制度可以发现，多数决的比例规则主要有相对多数、绝对多数和特别多数三种比例。[①] "相对多数"是指在既定的表决基数范围内，比较参与表决的表决者中持赞成态度和反对态度的人数，并以两种态度中较多的态度作为表决结果的计算多数的表决方法。[②] "绝对多数"是指在既定的表决基数范围内，以持赞成或者反对态度的人数是否超过基数的半数，并以超过基数半数的态度作为表决结果的计算多数的表决方法。[③] "特别多数"是指在既定的表决基数范围内，以持赞成或者反对态度的人数是否达到或超过基数的 2/3，并以达到或超过基数 2/3 的态度作为表决结果的计算多数的表决方法。[④]

各国在设计立法多数决制度时，往往会有意或无意地综合权衡各种多数决范围规则和比例规则的利弊，然后，才确立适合本国立法表决的多数决制度。

在我国，根据《全国人大议事规则》第 4 条的规定，全国人大会议和全国人大常委会会议始得举行的法定人数分别是"全体代表的三分之二以上"和"全体组成人员的过半数"。《宪法》第 64 条、《全国人大议事规则》第 52 条、《全国人大常委会议事规则》第 32 条和《立法法》第 24 条、第 41 条规定，全国人大及其常委会都是以立法主体的全体组成人员作为计票基数，其中宪法修改以全体代表 2/3 以上的多数（即特别多数）赞成通过，法律草案以全体代表或者常委会全体组成

[①] 参见徐向华：《论我国立法多数决制度的完善》，载《上海人大》2002 年第 1 期。

[②] 例如 1814 年《荷兰王国宪法》第 67 条第 2 项规定，"一切议案均以多数票通过。"这就是说，法案只需要获得相对多数人的赞成即可通过。参见姜士林等主编：《世界宪法全书》，青岛出版社 1997 年版，第 929 页。

[③] 例如 1921 年《列支敦士登公国宪法》第 58 条规定："议会作出的决议，除宪法或议事规则另有规定者外，至少必须有法定议员人数的三分之二出席并由出席议员的绝对多数通过，方始有效。"参见姜士林等主编：《世界宪法全书》，青岛出版社 1997 年版，第 975 页。

[④] 例如 1994 年《冰岛共和国宪法》第 45 条规定："议会举行两院联席会议时，……除财政法案和补充财政法案外，其他法案如果得不到投票数的三分之二多数赞成，不得视为最后通过。"参见姜士林等主编：《世界宪法全书》，青岛出版社 1997 年版，第 716 页。

人员的过半数(即绝对多数)赞成通过。同时,从地方代议机关及其常设机关的议事规则和实践看,各地方人大会议及其常委会会议始得举行的法定人数分别也是"全体代表的三分之二以上"和"全体组成人员的过半数",并且其通过或批准地方性法规草案,也需全体组成人员的过半数赞成通过。

由此可见,除制定宪法和修改宪法外,我国代议机关现行的多数决制度中贯彻的是"应到基数范围和绝对多数比例相结合"的理念。由于相对于其他种类的范围规则和比例规则来说,应到基数范围规则和绝对多数比例规则在价值取向上都强调民主性,因此,我国的多数决制度一定意义上是充分体现了民主价值的。

3. 宣布表决结果

按照多数决原则及其操作规则计算出表决结果后,议长或主持人将按照表决中持赞同态度的人数是否超过了表决通过法律草案的法定人数要求,宣布法律草案通过或否决。当持赞成态度的人数超过了表决通过的法定人数要求,则宣布通过;否则宣布表决对象被否决。但是,在一定的条件下,一些国家的表决结果中可能会出现反对与赞成态度持平的状况。这时就需要采用一定的方式打破赞否态度平衡的状态。世界各国中,一般有四种处理赞成与反对意见持平的方法,即:其一,依法认定表决对象没有获得多数赞同而被否决,这为多数国家采用;其二,议长投决定票,此为美国、爱尔兰等采用;其三,留待下届会议决定;其四,抽签决定,即当表决赞成和反对态度的票数相等时,由议长指定一名议员从放置在特别匣子中的分别表明"赞成"或"反对"的两票中抽出一张,以此作为表决结果。

在我国,代议机关对法律草案的表决只有赞成通过和被否决两种结果。并且,法律草案一经通过即成为法律。但在立法实践中,一些代议机关的表决结果可能被宣布为"原则通过",并且在一些地方代议机关及其常设机关的议事规则也有所体现。"原则通过"制度是指代议机关的组成人员基本赞成法律草案,并在表决通过后,由该代议机关授权其内部特定机构或有关机关根据审议意见作最后修改,然后公布实施。如山东等9个省级地方人大及其常委会自1979年7月至1989年7月以"原则通过"的方式通过了18个地方性法规。对这一制度,学术界的看法不一。有人认为,在我国立法经验不足而立法需求迫切的状况下,"原则通过"不失为一种灵活、审慎而又留有余地的做法。我们认为,这一制度在立法主体面临立法任务繁重,并且立法经验不足的情况下确实发挥了一定积极作用。然而,在法治进程中这种做法可能影响立法严肃性和权威性,因此,应予以取消。至于对制定某些法律规范的可行性还没有足够把握的问题，则可通过试行立法予以解决。

（五）对法律草案通过后的制约

在大多数国家，法律草案一经大会表决通过即转入立法程序的公布环节。然而，有些国家并非如此，而是规定了法律草案通过后的制约制度。这些制约制度主要有：

1. 国家元首批准制。在现代，君主立宪制和共和制国家中都有法律草案获通过后须经国家元首批准始能发生法律效力的制度。所不同的是，在美国和巴西等共和制国家中，总统拒绝批准议会已经通过法律案的情况屡有发生。在美国，总统不仅在理论上拥有这种否决权，而且在实践中经常行使这种权力。美国宪法规定，议会通过的法律草案须送总统签署后才能生效。总统签署期间，可采取两种方式予以否决：其一是直接否决，即总统不予签署，并在接到草案的10天之内（星期天除外）将该案连同驳文退回国会；其二是间接否决，即国会若在送交草案后的10天内休会，总统即可因国会已经休会而对总统不同意的草案不予理会，并且无须退回国会，该草案也因未经总统签署而自行作废，这种否决又称为"搁置否决"或"口袋否决"。不过当被搁置的草案再次被美国国会通过时，便无须再经总统批准。而在英国、丹麦、比利时等君主立宪制国家，国王虽也有否决权，但实质只是一种形式。如在英国，自1707年以来，从未发生过英王拒不批准两院通过的法律而使其归于无效的情况。

2. 合宪性审查制。第二次世界大战之后，许多国家的法律草案经大会通过后还要经过有关方面的"合宪性审查"，审查通过后才能成为法律。负责违宪审查的机关多为司法机关，也有专门的宪法委员会。

3. 公民复决制。公民复决是指已获得立法主体通过的法律案还须获多数公民表决赞成后才能真正发生法律效力。

在我国，批准是我国一些地方性法规以及自治条例和单行条例表决通过后的一种制约程序。依《宪法》和《立法法》规定，表决通过后须受批准程序制约的规范性法文件主要包括：自治条例和单行条例、设区的市（以及自治州）的地方性法规等。

四、公布法

（一）公布法的含义和意义

公布法是指有权公布法律的机关或人员，在特定期间内，采用法定方式将有权立法主体通过的法正式公之于众的活动。

公布法是立法程序中的一个具有独立地位和重要价值的活动。从立法程序完成阶段看,作为立法过程中的第四道程序,公布法是法生效的一个必要步骤,也是法律草案变为生效法律的关键性飞跃。草案获得通过后,如果不按法定时间、步骤以及必要形式予以公布,该法律仍将不具有法律效力,不能对人们的行为和一定的社会关系起到规范和调整作用。从成文法公布的意义看,正因任何法文件或条文在未按照法定形式公布以前都不具有约束力,公布程序才成为对掌权者随意创制法的一种限制,也是对公民权利不受肆意侵犯的一种保护。

(二) 公布权的行使主体

根据各国宪法的规定,国家法律公布权主要归国家元首和立法机关的领导机构行使。

1. 国家元首公布法。从理论上说,既然议会或代表机关是代表民意的机关,由它通过的法律草案自然就是法律,国家元首不应拥有拒绝或延迟法律公布生效的权力,政府若认为不能执行已通过的法律便应辞职。然而,从实践上看,大多数西方国家从分权思想和分权原则出发,为了行政干预或制衡立法,批准或公布法律均由议会之外的机关完成。国家元首便成为行使公布权的主体。只是在不同政权组织形式之下,各国国家元首公布法律具有不同含义和法律意义。在责任内阁制国家,国家元首对立法机关通过的法律无否决权,必须公布,因而仅具有政治传统惯性延续或体现立法尊严的形式意义。在总统制国家,国家元首对立法机关通过的法律享有否决权,可以拒绝公布,因而具有牵制法律草案能否最终生效的实质性意义。

2. 立法主体的领导机构或常设机关公布法。在这种情况下,公布法纯粹是立法过程中的一道程序,仅具有形式意义,而不具有牵制法律草案能否最终生效的实质性作用。因为立法主体的领导机构或常设机关一般不存在不公布立法主体自身所立之法的状况。

我国《宪法》规定,凡全国人大及其常委会所表决通过的法律,一律由国家主席公布。我国国家主席公布法律虽属于国家元首公布法律的性质,然而,它完全不同于西方国家元首所行使的公布权。这是因为:第一,法定职责不同。我国国家主席签署公布法律是履行宪法赋予主席的职责,国家主席须根据全国人大和常委会的决定公布法律,而西方国家元首公布法律,一般由其自行决定。第二,作用不同。我国不是三权分立的国家,因此,国家主席公布法律主要起到彰显国家法律权威的象征作用,公布权不具有任何实质性行政制约或干预立法的作用。

在实践中,也从未发生过国家主席拒绝公布法律的事例。

依据《立法法》第 78 条规定,各地能够行使公布权公布地方性法规以及自治条例和单行条例的主体为主席团或常务委员会。具体包括:其一、省、自治区、直辖市的人民代表大会制定的地方性法规,由大会主席团公布;其二,省、自治区、直辖市的人民代表大会常务委员会制定的地方性法规,由常务委员会公布;其三,设区的市(以及自治州)的人民代表大会及其常务委员会制定的地方性法规报经批准后,由设区的市(以及自治州)的人民代表大会常务委员会公布;其四,自治条例和单行条例报经批准后,分别由自治区、自治州、自治县的人民代表大会常务委员会公布。

(三) 公布法的要求和限制

1. 公布法的期限

有些国家以宪法或宪法性文件明确规定了公布权行使主体在公布法时应当遵守的期限,也有国家对此未作明文限定。前者如意大利宪法第 73 条规定,"法律由共和国总统于批准之日起一个月内公布之。如两院(每院均有绝对多数议员)主张某项法律须定期公布,则该项法律应于两院所规定之日期公布之";后者如苏联。我国宪法和法律对公布法的时间没有明文规定。实践中的一般做法是,或在通过后的当日公布,或在通过后间隔数日公布。

2. 公布法的文字

在一些多民族国家中,法律一般规定要用几种文字同时公布,如新加坡。有些虽未作明文规定,但在实践中却照此公布,如苏联。

3. 公布法的方式

法公布方式与渠道适当与否直接关系到公众对法内容的知悉程度。当代各国大都很重视法公布的方式和渠道,许多国家为了确保生效法律畅通、高效地传递给公众,专门规定了公布法的正式载体。如联邦德国 1950 年《关于规范性文件的公布》规定,凡联邦的法律和其他规范性文件,必须在《联邦法律公报》或《联邦公报》上公布。意大利宪法性文件也要求,议会通过的法律应在《意大利共和国公报》上公布。

我国国家主席公布法律的方式是以主席令的形式公布在特定的载体上,即《全国人大常委会公报》和在全国范围内公开发行的报纸上刊登,并以《全国人大常委会公报》上刊登的法律文本为标准文本。并且,地方主席团或常委会公布的地方性法规以及自治条例和单行条例,皆以主席团或常委会公告的形式公布在特定的载体上,即在本级人民代表大会常务委员会公报和在本行政区域范围内公开发行的报纸上刊登,并以人大常委会公报上刊登的法律文本为标准文本。

4. 公布后法生效的期限

在绝大多数国家中,法的公布与生效有着密切的关系。但是,需要注意的是,法公布的时间与法生效的时间是既具有联系又有明显差别的两个相关法律概念,二者既有着密切关系但又不完全一致。这是由于,法生效的时间可能滞后或等同于法公布的时间,因此不能认为法公布的时间一定与法生效的时间是完全一致的。概括地说,法公布后的生效时间有三种情况:

其一,法本身明确规定了其公布后生效的日期。芬兰、新加坡等国常采用这种方法决定法生效的期限。

其二,法本身没有规定其公布后生效的期限,而由宪法或宪法性法令统一规定法公布后经过一定的期限始能生效。意大利宪法第 73 条规定,"法律须于签字后立即公布并于公布后第十五日生效,但该项法律本身规定有生效日期者除外。"其他国家采用此法规定生效期限的,长者为 30 天,如利比亚,短者为 1 天,如奥地利。

其三,法公布后,按一国中特定地方离公布地的距离远近,推算不同的到达期限,从而计算已经公布的法在该地具体生效的时间。这种办法一般为领域辽阔而交通不便的国家所采纳。

此外,也有少数国家的法律生效时间与国家元首的批准有密切的联系。在爱尔兰,若在法律中没有规定其生效的期限,则该项法律自国家元首批准之时开始生效。在我国,法的生效时间虽没有明文统一规定,但实践中一般是根据某法律的具体性质和实际需要决定的。有的自法律公布之日起生效;有的由该法律自行规定生效日期;有的则规定法律公布后到达一定期限才开始生效。

第三节 行政机关的立法程序

一、行政机关立法程序的概念、性质与分类

行政机关的立法程序,是指有权的行政机关在制定、修改或废止行政规范性法文件的活动中必须遵循的法定的步骤和方法。

行政机关立法程序最鲜明的特征在于其双重性。行政机关的立法活动本身兼具行政和立法的双重性质。具体而言,一方面,行政机关的立法活动产生的结果是具有法的效力的规则,因此这种活动首先具有立法性,与行政机关发布行政命令、采取行政措施等其他行政行为相区别;另一方面,行政机关的立法活动是以行政机关为主体针对行政管理事项而进行的规则制定活动,具有明显的行政性,又不同于代议机关的立法活动。基于此,行政机关的立法程序也具有双重含义:既是一种规则制定程序,必须经过起草、审查、公布等环节;同时也是一种行政程序,由行政机关主导并最终作出决定,而无须经过诸如审议、表决等代议机关立法必经的程序。

行政机关的立法程序具体可划分为内部程序和外部程序两类。[①] 前者基于行政内部领导关系和行政合理的需要,是指行政机关从开始启动、形成直至完成立法所必经的自然过程,包括诸如规划、起草、审查、决定和公布等环节。后者则是为了完成行政立法所要达到的权利保护和民主参与等内部程序所无法达到的目标,而在立法程序制度中设置的诸如听证、公听会、立法理由说明等环节。在这些环节中,除行使立法权的行政机关自身参与以外,还有如利害关系人等其他外部参与主体。在行政立法的过程中,这两类程序相互渗透、融合,发挥各自不同的作用,构成了行政立法程序制度的整体。

二、国际行政机关立法程序制度简介

(一)世界各国和地区关于行政机关立法程序的规定呈现多样化的特点

就程序规定的表现形式而言,有的国家和地区以统一法典的形式,在该国的行政程序法典中规定行政机关的立法程序,如美国、西班牙、荷兰、葡萄牙、韩国、我国澳门特别行政区、台湾地区等。有的国家以分散立法的形式,在授权法中规定行政机关的立法程序,如英国1946年《法定条规法》(Rules Instruments Act)只适用于重要的委任立法,关于行政管理法规制定的程序,没有普遍性的规定,主要由各授权法加以个别规定。还有的国家,以效力只发生在行政系统内部的规范性文件的方式,建立较为统一的行政机关的立法程序制度,如德国,除以宪法形式规范了行政机关立法负有说明理由义务外,又通过建立在联邦法体系中的各部共同事务规则,即以行政内部规则的方式规定了行政机关的立法程序。

就程序规定的调整对象看,有的国家,其行政机关立法程序的调整对象以行政法规和规章为核心,如法国;有的国家行政机关立法程序的调整对象除上述外还包括制定行政内部规则的行为,如美国、德国、日本等。在美国,《联邦行政程

---

① 有的学者称为过程性程序和装置性程序。参见朱芒:《行政立法程序基本问题试析》,载《中国法学》2000年第1期。

序法》第553条第5项规定,"各机关应给予利害关系人要求发布、修改或废除某项规章的权利",即设定了利害关系人在行政机关立法方面的请愿权。该项规定中所涉及的规章不仅包括具有外部拘束力的实体性规章,同时也包括解释性规章、一般性政策说明以及程序性规章等,而后三者在法律上不具有对政府和私人的拘束力,因而在关于请愿权方面《联邦行政程序法》涉及不具有对外效力的行政内部规则。[①]

就程序规定的内容而言,世界各国和地区的行政机关立法程序大致可分为两大类:一类采当事人主义,如美国《联邦行政程序法》将行政机关与利害关系人确定为双方当事人,行政立法程序在行政机关和利害关系人的共同参与下运作。行政机关和利害关系人都可以启动行政立法程序,申请或者决定规章,但应当为此承担举证责任。另一类则是职权主义,如德国、西班牙、我国台湾地区等,行政立法程序的进行以行政机关为中心,主动权掌握在行政机关手中。[②]

(二) 世界各国和地区行政机关立法的主要程序

世界各国和地区行政机关立法程序主要包括立法规划和立法研究、立法动议、通告(预告)、评论、公布、生效、备案等环节和内容。

1. 立法规划和立法研究

立法规划指行政机关根据立法的实际需要,对行政立法的时间、顺序、人力、物力预先作出安排。如美国于1985年颁布《制定行政规章计划的程序》,要求制定机关每年向行政管理和预算局局长提交来年关于制定规章的政策、目标和目的说明书,关于正在进行中的或者已经列入计划的一切重大规章制定行政活动的情报;提交制定规章的计划草案;对政府制定规章计划的审查、编纂和发布。立法研究是指行政机关就制定某一具体行政法规、规章的必要性和可行性作出论证的活动。如西班牙1958年《行政程序法》规定,为保障关于命令及法律案的适法性、确实性及适应性,应为调查研究及报告。又如美国国会《管制功能分析》要求规章制定机关在进行立法时,应发布制定该规章的必要性,对该规章可能对企业产生的经济影响以及规章的成本效益进行认真的经济分析。

2. 立法动议

所谓立法动议,即向有立法权的行政机关提出制定法规或规章的建议。立法动议程序是行政机关立法程序的启动和开端,由谁来启动行政机关立法程序,

---

[①] 参见朱芒:《行政立法程序基本问题试析》,载《中国法学》2000年第1期。
[②] 参见应松年主编:《比较行政程序法》,中国法制出版社1999年版,第232页。

反映了行政民主的发达程度。从世界各国的实践来看,一般有以下几种立法动议的方式:

(1) 行政管理相对人向行政机关提出立法建议。如美国、葡萄牙、荷兰、韩国和我国台湾地区等。美国《联邦行政程序法》第553条规定:"各机关应给予利害关系人申请发布或废除某项规章的权利。"葡萄牙《行政程序法》第115条第1款规定:"利害关系人可以向有权限机关提出请愿,要求制定、修改或废除规章,为了方便行政机关了解其内容,该等请愿须说明理由。"第2款还规定有权制定规章的行政机关应对上述请愿的利害关系人提供资讯,以及其对请愿所持立场的理由。这种动议方式实际上肯定了行政管理相对人的立法申请权,目的是为了集思广益,满足公众的需要,体现了行政的民主。行政机关有义务及时对相对人的申请作出答复和处理。如果对行政机关的答复或处理不服,相对人还可提出行政复议或行政诉讼。

(2) 议会提出要求或建议。英美国家行政立法权的取得以议会授权为条件,故动议一般由议会提出。美国国会通过两种方式提出动议:一是在授权法中明确规定行政机关制定规章;二是通过拨款委员会发出制定规章的指示,通过提供、限制或者拒绝拨款的方式迫使行政机关制定或不制定某一规章。如果行政机关没有按照国会的要求制定或者不制定某一规章,公民可以向法院提起诉讼,请求法院责令行政机关制定或不制定某一规章。德国法规命令的制定需要议会的授权,动议也由其提出。

(3) 行政机关自行决定。行政机关出于行政管理的实际需要,可以自行提出立法动议。美国《联邦行政程序法》第556条第4款规定:"除非法律另有规定,否则应当由规章或裁决令的提议人负举证责任。"这里的"提议人"也包括行政机关。

(4) 法院提出建议或作出判决。法院可以根据案件审理中的实际情况,就行政管理中存在的问题,向行政机关提出立法建议。在美国,如认为行政机关应当制定规章而没有制定,利害关系人可以根据《联邦行政程序法》第706条第1项的规定,请求司法机关干预。该项规定:(复审法院)应强制(行政机关)"履行非法拒绝履行的或不当延误的行政行为。"这里的"行政行为",包括了行政立法。如果法院认为行政机关应当制定而不制定的,可以判令行政机关制定规章。

3. 通告(预告)

指行政机关在制定行政法律规范时,将拟订的行政法规或规章在政府公报上或报纸上公布,以供公众了解和评论。美国、荷兰、葡萄牙、韩国等国行政程序法对行政机关立法程序的通告内容、方式和效力都作了规定。

(1) 内容。美国《联邦行政程序法》第 553 条规定:通告内容包括有关规章活动的时间、地点和性质;制定规章的法律依据;拟订的条款或主要内容,或说明涉及的主题和问题。韩国《行政程序法》第 42 条规定:预告的内容包括法令案的宗旨、主要内容或者全文、公众意见接收机关和提出意见的期间。

(2) 方式。一般登载在政府公报或全国性报纸上。如美国规定通告必须公布在联邦登记上,除非适用于特定事项的法规,受法规影响的人已经指明并已个别通知,或根据法律规定实际上已经通知。

(3) 时间。必须有持续足够的时间让公众有效参与。韩国规定,立法预告期间由行政机关决定,但除有特别事情外,不得少于 20 日。美国《路易斯安那州行政程序法》规定公告时间是 90 日以上。

(4) 效力。美国《联邦行政程序法》规定,应该通告而未通告所制定的规章,将因程序上的严重缺陷不能生效。我国台湾地区也有类似规定。

4. 评论

评论是指公众在行政机关制定时间内,就预定的行政机关的立法项目,向行政机关提出口头或书面的意见、批评或建议。一般有以下几种公众评论的方式:

(1) 听证会。美国《联邦行政程序法》规定了三种规章制定程序:一是非正式程序,亦即通告评论程序。首先把要制定的规章通知给利害关系人,即通告。通知内容包括:规章制定的时间、地点及规章的性质;规章制定的法律依据;规章主要内容的说明,一般要在《联邦登记》上登载。其次由公众对公布的规章草案进行评论,评论形式不限,由行政机构自由裁量。大多要求书面,也有要求可以口头提出。二是正式程序。主要是要求行政机关在制定规章过程中,采用正式的司法化的听证制度代替非正式制定规章中的评论程序,其他如通告、公布等程序则与非正式制定规章相同。有关食品、药品方面的立法多采用正式制定规章程序。三是混合程序。指行政机关在使用书面表达的评论方式的同时,采用与正式程序的口头抗辩相结合的方法制定规章,从而结合了两种程序的优点,既可为利害关系人提供足够的参与机会,又能提高效率。

(2) 公听会。类似于听证会,但参加人的范围是不特定的,进行方式也更为灵活。日本、韩国、葡萄牙等国都有关于公听会的实践和规定。如韩国《行政程序法》第 45 条规定:"(公听会)一、行政机关就立法提案,可召开公听会。二、关于公听会,准用第 38 条和第 39 条。"

（3）听取意见。如在美国，行政机关进行立法活动时听取意见的典型方式是非正式会谈或会议。这是一种口头参与形式，即行政机关在进行立法活动时派若干代表听取特定或不特定利害关系人的意见。期间既可以由利害关系人要求面谈，也可以由行政机关主动与利害关系人面谈。

（4）咨询。为保证立法质量，行政机关在立法过程中还会向专业组织进行咨询。在美国，行政机关制定规章可向公共咨询委员会咨询。该委员会包括小委员会和大委员会两种方式。小委员会是根据法律规定临时组成的专门制定某一个法律或规章的审查委员会，其必须参加立法，成员都是法律或技术方面的专家。大委员会是联邦行政机关根据《联邦咨询委员会法》成立的比较稳定的专家组织，有严格的任职条件和严密的组织规则，其活动实行公开原则。

（5）协商。美国1990年《法规制定协商法》，正式建立了行政立法的协商程序，该法于1996年修订，并在《联邦行政程序法》第五章第561条至第569条也进行了规定。主要是通过行政机构和所有利害关系人谈判达成协议来制定规章。其步骤是：行政机构决定是否采用协商程序，如要采用，要在《联邦登记》上公告；决定是否成立规章协调委员会，如成立，则要选择协调人；协调委员会进行工作，其结果是否能达成一致意见，并将有关结果递交行政机构；行政机构在考虑协商结果的基础上制定最后的规章。该程序具有两个特点：一是在规章制定的最早阶段利害关系人即可参与；二是行政机关制定规章必须建立在协商谈判的基础上。

5. 公布

该程序涉及法规或规章的效力，各国在有关行政程序的法律规定中大多进行了详细规定。行政机关制定的法规或规章必须登载于政府公报或特定报纸上，以法定形式公布后才产生效力。如西班牙《公共行政机关及共同的行政程序法》第52条规定，"行政法规必须在有关官方公报上公布以产生法律效力"。英国1946年《法定条规法》对法定条规的公布有明确的规定：法定条规制定后应立即送政府印刷厂编号，尽快印刷出售。政府文书局必须制定目录表，指明每件法定条规首次公开印刷和公开出售的日期，这个日期可以作为法定条规存在的证据。

6. 生效

有的国家规定法案公布后要经过一定期限才能生效。美国《联邦行政程序法》第553条规定："实体法规章的生效日期不得少于其必须公布或送达后的30天。"

7. 备案

备案是行政机关将已经公布生效的法规或规章报议会或上级机关审查和登记,是议会或上级机关进行监督的方式。美国《路易斯安那州行政程序法》第954条第1款规定:"制定规章的行政机关都应当将规章的经过核查的副本报送州登记部备案。无论是1975年1月1日之前、之日,或者之后通过,只有向州登记部备案,才能生效和付诸实施。"这种备案显然直接影响到了法规或规章的效力。

三、我国行政机关的立法程序制度

(一) 我国行政机关的立法程序发展简介

关于行政机关的立法程序,我国第一部较为统一的规范性法文件是1987年4月21日国务院批准、国务院办公厅发布的《行政法规制定程序暂行条例》。该条例规定了规划、起草、审定和发布等行政机关立法的基本程序,但仅涉及行政法规的制定程序和提请全国人民代表大会或全国人民代表大会常务委员会审议的法律草案的拟订程序,而关于规章的制定程序并无明确、统一的规定。此外,1990年国务院发布了《法规、规章备案条例》,对行政机关立法程序中的备案程序进行了规定。这两部条例的具体内容表明,我国当时行政机关的立法程序实际上仅仅是行政机关内部工作的协调,缺乏民主参与的因素;偏重于内部监督,缺乏行政机关外部主体客观的审查和评价;其设立目的也仅在于提高行政效率,而忽略了保障行政管理相对人合法权益等问题。经由这种有严重缺陷的程序所制定的行政法规或规章,往往不可避免地成为行政部门谋求部门或地方利益的手段。

第九届全国人大第三次会议于2000年3月15日通过《立法法》,其中第66条至第71条规定了行政法规的起草、听取意见、送审、决定、签署和公布等程序;第83条至第86条规定了规章的决定、签署和公布等若干程序。值得一提的是,《立法法》第67条规定:"行政法规在起草过程中,应当广泛听取有关机关、组织和公民的意见。听取意见可以采取座谈会、论证会、听证会等多种形式。"这是我国首次以法律的形式,明确规定行政机关在其立法过程中需以公开征求意见为其必经程序,并将立法听证也作为行政机关公开征求意见的形式之一。显然,《立法法》的上述规定意味着我国行政机关的立法程序的价值取向有了重大变化,为我国行政机关的立法程序从单纯的内部性规定逐步转变为民主、公开的立法程序奠定了基础。2001年11月16日与29日,国务院先后颁布了《行政法规制定程序条例》和《规章制定程序条例》(自 2002 年 1 月 1 日起实施),对我国行政法规和规章的制定程序作了统一的较为详细的规定。2001 年 12 月 25 日,国务院又发布了《法规规章备案条例》(2002 年 1 月 1 日起实施),专门规定了备案这一程序。这三个行政法规的发布,表明我国行政机关立法程序越来越注重增强立法的民主性和利害关系人的参与性。

(二) 当前我国行政机关立法程序的主要内容

当前我国行政机关立法程序主要包括立项、起草、审查、决议、公布、生效和备案等环节和内容。

1. 立项

所谓立项,就是指由法定部门编制立法年度计划的活动。

(1) 立法动议权的行使主体。当前我国行政机关的立法动议权是由行政机关内部掌握的。其中行政法规由国务院有关部门根据需要向国务院报请立项;部门规章由国务院部门内设机构或其他机构根据需要向本部门报请立项;地方政府规章由人民政府所属工作部门或下级人民政府基于需要向隶属政府报请立项。

(2) 立项申请的说明制度。报送行政法规或规章的立项申请均应当对立法项目所要解决的主要问题、依据的方针政策和拟确立的主要制度等作出说明。

(3) 立法计划的拟订权。行政法规或规章立法计划的拟订权由各制定主体的法制机构行使。

2. 起草

起草是对已经列入立法计划的某一行政法规或规章的具体制定工作。

(1) 起草权的行使主体。行政法规由国务院组织起草,国务院的一个或几个部门具体负责起草工作,也可由国务院法制机构起草或者组织起草。规章的草拟权属于国务院部门和地方人民政府,由其内设机构或其他机构具体实施,也可委托组织专家起草。

(2) 意见听取。起草行政法规或规章,应当广泛听取有关机关、组织和公民的意见。听取意见可以采取召开座谈会、论证会、听证会等多种形式。其中起草规章还可以采取书面征求意见等形式。起草的规章直接涉及公民、法人或者其他组织切身利益,有关机关、组织或者公民对其有重大意见分歧的,应当向社会公布,征求社会各界的意见;起草单位也可以举行听证会。听证会依照下列程序组织:① 听证会公开举行,起草单位应当在举行听证会的 30 日前公布听证会的时间、地点和内容;② 参加听证会的有关机关、组织和公民对起草的规章,有权提问和发表意见;③ 听证会应当制作笔录,如实记录发言人的主要观点和理由;

④ 起草单位应当认真研究听证会反映的各种意见,起草的规章在报送审查时,应当说明对听证会意见的处理情况及其理由。

(3) 内部征求意见与协商。行政法规或规章在起草过程中,如果涉及其他主管部门的职责或与其他部门关系密切的,起草单位应当征求有关部门的意见或与有关部门进行协商;经过协商不能达成一致意见的,应当在上报送审稿时说明情况和理由。

(4) 草案的送审。行政法规或规章草案由起草单位报送审查,报送的内容分为三个部分:起草单位负责人签署的草案、理由说明以及有关材料。

3. 审查

审查是行政机关内部的专门机构对行政立法草案拟定稿进行的审核和复查。

(1) 审查权的行使主体。行政法规或规章送审稿的审查由制定主体的法制机构进行。审查内容包括送审稿是否符合宪法、法律和上位法的规定;是否体现切实保障公民、法人和其他组织合法权益的精神;是否体现科学规范行政行为、促进政府职能转变的改革精神;是否与有关的行政法规或规章协调;是否正确处理了有关机关、组织和公民对送审稿主要问题的意见;是否符合立法技术要求等。

(2) 送审稿的处理。有下列情形之一的,有关法制机构可以缓办或者退回起草单位:一是制定行政法规或者规章的基本条件不成熟;二是有关部门或者机构对送审稿的主要制度存在较大争议,起草单位未与之协商的;三是送审稿没有起草单位负责人签名,或者所附材料不符合要求的。

(3) 征求意见。法制机构在审查送审稿的过程中需要根据情况进行一系列征求意见的工作,包括:就送审稿涉及的主要问题发送有关机关、组织和专家征求意见;对送审稿所涉及的重大疑难问题,召开座谈会、论证会,听取意见,研究解决,其中行政法规送审稿直接涉及公民、法人或者其他组织的切身利益的,国务院法制机构可以举行听证会,听取有关机关、组织和公民的意见;就送审稿涉及的主要问题,深入基层进行实地调研,听取基层有关机关、组织和公民的意见;送审稿涉及公民、法人和其他组织的切身利益,有关公民、法人和其他组织有重大意见分歧,且起草单位未举行听证会的,法制机构应当举行听证会;有关部门或者机构对送审稿涉及的主要制度或措施、管理体制、权限分工等有不同意见的,应当进行协调,协调不成的,报立法机关决定。

（4）草案的形成。在充分听取意见并进行协商之后，法制机构应当对送审稿进行修改并形成草案，且拟定起草说明，其中包括制定行政法规或规章拟解决的主要问题、确立的主要措施以及与有关部门的协调情况等。草案和起草说明均需由法制机构主要负责人签署，提出提请行政法规或规章制定机关审议的建议。

4. 决议

该程序是行政机关立法程序中的关键程序，决定着行政法规或规章能否被通过。

行政法规草案由国务院常务会议审议，或者由国务院审批。部门规章应当经部务会议或者委员会会议决定。地方政府规章应当经政府常务会议或者全体会议决定。

法制机构应当根据有关会议审议意见对行政法规或规章草案进行修改，形成草案修改稿。

5. 公布及生效

（1）签署权的行使主体。行政法规草案修改稿报请总理签署国务院令公布施行。规章草案修改稿报请本部门首长或者省长、自治区主席、市长签署命令予以公布。

（2）公布令的内容。公布行政法规或规章的命令应载明制定机关、序号、名称、通过日期、施行日期、行政首长署名以及公布日期。其中部门联合规章由联合制定的部门首长共同署名公布，使用主办机关的命令序号。

（3）公布的形式。行政法规或规章签署公布后，应及时在国务院公报、部门公报、各级人民政府公报和相关行政区域范围内发行的报纸上刊登。在国务院公报、部门公报或者地方人民政府公报上刊登的行政法规或规章文本为标准文本。

（4）生效实施的时间。行政法规或规章应当自公布之日起30日后施行；但涉及国家安全、外汇汇率、货币政策的确定以及公布后不立即施行将有碍行政法规施行的，可以自公布之日起施行。

6. 备案

备案是我国行政机关立法的必经程序之一，同时也是一种监督手段。现行《法规规章备案条例》对备案程序进行了较为完整的规定，主要涉及报送备案的主体、承担备案工作的具体机构、提交格式、处理结果以及未报送备案的责任追究等问题，从制度上改变了我国长期以来备案职责不清、备而不审以及无法追究不及时备案者责任等状况。

四、我国行政机关立法程序制度的不足与完善

应当肯定的是,我国现行行政机关立法程序的法律制度较以往已大为改观,如对听证程序、备案程序等作出了较为详细的规定,有助于提高行政立法的民主性,加强对行政立法的监督。但其不足之处仍然存在,有待于进一步加以完善。

(一) 公众参与制度仍需强化

参与是民主政治的基石。在利益多元化的社会结构下,只有让绝大多数受到影响的利益在行政机关的立法过程中得到反映,才可能在相互竞争的利益之间达成某种妥协,从而最大限度地保证公众对最终立法结果的满意和支持。因此,公众参与制度是行政机关的立法程序中的核心制度。而我国现行行政机关的立法程序中更多规定的仍是内部程序,公众参与并未成为基本要素。虽然在起草或者审查阶段规定了公众参与的程序措施,但其规定较为原则,几乎完全由行政机关自由裁量,且无强制约束力,因此,公众参与的程度仍然相当低,公众是否能够实际参与行政机关的立法过程,往往取决于行政机关的单方意志。如行政法规或规章的立项完全由行政机关内部掌握,公众没有立法动议权。这种制度安排事实上剥夺了公众作为行政管理相对方对权利配置的发言权。又如,虽然现行行政机关的立法程序中设置了听取意见等外部程序,但公众并无此类程序的启动权,而是取决于行政机关。再如,公众缺乏请求审查、撤销违宪或违法的行政法规、规章的程序权利,对于行政立法的监督仍然由行政机关内部掌握,往往使得这种监督流于形式。

本教材认为,完善公众参与制度,至少要从以下几点着手:(1) 赋予公众立法动议权,拓宽公众参与的深度与广度,亦有利于行政机关立法过程的集思广义;(2) 赋予公众参与立法的启动权,提升公众参与的积极性和主动性;(3) 赋予公众立法监督申请权,将行政立法置于公众监督之下,有利于纠正行政立法中的违宪、违法现象。

(二) 理由说明制度有待重建

理由说明是程序理性的重要保障。尽管一个提供了理由的决定未必是正确的,但没有任何理由加以支持的决定更加令人难以接受。我国现有行政机关的立法程序中,虽然也有关于说明理由的制度规定,但这种"说明"并非建立在民主参与意义之上,仍是一种内部机制,透明度极低。如在《行政法规制定程序》中虽有多处涉及"说明"制度,[①]但无一是针对相关利害关系人或其他参与人的说明,无一反映行政机关是否采纳、为何采纳或不采纳公众在参与过程中的意见。因此,以民主参与为核心价值的理由说明制度在我国行政机关的立法程序中明显缺失。

　　本教材认为,应从以下几方面重建理由说明制度:(1)在行政机关的立法草案公布阶段,行政机关应向公众说明草案在立法目的、背景、根据以及提供其他相关资料,以利于公众有准备、有针对性地参与立法;(2)在行政机关的立法程序完成阶段,应针对行政机关是否采纳参与主体所提出的意见、为何采纳或不采纳等问题说明理由,以利于反映参与的结果;(3)明确规定说明理由的具体形式,确立不说明理由和说明理由错误的法律后果承担机制。

　　(三)程序的监督控制与权利保障体系尚需完善

　　"程序不是次要的事情。随着政府权力持续不断地急剧增长,只有依靠程序公正,权力才可能变得让人能容忍"[②]。程序规制是保证行政立法正当性的有效手段。同时,公正、公开的程序也为公众权利的实现提供了保障机制。而我国现行行政立法程序中在监督控制和权利保障方面还有明显缺陷。主要表现在:首先,程序控制力度较弱。程序的事前、事中和事后控制分别体现于立法规划与立法论证、法规规章草案的拟订过程与备案和救济等方面。而现行程序规则中,有的是内部程序制度,如说明理由制度;有的往往沦为"形式主义",如备案制度;有的则未作规定,如救济制度。其次,程序违法归责机制虚置。《立法法》第96条第5项规定行政法规、规章"违背法定程序的"由"有关机关"依"权限"予以改变和撤销,但如何界定法定程序、如何改变及撤销、撤销后果有无溯及力等问题均未规定,导致程序归责机制在实际操作中的虚置。最后,司法机关作为监督和救济主体的缺位。司法是最后的公正。如没有外部司法监督制度的保障,则无法为公众参与行政立法的权利提供保障,无法为违反法定程序造成实质损害的当事人进行救济,无法对有程序违法的行政立法作出是非判断。

　　本教材认为,完善程序的监督控制和权利保障机制至少可包括以下几点:(1)明确法定程序的范围及违反后果,为建立程序违法归责机制奠定基础;

---

　　① 如立项申请应当说明立法项目所要解决的主要问题等(第7条);起草时两个部门协商不成的,应当在上报草案送审稿时"说明"情况和理由(第13条);送审稿报国务院审查时,应一并报送送审稿的"说明"和有关材料(第16条);国务院法制机构形成行政法规草案和对草案的"说明"(第24条);国务院常务会议审议行政法规草案时,由国务院法制机构或起草部门作说明(第26条)。

　　② 〔英〕威廉·韦德:《行政法》,徐炳译,中国大百科全书出版社1997年版,第94页。

(2)细化立法监督制度,具体规定改变、撤销、备案等监督方式的运作主体、程序等,增强其可操作性;(3)以将司法机关纳入监督和救济机制作为充分发挥行政立法程序规制作用的最终目标。

【小结】

立法程序是有权的政权机关在形成规范性法文件的活动中所必须遵循的法定步骤和方式。其不仅具有规范作用,更有保障立法民主、科学和有效的功能价值。在多元立法主体并存的现代各国,无论是代议机关的立法程序四个阶段(包括立法议案的提出、草案的审议、草案的表决和公布等)或者行政机关的立法程序中各个环节(包括动议、审查、决定、公布等)之间的衔接或其中任一阶段或者环节内具体方式、方法和步骤的设定,都必须仔细考量该阶段或环节、方式、方法以及步骤是否能够保障民主、效率价值的客观均衡实现,才能够实现科学设定立法程序以最终实现规范立法权的行使和防止其恣意行使的目的。

【思考题与案例分析】

1. 如何评价我国现行立法提案主体制度?

2. 根据我国《立法法》的规定,向全国人大和全国人大常委会提出的立法议案如何列入审议程序?

3. 全国人大常委会第 x 次会议对某一法律草案审议后,由于常委会组成人员对法案第 y 条的意见分歧较大,因而在随后的表决中,该法律案未获通过。两个月后,全国人大常委会第 x+1 次会议专门就此问题进行了再次审议,删去了该条中的争议文字,从而在这次会议上通过该法律案。从立法程序制度应符合科学原则的角度看,这个案例中的立法审议和表决环节存在什么问题?更好地应对这些问题的立法程序制度应如何设定?你如何理解和评价我国《立法法》规定的全国人大及其常委会的立法审议方法和步骤?

4. 第十二届全国人大第三次会议于 2015 年 3 月 15 日召开。本次会议应出席代表 2964 人,出席 2877 人,缺席 87 人,出席人数符合法定人数。在表决关于修改《立法法》的决定草案时,2761 人投赞成票,81 人投反对票,33 人弃权,另有 2 人未按表决器,赞成率为 96%。

——辑自《十二届全国人大三次会议闭幕会 2015 全国两会直播》,http://www.xinhuanet.com/politics/2015lh/zhibo/20150315a/index.htm。

对照《全国人大议事规则》,你对本次表决有何评价?你认为全国人大及其常委会的议事规则中有关立法表决方式和表决规则的制度是否有需要改进的地方?

5. 2011年2月25日第十一届全国人民代表大会常务委员会第十九次会议通过、自2011年5月1日起施行的《刑法修正案(八)》中已经规定了社区矫正,即"六、将刑法第七十六条修改为:对宣告缓刑的犯罪分子,在缓刑考验期限内,依法实行社区矫正,如果没有本法第七十七条规定的情形,缓刑考验期满,原判的刑罚就不再执行,并公开予以宣告。"但是,直到2012年第二次修正的《中华人民共和国刑事诉讼法》(1979年7月1日第五届全国人民代表大会第二次会议通过,根据1996年3月17日第八届全国人民代表大会第四次会议《关于修改〈中华人民共和国刑事诉讼法〉的决定》第一次修正,根据2012年3月14日第十一届全国人民代表大会第五次会议《关于修改〈中华人民共和国刑事诉讼法〉的决定》第二次修正)第258条才规定:"对被判处管制、宣告缓刑、假释或者暂予监外执行的罪犯,依法实行社区矫正,由社区矫正机构负责执行。"并且,直到2012年1月10日,才由最高人民法院、最高人民检察院、公安部、司法部联合印发《社区矫正实施办法》。2015年3月8日全国人大常委会委员长张德江在第十二届全国人大第二次全体会议上强调,制定《社区矫正法》的立法任务已被部署为2015年工作的主要任务之一,并且3月9日下午,全国人大常委会法制工作委员会副主任阚珂在第十二届全国人大第三次会议记者会上表示,2015年全国人大常委会将加强重点领域立法,在推进社会领域立法上,将制定《社区矫正法》。中共中央办公厅、国务院办公厅2015年4月印发的《关于贯彻落实党的十八届四中全会决定进一步深化司法体制和社会体制改革的实施方案》中,要求明确规定社区矫正管理体制、执行程序、矫正措施、法律责任,实现社区矫正制度化、法律化,加快建立监禁刑和非监禁刑相协调的刑罚执行体制。2015年推动制定《社区矫正法》。结合《社区矫正法》的立法过程,请你从民主、效率与科学价值关系的角度客观评价我国立法程序制度与实践。

6. 某省政府常务会议于×年×月×日讨论通过了一个《某省××办法》后,当日即将该办法以省政府常务委员会的名义发布于该省政府的官方网站上要求从公布之日起实施。从行政立法程序角度看,你认为该省政府公布行政规章的具体方法和步骤有无不妥之处?并思考公布法的意义是什么?公布法一般应遵循哪些要求?

7. 行政机关立法程序的含义和特征是什么?

8. 国外行政立法程序主要包括哪些环节?

9. 对照国外行政立法程序,反思我国现行行政立法程序制度中存在的主要问题,并提出解决措施。

10. 某市市政府拟订了一个《某市出租汽车营运权有偿使用办法》的草案。该草案由市交通局运输管理处起草,提交市政府法制局,并由法制局牵头召开专家论证会,然后交某市政府常务会议讨论批准,并以市长令公布实施。但该办法公布后,因没有事先征求出租车司机的意见而遭到了当地出租车司机的集体抵制。在上级政府干预下,市政府最终决定暂缓执行该办法。请结合此案例客观评价我国现行行政立法程序制度。

【课外阅读文献】

1. 苗连营:《立法程序论》,中国检察出版社2001年版,第181—231页;

2. 罗传贤:《立法程序与技术》,台湾五南图书出版公司1985年版,第327—344页;

3. 〔美〕司徒吉士(Alice Stugis):《会议程序准则》,沈已尧译,法律出版社1994年版,第8—35页;

4. 张善恭、徐向华主编:《立法学原理》,上海社会科学出版社1991年版,第143—168页;

5. 张根大等:《立法学总论》,法律出版社1991年版,第234—267页;

6. 刘明利编著:《立法学》,山东大学出版社2002年版,第131—157页;

7. 崔卓兰、于立深:《行政规章研究》,吉林人民出版社2002年版,第134—177页;

8. 朱芒:《行政立法程序基本问题试析》,载《中国法学》2000年第1期;

9. 梁存宁:《全国人大及其常委会立法议案制度研究》,2004华东政法学院硕士毕业论文;

10. 周伟:《全国人大法律委员会统一审议法律草案立法程序之改革》,载《法律科学(西北政法学院学报)》2004年第5期;

11. 徐向华:《地方立法统一审议制度的法定功能》,载《法学》2007年第11期;

12. 徐向华、启帆:《论立法多数决制——一个公共选择理论的视角》,载《法学》2005年第12期。

第七章 立法解释

【本章提要】

理论界对立法解释存在的合理性一度持有较大争议,[①]但我国《立法法》《行政法规制定程序条例》以及一些地方性立法解释制度已经对立法解释作出明确规范。本章主要介绍我国立法解释的含义、特征、分类、解释中应遵循的基本原则、解释方法、解释权限、解释程序等内容。

【主要教学内容】

1. 基本概念:立法解释;
2. 基本知识和制度:立法解释分类;我国的立法解释制度;人大常委会解释法律的程序;
3. 基本理论:立法解释的基本原则。

【教学目标】

1. 描述我国立法解释的含义、特征及其分类;
2. 列举立法解释应遵循的基本原则并说明理由;
3. 简单介绍我国的法律解释体系;
4. 思考全国人大常委会立法解释中存在的问题并从实体上和程序上提出完善我国立法解释体制的对策。

第一节 立法解释概述

一、立法解释的概念和特征

(一)立法解释概念

立法解释是法律解释的一种,[②]属于有权解释或法定解释。由于人们对"立

---

① 参见陈斯喜:《论立法解释制度的是与非及其他》,载《中国法学》1998年第3期。
② 法律解释是指法定的机关或其他组织和个人对法律的有关内容和含义所作的理解和说明。依据解释主体是否拥有法定解释权,可以将法律解释划分为有权解释和无权解释。对于有权解释,依据行使解释权主体性质的不同,又可分为立法解释、司法解释和行政解释。

法"一词的不同理解,立法解释具有狭义、中义和广义三种含义。狭义的立法解释是指为了更准确地理解和适用成文法,根据立法原意,最高国家代议机关(或其常设机关)对其制定法律的具体条文含义以及使用的概念、术语、定义作出的正式说明。中义的立法解释是指为了更准确地理解和适用成文法,根据立法原意,国家代议机关(或其常设机关)对其制定法律法规的具体条文含义以及使用的概念、术语、定义作出的正式说明。[1] 广义的立法解释是指为了更准确地理解和适用成文法,有立法权的政权机关或经有立法权的政权机关授权后受权国家机关对其所制定的规范性法文件的具体条文含义以及使用的概念、术语、定义作出的正式说明。学理上对立法解释概念与范围界定的不一致,主要源于"立法"一词中"法"的范围的不确定。这三种观点都未超出"立法解释"一词的字面含义,各有其合理性。本教材将主要就广义的立法解释进行说明。

(二) 立法解释的特征

第一,从解释主体上看,立法解释具有特定性和有限性。立法解释的主体是宪法或宪法性文件规定的、具有立法权的特定政权机关,一般包括最高代议机关(或其常设机关)、地方代议机关(或其常设机关)以及其他依法能够行使立法解释权的政权机关(如最高行政机关等)。这些解释主体仅能够对自身制定并已生效的规范性法文件作出解释。

第二,从解释时机上看,立法解释具有事后性和程序性。这一特征将其与立法审议中的说明以及法文件自身的解释性内容区分开来。从解释时间角度看,在某一法律、法规实施后,根据实际情况,有权政权机关可以对其制定并已经颁布实施法文件的条文含义以及专门的法律概念、术语、定义作出解释。因此,作为法律文本一部分的解释性内容(例如《专利法》中对该法使用的"发明创造"一词的解释)在性质上属于法的创制范畴,是法文件的定义规范,而不属于严格意义上的立法解释。从解释程序角度看,立法解释主体须遵循与创制法文件时所遵循的立法程序相类似的法定专门解释程序,才能作出立法解释。因此,在立法审议过程中,有关政权机关对立法草案所作的解释性说明,因不是经过法定专门解释程序而作出,所以,也不属于严格意义上的立法解释。[2]

---

[1] 参见王晨光:《全国人大常委会立法解释的程序思考》,载蔡定剑、王晨光主编:《人民代表大会二十年发展与改革》,中国检察出版社2001年版,第243页。

[2] 不过,也有学者将法文件中的解释性条款、草案说明看作是立法解释的形式。参见郭华成:《法律解释比较研究》,中国人民大学出版社1993年版,第154—155页。

第三，从解释形式上看，立法解释具有明示性。立法解释与被解释内容具有同等法律效力，这就要求其表现形式具有明示性。因为有解释权的政权机关只有通过发布书面解释决定或文件的明示形式才能使解释生效。从《立法法》第49条规定看，全国人大常委会的立法解释就必须以正式明示形式作出。这一要求将立法主体作出的不符合明示形式要求的解释与立法解释区分开来。

第四，从解释主体、程序、形式和效力上看，立法解释具有法定性。由于立法解释要求解释主体是法定的、解释权限范围是法定的、遵循的程序是法定的、解释形式也是法定的，因此不能满足这些要求的规范性文件和政权机关制定的普通公文便被排除于立法解释范畴之外，包括立法过程中形成的、只能供人学习成文法和理解立法背景之用的法律草案说明和报告等。

(三) 立法解释与相关概念的区分

1. 立法解释与法律咨询答复

二者的联系主要表现为：其一，在内容上，二者都是针对已生效成文法中的有关问题作出的说明；其二，在制度依据上，二者都是有权机关的说明。

然而，立法解释与法律咨询答复又有重大区别，具体表现为：其一，主体不同。前者的主体是宪法或宪法性文件规定的能够行使立法权的特定国家机关，后者的主体往往是能够行使立法权的特定国家机关的内部工作机构。其二，法律效力不同。前者的法律效力等同于法律，而后者只能算作一种具有一定权威性指导意义的规范性文件，其法律效力则处于不确定状态。其三，程序不同。前者需要严格履行提出解释要求、拟订、审议、表决和表决通过后公布等程序才能发生效力，而后者仅需要经过简单的程序，即经过答复主体对咨询事项作出答复并在法定机关备案的程序即可。其四，说明的内容和性质不同。前者要对法规范的含义以及所使用的概念、术语、定义作出说明，目的在于定分止争，这种说明往往带有立法性质；而后者仅对实施者实施法规范时遇到的特定疑问作出答复，目的在于帮助实施者正确理解法规范，不含有任何立法性质。

2. 立法解释与法律解释

法律解释依据解释主体范围大小可以分为广义和狭义两种。狭义的法律解释，即有权解释，是指特定的解释主体根据法定权限和程序，按照一定的标准和原则，对法律规范、法律条文的含义以及法律所使用的概念、术语等进行进一步说明的活动,具体包括立法解释、司法解释和行政解释等。① 并且,其解释主体应该为法定立法主体(如全国人大常委会)、法定司法主体(如最高人民法院或者最高人民检察院)、法定行政机关(如国务院)。广义的法律解释,既包括有权解释也包括无权解释(如学理解释),是指由一定的国家机关、组织或个人,为适用和遵守法律,根据有关法律规定、政策、公平正义观念、法学理论和惯例对现行的法律规范、法律条文的含义、概念、术语以及适用的条件等所作的说明。广义法律解释主体可以是一定的国家机关也可以是一定的组织或个人。由此可见,立法解释属于法律解释的一部分。

二、立法解释的分类

1. 按解释主体的不同,可将其分为国家最高代议机关及其常设机关的立法解释、地方代议机关及其常设机关的立法解释和有权行政机关的立法解释等。国家最高代议机关的立法解释是国家最高代议机关及其常设机关就自己创制的生效成文法所作的解释。地方代议机关的立法解释是地方代议机关及其常设机关就自己创制的生效成文法所作的解释。有权行政机关的立法解释是有立法权的行政机关就自己创制的生效成文法所作的解释。

2. 按解释方法的不同,可以将其分为系统解释、历史解释、字面解释、限制解释和扩充解释等。系统解释是解释者根据法律规范相互之间的内在联系以及法律规范在整个法律体系或某一法律部门中所占的地位来阐明它的内容和含义的解释。历史解释是解释者通过研究被解释法条文或文件颁布的时间、地点、条件以及产生、修改或废除的历史条件,在探求法条文或文件本要实现的目的或价值基础上,对法律规范内容和含义作出的解释。字面解释是严格限于法条文或文件字面含义以及词语通常使用方法作出的解释。限制解释是解释者将法条文或文件的含义限制在较字面含义更窄范围内的解释。扩充解释是解释者将法条文或文件的含义扩充到较字面含义更广范围的解释。

3. 按解释对象名称的不同,可以将其分为对法律的立法解释、对行政法规的立法解释、对部门规章的立法解释、对地方性法规的立法解释、对地方政府规

---

① 司法解释,属于一种正式的法律解释。在我国,狭义的司法解释是指最高司法机关(包括最高人民法院与最高人民检察院)依据法定权限和程序对具体应用法律问题作出的说明。2015年修正后的《立法法》第104条首次将司法解释纳入《立法法》规范。行政解释,也属于一种正式的法律解释。在我国,狭义的行政解释是指最高国家行政机关在行政管理活动中,对有关法律如何具体应用贯彻的问题所作的说明。行政解释的依据仍是1981年全国人民代表大会常务委员会发布的《关于加强法律解释工作的决议》。

章的立法解释以及对自治条例和单行条例的立法解释等。

三、立法解释的历史和研究意义

在以成文法为主的国家中,立法解释对于成文法能够被准确遵守和执行具有极其重要的作用。作为维护法制统一和法律适用过程中必不可少的一项重要技术工作,立法解释活动自成文法出现以来就一直存在。只是在不同的历史阶段和不同国情中,立法解释制度各有其特色。

在我国古代,从封建社会很早就开始重视法律解释工作。根据对秦代睡虎地竹简的考证,睡虎地竹简中已经包括了187条有关刑法条款的解释和说明。① 从东晋以后,私家注释逐渐由官方注释所取代。到了唐代,公元653年的《唐律疏议》经由唐高宗批准颁行,具有法律效力。② 以后的宋、明、清各代都有类似的现象。在新中国成立后,国家对立法解释一直持肯定态度,并通过宪法、法律的规定确立了我国特有的立法解释体制。这一体制确立的原因在于我国的根本政治制度。按照民主集中制原则建立起来的人民代表大会制度要求:统一、不可分割的国家的权力必须由最高国家权力机关统一集中行使。首先,人民通过选举把国家权力委托给最高国家权力机关——全国人民代表大会,由其代表人民统一行使最高国家权力;其次,其他国家机关——国务院、最高人民法院、最高人民检察院——都由全国人民代表大会产生,向全国人民代表大会(闭会期间则向其常设机关即全国人大常委会)负责、报告工作,并受它监督。基于法律监督权与解释权之间密不可分的关系以及全国人大常委会在立法体制中所处的重要地位和权威性,因而法律的最权威性解释权便归属于全国人大常委会。在1981年初步形成了我国现有的立法解释体制,③并在2000年《立法法》中得以确认。

在西方,法律解释对法律的贯彻和实施一再发挥着重要作用。公元前27年

---

① 参见《中国大百科全书·法学》,中国大百科全书出版社1984年版,第545页。
② 同上书,第579—580页。
③ 全国人民代表大会常务委员会《关于加强法律解释工作的决议》(1981年6月10日第五届全国人民代表大会常务委员会第十九次会议通过)规定:"……现对法律解释问题决定如下:一、凡关于法律、法令条文本身需要进一步明确界限或作补充规定的,由全国人民代表大会常务委员会进行解释或用法令加以规定。二、凡属于法院审判工作中具体应用法律、法令的问题,由最高人民法院进行解释。凡属于检察院检察工作中具体应用法律、法令的问题,由最高人民检察院进行解释。最高人民法院和最高人民检察院的解释如果有原则性的分歧,报请全国人民代表大会常务委员会解释或决定。三、不属于审判和检察工作中的其他法律、法令如何具体应用的问题,由国务院及主管部门进行解释。四、凡属于地方性法规条文本身需要进一步明确界限或作补充规定的,由制定法规的省、自治区、直辖市人民代表大会常务委员会进行解释或作出规定。凡属于地方性法规如何具体应用的问题,由省、自治区、直辖市人民政府主管部门进行解释。"

到公元 305 年是罗马法最为发达的时期,当时一些著名法学家的解答也被确认为罗马法的重要组成部分。公元 533 年,在罗马皇帝查士丁尼下令编纂法律后,《学说汇纂》收集、整理和摘录了从公元前 1 世纪到 4 世纪初著名罗马法学家的著作和法律解答共 50 卷。中世纪,意大利注释法学家再次对罗马法予以文字注释和说明,从而为罗马法的复兴奠定了基础。17 世纪、18 世纪,当欧洲大陆各国再兴法典编纂运动时,受理性主义、分权学说以及某些特定历史原因的影响,当时统治者曾强调只有立法机关才有权作出权威性的立法解释。[①] 在现代,世界上一度曾有近 30 个国家有立法解释制度,苏联、东欧国家体制改变后,现在仍有近 20 个国家存在立法解释制度。

历史上曾经存在和仍然存在的立法解释实践说明,在成文法实现其价值和目的的过程中,立法解释具有必要性,这是因为:

第一,立法解释有助于法的正确实施。在立法过程中,由于创制的法律规范要求能够反复适用于同类社会关系,所以它只能是抽象的、概括的行为规则,即它只能规定一般的适用条件、行为模式和法律后果,而不能也不该对一切问题都作出详尽无遗的规定。但是,在法的实施过程中,遇到的却是带有共性色彩的个别的和特殊的问题,也就是说,法要对各种具体的、千差万别的行为、事件、社会关系作出处理决定。因此要把一般的法律规定适用于具体的法律事实,往往需要对法律规范作出必要的演绎性解释。正是法律解释在立法成果与正确实施法之间架起了一架桥梁,使立法目的得以实现。同时,由于用严格专门的法律概念、术语和定义表达的法律规范,有时会与实际生活用语含义不同,再加上适用法律者在职业、年龄、文化水平、受教育程度等方面的差异,也会造成其对同一法律规范产生不同的理解。这些都需要用权威的立法解释来统一人们的认识,从而达成法的正确实施。

第二,法律解释有助于弥补成文法不足,促进其不断完善。法律解释不仅对法的实施起着重要作用,而且对法的完善也具有巨大的促进作用。其一,法律规范是相对稳定的规则,而社会生活却是不断发展变化的。因此,要将相对不变的法律规范适用于不断变化的社会现实,往往也需要对法律规范作出必要的解释。这样才既能够保证对新情况、新问题作出符合法的精神意旨的处理,又能够保证法的连续、稳定性。其二,法律解释往往是新法律规范产生的起点。也就是说,

---

[①] 参见沈宗灵主编:《法理学》,高等教育出版社 1994 年版,第 425 页;萧金明:《立法解释基本问题》,载周旺生主编:《立法研究》(第 1 卷),法律出版社 2000 年版,第 342 页。

法律解释能够为原有法律规范的修改或补充甚至重新制定提供客观信息和累积经验。

第三,立法解释有助于保证国家法制的协调统一。法律规范往往是由不同层次和级别的有权国家机关创制的。理论上,一国的各种法律规范应当是协调一致、相互联系、相互补充,而又相互制约的。但是,在实际生活中,各国家机关创制的各种法律规范之间会发生这样或那样的矛盾或抵触,这就需要通过立法解释予以协调,以实现成文法的整体价值和最佳效果。

四、立法解释权及其归属

立法解释权是指有立法权的政权机关或受权机关对其所制定的规范性法文件的具体条文含义以及所使用的概念、术语、定义依法作出说明的权力。

立法之后,法的解释是必要的。问题是由谁进行解释、解释到何种程度,这涉及解释权的配置问题。按照常理,解释者的解释应当符合被解释法的立法原意或立法意旨,而要使解释者的解释符合原意,那么就应确定立法者在解释中的主体地位,因为除立法者本身外,没有任何其他解释者能够比立法者自身更有资格和权威对法条文或文件作出解释。同时,作为综合性立法权的一项实体性延伸权力,立法解释权对于立法主体独立、完整地行使立法权和树立立法权威具有非常重要的意义。因此"有制定法律的权力,就有解释法律的权力"的解释权归属理念已经被多数法律解释学学者和专家认同。

五、立法解释的基本原则

法律解释,如同法律的制定和适用一样,是一项政策性和专业性较强的工作。为了保障立法权的合法、恰当行使,发挥立法解释的应有价值,正确地解释法律规范,立法主体在行使立法解释权时就需要遵循一些基本原则。这些基本原则为:

1. 越权无效原则。立法解释是一项极为严肃的有权解释活动。它同法的制定一样必须依照法定的权限进行。因此,立法解释主体在对法的含义及所使用的概念、术语、定义作出说明时,必须遵守下列要求:其一,立法解释主体应是被解释法文件的立法主体。只有依法享有解释权,解释者才能对法条文或法文件作出立法解释,否则就是越权。例如,能够制定地方性法规的主体只能依法对其制定的地方性法规予以解释,而无权对最高国家权力机关制定的法文件作出立法解释,否则解释无效。其二,立法解释主体只能在其职权的权限范围内作出解释,而不能超越自身职权范围。如被授权的解释主体只能就其被授权解释的法文件作出解释,而不能突破被授权范围,否则解释无效。

2. 尊重立法意旨原则。立法解释作为被解释法条文或文件的延伸部分是对原法条文或文件的完善,因此解释应当尊重被解释法条文或文件的立法精神和意旨,而不能违背原意。立法解释不仅应立足于文本字面的平常惯用含义,而且应恪守法文件原来的立法精神和价值选择。因此,一方面立法解释不能突破法文本原来框架而增加新的条文,否则就是对原文本字面含义的补充而不是解释;另一方面立法解释也不能偏离立法精神,不能通过立法解释改变立法者原有的意图,否则就是对原来立法意旨的修改而不是解释。立法解释尊重被解释法文本的立法精神将有利于维护法制统一和权威。

3. 遵循及时和公开原则。法颁布生效之后,当文本自身缺陷暴露,或者法相对于被调整社会关系发展的滞后性、法概念的不确定性、法含义和用语的不周延性以及模糊性等问题出现时,立法解释就具有了必要性和紧迫感。同时,为了贯彻实施被解释文件,发挥立法解释应有的约束力、强制力和执行力,解释主体应及时将立法解释公之于众。因此,立法解释需要遵循及时和公开两大原则,即:其一,立法解释主体须及时回应社会发展变化和司法及行政执法对立法解释提出的要求,否则解释就起不到应有效果;其二,作为被解释法条文或文件的有机组成部分,立法解释同被解释法条文或文件具有同等法律效力,应当向社会公众公开,否则立法解释不应具有法的效力。

六、立法解释程序

立法应遵循必要的程序,立法解释也是如此。立法解释程序是立法解释主体对法条文或文件作出解释时依法需要遵循的方式和步骤。具体包括:提出法解释要求、草拟和列入法解释案、审议法解释草案、议决和公布立法解释。

1. 提出立法解释要求

立法解释要求一般由法定的具有提出立法解释要求能力的主体提出。由于只有具有法实施责任的主体,才可能在实践中及时感知"法律制定后出现新情况,需要明确适用法律依据的"问题,或者发现"法律规定需要进一步明确具体含义的"情况,因此,提出立法解释要求的主体一般为直接实施法的机关。具有立法解释要求权的主体就自己职权范围内需要解释的事项以立法解释要求的形式向有权作出立法解释的主体提出。立法解释要求的内容一般应包括解释要求、需要被解释的条文及其原因。

2. 草拟和列入法解释案

具有立法解释权的主体收到解释要求之后,通常将解释要求交付其内部特定的工作机构,并由该机构在研究解释要求的基础上,提出立法解释草案。经有权解释主体对立法解释草案的成熟程度进行必要的审查之后,立法解释案才有可能被正式列入解释主体的会议议程。

3. 审议立法解释草案

审议立法解释草案一般为一审。这是因为,一方面解释草案涉及的问题一般较为单一,往往仅需要对实施中法律规范已经暴露的问题或缺陷作出解释;另一方面立法解释草案通常由熟悉法律规范的专门机构起草,其起草的立法解释草案能够反映立法原义,并且较易获得解释主体的认同。因此,解释主体对正式进入议程的解释草案一般经过一次审议之后,即会依法结束审议进入表决。

4. 议决和公布

立法解释与被解释法律规范具有同等效力,因此解释主体在遵循民主集中制原则作出议决时,立法解释议决的法定人数要求与解释的最低法定人数主体制定法条文或文件时要求是一样的。在表决通过后,由法定的主体以法定的方式公布便成为法律解释程序的最后一个法定环节。

第二节 我国的立法解释

在我国,广义的立法解释是指有关国家机关(全国人大常委会、国务院、地方人大常委会及一些能够行使立法权的国务院的部门和地方人民政府)对有关规范性法文件的内容和含义所作的解释,具体包括全国人大常委会对法律作出的解释;国务院对行政法规作出的解释;省、自治区、直接市的人大常委会及设区的市(以及自治州)的人大常委会分别对本级的地方性法规作出的解释;一些能够行使立法权的国务院的部门和地方人民政府对自己制定的部门规章或地方政府规章作出的解释;等等。狭义的立法解释通常是指全国人大常委会对全国人大和自身制定法律的内容和含义所作的解释。

本节我国立法解释是指广义的立法解释,但是,由于除了最高行政机关外,其他行政主体行使立法权制定规章的目的更多是为了实施上位法,规章中的规范多是上位法规范的具体化,因此行政主体对规章的立法解释更多地被认为是一种行政性的执法解释,并极少从立法制度上对规章的立法解释活动予以规范。

本节也仅对我国法律[①]、行政法规和地方性法规的立法解释进行研究。

一、对法律的立法解释

随着法治进程的加快,我国《宪法》《立法法》及有关法文件对法律的立法解释权限、程序和效力都作出了明确规定。

(一) 解释权限

1. 解释权的性质。立法解释是宪法赋予全国人大常委会的职权。我国现行《宪法》第67条规定,全国人大常委会有权解释宪法和法律。1981年,全国人大常委会的《关于加强法律解释工作的决议》将全国人大常委会法律解释权细化为"凡关于法律条文本身需要进一步明确界限或作补充规定的,由全国人大常委会进行解释"。2000年的《立法法》对法律解释作出专节的规定。这些规定不仅再次确认了宪法中有关全国人大常委会行使立法解释权的权威地位,而且表明了作为立法延伸的立法解释本质上应属于立法权。

2. 法律解释权的权限范围。1955年和1981年全国人大常委会关于法律解释的两个决议中对法律解释的权限初步作了规定后,根据这两个决定的精神,《立法法》第45条第1款再次重申法律解释权专属于全国人大常委会,并且在第45条第2款中明确规定了全国人民代表大会常务委员会行使法律解释权的具体权限范围,即全国人大常委会在下列两种情况下行使法律解释权:"法律的规定需要进一步明确具体含义的;法律制定后出现新的情况,需要明确适用法律依据的。"

(二) 解释程序

从2000年前立法解释实践看,解释涉及的大部分内容都是有关人大的任期和组成、政府各部门之间的职权分工以及刑法领域有关事项。并且由于解释主体长期受到我国重实体而轻程序的立法思想影响,因而当时的立法解释程序极为简单,并具有随意性和专断性的特点。法学界也鲜有学者对这一问题给予应有关注。随着《立法法》的颁布实施和依法治国方针的提出,人们认识到,作为立法延伸的法律解释,在解释过程中须遵循法定步骤和方法,才能具有正当性和权威性并发生法律效率。这就要求,法律解释须经过提出法律解释要求、草拟法律解释草案和列入议程、审议法律解释草案、议决和公布法律解释等程序性环节。

---

① 此部分的"法律"一词皆指狭义的法律,即指我国全国人大和全国人大常委会通过的法文件。

1. 提出法律解释要求

法律解释是应实践中解释需要而发生，因此须有一定主体提出解释要求，才能发动解释程序。《立法法》第 46 条详细列举了有权提出解释要求的六类主体，即规定："国务院、中央军事委员会、最高人民法院、最高人民检察院和全国人民代表大会各专门委员会以及省、自治区、直辖市的人民代表大会常务委员会可以向全国人民代表大会常务委员会提出法律解释要求。"据此规定可知，不仅在中央层面享有立法提案权的国务院、中央军事委员会、最高人民法院、最高人民检察院和全国人民代表大会各专门委员会能够提出法律解释要求，而且在地方层面省、自治区、直辖市的人民代表大会常务委员会也能够提出法律解释要求。此外，立法解释实践中还出现了全国人大常委会应香港特区政府要求而对《基本法》作出解释的情况。可见，立法实践中行使提出法律解释要求权的主体并不限于《立法法》第 46 条所列举的情况。

2. 草拟法律解释草案和列入议程

由于常委会工作机构参与了每部法律案的审议制定过程，对法律规定的背景、含义比较了解，因此由常委会工作机构拟订法律解释草案有利于更好地遵循被解释法律的立法原意，也有利于保持法制的统一。基于此，《立法法》第 47 条规定法律解释草案由常委会工作机构研究拟订。

由于人大常委会事务繁重，每次人大常委会会议上能够审议的法律解释草案相对有限。因而，在一次会期中如果有为数众多的法律解释提案，而法律解释案本身成熟度不同，解释主体就有必要根据轻重缓急对法律解释要求进行区分，以便将最急需审议的法律解释案列入议程，而将不成熟的法律解释草案排除在正式审议程序之外。基于此，《立法法》第 47 条规定由全国人大常委会委员长会议决定列入常委会会议议程。

3. 审议法律解释草案

法律解释草案由委员长会议决定列入常委会会议的议程后，常委会会议便对其正式进行审议。《立法法》第 48 条规定："法律解释草案经常务委员会会议审议，由法律委员会根据常务委员会组成人员的审议意见进行审议、修改，提出法律解释草案表决稿。"

4. 议决和公布

我国法律案的表决采取多数决原则。为了贯彻这一原则，全国人大常委会表决法律案的最低法定人数要求为由全体组成人员过半数通过。鉴于法律解释与法律具有同等效力，因此《立法法》在第 49 条中确认了"法律解释草案表决稿由常务委员会全体组成人员的过半数通过"的规则。

表决通过后,为了使立法解释及时发挥其调整社会关系、规范人们行为的作用,就必须将之公布。解释的公布同法律的公布一样,应由有权机关在特定的时间内,采用法定的方式予以公布。2000年《立法法》规定,法律解释由全国人大常务委员会以发布公告的形式予以公布。但该法没有具体规定法律解释的公布时间。

(三) 法律解释效力

《立法法》第50条确认全国人大常委会的法律解释与法律具有同等效力,是由法律解释本身的性质决定的。《立法法》第45条第2款规定了全国人大常委会行使法律解释权的两种情况为:其一,法律的规定需要进一步明确具体含义的;其二,法律制定后出现新的情况,需要明确适用法律依据的。从解释事项和权限可以看出,全国人大常委会的法律解释本质上是立法的延伸,性质上具有立法性,因此解释应与被解释的法律具有同等效力。这对正确适用法律具有重要意义。

二、对行政法规的立法解释

(一) 解释权限

《立法法》并没有对行政法规的解释问题作出具体的规定。从理论上说,如果某主体依法有权制定某种性质的规范性法文件,就有权对该文件进行解释,因此行政法规解释权应归属于有权制定行政法规的国家机关,即国务院。这一理论在我国有关行政法规的解释制度中也得到了确认。如1999年5月10日国务院办公厅发出《关于行政法规解释权限和程序问题的通知》(以下简称为《通知》)规定,应由行政法规立法主体对自己制定和颁布的法规作出解释,即"凡属于行政法规条文本身需要进一步明确界限或者作补充规定的问题,由国务院作出解释。这类立法性的解释,由国务院法制办公室按照行政法规草案审查程序提出意见,报国务院同意后,根据不同情况,由国务院发布或者由国务院授权有关行政主管部门发布。"2002年1月1日起施行的《行政法规制定程序条例》第31条第1款再次确认"行政法规条文本身需要进一步明确界限或者作出补充规定的,由国务院解释。"

(二) 行政法规解释程序

依照我国行政法规解释制度的规定,行政法规解释程序一般应包含提出解释要求、草拟和审议解释草案和公布行政法规解释等步骤和方式。

1. 提出解释要求

《行政法规制定程序条例》第 31 条规定:"国务院各部门和省、自治区、直辖市人民政府可以向国务院提出行政法规解释要求。"由此可见,提出行政法规解释的主体为国务院各部门和省、自治区、直辖市人民政府。

2. 草拟和审议解释草案

依照 1993 年国务院办公厅发出的《关于行政法规解释权限和程序问题的通知》解释拟订主体应为国务院法制局,依据 1999 年 5 月的《通知》解释拟订主体应为国务院法制办公室,而《行政法规制定程序条例》第 31 条第 2 款规定,解释拟订主体应为"国务院法制机构"。由于无论国务院法制局还是国务院法制办公室皆属于国务院不同时期的法制机构,因此行政法规解释拟订主体从 1993 年的国务院法制局变为 1999 年的国务院法制办公室的变化实际上没有对行政法规的立法解释性质和解释程序形成任何实质性影响。行政法规解释草案由国务院法制机构拟定完毕后,法制机构主要负责人应提请国务院常务会议审议。国务院常务会议审议行政法规解释草案时,由国务院法制机构作说明。并且,国务院法制机构应当根据国务院常务委员对行政法规解释草案发表的审议意见,对行政法规解释草案进行修改,形成解释草案修改稿,报请总理签署发布。

3. 公布

1999 年 5 月的《通知》和《行政法规制定程序条例》第 31 条第 2 款都规定,解释发布主体为国务院或者国务院授权有关行政主管部门,即行政法规解释经国务院同意后,根据不同情况,由国务院发布或者由国务院授权有关行政主管部门发布。

(三) 行政法规解释效力

正如同《立法法》确认全国人大常委会的法律解释与法律具有同等效力一样,《行政法规制定程序条例》第 31 条第 3 款也确认了"行政法规的解释与行政法规具有同等效力。"

三、对地方性法规的立法解释

(一) 地方性法规解释权限

《立法法》并没有对地方性法规的解释问题作出具体的规定。按照法学原理,依法有权制定某种性质的规范性法文件,就有权对该文件进行解释。因此,地方性法规解释权应归属于有权制定地方性法规的机关或其常设机关。这一理论在我国有关地方性法规的解释制度中也得到了确认。1981 年 6 月全国人大常委会《关于加强法律解释工作的决议》规定:"凡属于地方性法规本身需要进一步明确或作补充规定,由制定地方性法规的省、自治区、直辖市人民代表大会常委会进行解释或作出规定。"我国各地有关地方性法规解释制度也分别确认了由有权制定地方性法规的人民代表大会常务委员会解释地方性法规。如2004年颁布的《安徽省人大常委会解释地方性法规的规定》第2条规定:"省人大及其常委会制定的地方性法规由省人大常委会解释;合肥市、淮南市人大及其常委会制定的地方性法规,由合肥市、淮南市人大常委会解释。"2004年修正的《上海市制定地方性法规条例》第40条规定:"本市地方性法规的解释权属于市人民代表大会常务委员会。"2002年颁布的《无锡市制定地方性法规条例》第34条规定:"市人民代表大会及其常务委员会制定的地方性法规有以下情况之一的,由常务委员会解释。"

(二)地方性法规解释程序

依照我国各地有关地方性法规解释制度的规定,地方性法规解释程序一般应包含提出解释要求、草拟和审议解释草案、议决和公布地方性法规解释等步骤和方式。

1. 提出解释要求

按照我国各地有关地方性法规解释制度的规定,提出地方性法规解释要求的主体通常为本级人民政府、本级人民法院、本级人民检察院和本级人民代表大会各专门委员会以及下一级地方人民代表大会常务委员会等。如2004年《安徽省人大常委会解释地方性法规的规定》第4条规定:"省人民政府、省高级人民法院、省人民检察院和省人大专门委员会、省人大常委会的工作机构以及设区的市人大常委会可以向省人大常委会提出地方性法规解释要求。"2004年《上海市制定地方性法规条例》第41条规定:"市人民政府、市高级人民法院、市人民检察院和市人民代表大会各专门委员会以及区(县)人民代表大会常务委员会,可以书面向市人民代表大会常务委员会提出地方性法规解释要求。"2002年《无锡市制定地方性法规条例》第34条规定:"市人民政府、市中级人民法院、市人民检察院和市人民代表大会专门委员会以及不设区的市、区人民代表大会常务委员会,可以向常务委员会提出地方性法规解释要求。"

2. 草拟和审议解释草案

地方性法规解释草案,通常由各地常务委员会法制工作机构研究拟订,并由主任会议决定提请常务委员会会议审议。如2004年《安徽省人大常委会解释地方性法规的规定》第9条规定:"法制工作委员会应当自秘书长决定进行法规解释之日起30日内拟订法规解释草案。"第14条规定:"地方性法规解释草案的议案列入常委会会议议程的,主任会议可以委托法制工作委员会向常委会会议作说明,由常委会会议对法规解释草案进行审议。"第15条规定:"地方性法规解释草案经常委会会议审议,由法制委员会根据常委会组成人员的审议意见和有关方面的意见对法规解释草案进行统一审议,提出审议结果的报告和法规解释草案表决稿。"2004年《上海市制定地方性法规条例》第42条规定:"地方性法规解释草案,由常务委员会法制工作机构研究拟订,由主任会议决定提请常务委员会会议审议。"第43条规定:"地方性法规解释草案经常务委员会会议审议,由法制委员会根据常务委员会组成人员的审议意见进行审议、修改,提出法规解释草案表决稿。"2002年《无锡市制定地方性法规条例》第35条第2款规定:"法制工作机构会同有关部门研究拟订地方性法规解释草案,由主任会议决定是否提请常务委员会会议审议。"第35条第3款规定:"地方性法规解释草案经常务委员会审议,由法制委员会根据常务委员会组成人员的审议意见进行审议、修改,提出地方性法规解释草案表决稿。"

3. 议决和公布

地方性法规解释草案表决稿由各地常务委员会全体组成人员的过半数赞成通过,并由常务委员会以法定形式发布公告予以公布。如2004年《安徽省人大常委会解释地方性法规的规定》第17条规定:"地方性法规解释草案表决稿经常委会会议表决通过后,由常委会发布公告,在《安徽日报》公布,并及时在省人大常委会公报上刊登。"2004年《上海市制定地方性法规条例》第44条规定:"地方性法规解释草案表决稿由常务委员会全体组成人员的过半数通过,由常务委员会发布公告予以公布。"2002年《无锡市制定地方性法规条例》第35条第4款规定:"地方性法规解释草案表决稿由常务委员会全体组成人员的过半数通过,由常务委员会发布公告予以公布,并在公布之日起十五日内报江苏省人民代表大会常务委员会备案。"

(三) 地方性法规解释效力

正如同《立法法》确认人大常委会的法律解释与法律具有同等效力一样,各地也确认了地方性法规解释与地方性法规具有同等效力。如2004年《上海市制定地方性法规条例》第45条规定:"市人民代表大会常务委员会的地方性法规解释同地方性法规具有同等效力。"2002年《无锡市制定地方性法规条例》第34条第2款规定:"常务委员会对地方性法规的解释,同地方性法规具有同等效力。"

【小结】

法律解释依据解释主体的不同而划分为立法解释、司法解释和行政解释。立法解释是指为了更准确地理解和适用成文法,有立法权的政权机关或经有立法权的政权机关授权后受权国家机关对其所制定的规范性法文件的具体条文含义以及使用的概念、术语、定义作出的正式说明。

相对于司法解释和行政解释而言,我国立法解释制度的发展和完善对我国成文法的贯彻实施和法制健全具有重要意义。目前,随着我国立法解释主体的分类、解释权限、解释方法、解释程序、解释中应遵循的基本原则及其监督等问题理论研究的深入和发达,以及人们对立法解释权限和程序正当性的关注,我国立法解释活动正处于逐渐规范化和制度化的法治过程之中。

【思考题与案例分析】

1. 简述立法解释的概念和特征。
2. 结合全国人大常委会历年来作出的立法解释案例,思考并列举立法解释的意义。

〔全国人大常委会从1996年起作过的法律解释有16个,主要分三种情况:一是关于刑法的立法解释,主要有9个解释:《关于〈中华人民共和国刑法〉第九十三条第二款的解释》(2000年4月29日第九届全国人民代表大会常务委员会第十五次会议通过);《关于〈中华人民共和国刑法〉第二百二十八条、第三百四十二条、第四百一十条的解释》(2001年8月31日第九届全国人民代表大会常务委员会第二十三次会议通过);《关于〈中华人民共和国刑法〉第二百九十四条第一款的解释》(2002年4月28日第九届全国人民代表大会常务委员会第二十七次会议通过);《关于〈中华人民共和国刑法〉第三百八十四条第一款的解释》(2002年4月28日第九届全国人民代表大会常务委员会第二十七次会议通过);《关于〈中华人民共和国刑法〉第三百一十三条的解释》(2002年8月29日第九届全国人民代表大会常务委员会第二十九次会议通过);《关于〈中华人民共和国刑法〉第九章渎职罪主体适用问题的解释》(2002年12月28日第九届全国人民代表大会常务委员会第三十一次会议通过);《关于〈中华人民共和国刑法〉有关信用卡规定的解释》(2004年12月29日第十届全国人民代表大会常务委员会第十三次会议通过);《关于〈中华人民共和国刑法〉有关出口退税,抵扣税款的其他发票规定的解释》(2005年12月29日第十届全国人民代表大会常务委员会第十九次会议通过);《关于〈中华人民共和国刑法〉有关文物的规定适用于具有科学价值的古脊椎动物化石、古人类化石的解释》(2005年12月29日第十届全国人民代表大会常务委员会第十九次会议通过)。二是关于国籍法在香港、澳门的适用:《关于〈中华人民共和国香港特别行政区基本法〉第二十二条第四款和第二十四条第二款第(三)项的解释》(1999年6月26日第九届全国人民代表大会常务委员会第十次会议通过);《关于〈中华人民共和国国籍法〉在澳门特别行政区实施的几个问题的解释》(1998年12月29日第九届全国人民代表大会常务委员会第六次会议通过)。三是关于香港、澳门基本法规定的含义:《关于〈中华人民共和国香港特别行政区基本法〉附件一第七条和附件二第三条的解释》(2004年4月6日第十届全国人民代表大会常务委员会第八次会议通过);《关于〈中华人民共和国澳门特别行政区基本法〉附件一第七条和附件二第三条的解释》(2011年12月31日第十一届全国人民代表大会常务委员会第二十四次会议通过)。]

3. 2002年8月29日第九届全国人民代表大会常务委员会第二十九次会议通过《全国人民代表大会常务委员会关于〈中华人民共和国刑法〉第三百一十三条的解释》,该解释规定,国家机关工作人员与被执行人通谋妨害执行以共犯论处。有学者认为该解释采用了扩充解释方法,扩大了拒不执行人民法院判决、裁定罪的犯罪主体,违背了立法解释的尊重立法意旨原则,但也有学者认为该解释采用了历史解释的方法,符合立法者设定拒不执行人民法院判决、裁定罪时所想要惩治拒不执行法院判决、裁定者以及切实执行生效法文件的最初立法目的,因此该立法解释并没有违背立法解释应遵循的基本原则。通过本章学习,你更同意哪种说法?为什么?结合本案例,思考如何规范全国人大常委会的立法解释权以及立法解释主体应遵循的基本原则。

4. 根据1981年全国人大常委会通过的《关于加强法律解释工作的决议》,司法解释权只赋予最高人民法院和最高人民检察院。2012年1月,最高人民法院和最高人民检察院联合下发通知,强调地方司法机关不得制定司法解释性质的文件。不过,据《南方周末》记者不完全检索,仅各地方高级人民法院制定的各种指导意见至少两百个。有的涉及对法律的具体解释。2011年,"两高"联合发布通知,要求地方"两院"对已制定的司法解释性质文件进行自行清理。在历时近两年后,2013年4月地方"两院"对现行有效的司法解释和司法解释性质文件的首次全面集中清理基本结束。最高人民法院内部对地方高级人民法院作出司法解释的认识并不统一,但"总的态度是不提倡"。法学界对地方"两院"的司法解释问题认为应从两种途径解决:其一是承认这些文件,送立法机关备案;其二是加强案例指导,特别是通过裁判实现法制的统一。① 2015年3月15日全国人大修改通过的《立法法》明确规定:除最高人民法院和最高人民检察院外,其他司法机关不得作出具体应用法律的解释。就在"两会"开幕前,浙江省高级法院、省检察院和省公安厅三部门联合下发了一份保障政法干警履职的司法解释性文件。结合有关地方"两院"出台司法解释和司法解释性质文件争议以及修正后的《立法法》中确认最高人民法院与最高人民检察院的司法解释权,请思考如何合理解决立法解释与司法解释以及法律解释的关系。

5. 立法解释是否具有溯及力?

【课外阅读文献】

1. 朱力宇、张曙光主编:《立法学》,中国人民大学出版社2001年版,第183—188页;

2. 张志铭:《中国的法律解释体制》,载梁治平编:《法律解释问题》,法律出版社1998年版,第186—191页;

3. 陈斯喜:《论立法解释制度的是与非及其他》,载《中国法学》1998年第3期;

4. 李阁:《立法解释若干问题研究》,载周旺生主编:《立法研究》(第1卷),法律出版社2000年版,第357—393页;

5. 郑辉:《我国立法解释制度存废之研究》,2002年华东政法学院硕士毕业论文;

6. 罗书平:《立法解释的现状及法律思考》,载《法律适用》2004年第8期;

7. 刘辉:《当代中国法律解释问题研究》,2005清华大学硕士毕业论文。

---

① 参见任重远、罗欢欢、苏海伦:《上面不提倡,下面继续干——地方性"司法解释",立法法管不管》,载《南方周末》2015年4月3日。

第八章 法的效力等级

【本章提要】

法的效力等级是指在一国法律体系中,各规范性法文件因其制定主体以及所行使的立法权性质等不同而形成的效力上的等级差别现象。《立法法》颁布后,在我国逐渐形成了以宪法为塔尖的,包括法律、行政法规、地方性法规、规章等在内的"金字塔式"的法的效力等级体系。

【主要教学内容】

1. 基本概念:法的效力等级;
2. 基本知识和制度:法的适用规则;划分法的效力等级的依据;
3. 基本理论:我国法定的法的效力等级。

【教学目标】

1. 明白法的效力等级的概念;
2. 阐明我国法的种类;
3. 了解影响法的效力等级的因素;
4. 认知上位法和下位法的区别;
5. 熟悉法的适用的一般规则。

第一节 法的效力等级概述

一、法的效力等级的含义和意义

(一)法的效力等级的概念

法的效力等级研究的是规范性法文件在一国法律体系中的纵向地位,是指在一国法律体系中,各规范性法文件因其制定主体以及所行使的立法权性质等不同而形成的效力上的等级差别现象。

(二)法的效力等级的特征

第一,法的效力等级以法的渊源的多元性、效力的多层次性为前提。若一国法律渊源只有一种,或者法律渊源虽有多种但在效力上完全相同,法的效力等级也就不具有存在的基础。

第二,法的效力等级所涉及的仅仅是制定法的效力等级。判例等非制定法并非法的效力等级的研究对象。

第三,法的效力等级是指现行有效的法的效力等级现象。已经被废除的法或未生效的法因不具有有效性而不存在效力等级问题;一国未认可或者批准的国际性法律亦不存在效力等级问题。

(三)法的效力等级的意义

1. 有助于理顺不同位阶的法之间的效力关系,满足法律体系结构有序的需要

法的效力等级可以在效力上将一国所有的规范性法文件分类为高低不同的层次,从而使不同渊源的规范性法文件在效力上呈现出等级有序的阶梯状态。其中处于较高层次的是上位法,处于较低地位的是下位法。高位阶法的效力高,低位阶法的效力低。较低层次的法在效力上服从于较高层次的法,从而将复杂的法的效力关系理顺为"金字塔式"的等级关系。

2. 有助于明确法冲突时的适用规则,满足法律适用上稳定有序的需要

同一个社会关系可以适用效力等级各不相同的多个法。由于这些不同的法对同一社会关系的规范有时并不一致乃至相互冲突,因此,适用不同的法可能产生不同的法律后果,由此导致法适用上的冲突。

法的效力等级为处于不同效力等级或虽为同一效力等级但内容相互冲突的法律之间安排了适当的效力和适用关系:当拟适用的多个法律之间有效力等级的区分时,适用上位法的规定;当法律渊源之间的效力等级相同时,遵循新法优于旧法或特殊法优于一般法的规则。可见,明确法的效力等级,可以使执法机关和司法机关在法的适用过程中按照确定的法的等级级次进行选择,从而形成规范化的法律适用制度,减少法律适用的无序,进而维护法律适用体系的安定。

3. 有助于维护法的适用的权威,满足于法治实现的需要

法的效力等级强调较低层次的法服从于较高层次的法,强调一切法律皆服从于宪法。相关国家机关在进行立法、执法和司法活动时若自觉遵守这一制度,法的冲突现象就会大为减少,立法质量则会显著提升;执法人员滥用法律的现象将会得到一定程度的遏制,司法人员因适用法律不当所导致的不公正判决也将不再普遍。这些都在一定程度上有利于促进法治的真正实现。

二、划分法的效力等级的依据

关于划分法的效力等级的依据,学界观点并不一致。有的学者认为,确立法的效力等级的依据在于立法主体地位的高低和立法程序限制的多少;① 有的学者提出,法的制定主体、适用范围和制定时间是影响法的效力等级的三大因素;② 有的学者强调,法的效力等级各异的原因在于法所调整对象的不同;③ 也有学者解释,制定机关、制定程序和制定依据的不同造成了法的效力高低有别。④

(一) 划分法的效力等级的基本依据

本教材认为,立法主体的地位以及所行使立法权的性质是划分法的效力等级的基本依据。这是因为:

1. 法的效力等级与其制定主体的地位基本一致

影响法的效力等级的因素有很多,主要因素是法的制定主体的权力地位差异以及国家结构形式。

首先,在同一国家内部,法的效力等级要与制定主体行使的国家权力相匹配。根据公权力"法无明文规定即禁止"的法治一般原则,法的制定主体的地位应与其所行使的国家权力相匹配。也就是说不同的立法主体尤其是下级立法主体不能超越自身权限而为一定立法行为。如在我国国家立法权只能为全国人大和全国人大常委会行使,其他国家机关则无权行使。

其次,国家结构形式不同,法的效力等级的规定也可能存在差异。不同的国家因历史传统、民族状况、居住状况以及执政者需要的不同,选择诸如单一制、联邦制或邦联制等不同的国家结构形式。在单一制国家的法的效力等级问题上,一般奉行"上位法优于下位法""中央立法优于地方立法""一切法律服从于宪法"的原则。在联邦制下,除宪法在联邦国家具有最高法律效力外,基于"国家权力来自地方授予"的理念,联邦主要立法权由地方行使,地方可以行使除授予中央的立法权之外的其余立法权,且在中央立法与地方立法冲突时亦不必一体遵循"上位法优于下位法"的原则。而在邦联制的国家结构形式下,邦联国家没有最高权力机关和最高行政机关,没有统一的宪法,各组成成员之间法律制度和法律体系各自独立。在法律适用上各成员国的法律仅在本成员国内部适用,邦联

---

① 参见张根大:《法律效力论》,法律出版社1999年版,第169页。
② 参见张文显主编:《法理学》,法律出版社1997年版,第90页。
③ 参见曹康泰主编:《中华人民共和国立法法释义》,中国法制出版社2000年版,第191页。
④ 参见张春生主编:《中华人民共和国立法法释义》,法律出版社2000年版,第230页。

国家亦无统一的法律适用制度。这都显著区别于单一制国家和联邦制国家。

最后,我国法的效力等级的高低与其制定主体地位基本一致。我国是单一制国家,有统一的宪法和法定的最高权力机关;在中央和地方的关系上,地方接受中央的统一领导和监督,其权力来自中央的授予。故在我国中央立法权和地方立法权是高低有别的两种立法权。其中,中央国家机关立法的效力高于相应地方国家机关立法的效力,上级国家机关立法的效力高于相应下级国家机关立法的效力,国家立法权高于行政立法权。这导致了具有不同等级的国家机关所制定的规范性法文件之间存在效力上的等级差别。

2. 法的效力等级在特定情况下也受立法权性质的影响

法的制定主体的地位是确定法的效力等级的一般依据,在一些特殊的情况下,在确定立法的效力等级时还要考虑立法权的性质。

立法权,依其来源属性可以分为两种:其一,法定立法权,即立法权由法律、行政法规等明确规定;其二,授权立法,通常是指立法权由法定主体依法授予。虽然理论界对"授权立法"应作何种解释仍存在争议,但基本上都承认被授权主体所立之法与授权主体自身所立之法是两种性质截然不同的立法活动,其中前者是授权立法,后者是权力机关立法。① 在国外的授权立法实践中,一般都确认授权立法规范不得违背议会的法律,从而确立了授权立法的效力低于议会制定法的原则。在英国,授权立法是从属性的立法,其地位低于议会的法律,不能与议会制定的法律相抵触。在德国,授权立法是处于联邦基本法、议会制定的法律之后的第三层次的法律。② 在日本,行政部门基于国会授权而制定的委任命令,不得超越国会通过的法律或上位命令,不得侵犯法律或上位命令的先占领域,国会法律已有规定的,授权立法不得与法律规定相抵触,授权立法的位阶低于国会的法律。③

在我国,全国人大、全国人大常委会对其专属立法事项尚未制定法律时,根据实际需要可以授权国务院对其中的部分事项先行制定行政法规,经济特区所在地的省、市的人大及其常委会可以根据全国人大的授权决定,制定在经济特区范围内实施的地方性法规。综合《立法法》第 87 条、第 88 条第 1 款之有关规定,行政法规的效力低于宪法和法律。这里的"行政法规"理应包括国务院依授权制

---

① 这里的"权力机关"仅指我国的法定立法机关,不具有普遍意义。
② 参见〔德〕安德列斯·诺太勒:《德国的立法体制和立法程序》,高克强等译,载李步云主编:《立法法研究》,湖南人民出版社 1998 年版,第 466 页。
③ 参见邓世豹:《授权立法的法理思考》,中国人民公安大学出版社 2002 年版,第 156 页。

定的行政法规。

(二) 划分法的效力等级的辅助依据

法的制定主体在行使立法权时,除了受本身地位和立法权性质的影响外,往往还受其他因素的制约,如人民对立法机关的制约、权力机关对行政机关的制约、中央机关对地方机关的制约、上级机关对下级机关的制约等,因此,在确定法的效力等级时还应考虑其他因素。

法的调整对象、制定程序和依据,以及法的适用范围等因素对确定法的效力等级具有一定的作用,但其并非判断法的效力等级的独立标准。

若认为划分法的效力等级的依据在于法的调整对象,则无法解释同一机关制定且调整不同对象的法文件之间在效力等级上相同的现象。若认为划分法的效力等级的依据在于法的制定程序,就有可能推断出制定程序更为严格的设区的市(以及自治州)的地方性法规的效力高于行政法规。事实上,程序不同是保障立法质量和效力等级关系的需要,法的效力等级与立法程序是内容与形式的关系,因此说程序决定效力等级,有颠倒因果之嫌。[①] 若认为划分法的效力等级的依据在于法的制定依据,则同样依照基本法律制定的行政法规与地方性法规在效力等级上应相同。同样,法的适用范围亦不能单独作为划分法的效力等级的依据,如部门规章在适用范围上显然大于地方性法规,但并不能认为部门规章的效力高于地方性法规。可见,法的调整对象、制定程序和依据,以及法的适用范围等因素,只有与制定主体的地位及其所行使的立法权的性质联系起来,对判断法的效力等级才具有意义。

第二节 我国法的效力等级及其完善

为了避免法律适用上的冲突和无序,《立法法》作了一些有益的尝试,主要明确了以下两大路径:其一,确立了法的适用规则;其二,建立了法定的法的效力等级制度。

一、我国法的适用规则

法的适用规则是指效力等级不同的各类法文件在规制同一法律行为时的适用顺序以及产生冲突时的争议解决机制。综合《立法法》相关规定,我国法的适

[①] 参见杨忠文、杨兆岩:《法的效力等级辨析》,载《求是学刊》2003年第6期。

用规则为:

(一) 上位法优于下位法

下位法的规定与上位法的规定不一致时,适用上位法的规定,即上位法优先于下位法。宪法在我国具有最高的法律效力,一切法律、行政法规、地方性法规、自治条例和单行条例、规章都不得同宪法相抵触;法律的效力高于行政法规、地方性法规、规章;行政法规的效力高于地方性法规、规章;地方性法规的效力高于本级和下级地方政府规章;省、自治区的人民政府制定的规章的效力高于本行政区域内的设区的市(以及自治州)的人民政府制定的规章。

(二) 特别法优于一般法

处于同一效力等级的法律之间,特别规定与一般规定不一致时,适用特别规定。"特别法优于一般法"规则仅适用于同一机关制定的法的特别规定与一般规定之间,若上位法的一般规定与下位法的特殊规定不一致时,一般按照上位法优于下位法规则处理。①

(三) 新法优于旧法

同一机关制定的新的规定与旧的规定不一致时,适用新的规定。新法代替旧法,一般是社会形势发生了变化,旧法的规定不再适应调整现时社会关系的需要决定的,新法一般也更能体现立法者现时的立法诉求,故在法的适用时一般确定新法优于旧法规则。值得注意的是,该规则也一般适用于同一机关制定的新法与旧法之间。②

(四) 法不溯及既往

法的溯及力问题,是指法对其生效以前的行为和事件是否具有追溯适用的效力。如果法对其生效以前发生的行为和事件可以适用,则说明该法具有溯及力,如果不能适用,则说明该法不具有溯及力。现代国家对法的溯及力一般奉行两个原则:其一,法不溯及既往;其二,"有利追溯"原则。如法律、行政法规、地方性法规、自治条例和单行条例原则上不溯及既往,但为了更好地保护公民、法人和其他组织的权利和利益而作的特别规定除外。

二、我国法的效力等级制度

我国法的效力等级是一个以宪法为核心的多层次的结构体系。

---

① 参见刘和海、李玉福:《立法学》,中国检察出版社2001年版,第167页。
② 参见胡玉鸿主编:《法律原理与技术》,中国政法大学出版社2002年版,第171—172页。

(一) 最高效力等级的法——宪法

宪法是一国的根本法,在一国法律体系中具有最高的地位。"宪法具有最高的法律效力,一切法律、行政法规、地方性法规、自治条例和单行条例、规章都不得同宪法相抵触"。

作为国家的根本法,宪法调整国家最根本的社会关系,规定根本制度和根本任务等国家根本性的问题。在制定和修改程序上,宪法有别于其他法律。宪法制定和修改的程序较普通法律而言更加严格和复杂。在我国,宪法由最高国家权力机关全国人大制定,宪法的修改经由全国人大常委会或者1/5以上的全国人大代表提议,并由全国人大以全体代表的2/3以上的多数通过。

与其他法律相比,宪法在我国是具有最高效力等级的法,在我国法律体系中具有最高的法律地位。首先,宪法是其他法律的立法依据,宪法和其他法律之间是母法和子法的关系,宪法所确立的原则是其他法律的立法基础和立法依据。同时,其他法律的内容也是宪法内容和精神的具体化和延伸。其次,宪法具有最高的法律效力,其他法的制定皆须以宪法为依据,所有与宪法相抵触的法律都没有法律效力。最后,宪法是一切国家机关和武装力量、各政党和各社会团体、各企业事业单位组织以及全体公民的最高活动准则。

(二) 第一效力等级的法——法律

法律是最高国家权力机关严格按照规定程序制定的具有较高效力等级的法文件,包括基本法律和其他法律。其中基本法律由全国人大制定,其他法律由全国人大常委会制定。

法律的效力高于行政法规、地方性法规和规章。宪法在我国具有最高的法律效力,除宪法之外,全国人大及其常委会制定的基本法律和其他法律在我国法律体系中处于第一效力等级。

全国人大是最高国家权力机关,全国人大及其常设机关全国人大常委会行使国家立法权。其他国家机关的立法权皆派生于全国人大、全国人大常委会的立法权。国务院由全国人大产生,并对全国人大及其常委会负责和报告工作。国务院在国家权力结构体系中的地位低于全国人大及其常委会。全国人大及其常委会制定的普通法律和其他法律是行政法规、地方性法规和政府规章的制定依据。

(三) 第二效力等级的法——行政法规

在我国,行政法规由国务院依据宪法和法律制定。除宪法和法律之外,国务院制定的行政法规在我国法律体系中处于第二效力等级。行政法规的效力高于地方性法规和政府规章。

行政法规在效力上高于地方性法规,是由国家结构和立法权限等因素决定的。首先,我国是单一制国家,在中央和地方的关系上奉行地方服从中央、下级服从上级的原则。我国地方立法要服从、服务于中央立法。其次,行政法规在全国范围内实施,而地方性法规则仅在一定地方行政区域内有效,根据中央政府和地方政府的领导与被领导关系以及我国的单一制的国家体制,行政法规的效力要高于地方性法规。最后,在立法权限上,地方性法规仅可涉足于地方性事务,不得染指由法律和行政法规调整的应进行全国统一规定的事项。

行政法规的效力高于规章。国务院是我国最高国家行政机关,国务院各部门、地方各级人民政府受国务院统一领导,对其负责。国务院制定的行政法规是部门规章和地方政府规章的立法依据。部门规章和地方政府规章不得与行政法规相抵触。

(四) 第三效力等级的法——地方性法规

在我国,地方性法规分为省级地方性法规和设区的市(以及自治州)级地方性法规。其中省级地方性法规由省、自治区、直辖市人大及其常委会制定;设区的市(以及自治州)级地方性法规由设区的市(以及自治州)的人大及其常委会制定,并且省、自治区的人民政府所在地的市、经济特区所在地的市、国务院批准的较大的市的人大及其常委会已经制定的地方性法规即使涉及《立法法》第 72 条第 2 款规定事项范围以外的仍继续有效。

地方性法规的效力高于本级和下级地方政府规章。除宪法、法律、行政法规之外,地方性法规在我国法律体系中处于第三效力等级。其中省级地方性法规的效力高于本级和下级地方政府规章,设区的市(以及自治州)级地方性法规的效力高于本级地方政府规章。

地方人大及其常委会是地方权力机关,地方政府是地方人大的执行机关,由其产生,对其负责并向其报告工作。地方人大和地方政府之间是权力机关和执行机关的关系。地方性法规是地方政府规章的制定依据之一。

(五) 第四效力等级的法——省级地方政府规章

省、自治区的人民政府制定的规章的效力高于本行政区域内的设区的市(以及自治州)的人民政府制定的规章,这符合我国的行政管理体制。下级政府从属于上级政府,在权力关系上是领导和被领导关系。

部门规章之间、部门规章和地方政府规章之间具有同等效力,在各自的权限范围内施行。同时,地方性法规的效力高于本级和下级地方政府规章。但这并非意味着在我国地方性法规的效力高于部门规章。若认为地方性法规的效力高于部门规章，则在地方性法规与部门规章之间不一致时，就应理所当然地适用具有较高效力等级的地方性法规，但《立法法》第 95 条第 1 款第 2 项在二者对同一事项规定不一致时却规定了适用时的裁决制度。

（六）第五效力等级的法——设区的市（以及自治州）的地方政府规章

地方政府规章在效力等级上等同于部门规章。部门规章是对全国事务的纵向管理，地方政府规章是对地方事务的横向管理，部门规章在本部门内施行，而地方政府规章在本行政区域内施行。所以地方政府规章和部门规章虽管辖范围屡有交叉，然其适用范围的分工却又是相对明确的。国务院部门和地方政府之间也不存在管辖与被管辖、领导与被领导的关系。

（七）其他法的效力等级问题探讨

在我国，立法种类极其丰富，除了中央立法、一般地方立法外，还有民族地方立法，除了职权立法外，还存在授权立法。故在探讨宪法、法律、行政法规、地方性法规、省级地方政府规章和设区的市（以及自治州）的地方政府规章等常态性立法的效力等级之余，还应适当关注一些特殊的法文件的效力等级问题。

1. 自治条例和单行条例的效力等级

自治条例和单行条例由自治区、自治州、自治县的人民代表大会制定。"自治条例和单行条例依法对法律、行政法规、地方性法规作变通规定的，在本自治地方适用自治条例和单行条例的规定"。可见，在民族自治区域，自治条例和单行条例有优先适用的效力。

但是，这种变通又受一定的限制。首先，变通须合法。这种变通必须严格按照《宪法》《立法法》《民族区域自治法》的授权进行，不得违背法律、行政法规、地方性法规的基本原则，不得变通《宪法》和《民族区域自治法》的规定，不得变通上位法专门就民族自治地方立法所规定的一般原则。其次，变通规定仅在本民族自治区域内适用，不得扩大适用范围。最后，即使在本民族自治区域内，对于变通规定以外的部分仍适用法律、行政法规、地方性法规的一般规定。[①]

2. 依授权制定经济特区法规的效力等级

经济特区法规根据授权对法律、行政法规、地方性法规作变通规定的，在本经济特区适用经济特区法规的规定。在经济特区范围内经授权制定的对上位法作出变通规定的经济特区法规具有优先适用的效力。

---

① 参见曹康泰主编：《中华人民共和国立法法释义》，中国法制出版社 2000 年版，第 198 页。

经济特区所在地的省、市人民代表大会及其常委会根据全国人大的授权决定,制定法规在经济特区范围内实施。经授权制定的经济特区法规可以对法律、行政法规和地方性法规作出变通规定。相较于法律、行政法规及地方性法规的一般规定而言,这些变通规定具有优先适用的效力。但对变通规定之外的部分,应适用法律、行政法规、地方性法规的有关规定。同时这种优先性也并不表明经授权制定的经济特区法规在效力上高于法律、行政法规和地方性法规。相反,在变通规定之外的部分,经授权制定的经济特区法规在效力上低于法律、行政法规和相应上级地方性法规。

3. 部门规章的效力等级

部门规章之间、部门规章和地方政府规章之间具有同等效力,在各自的权限范围内施行。国务院各部门之间是平行的分工合作关系,相互之间不具有领导或管辖关系,国务院组成部门与地方政府之间也不存在上下级的关系,部分省级政府在行政级别上还高于一些国务院的组成部门。它们都是国务院统一领导下的行政机关。

部门规章以法律、行政法规为依据,在效力等级上低于宪法、法律和行政法规。在我国,部门规章虽然与省级地方政府规章效力等级相同,但并不能认为其为第四效力等级的法。虽然地方性法规的效力高于本级和下级地方政府规章,但又不能认为地方性法规的效力高于部门规章。部门规章在效力等级上有其特殊之处,其既与省级政府规章和设区的市(以及自治州)级的政府规章效力等级相同,又不能当然推断出其在效力等级上低于地方性法规。其是处于第三、第四和第五效力等级之间的一种特殊的法文件。

4. 军事法规和军事规章的效力等级

军事法规和军事规章在我国属于法定的法的类型。军事法规在效力等级上低于宪法、法律。军事法规由中央军事委员会制定,在我国权力结构体系中,中央军事委员会由全国人大产生,对其负责,全国人大及其常务委员会有权监督中央军事委员会的工作,中央军委和全国人大及其常委会之间是监督与被监督的关系。军事法规与行政法规属于同一效力等级的法。军事法规适用于全国范围内的武装力量内部,行政法规适用于全国行政区域,二者都在全国范围内实施。在制定主体的地位上,中央军事委员会与国务院同为全国人大产生,前者为最高国家军事机关,后者为最高国家行政机关,在权力级次上属于同一位次。

军事规章由中央军事委员会各总部、军兵种、军区制定。军事规章依据法律、军事法规、中央军委的决定、命令制定。中央军委各总部、军兵种、军区受中央军委的统一领导,在权力序列上属于上下级关系,所以,军事规章在效力等级上低于军事法规,也低于宪法和法律。同时,与军事法规、行政法规的效力等级相同相类似,军事规章与部门规章具有同等效力。

5. 国际法律的效力等级

我国缔结或参加的国际条约、国际公约经全国人大或全国人大常委会批准后即在我国具有法律效力。"入世"以来,随着对外交往的不断深入,国际法律在我国法律体系中所占的比重越来越大,相伴而生的是其与国内法的冲突现象也越来越多,而现实是我国既缺乏与之相适应的法的适用规则,又未明确规定国际法律的效力等级,这将影响国际法律的适用效果。

国际法律一般需经过全国人大和全国人大常委会的批准方为有效,在国际私法、国际经济法领域,国际法律更需经过国内立法机关制定单行法律的形式予以实施,而非直接适用。实际上,在我国有效的国际法律一般是经过国内立法程序转化为国内法形式予以实施的,WTO规则在我国的适用更是如此。

宪法在我国具有最高的法律效力,一切法律皆服从于宪法,故无论是经过"批准"还是通过"转化"实施的国际法律,都在效力等级上低于宪法。因"批准"或"转化"主体的不同,国际法律又可分为类似于基本法律的国际法律、类似于其他法律的国际法律、类似于行政法规的国际法律以及类似于部门规章的国际法律。因制定主体同一,其在效力等级上可分别参照基本法律、其他法律、行政法规和部门规章。我国在缔结或参加国际条约、国际公约时声明保留的条款除外。

【小结】

法的效力等级受法的制定主体的地位和立法权性质的影响,并在一定程度上受法的调整对象、制定程序和依据,以及法的适用范围等因素的制约。我国在法的效力等级上形成了以宪法为核心和塔尖的"金字塔式"多层次的结构体系,并形成了上位法优于下位法、特别法优于一般法、新法优于旧法以及法不溯及既往的法的适用规则,形成了具有中国特色的法的适用架构和体系。

【思考题与案例分析】

1. 什么是法的效力等级?其具有哪些特征?
2. 研究法的效力等级,厘清不同渊源的法的效力等级关系的意义何在?
3. 影响法的效力等级的因素有哪些?划分法的效力等级的依据是什么?
4. 什么是上位法优于下位法的原则?
5. 什么是法不溯及既往原则?

6. 试述依授权制定的法规的效力等级。
7. 如何理解地方性法规与部门规章的效力等级关系？
8. 试述部门规章的效力等级问题。
9. 如何避免法的适用上的冲突？
10. 1957年，经河南省人民政府批准成立了确山县国有乐山林场，下辖5个营林区，面积10万多亩，周边与确山县的瓦岗乡、三里河乡和驿城区的朱古洞乡、胡庙乡的24个行政村接壤。1957年乐山林场建场时，河南省林业厅林业调查测绘队绘制的乐山林场平面示意图（乐山林场原始设计图纸配套参考图）上，在刘庄附近画有一个小虚线圈，上标"未被争的地方"字样。2002年，驻马店行政区划调整，确山县乐山林场内的朱古洞乡、胡庙乡，划归驻马店市驿城区，驿城区的吴楼村委与乐山林场对林地权属发生争议。2006年，驻马店市古城电厂在拜台林区内吴楼行政村里刘庄自然村建储灰场，因补偿分配引出林权纠纷。经驻马店市政府行政复议和在驻马店法院行政诉讼，驻马店市两级法院都判决撤销拜台林区的林权证。法院判决撤销拜台林区29000多亩的林权证，还有北泉林区16000多亩的林权证，现在山上45000多亩林地成了"黑孩儿"。乐山林场认为，权属争议是省林业调查队绘制的乐山林场平面示意图上标明的"未被争的地方"，这一块顶多500亩。除此一块，政府应该给其他林地确权，因此多次向政府提出确权申请。驻马店市政府在确权时遇到了问题——涉及地方性法规与部门规章在处理林权争议法律适用依据上存在规定"不一致"的地方。1999年7月1日施行的《河南省林地保护管理条例》规定，林地所有权或者使用权发生争议，处理国有林地与集体林地所有权争议，以经省人民政府规定的原设计任务书或者图纸为准。而林业部1996年9月26日林业部部长办公会议审议通过的《林木林地权属争议处理办法》规定，设计书及附图是参考依据。处理林权争议依据之间的规定不同，于是驻马店市政府、河南省政府法制办一级一级请示，一直请示到国务院法制办和全国人大常委会法工委。国务院法制办2011年6月29日答复，尚未取得林权证，又不具有其他合法有效凭证的，国有林业事业企业单位设立时，该单位的总体设计书所确定的经营管理范围及附图，可以作为处理林权争议的依据。但由于种种原因，4年过去了，仍没有确权。全国人大代表陈泽民说："根据立法法规定，宪法法律效力最高，其次依次是法律、行政法规、地方性法规、规章。林业部的《林木林地权属争议处理办法》是一个规章，其效力低于地方性法规，就应直接以地方法规为准。"

——辑于《部门规章和地方性法规打架，听谁的?》，载《大河报》2015年3月7日第A10版。

你认为陈代表有关部门规章与地方性法规效力位阶关系的观点是否有道理？为什么？

11. "最牛钉子户"呈现出城市发展与民众维权的矛盾日益突出。这源自2007年10月1日起生效的《物权法》规定："为了公共利益的需要，依照法律规定的权限和程序可以征收集体所有的土地和单位、个人的房屋及其他不动产"。但是，物权法对于征收的程序和补偿标准却未作出规定。根据当时仍生效的国务院《城市房屋拆迁管理条例》，纳入拆迁行政许可的拆迁项目，无论是商业项目还是公共项目，拆迁人与被拆迁人达不成一致意见的，拆迁人可以申请行政裁决，并可以申请强制执行。直到2011年1月21日，国务院才在《国有土地上房屋征收与补偿条例》中宣告废除《城市房屋拆迁管理条例》。为什么《城市房屋拆迁管理条例》在《物权法》公布实施多年后还在适用？这反映了什么问题？

12. 王甲和王乙为兄弟，共同居住在父母遗留的房屋中。1993年4月王甲未经王乙同意，申请办理了宅基地使用证，将0.616亩宅基地全部登记在自己的名下。后来王乙自己要建房，遭王甲阻止，双方遂发生纠纷。2002年12月王乙请求当地政府撤销颁发给王甲的宅基地使用证。当地政府工作人员经过调查核实，王甲持有的宅基地使用证载明土地使用面积0.616亩，无论根据1987年9月29日颁布实施的《河南省〈土地管理法〉实施办法》（2002年前已废止）第48条第1款第2项"人均耕地一亩以上的平原地区，每户用地不得超过二分半"的规定，还是根据1999年12月颁布施行的《河南省实施〈土地管理法〉办法》第51条第2款第2项"人均耕地六百六十七平方米以上的平原地区，每户用地不得超过一百六十七平方米"的规定，王甲持有的宅基地使用证面积均属严重超标，政府应及时予以撤销。但在撤销该证时，究竟是适用《河南省〈土地管理法〉实施办法》还是适用《河南省实施〈土地管理法〉办法》，产生了不同意见。你认为应该适用哪个文件？为什么？

——参见谢玉山：《从一案例看法律冲突的解决》，http://www.hnfzw.gov.cn/news/20108/20108518290515.shtml，2015年8月2日访问。

【课外阅读文献】

1. 张春生：《中华人民共和国立法法释义》，法律出版社2000年版，第230—239页；

2. 曹康泰：《中华人民共和国立法法释义》，中国法制出版社2000年版，第191—208页；

3.〔德〕哈特穆特·毛雷尔:《行政法学总论》,高家伟译,法律出版社 2000 年版,第 70—75 页;

4. 陈伯礼:《授权立法研究》,法律出版社 2000 年版,第 17—31 页;

5. 邓世豹:《授权立法的法理思考》,中国人民公安大学出版社 2002 年版,第 135—162 页;

6. 张根大:《法律效力论》,法律出版社 1999 年版,第 178—191 页;

7. 马怀德:《我国法律冲突的实证研究》,中国法制出版社 2010 年版;

8. 张宇飞:《论法的效力与法治的发展》,载《法制与社会》2009 年第 21 期;

9. 刘庆志:《揭开法效力本源的面纱》,载《中国商界》2010 年第 2 期。

第九章　立法监督

【本章提要】

立法监督是指特定主体依照法定权限和程序,对立法过程及其结果进行审查,并对违宪违法立法活动进行处理的活动。它贯穿于立法过程的始终,是法治立法的保障、民主立法的体现、科学立法的需要。各国立法监督的体制和实践在主体、客体、方式等方面都表现出多样性的特点。我国的立法监督制度虽已建立并不断发展,但尚需进一步健全和完善。

【主要教学内容】

1. 基本概念:立法监督;立法监督主体;立法监督客体;
2. 基本知识:立法监督的原则;立法监督的种类;立法监督的方式;
3. 基本理论:立法监督体制。

【教学目标】

1. 界定立法监督的概念并说明其特征;
2. 对立法监督进行分类;
3. 说明立法监督的意义及其需遵循的原则;
4. 界定立法监督的主体、客体和方式,并举例说明;
5. 了解我国立法监督制度的沿革;
6. 介绍我国立法监督的制度现状和实践情况;
7. 分析我国立法监督中存在的问题并讨论完善方案。

第一节　立法监督概述

一、立法监督的概念

立法监督是指特定主体依照法定权限和程序,对立法过程及其结果进行审查,并对违宪违法的立法进行处理的活动。

为了准确理解这一概念,有必要将它与其他相关概念进行辨析。

(一) 立法监督与宪法监督

立法监督与宪法监督是两个既联系又区别的概念。

两者都对规范性法律文件的合宪合法性进行审查,但两者的区别也显而易见。首先,监督主体不同。宪法监督的主体一般是单一的,通常是国家最高权力机关、最高法院或专门设立的宪法委员会;立法监督的主体则相对广泛,除宪法监督主体之外,还包括中央和地方其他国家机关,具有多元化和多级性的特点。其次,监督内容不同。宪法监督除了审查有权立法主体的立法过程和结果外,还要审查其他机关、组织和个人的行为是否违宪,裁决国家机关的权限争议;立法监督则侧重对立法过程和结果进行审查并解决其内部冲突。

(二) 立法监督和立法机关监督

立法监督和立法机关监督是两个既区别又重合的概念。

与立法监督相比,立法机关监督的主体明显狭窄,仅限于立法机关;但就监督内容而言,其范围远远大于立法监督,除监督立法活动之外,还要监督其他国家机关、社会组织和公民个人的相关活动。两者的监督方式也因监督内容不同而相异。当然,当立法监督的主体是立法机关或立法机关监督的内容是立法活动时,两者无疑是重合的。

(三) 立法监督和对立法的社会监督

对立法的社会监督是指专门立法监督机关之外的其他一切国家机关、社会组织和公民对立法活动及其结果发表意见、提出建议和进行批评的活动。其监督主体比立法监督的主体更为广泛,但各监督主体均无权对立法活动及结果作出直接的、有强制力的处理;其监督活动的程序不如立法监督严格;其监督的效果也显然不如立法监督。

二、立法监督的特征

(一) 法定性

1. 监督主体的法定性。作为一国立法体制必要组成部分的立法监督,其权力由宪法、组织法予以确认并明确赋予特定的主体。

2. 监督权限和程序的法定性。由于立法监督主体对立法过程和结果的监督有可能导致规范性法文件的立、改、废,因此,监督活动必须在法律规定的权限和程序范围内实施,以保障立法监督的严肃性和权威性。

3. 监督方式的法定性。各国的立法监督方式林林总总,并无定式,但作为对立法权的制约,任何一国立法监督权的运作方式都在宪法、法律中作出明确规定,以此保障监督的有效进行。

(二) 权威性

立法监督是国家权力的运作形式之一,因此其必然具有权威性,这也是完成立法监督任务的必然要求。由于立法监督的权威性体现在立法监督的结果上,表现为立法监督机关有权对不符合法定权限、违背法定程序的立法过程以及违反上位法的立法结果予以强制性的否定,因此,立法监督的权威性也可表述为强制性。

三、立法监督的种类

(一) 行为监督和结果监督

这是根据立法监督的内容所作出的分类。

行为监督是指有权主体对立法过程实施的监督,包括对立法主体的立法权限和程序等的监督。如法国,若政府欲修改某立法规则,须申请宪法委员会决定该事项属法律事项还是条例事项,只有属条例事项时,政府才有权以条例的形式进行修改,否则无权修改。[①]

结果监督是指有权主体对立法结果的内容本身实施的监督,包括对规范性法律文件是否违宪或违反上位法、同级规范性法律文件之间是否存在矛盾或冲突的监督。如在法国,"组织法须经宪法委员会宣告其符合宪法才可以公布"[②]。

行为监督和结果监督共同构成立法监督的主要内容,两者应当并重。偏重于行为监督,就会增大立法和立法监督的双重成本,影响立法效率和立法监督的效果;偏重于结果监督,就会因监督不及时而影响立法的质量和立法监督的功用,放任危害的产生。

(二) 事前监督和事后监督

这是根据立法监督行为实施的时间所作出的分类。

事前监督是有权主体在规范性法文件生效前实施的监督。如我国民族自治地方的自治条例和单行条例须报全国或省级人大常委会批准后生效。

事后监督则是指有权主体在规范性法文件生效后实施的监督。如我国国务院对不适当的部门规章和地方政府规章予以改变或者撤销。在其他国家,事后监督主要通过诉讼活动由司法机关承担。

---

① 参见曹海晶:《中外立法制度比较》,商务印书馆 2004 年版,第 433 页。
② 戴学正等编:《中外宪法选编》(下册),华夏出版社 1994 年版,第 72 页。

事前监督的优点在于对监督方式一般都规定了较短的时限,效率较高,并可以"防患于未然";缺陷在于无法发现和解决那些只在法律实施过程中才能显露的问题。事后监督可以弥补事前监督的这个不足,但它不能在第一时间发现和解决问题,只能"亡羊补牢",尤其是通过诉讼引起的事后监督,有很大的被动性,而且耗时长、成本高,不够经济和高效。因此,应当重视两种监督结合使用并分工配合,如事前监督侧重审查立法权限和程序,事后监督侧重审查立法的实体内容。两者取长补短才能最大限度地发挥立法监督的功效。

(三)常规监督和非常规监督

这是根据立法监督发生的条件作出的分类。

常规监督是指不以被监督主体的异常立法活动为前提的监督,它是一种正常的手续、程序和制度。如在美国,所有法案均须经总统签署后方能成为法律。

非常规监督是指被监督主体出现异常立法活动的情况下进行的监督,它是一种立法的纠正机制。如在意大利,只有当国家议会或区议会所制定的法律以及具有法的效力的法令被认为同宪法相抵触时才能启动宪法法院的审查活动。①

(四)纵向监督、横向监督和交叉监督

这是根据立法监督主体和立法主体之间的关系作出的分类。

纵向监督是指有权主体对系统内非同级主体的立法的监督,如朝鲜最高人民会议常任委员会作为最高人民会议闭会期间的最高权力机关,其审查和通过的部门法草案、条例草案及其修改补充草案应提交下届最高人民会议批准。②

横向监督是指有权主体对系统外同级主体的立法的监督。如在以色列,政府通过的各项法案,均须由议会批准后方能实施;印度最高法院有权对议会制定的任何法律实施司法审查监督,有权宣布法律违宪或越权,并令其失效。③

交叉监督是指有权主体对系统外非同级主体的立法的监督。如我国设区的市(以及自治州)的人大及其常委会制定的地方性法规报国务院备案;意大利省议会通过的法律均须由共和国政府在法定期限内签署。

(五)重叠监督和非重叠监督

这是在纵向立法监督系统内根据有权对同一主体的立法实施监督的主体数

---

① 参见周旺生主编:《立法学》,法律出版社1995年版,第190页。
② 参见北京市人民代表大会常务委员会、新华社国际新闻部编:《百国议会概览》,北京出版社2000年版,第18页以下。
③ 同上书,第212、220页。

量作出的分类。

重叠监督是指若干个不同级别的有权主体对同一立法主体的监督,如我国设区的市(以及自治州)的人大及其常委会的立法,不仅要报省级人大常委会批准,而且要报全国人大常委会备案。

非重叠监督是指单一的有权主体对某一立法主体的监督。如在英国,地方议会制定的有些规范性法律文件只需报国家议会批准。①

(六)单向监督和双向监督

这是根据两主体之间是否互为监督和被监督关系作出的分类。

单向监督是指两主体中,一方固定地为监督主体,而另一方固定地为被监督主体。如有些国家赋予司法机关对立法的违宪审查权,但由于司法机关无立法权,因此也不可能成为被监督主体。

双向监督是指两主体都有监督对方的权力,也有接受对方监督的义务。如美国,总统作为行政首脑,对国会通过的法案有否决权,同时国会有权直接根据法律的规定废止行政规章或通过行使调查权、弹劾权等间接的方式监督授权立法。② 当两主体处于不同层级时,双向监督还可以进一步分为顺向监督(自上而下的监督)和逆向监督(自下而上的监督)。

另外,根据监督的效力,立法监督可以分为直接监督和间接监督;根据监督的启动方式,立法监督可以分为主动监督和被动监督。

总之,立法监督是普遍存在的;根据不同的区分标准,立法监督可被分成多种类别;不同类别的立法监督相互交叉,作用各异,综合运行才能更好发挥监督的效果。

四、立法监督的意义

立法监督的意义是由立法的特性所决定的。立法活动的开展和立法结果的产生都以行使立法权为前提,而"一切有权力的人都容易滥用权力"③,如果立法权的行使脱离有效监督,也会出现专制和腐败的可能。具体而言,立法监督的意义主要体现在以下三个方面:

(一)立法监督是法治立法的保障

每个立法主体在决策过程中都同时具有自身目的和职能目的,且两者不可

---

① 参见张善恭主编:《立法学原理》,上海社会科学院出版社1991年版,第192页。
② 参见马怀德主编:《中国立法体制、程序与监督》,中国法制出版社1999年版,第324页。
③ 〔法〕孟德斯鸠:《论法的精神》(上),张雁深译,商务印书馆1997年版,第154页。

能始终一致,这就为"地方保护主义"和"本位主义"提供了滋长的沃土;另一方面,法律关系的主体也会出于自身利益的考虑影响立法者及其立法活动。由此,在立法过程中,地方利益、部门利益、短期利益甚至各种私利和国家利益、整体利益、长远利益、社会利益之间必然存在紧张的博弈。另外,时间和空间上的限制也会造成不同地方之间、不同部门之间立法的矛盾冲突,以及不同级别立法之间的相互背离。而对立法行为的监督能有效地遏止立法过程中不合理的利益侵入,防止"恶法"的出炉;对立法结果的监督能及时发现违宪违法、法律冲突等现象并及时纠正,维护一国法制的统一。

(二) 立法监督是民主立法的体现

在现代国家,立法权属于全体民众,有着广泛的民主基础,那么立法过程也应是发扬民主、反映民意的过程。但和其他一切国家权力一样,立法权在实际运行过程中也有变异的可能,为此,它也必须受到有效的监督,以保证民主原则得以贯彻于立法过程的始终。同时,各有权主体通过各种法定方式实施的立法监督本身也是立法民主化的体现,在立法监督过程中能表达人民的意志和愿望。

(三) 立法监督是科学立法的需要

立法既要民主,又要科学;既要体现民意,又要遵循规律。立法监督在推动科学立法、提高立法质量方面的作用可以概括为预防、补救、改进和评价:通过监督,排除不科学的因素的干扰,能预防违法立法或不当立法的产生;通过纠正和摒弃不科学的因素,能使监督中发现的问题得到有效的补救;及时归纳总结监督中发现的问题,认真探索立法活动的规律,能为今后的立法提供科学指导;通过监督,对立法行为及效果作出客观公正的评价,为立法责任的确定提供基础,督促立法者增强使命感和责任意识。

五、立法监督的原则

(一) 系统原则

由于立法监督的主体通常是多元多级的,作为监督对象的立法过程及其结果也同样是多元多级的,而立法监督的目的之一就是维护一国法律体系的和谐统一,因此,立法监督必须遵守系统性原则,以保证各监督主体的监督行为在标准、目的和处理方式等方面的一致性。

(二) 法定原则

立法监督的系统性需要法定化、制度化的保障,监督的主体、对象、任务、范围、程序和方法,以及监督主体的权利义务和责任等都应该有明确的法律依据,不能滥用立法监督权,更不能干预立法,甚或以立法监督代替立法活动本身。

(三) 全面原则

立法监督的全面性包括监督对象的广泛性和监督本身的多样性。监督对象的广泛性要求凡是有可能导致立法活动偏离法治、民主、科学轨道的行为和内容均应纳入立法监督的范围;监督本身的多样性要求全面运转各项立法监督制度,实现多类型、多层面立法监督的有机结合,使各类监督在监督系统中充分发挥各自的效应。

(四) 效率原则

效率原则体现在两方面,首先是要求立法监督应能及时有效地纠正违宪违法的立法过程和立法结果,避免立法错误和失误的发生,弱化由不当立法所产生的消极后果;其次要求立法监督应尽量不影响法律的及时出台,在提高立法质量的同时保障立法效率。

第二节 立法监督体制

一、立法监督的主体

立法监督的主体指根据宪法、法律的规定行使立法监督权,实施立法监督行为的国家机关。在公民复决的监督方式中,立法监督的主体是全体公民。(详见后文"三、立法监督的方式")

在现代国家,因国家性质、政权组织形式以及历史和传统等差异,立法监督的主体不尽相同。归纳起来主要有以下几类:

(一) 代议机关

在现代各国,代议机关是基本的立法监督主体。如古巴宪法第73条第3项规定,由全国人民政权代表大会解决关于法律、法令、指令和其他具有普遍性的决定是否合乎宪法的问题。[1] 英国法律规定:议会对内阁制定的行政法规、行政规章有立法监督权;对各郡以及地方自治机关制定的规范性法律文件有审查权;对于行政法规、行政规章和地方法规不适当的部分有权作出撤销决定。[2]

由于代议机关的性质和地位,由其实施立法监督的最大优势在于权威性和

---

[1] 参见戴学正等编:《中外宪法选编》(上册),华夏出版社1994年版,第654页。
[2] 参见李长喜:《立法监督:概念、制度与完善》,载周旺生主编:《立法研究》(第1卷),法律出版社2000年版,第401页注①。

有效性。尤其是随着行政事务的发展,代议机关越来越多地将立法事项授权行政机关制定法规、规章,对这类授权立法,代议机关当仁不让地成为最具权威的监督主体。然而,当代议机关成为监督自身立法的主体时将产生主客体混同的致命缺陷,"任何人都不可能对自己负有义务,因为系铃者也可以解铃,所以只对自己负有义务的人便根本没有负担义务。"[①]此外,现代社会立法繁重,代议机关也难以把主要精力用于自我监督,由此易造成这一监督制度形同虚设。

(二)国家元首

在多数现代国家,国家元首通常行使提出法案、批准或签署法律、公布法律、解释法律等权力。这些活动同时具有立法和监督的双重性质。特别是在实行立法否决制的国家,议会通过的法案须经总统批准才能成为法律,总统有权对议会通过的法案予以否决。无疑,国家元首行使立法监督权是权力制衡的制度体现,但这种监督方式运用不当,也可能成为政治斗争和交易的工具,立法监督的作用也可能被淡化。

(三)司法机关

司法机关监督立法是西方国家分权制衡思想的产物。自美国联邦最高法院在1803年通过马伯里诉麦迪逊案确立了联邦最高法院对国会立法的司法审查制度以来,西方诸多国家也都建立了由司法机关审查立法的制度,由普通法院主要是最高法院来行使对议会立法的司法审查权,即最高法院不仅有解释和适用宪法的权力,而且有依照它所解释的宪法来审查立法、行政和其他国家机关的行为,以及决定下级法院的判决是否有效的权力,对上述机关的行为作出是否合宪的裁决。在英国,法院虽无违宪审查权,但对行政机关的委托立法有权予以监督,如果委托立法不遵循法定程序,法院有权令其无效。

司法机关在审查立法的同时,能使受立法侵害的公民得到法律救济,能根据实际情况的变化对立法作出适当的解释以适应现实的需要。但由于这种立法监督以审判权为基础,法院坚持"不告不理"原则,因此如果没有具体的诉讼,法律便不会受到审查,该制度也就无用武之地了。此外,此项制度对法官的素质和权威有着极高的要求,因此只有在司法制度相对完善的国家才有良好实施的可能。

(四)专门机构

为了加强对立法活动的监督,充分保障宪法的实施,有的国家建立了专门的立法监督机构。自1920年奥地利设立宪法法院后,一些国家予以效仿,如西班

---

① 〔英〕霍布斯:《利维坦》,黎思复、黎廷弼译,商务印书馆1985年版,第207页。

牙设立宪法保障法院,德国设立宪法法院,法国则设立宪法委员会。

基于专门机构独立而至高的地位,立法监督不仅容易实施,而且具有权威,其作出的裁决一般具有最终的法律效力,任何机关和个人不得提出异议或上诉。此外,由于专门机构既能审理具体案件,又能审查规范性法文件,审查请求既可以由具有政治性质的机构或个人提出,也可以由普通公民提出,因此更易发挥立法监督的作用。当然,也正是由于审查方式和请求主体的多样性,专门机构所要处理的诉案数量较多。即使是专司立法监督,其时间和精力仍然有限,因此并非每个诉案都能有幸经历完整的审查过程,更多的只能经简易程序处理或退回,筛选案件过程中难免有"漏网之鱼",因此专门机构的立法监督作用也是相对有限的。

(五)行政机关

随着行政权力的不断扩张,各国行政机关在行使部分立法权的同时也逐渐成为立法监督的主体。如日本,除法律有明文规定外,上级行政机关依其指挥监督权,当然得以监督纠正下级行政机关的立法。① 在我国,国务院也通过备案审查制度的运行对行政立法和地方立法实施监督。由于实施立法监督的主体和接受立法监督的主体在性质上具有同构性,因此,立法监督的客观和中立难免相对薄弱。

二、立法监督的客体

立法监督的客体包括被施以监督的对象和内容。

(一)立法监督的对象

立法监督的对象主要包括:法律、法规和规章、授权性立法文件、其他规范性法律文件。

宪法通常并非立法监督的对象。但是,在修改宪法过程中,修宪内容是否符合宪法的基本原则、修宪主体是否适格、修宪权限和程序是否符合法律规定等问题同样需要受到审查。

(二)立法监督的内容

立法监督的内容涉及对立法行为及结果实施哪些方面的监督。其主要包括:

---

① 参见马怀德主编:《中国立法体制、程序与监督》,中国法制出版社1999年版,第329页。

1. 立法主体的适格性

世界各国,行使立法权的主体都有明确的法律依据。没有宪法法律的明文规定或合法有效的授权,任何机关都不能成为有权立法的主体。对职权立法,主要审查立法主体是否依法享有主体资格;对授权立法,一方面要审查立法主体是否依授权取得了主体资格,另一方面还要审查授权者是否具有授予他人立法权的资格。

2. 立法权限的恪守性

对立法权限的监督主要包括权、责两个方面的审查:第一,审查有权立法主体是否在其法定权限范围内行使立法权,防止其越权立法;第二,监督有权立法主体是否积极、全面履行立法职责,避免其推诿、拖延,甚至立法不作为。[①]

3. 立法程序的依循性

立法过程必须符合法定程序。任何违反法定程序的立法,即使立法主体适格、立法权限恪守、立法内容正当,也应根据"程序否定"原则,依法被确认为无效立法。

4. 立法内容的适当性

对立法内容的监督一般包括:第一,合法性审查,即立法内容是否符合宪法、法律的规定和原则;第二,正当性审查,即立法内容是否准确、全面和充分地反映了立法决策者的立法目的,有无"挟私";第三,协调性审查,即同一部门中的各规范性法文件之间是否自成系统,各法律规范之间是否矛盾冲突;第四,合理性审查,即立法内容是否符合基本社会公德,是否反映社会现实的需要,是否符合社会发展的水平。

5. 立法技术的恰当性

立法技术的监督主要包括规范性法律文件的结构体系是否合理、逻辑是否严密、内容要素是否齐全、语言风格是否恰当。

除上述监督内容外,立法监督还应对立法规划的可行与否、立法解释的恰当与否等作出评价。

[①] 针对立法不作为现象,近年来较多关注的是与法律、法规相配套的规范性法文件的制定情况。这类规范性法文件往往直接关系到法律、法规的可操作性,是法律、法规真正发挥实效的关键。为加强监督,2009年2月17日全国人大常委会委员长会议讨论通过了《关于法律配套法规制定的工作程序》,3月16日全国人大常委会法制工作委员会委务会讨论通过了《督促做好法律配套法规相关工作办法》,部分省市的人大常委会主任会议也讨论通过了同类规定。

三、立法监督的方式

立法监督的方式是指立法监督主体实施立法监督活动的具体形式。

常见的监督方式主要有以下几种:

(一) 备案

备案是指效力等级较低的规范性法文件必须报请上级代议机关或行政机关收存,以备审查的一种方式。

在英美国家,备案审查通常是议会监督授权立法的重要方式。

(二) 批准

批准是一种事前监督方式,指某些规范性法文件须依法经立法监督主体同意才能生效并实施,包括积极批准和消极否决两种形式。如美国宪法第1条第7款规定,凡联邦议会通过的法案,应在其成为法律之前送交总统批准。如果总统批准,即行签署;如果不批准,应附上异议书在10日内退还。经总统提出异议的法案不能生效,议会必须进行复议。

(三) 变更和撤销

变更是指立法监督主体对已经生效的规范性法文件的某些条文加以改动。如依照古巴宪法,全国人民代表大会有权修改地方人民权力机构作出的违背宪法、法律、法令、命令和上级领导机关规定的决议和决定。[1]

撤销是指立法监督主体对已经生效的规范性法文件整体宣布废止,使其丧失法律效力。如土耳其大国民议会有权撤销法律[2]。

(四) 违宪审查

违宪审查指有权主体对规范性法文件的合宪性进行审查,并以宣告违宪等方式使其失效。建立违宪审查制度的国家多把违宪审查权赋予司法机关或专门机构。如美国联邦最高法院有权审查国会和各州通过的法律是否符合联邦宪法;法国宪法委员会有权审查议会法律是否合宪;意大利宪法法庭负责审理国家和省的法律以及具有法的效力的法令与宪法相抵触的案件。

司法机关违宪审查和专门机构违宪审查的区别在于前者只有在具体案件涉及的法律、法规、规章发生冲突时,司法机关才有权对相关的法文件进行审查,后者则专司违宪审查,不受理普通案件。

---

[1] 参见北京市人民代表大会常务委员会、新华社国际新闻部编:《百国议会概览》,北京出版社2000年版,第700页。

[2] 同上书,第154页。

（五）立法复议

立法复议是立法监督主体要求立法主体推翻法案表决结果并重新表决的制度。若复议成功，法案回复到表决前的状态，立法主体有机会纠正表决过程中的草率或不当行为；反之，表决结果即获确认，或者不得再对表决结果有任何异议。

该制度由美国众议院于1789年组建时创立，并于1802年成为众议院的规则，继而为世界许多国家所仿效。它主要发生在以下情况：(1) 因立法机关的疏忽以致草率表决；(2) 实际情况发生变化，需要改变表决结果；(3) 高位阶法律的修改或立法政策的重大调整，改变了法案的立法依据，因而需要重新考虑表决结果；(4) 发现新的立法资料，认为原表决结果不尽妥当。[①]

（六）公民复决[②]

公民复决主要是指法案经由立法机关表决通过后由公民用投票方式再行复决的活动，是直接民主的主要形式之一，体现了社会公众对立法的监督。

公民复决可分为任意性复决和强制性复决两类。任意性复决指需有公民或其他国家机关的请求才能将通过的法律交公民复决。如保加利亚国民议会确定全民表决的问题；意大利规定，当10万选民或5个省议会要求全部或部分废除某项法律或某项具有法律效力之法令时，得宣布实行全民公决。强制性复决则无须任何请求，凡经立法主体通过的法律均须交公民复决后才能作最后决定。如日本宪法第96条规定，宪法的修改必须经各议院全体议员2/3以上的赞成，由国会提议，向国民提出，并得其承认。此项承认，必须在特别国民投票或国会规定的选举时举行的投票中获得半数以上的赞成。[③]

（七）裁决

裁决是指当规范性法律文件之间存在矛盾冲突而又无法根据效力等级取舍时，由有权主体作出裁定，或以裁决的方式认定法律规范是否违反宪法或上位法、是否产生效力。根据法国宪法第41、61和62条的规定，当政府和议院议长对议会立法程序中的提案或修正案是否属于议会立法事项意见不一时，由宪法委员会根据任何一方的要求作出裁决；各组织法在公布前、议会两院的规章在施行前，都须提交宪法委员会，法律在公布前，可以提交宪法委员会，宪法委员会就其是否合宪作出裁决；被宪法委员会宣告为违宪的条款不得公布、施行。[④]

[①] 参见吴大英、任允正、李林：《比较立法制度》，群众出版社1992年版，第600页以下。
[②] 同上书，第596页以下。
[③] 参见戴学正等编：《中外宪法选编》（下册），华夏出版社1994年版，第281页。
[④] 同上书，第70页以下。

除了上述几种方式之外,有些国家还采取了其他的监督方式,如立法质询、立法调查、法律编纂、法规清理等。

第三节 我国的立法监督

一、我国立法监督制度的历史沿革

我国立法监督制度的发展大致可以分为以下四个阶段:

(一)萌芽阶段(新中国成立到 1954 年《宪法》公布前)

1949 年中国人民政治协商会议通过的《共同纲领》和《中央人民政府组织法》是我国立法监督制度的发端。《中央人民政府组织法》第 7 条第 1 项和第 3 项规定中央人民政府委员会"制定并解释国家的法律,颁布法令,并监督其执行","废除或修改政务院与国家的法律、法令相抵触的决议和命令。"同时期的各级《各界人民代表会议组织通则》和《人民政府组织通则》也对立法监督制度作出规定。如《省各界人民代表会议组织通则》规定:"省各界人民代表会议的决议,有与上级人民政府及中央人民政府的政策法令抵触时,上级人民政府及中央人民政府得废除、修改或停止其执行。"这些规定是我国现行立法监督制度的雏形。

这一时期的立法监督主体呈现层次复杂、性质单一的特点:除乡级之外的各级人民政府委员会都是立法监督主体,而人民法院、人民检察院和人民代表大会(各界人民代表会议)[①]则都被排除在外。

(二)形成阶段(1954 年《宪法》公布到"文化大革命"前)

1954 年《宪法》确立了我国立法监督制度的基本框架。《宪法》第 31 条第 6、7 项规定全国人大常委会"撤销国务院的同宪法、法律和法令相抵触的决议和命

---

① 《中国人民政治协商会议共同纲领》第 12 条规定,人民行使国家政权的机关为各级人民代表大会和各级人民政府。第 14 条规定,凡人民解放军初解放的地方,由中央人民政府或前线军政机关委任人员组织军事管制委员会和地方人民政府,并在条件许可时召集各界人民代表会议。在普选的地方人民代表大会召开以前,由地方各界人民代表会议逐步地代行人民代表大会的职权。凡在军事行动已经完全结束、土地改革已经彻底实现、各界人民已有充分组织的地方,即应实行普选,召开地方的人民代表大会。参见戴学正等编:《中外宪法选编》(下册),华夏出版社 1994 年版,第 5 页以下。"人民代表会议与人民代表大会的主要区别,就在于人民代表大会的代表是通过普选方式产生,人民代表会议的代表不是通过普选,而是通过协商、指定、聘请、选举等各种方式产生。它是在当时条件下人民民主政权的主要组织形式,是向人民代表大会制度过渡的形式。"转引自尹中卿:《人民代表大会制度的形成和发展》(上),载《人大研究》2004 年第 9 期。

令";"改变或者撤销省、自治区、直辖市国家权力机关的不适当的决议"。第49条和第60条又分别规定了国务院和地方各级人大的立法监督权。此后,第一届全国人大第一次会议发布了《关于中华人民共和国现行法律、法令继续有效的决议》,确认1949年新中国成立以来由中央人民政府制定批准的现行法律、法令,除同宪法相抵触的以外,一律继续有效。这项决议可以说是一个立法监督文件,是当时我国立法监督的一次重要实践的成果。

由于1954年《宪法》未规定全国人大常委会行使立法权,因此自然没有关于如何监督常委会立法的规定。然而,当1955年第一届全国人大第二次会议通过《关于授权常委会制定单行法规的决定》和1959年第二届全国人大第一次会议进一步授权全国人大常委会在人大闭会期间根据情况的发展和工作的需要,修改现行法律中已经不适用的条文后,全国人大常委会已经能够部分行使立法权,[①]但相应的监督制度却未能及时建立。

这一时期立法监督制度的特点之一是肯定了县级以上权力机关为立法监督主体,弥补了原体制中的疏漏。

(三) 停滞、倒退阶段("文化大革命"开始到1979年)

受"文革"时期政治环境的影响,立法监督制度受到严重破坏。1975年《宪法》没能重构立法监督体制,我国的立法监督在实践中和制度上都彻底消失。1978年《宪法》也仅仅恢复了全国人大常委会的部分立法监督权,即在第25条第5项中规定其有权"改变或者撤销省、自治区、直辖市国家权力机关的不适当的决议",没有授予其监督国务院立法的权力,更没有授予其他国家机关立法监督权,因此对立法监督制度的恢复和发展收效甚微。

(四) 恢复和进一步发展阶段(1979年至今)

1979年颁布的《中华人民共和国地方各级人民代表大会和地方各级人民政府组织法》第6条、第27条规定省级人大及其常委会制定和颁布的地方性法规须报全国人大常委会和国务院备案。第7条第11、12项和第28条第6项分别规定了县级以上地方各级人民代表大会及其常委会有权监督立法,从而恢复了国务院和县级以上地方人大及其常委会的立法监督权。

1982年《宪法》在总结以往经验教训的基础上,对立法监督制度作了更为全面的规定,从而使立法监督制度在根本法的层面上得以恢复和发展。此后《国务院组织法》等法律的相继出台和《地方组织法》的四次修改,补充、完善和加强了

---

① 参见张善恭主编:《立法学原理》,上海社会科学院出版社1991年版,第192页。

已有的制度。尤其是 2000 年 3 月 15 日通过的《立法法》专门规定了裁决、备案等制度,设立了审查监督的启动机制,使得立法监督更具有可操作性;将违背法定程序的立法纳入可变更和撤销的范围,使我国的立法监督真正涵盖了立法行为和立法结果两方面。2006 年 8 月 27 日通过的《监督法》确认了《立法法》规定的对行政法规、地方性法规、自治条例和单行条例、规章的备案、审查和撤销等监督方式。《立法法》和《监督法》的相继通过标志着我国立法监督制度进入了新的发展时期。

二、我国现行立法监督制度

(一)权力机关的立法监督

权力机关是我国立法监督的核心力量,承担着立法监督的主要职责。

1. 现状

第一,全国人民代表大会根据《立法法》第 97 条第 1 项规定,有权撤销全国人大常委会制定的不适当的法律;有权撤销全国人大常委会批准的违背宪法和《立法法》第 75 条第 2 款规定的自治条例和单行条例。

第二,全国人大常委会作为全国人大的常设机关,以更多的方式实施立法监督。根据《立法法》第 75 条、第 94 条第 1 款、95 条第 1 款第 2 项和第 2 款、第 97 条第 2 项、第 98 条第 1、2、3 项、第 99 条和第 100 条的规定,全国人大常委会所行使立法监督权的方式包括:(1)批准。自治区的自治条例和单行条例须报全国人大常委会批准后生效。(2)裁决。全国人大常委会有权进行裁决的情形有:法律之间对同一事项的新的一般规定与旧的特别规定不一致,不能确定如何适用的;地方性法规和部门规章之间对同一事项的规定不一致且不能确定如何适用,而国务院认为应当适用部门规章的;根据授权制定的法规和法律规定不一致,不能确定如何适用的。(3)撤销。撤销同上位法相抵触的行政法规和地方性法规,撤销省、自治区、直辖市的人大常委会批准的违背《宪法》和《立法法》第 75 条第 2 款规定的自治条例和单行条例。(4)备案。行政法规、地方性法规和自治州、自治县制定的自治条例和单行条例报全国人大常委会备案,其中自治条例、单行条例和设区的市(以及自治州)级的地方性法规须由省级人大常委会报全国人大常委会备案。(5)审查。在特定主体提出审查要求或建议的情况下,全国人大常委会有权对行政法规、地方性法规、自治条例和单行条例进行审查并作出相应的处理。

第三,省级人民代表大会根据《立法法》第 97 条第 4 项的规定,有权改变或者撤销同级人大常委会制定和批准的不适当的地方性法规。

第四,地方人大常委会根据《立法法》第97条第5项和第98条第4项的规定,有权撤销本级人民政府制定的不适当的规章,有权接受本级人民政府制定的规章的备案。同时,省级人大常委会根据《立法法》第72条第2、3款、第75条和第98条第4项的规定,有权批准设区的市(以及自治州)的地方性法规以及自治州、自治县的自治条例和单行条例;有权处理与本省、自治区的人民政府规章相抵触的报批准的设区的市(以及自治州)的地方性法规;有权接受设区的市(以及自治州)的政府规章的备案。

另外,全国人大及其常委会根据《立法法》第97条第7项的规定,有权撤销国务院制定的超越授权范围或者违背授权目的的行政法规,必要时还可以撤销授权;省级和设区的市(以及自治州)级的人大及其常委会根据《立法法》第95条第1款第1项的规定,有权在自己制定的新的一般规定与旧的特别规定不一致时作出裁决。

2. 问题与完善

(1) 权力机关虽然承担着我国绝大部分的立法监督工作,但易导致"疏于监督"和"自我监督"。

一方面,近年来我国的立法活动驶入了快车道,立法监督任务也随之变得十分繁重,但人大通常一年只开一次会,且会期较短,人大常委会虽是常设机关,但本身已承担大量工作,再要担负起立法监督的重任,显然是"心有余而力不足"。另一方面,权力机关自身兼立法主体和立法监督主体两职,监督效果将因"自我监督"或"近亲监督"而难以保证,而全国人大制定的基本法律游离于立法监督之外更是棘手问题。

为改变这种情况,可以尝试将司法机关列为法定立法监督主体,分担一定的立法监督职责。事实上,实践中已有类似尝试。如《行政诉讼法》第53条第1款规定人民法院审理行政案件"参照"而非"依据"部门规章和地方政府规章,"参照"本身就具有经审视后选择适用的监督含义。当然,目前法院发现规章之间不一致时须报最高人民法院送请国务院作出解释或裁决,换言之,法院尚未取得立法监督主体的法律地位,其"监督"并无直接效力,选择适用的作用也极为有限。因此应当在我国立法监督体制中确立司法审查制度。在现阶段,首先应当明确最高司法机关有权对在行政诉讼中出现的法律规范冲突作出解释或裁决,但基于我国政治体制框架的现状,全国人大及其常委会所制定的"基本法律"和"其他法律"不在其列。①

近年来,学界也有建立专门立法监督机构的诸多讨论。但该机构的性质地位,及其与立法、行政、司法机关的关系等都需要随着我国政治文明的进步而作进一步探讨,不能操之过急。②

(2) 权力机关的立法监督方式虽然多样,但操作性方面还需在制度配套和实践探索中逐步完善。

① 批准制度的缺陷

第一,批准时限的疏漏。尽管《立法法》第72条第2款规定,省、自治区的人大常委会对审查报请批准的设区的市(以及自治州)的地方性法规应当在4个月内决定批准与否,但对全国人大常委会批准自治区自治条例和单行条例、省级人大常委会批准自治州和自治县的自治条例和单行条例却无时限的要求。

第二,批准内容的偏重。《立法法》第72条第2款仅要求对地方性法规的合法性进行审查,忽视了对立法合理性的监督;至于对自治条例和单行条例的监督内容则处于制度规范的"空白"状态。

第三,审查后处理方式的模糊。《立法法》第72条第3款仅规定,省、自治区的人大常委会在审查设区的市(以及自治州)的地方性法规时发现其和本省、自治区的政府规章相抵触的,"应当作出处理决定",但如何处理,即改变、撤销、裁决,还是其他方式,法律未作出具体规定。

② 备案制度的问题

《立法法》第98条规定了须备案的规范性法文件的种类、备案机关和报送备案的期限,但却疏漏了备案后相关子制度的规范。如备案是单纯的履行手续还是需对报备案文件进行审查? 如需审查,启动机制是主动审查还是"不告不理"? 审查后同时有权接受备案的两个机关意见不一时如何解决? 立法主体没有在规定期限内报有关机关备案有何后果? 等等。这些操作性制度的缺失将导致实践中备而不查、查而无结论的监督无效或者低效现象。

③ 改变和撤销制度的瑕疵

除上文介绍的实施改变和撤销权的主体及其权限之外,《立法法》第96条还

---

① 也有学者对司法审查制度有不同观点,可参见江国华:《立法:理想与变革》,山东人民出版社2007年版,第235页以下。

② 有关建立专门立法监督机构的研究,可参见马怀德:《中国立法体制、程序与监督》,中国法制出版社1999年版,第352页以下;李长喜:《立法监督:概念、制度与完善》,载周旺生主编:《立法研究》(第1卷),法律出版社2000年版,第431页以下;江国华:《立法:理想与变革》,山东人民出版社2007年版,第237页以下。

明确列举了可以改变或撤销的五种情形,即:超越权限的;下位法违反上位法规定的;规章之间对同一事项的规定不一致,经裁决应当改变或撤销一方的规定的;规章的规定被认为不适当,应当予以改变或者撤销的;违背法定程序的。但是,从制度的可操作性来看,有关程序规定仍有缺失。主要是:

第一,对"违反上位法规定""不适当"等改变或者撤销的情形缺乏易把握的统一规定,①对立法监督标准的统一性和立法监督活动的系统性产生消极影响。

第二,对改变后的规范性法文件是否"不溯及既往"未作出明确规定,易导致由改变前的法律规范所产生的法律关系的不稳定性。

④ 裁决制度的不足

《立法法》第 95 条虽然规定了裁决主体及其各自的权限范围,但对裁决制度的运行环节缺乏具体规定。它们是:

第一,缺失裁决启动和受理程序的规定;

第二,疏漏裁决期限的限制;

第三,遗漏裁决结果异议的处理机制;

第四,缺少裁决结果的发布、溯及力的规范。

⑤ 审查制度的粗疏

除批准和备案制度中有关审查的规定模糊或缺位外,类似违宪审查制度的探索亦相当有限,立法监督中缺乏专门的审查机构和专业人员,致使立法监督的质量和效果受到影响。

综合分析上述问题,我国权力机关立法监督制度的完善应当侧重于以下几个方面:

第一,完善程序规定,增强各项制度的可操作性。如全面规定各项制度的启动、处理、决定的程序,包括各环节的时限。尤其是改变和撤销、裁决制度,由于其能直接影响规范性法文件内容的变更和效力的存废,因此必须经历提出、审议、决定、公布的严格程序。又如,对报送备案、批准的规范性法文件,立法监督

---

① "关于什么是抵触,立法法没有明确规定。一般认为以下几种情况属于'抵触':(1) 上位法有明确的规定,与上位法的规定相反的;(2) 虽然不是与上位法的规定相反,但旨在抵消上位法的规定的,即搞'上有政策下有对策'的;(3) 上位法没有明确规定,与上位法的立法目的和立法精神相反的;(4) 违反了本法关于立法权限的规定,越权立法的;(5) 下位法超出上位法规定的处罚种类和幅度的。""关于什么是'不适当',立法法没有明确规定。一般认为,不适当就是不合理、不公平。以下几种情况可以视为不适当:(1) 要求公民、法人和其他组织执行的标准或者遵守的措施明显脱离实际的;(2) 要求公民、法人和其他组织履行的义务与其所享有的权利明显不平衡的;(3) 赋予国家机关的权力与要求与其承担的义务明显不平衡的;(4) 对某种行为的处罚与该行为所应承担的责任明显不平衡的。"童卫东、陈建文:《第九讲 使用规则与备案审查》,载乔晓阳主编:《立法法讲话》,中国民主法制出版社 2000 年版,第 313 页。

机关原则上不应直接修改,可以退回或通知原制定机关进行修改。①

第二,注重监督方式的配合,防止监督措施的虚置。如备案与裁决、改变和撤销之间应有制度性衔接,避免发现问题后的不了了之。

第三,坚持全面监督,提升监督效果。程序监督、合理性监督应和实体监督、合法性监督并重,凡程序不合法或内容缺乏合理性的,除可以由有权机关改变或撤销外,在批准、备案的阶段也可以作出不予批准或不予备案的决定。

第四,理顺制度内部关系,建立统一的可操作标准。如确定全国人大常委会和国务院作为同一规范性法文件的备案机关,意见不一致时的解决方案;规定有权机关作出的处理决定的效力以及对处理决定不服时的救济途径;明确"违反上位法规定"和"不适当"的判断标准等。

第五,探索审查模式,确保法律法规在不同渠道均有被审查的可能性。除在批准、备案等制度中完善程序规定,明确审查环节外,还可以逐步探索专门机构的审查机制,如2004年5月全国人大常委会成立法规审查备案室,对根据《立法法》规定提出的审查要求和审查建议进行先期研究,确认是否进入启动程序,然后交由各专门委员会进行审查。这一方面是对备案制度的完善,另一方面也是对建立专门立法监督机构的有益探索,使违法违宪审查进入规范化、可操作化渠道。当然,法规审查备案室作为全国人大常委会的一个工作机构,缺乏独立性和权威性,没有撤销违宪违法的法律法规的权力,还只是建立违宪审查机制的一个前期试验。

第六,完善责任追究机制,增强监督主体的监督职责。如对应备案而不备案的、应审查而不审查的、应处理而不处理的以及监督时限不符合规定的,都应明确相应的法律责任,以在一定程度上缓解无效监督的问题。

(二)行政机关的立法监督

我国行使立法监督权的行政机关是国务院和省、自治区的人民政府。

---

① 如香港和澳门《特别行政区基本法》第17条第2、3款规定,特别行政区立法机关制定的法律须报全国人大常委会备案,备案不影响生效。全国人大常委会认为特别行政区立法机关制定的法律不符合基本法关于中央管理的事务及中央和特别行政区的关系的条款,可将有关法律发回,但无权修改,被发回的法律立即失效。国务院《法规规章备案条例》第7条规定,不符合法定立法主体、权限和程序的法规规章不予备案登记;第14条规定,规章超越权限,违反法律、行政法规的规定,或者其规定不适当的,国务院法制机构可以建议制定机关自行纠正或者提出处理意见报国务院决定,并通知制定机关;第16条规定,违反《规章制定程序条例》规定的无效规章,不予备案,并通知制定机关,规章在制定技术上存在问题的,国务院法制机构可以向制定机关提出处理意见,由制定机关自行处理。

1. 现状

第一,国务院作为最高行政机关,根据《立法法》第 94 条第 2 款、第 95 条第 1 款第 2、3 项、第 97 条第 3 项、第 98 条第 2、3、4 项的规定,行使裁决权、决定权、改变和撤销权以及备案权。即国务院有权在行政法规之间对同一事项的新的一般规定与旧的特别规定不一致,不能确定如何适用时或部门规章之间、部门规章和地方政府规章之间对同一事项的规定不一致时作出裁决;有权在地方性法规和部门规章之间对同一事项的规定不一致,不能确定如何适用时提出意见,并有权决定适用地方性法规;有权改变或撤销不适当的部门规章和地方政府规章;有权接受地方性法规、自治条例和单行条例、部门规章和地方政府规章的备案。

第二,省、自治区的人民政府根据《立法法》第 97 条第 6 项的规定,有权改变或撤销下一级人民政府制定的不适当的规章;省级和设区的市(以及自治州)级人民政府根据《立法法》第 95 条第 1 款第 1 项的规定,有权在自己制定的新的一般规定与旧的特别规定不一致时作出裁决。

2. 问题与完善

我国行政机关实施的立法监督在主体、方式等方面都与权力机关的立法监督有诸多相似之处,不足之处也基本一致,但也存在一些特殊问题,如国务院对地方性法规、自治条例和单行条例的备案监督似乎"有名无实"。除《立法法》的规定之外,《法规规章备案条例》对国务院的备案监督作出了相对具体的规定。但是,地方性法规以及自治州、自治县的自治条例和单行条例报国务院备案后,国务院却没有可采取的处理措施,因此当国务院认为地方性法规与行政法规相抵触时,仍要提请全国人大常委会审查处理,这一环节不仅过于烦琐,而且可能导致备案形同虚设。

针对上述问题,应考虑规定全国人大常委会在必要时授权国务院审查和撤销与行政法规相抵触的地方性法规、自治州和自治县的自治条例和单行条例,以增强备案制度的效力和撤销制度的可操作性。

此外,有观点认为对法律、法规和规章的清理也是立法监督的重要方式。如 1983 年 9 月和 1985 年 6 月,国务院先后发出通知,清理行政法规,共废止国务院(含原政务院)发布或者批准的法规 1604 件。[1] 1993 年宪法修正案第 7 条宣告"国家实行社会主义市场经济"后,国务院对当时有效的 684 件行政法规进行

---

[1] 参见李培传主编:《中国社会主义立法的理论和实践》,中国法制出版社 1991 年版,第 272 页。

全面清理。①《行政处罚法》颁布后,国务院、国务院各部门和各地方开展了法规、规章清理工作,截至 1997 年 11 月,省、自治区、直辖市和设区的市(以及自治州)的政府共修订规章 1570 多件,废止约 1200 件,国务院有关部门修订规章 210 多件,废止 30 多件。② 为适应改革开放和建立社会主义市场经济体制新形势的需要、为适应加入 WTO 的需要、为落实《行政许可法》和《监督法》的有关要求、为解决市场经济活动中出现的地区封锁问题、为解除对非公有制经济发展的限制等,我国还分别在 1994 年、2001 年、2003 年、2004 年和 2006 年等多次开展法规、规章清理工作。③ 为实现"到 2010 年形成中国特色社会主义法律体系"这一总体目标,2008 年,全国人大常委会率先对现行有效的法律进行了全面清理,通过"打包"方式废止法律 8 件,修改法律 59 件。2010 年,根据全国人大常委会的要求,国务院、各地人大常委会和人民政府都开展了法规、规章的清理工作。

根据实践情况,清理工作往往以集中废止和修改一批规范性法文件为目标和成果,有利于针对性地发现一些问题并予以统一解决,维护我国法制的统一和法律体系的和谐,也使立法监督和立改废工作得以有机结合。但以往的清理工作往往是因"大势所趋"而开展,不利于第一时间发现问题,且清理量大、积压问题多,又多是"限时"完成,因此工作质量和监督效果难以保证。因此,建立和完善清理工作的制度化规定、探索和形成清理工作的长效机制成为学者和实践工作者共同关注的问题。目前,《立法法》第 65 条第 2 款的规定往往被视为地方人大及时开展常规性法规清理工作的法律依据,但即便如此,清理的启动方式、工作程序、原则标准、结果效力等诸多问题在制度层面仍是空白。④

【小结】

立法监督是特定主体依照法定权限和程序,对立法过程及其结果进行审查,并对违宪违法立法活动进行处理的活动,须遵循系统、法定、全面、效率的原则,具有法定性和权威性,是法治立法、民主立法和科学立法的需要和体现。立法监

---

① 参见徐向华:《中国立法关系论》,浙江人民出版社 1999 年版,第 273 页。
② 参见刘莘主编:《国内法律冲突与立法对策》,中国政法大学出版社 2003 年版,第 176 页。
③ 参见蔡定剑:《法规清理:"不法之法"绳之以法》,载《中国新闻周刊》2007 年第 29 期。
④ 有关法律、法规和规章清理的研究,可参见夏菁、姜业清:《试论法规清理及其应遵循的原则》,载周旺生主编:《立法研究》(第 2 卷),法律出版社 2001 年版,第 321—329 页;刘武俊:《法规清理应该常规化》,载《检察日报》2008 年 1 月 28 日第 1 版;喻中:《行政法规的清理及其背后的法理》,载《人民政协报》2008 年 2 月 4 日第 B04 版;顾捷:《行政法规清理功能探讨》,载《法治论丛(上海政法学院学报)》2008 年第 6 期;雷斌:《地方性法规清理制度初探》,载《人大研究》2009 年第 5 期;李小健:《法律清理常态化之议》,载《中国人大》2009 年第 13 期;闫法:《法规清理的科学化:法规效果评估》,载《人民政坛》2009 年第 11 期;王锡锌:《规章清理"运动化"背后》,载《人民论坛》2010 年第 13 期等。

督根据内容、时间、条件等不同标准,可以有若干种分类。

立法监督有多元的主体,包括权力机关、国家元首、司法机关、专门机构、行政机关等;有双重的客体,包括立法过程和立法结果;有多样的方式,包括备案、批准、变更和撤销、违宪审查、立法复议等。在我国,立法监督制度经历了从萌芽到形成再到不断完善的发展过程。目前由《立法法》和《监督法》共同构建的立法监督制度对我国立法监督的主体、客体和方式作了较全面的规定,但仍存在程序粗陋、标准不明、责任缺失等问题。解决这些问题,需要在实践中继续勇于探索,在制度上力求不断创新。

【思考题与案例分析】

1. 2001年夏,某公司被两个部门规章"打架"搞得狼狈不堪,于是向国务院提请审查,并暗自庆幸:幸亏有了《立法法》。但材料交到有关部门一年多仍全无音讯。至于有关部门的受理和答复情况、审查结果的发布及其效力,其更是全然不知。该公司一位法律专业人士慨叹:"《立法法》给公民参与立法打开了一个窗口,可惜没有架好梯子,好像谁也够不到它。"全国人大常委会办公厅秘书局的陈建文女士告诉记者,公民可以直接写信给全国人大常委会办公厅秘书局综合处,提出具体建议和要求,工作人员经研究认为确需审查的,会转交给有关专门委员会,进入正式审查程序。审查期限是2个月。最后,综合处会把审查结果书面告知建议人。对于要提请国务院裁决的,可以将相关材料交给国务院法制办政府法制协调司,目前这个司正在制定相关的受理、审查程序,相信很快其对审查申请就会有一个有始有终的交代。

——辑自《立法违法告它去》,载《法制日报》2002年7月15日第5版。

结合2015年3月修正后的《立法法》第101条新增规定:"全国人民代表大会有关的专门委员会和常务委员会工作机构应当按照规定要求,将审查、研究情况向提出审查建议的国家机关、社会团体、企业事业组织以及公民反馈,并可以向社会公开。"请思考:如何进一步完善立法监督机关受理、审查立法监督要求或者建议的程序?

2. 2007年10月,某省人大常委会法工委办公室收到省人大信访办转来的某大学20位研究生联名来信,认为该省的《工伤保险实施办法》《外来从业人员综合保险暂行办法》中有关外来务工人员工伤保险的规定与国务院《工伤保险条例》相抵触,建议进行审查。收到来信后,法工委办公室与政府法制办及有关部门两次召开座谈会,并与来信学生代表当面沟通。经反复研究,在一个月后的书面答复中,法工委表示,上述暂行办法制定在国务院条例之先,当时居全国领先并发挥了积极作用。国务院条例出台后,在制定实施办法和修改暂行办法时也对地方性法规和政府规章与上位法的衔接问题作了研究,考虑到本地的综合保险包括了工伤、医疗和养老三方面,比上位法更全面,故暂未按上位法规定修改有关内容,但曾两次上调外来从业人员享受综合保险待遇的标准。本地将加快研究综合保险拆分后的应对措施,待全国出台有关外来从业人员医疗、养老等方面保障的统一政策后,及时修改相关规定。

上述实例中某大学研究生、人大常委会法工委、政府法制办及有关部门等分别扮演立法监督中的什么角色?你对此实例有何评价?

3. 某省人大常委会对于在规章备案审查中发现问题的纠错措施,目前一般做法是:法工委向常委会分管领导汇报,与市政府法制办沟通和协商,尽力予以补救和改正。如政府制定的某办法中超越地方性法规的规定设置了行政处罚。常委会法工委向政府法制办通报情况后,政府及时向市人大常委会提出了修改法规的议案,并通知政府有关部门在法规修改之前停止执行该规章条款。对上述做法你有何评价?本实例中的立法监督主体对立法监督对象可以采取哪些措施?

4. 根据某省规章备案审查办法的有关规定,规章备案的程序一般为:(1)政府法制办将附说明的政府规章(政府令)一式十份报送人大办公厅。办公厅转送法工委规章备案审查处(以下简称"规备处")进行报备程序审查、办文登记,并由规备处将规章分送有关专门委员会审查,审查期限为一个月。(2)有关专门委员会进行合法性审查后提出审查意见,送规备处汇总。(3)法工委有关处室按业务对口进行复核研究,提出复核意见送规备处汇总。(4)规备处汇总各方意见后再次复核研究,每半年向常委会分管副主任汇报,每年提出规章报备审查情况报告,提交主任会议讨论审定后,在召开常委会会议时书面印发常委会组成人员,同时以办公厅名义发文给市政府办公厅。其中如认为规章应当予以修改或者撤销的,由法工委提请法制委员会研究。法制委员会会议审议认为规章应当予以修改或者撤销的,报常委会分管领导同意后,由办公厅函告市人民政府办公厅,请市人民政府自行纠正;市人民政府在规定的时间内不予纠正的,由主任会议提请市人大常委会会议审议决定。你认为上述程序是否完备?有何建议?

5. 《监督法》实施以来……各地对备案审查工作高度重视,……有些地方出台了开展备案审查的地方性法规,设置了备案审查机构,……(全国人大常委会)法制工作委员会督促地方对不符合《监督法》或者其他法律规定的地方性法规进行修订、废止,并对地方在法规清理工作中新修改、制定的地方性法规进行了主动审查。……维护了国家法制的统一。""《监督法》通过后,各地……积极认真开展地方性法规清理,……有 56 个地方认为其制定的 208 件地方性法规存在与《监督法》或者其他法律不一致的问题,需要修订、废止。截至 10 月上旬,……已修订 74 件,废止 79 件;……正在进行审议或者已经列入立法计划的 42 件,……在地方自行清理的基础上,(全国人大常委会)对地方新修改、制定的 84 件地方性法规逐件进行了主动审查。……对这些(审查中发现的)问题,……我们与有关地方人大常委会分别进行了沟通,有关地方都表示将通过修正案或者制定新法规的形式尽快妥善解决存在的问题。"

——辑自全国人大常委会有关领导在 2008 年 11 月第十四次全国地方立法研讨会开、闭幕时的讲话。

你如何评价上述两段讲话中体现出的立法监督的做法？各地开展的法规清理和全国人大的主动审查分别属于哪种类型的立法监督？各有何利弊？立法监督还有哪些分类和方式？

6. 曾任中南大学校长的全国人大常委黄伯云说,科技部、教育部、财政部等部门规章的矛盾,过去多次出现。全国人大代表陈泽民举例说,生产饲料的添加剂氯化钠,也会遇到农业部批准、省盐业局禁止、省畜牧局又认为盐业局的禁止理由违背国务院相关条例的冲突。现行《立法法》作出了相应的裁决、审查规定,但收效甚微。修正案二审稿提出,全国人大有关的专门委员会和常委会工作机构可以对报送备案的规范性文件进行主动审查。全国人大常委王明雯建议将"可以"改为"应当"。她说:"'可以'是可以主动审查,也可以不主动审查,我认为应当进行主动审查,以避免备而不审的情况。"而备案审查的情况及时反馈并向社会公开,就是鲜活的法治教育案例,可以调动社会参与的积极性,也是"应当"。2015 年 3 月修正后的《立法法》第 99 条第 3 款规定:"有关的专门委员会和常务委员会工作机构可以对报送备案的规范性文件进行主动审查。"

——辑自欧阳艳琴:《〈立法法〉拟明确人大主动审查权》,http://china.caixin.com/2014-12-24/100767436.html,2015 年 8 月 1 日访问。

请结合上述实例,陈述立法监督的意义,分析如何构建立法监督机制才能够使裁决与审查制度发挥应有的作用。

7. 内蒙古自治区采取由自治区人大常委会各委员会对口提前介入呼和浩特和包头两市及三个自治旗的立法工作的做法,保证批准工作的顺利进行,避免对报请批准法规的大删大改;使两市和三个自治旗掌握自治区人大常委会对立法工作的要求,避免产生法规通过后又不能及时获得批准的被动局面。对确实不成熟或者有重大意见分歧的法规,不急于交付表决,也不通过作出不批准的决定来加以否决,而是经过协调由报请机关提出自行撤回。

——辑自黄伟:《对完善我区地方立法监督制度的几点思考》,载《理论研究》2006年第3期。

你认为提前介入的做法有何利弊?如何评价上述实例中对争议问题的处理办法?立法监督应具有哪些特征?应坚持哪些原则?

8. 2003年北京大学法学院三位博士建言全国人大常委会对国务院的《城市流浪乞讨人员收容遣送办法》进行审查,该办法终被废止。2004年5月,全国人大常委会法工委成立法规备案审查室,负责对审查要求和审查建议进行先期研究,确认是否进入启动程序,然后交由各专门委员会进行审查,是审查法规备案、下位法与上位法的冲突和抵触的专门机构。2002年,河北省农民王淑荣认为《河北省土地管理条例》第25条违反《土地管理法》第57条规定,先后给国务院法制办公室和全国人大常委会写信提出审查建议。全国人大常委会收信后致电河北省人大常委会,建议对有关规定进行修改。2005年5月河北省人大常委会审议通过了《河北省土地管理条例修正案》,原法规中的第25条被删除。

——辑自《北大五教授致信全国人大建言废改〈拆迁条例〉》,http://news.dichan.sina.com.cn/bj/2009/12/08/94643.html,2015年8月1日访问;《王淑荣:农村老太扳倒省级条例》,http://news.sina.com.cn/c/2005-08-10/17227463211.shtml,2015年8月1日访问。

你认为这些事件对我国的立法监督制度及其实践有何影响?全国人大常委会采用"致电"的方式行使立法监督权反映出什么问题?

9. 符合政策的夫妇要生二胎,以前享受的独生子女费要不要退?郑州一位市民遭遇的这个并不复杂的问题,无意中暴露了相关规定在"打架"。按照国家部委通知,不必退还;而社区工作人员按照河南省人大2014年5月新修订的人口与计划生育条例,要求退回。一时争执不下,让人无所适从。

——辑自《"法律打架"别让群众"躺枪"》,载《人民日报》2014年11月26日第05版。

2015年修正后的《立法法》第95条第2项规定,"地方性法规与部门规章之间对同一事项的规定不一致,不能确定如何适用时,由国务院提出意见,国务院认为应当适用地方性法规的,应当决定在该地方适用地方性法规的规定;认为应当适用部门规章的,应当提请全国人民代表大会常务委员会裁决……";第98条第2项规定,"省、自治区、直辖市的人民代表大会及其常务委员会制定的地方性法规,报全国人民代表大会常务委员会和国务院备案……",第4项规定,"部门规章和地方政府规章报国务院备案……"。你认为应进一步采取哪些措施有效解决前述部门规章与地方性法规之间的冲突问题?

10. 2004年深圳市制定了规范性文件的指导规则,规定在国家新的法律、法规颁布后,市政府各部门应当在三个月内清理有关规范性文件,及时对现行规定作出修改或予以废止。深圳市法制办副巡视员黄新山表示,他们把立新法与修旧法放在同等重要的位置,建立了定期清理的制度,目前法规规章"打架问题"得到了较好解决。你对深圳市的做法作何评价?对法律、法规清理工作有何意见和建议?

——辑自《被火车撞最多赔300元?——1.3万件法规规章接受"体检"》,载《江南时报》2007年3月29日第6版。

【课外阅读文献】

1. 侯淑雯主编:《新编立法学》,中国社会科学出版社2010年版,第183—201页;

2. 周旺生:《立法学》,法律出版社2009年版,第324—356页;

3. 张永和主编:《立法学》,法律出版社2009年版,第180—211页;

4. 朱力宇、张曙光主编:《立法学》,中国人民大学出版社2001年版,第207—224页;

5. 管仁林、程虎:《发达国家立法制度》,时事出版社2001年版,第207—239页;

6. 乔晓阳主编:《立法法讲话》,中国民主法制出版社2000年版,第298—316页;

7. 徐向华:《中国立法关系论》,浙江人民出版社1999年版,第68—75页、第270—273页;

8. 李步云、汪永清主编:《中国立法的基本理论和制度》,中国法制出版社1998年版,第359—398页;

9. 张善恭主编:《立法学原理》,上海社会科学院出版社1991年版,第186—202页;

10. 李长喜、陈赞伟:《中国立法监督制度之演变》,载周旺生主编:《立法研究》(第2卷),法律出版社2001年版;

11. 李长喜:《立法监督:概念、制度与完善》,载周旺生主编:《立法研究》(第1卷),法律出版社2000年版;

12. 丁国卿:《我国立法监督制度的现状及其完善》,载《江西社会科学》2008年第1期;

13. 李湘刚:《目前我国行政立法监督机制探讨》,载《行政与法》2007年第2期;

14. 宗盼:《英国的行政立法监督体制》,载《法制与社会》2007年第8期;

15. 湛中乐:《论对行政立法的监督与控制》,载《国家行政学院学报》2004年第3期;

16. 孙潮、荆月新:《论立法监督》,载《政治与法律》1995年第4期。

第三编
立法技术

> 如果说民法准则只是以法的形式表现了社会的经济生活条件,那么这种准则就可以依情况的不同而把这些条件有时表现得好,有时表现得坏。①
>
> ——恩格斯

---

① 《马克思恩格斯选集》第4卷,人民出版社2012年版,第259页。

第十章 立法技术概述

【本章提要】

立法技术是立法者和起草者在立法文件制作过程中构思并表述立法政策、立法原则以及法律规则等的方法和技巧。根据不同的标准,立法技术具有多种分类。完善的立法技术不仅是法制文明的重要标杆,而且是推进良法善治的技术之道。

【主要教学内容】

1. 基本概念:立法技术;
2. 基本知识:立法技术的种类;立法技术的功能。

【教学目标】

1. 了解有关立法技术的各种界说;
2. 把握立法技术的基本含义和种类;
3. 阐述立法技术的功能以及在立法实践中的体现。

第一节 立法技术的界定及种类

在我国,"立法技术"迄今并非立法术语而只是法学术语,学界赋予其多样分类。

一、立法技术的界定

"立法技术"中的"技术"一词源于自然科学,但其外延呈现出不断扩大的态势。尽管2010年版《辞海》依然将"技术"诠释为"根据生产实践经验和自然科学原理而发展成的各种工艺操作方法和技能"[①],但与科学日趋交融的现代"技术",既不再指称中国古代"黔驴之技"中的"技",也不再等同于17世纪英国所定

---

① 《辞海》(第六版缩印本),上海辞书出版社2010年版,第854页。

义的应用技术,而是作为"人类改变或控制客观环境的手段或活动"①,渗透到包括脑力劳动在内的人类一切活动领域。诚如当代最有影响的技术哲学家、法国著名学者雅克·埃吕尔教授所言,现代技术已经囊括一切,因而人类已不再生存于原始的自然环境而生活在一个新的人工环境中,人们的心理状态已完全为技术价值所统治。②

就"立法技术"而言,中外学者赋予其丰富多样的论述。

以立法技术的基本属性而言,"活动说""过程说""规则说""方法技巧说"是最具典型的四种通说。其中"活动说"将立法技术视作一种特殊的活动。如罗马尼亚法学家纳舍茨认为,"广义的立法技术是国家制定法律的细则、表达法律规范的内容和形式方面的特殊活动。"③立法技术的"过程说"着眼于立法原则和法律条文的转换过程。如我国台湾地区立法学者罗成典将立法技术表述为,"乃依照一定之体例,遵循一定之格式,运用妥帖之词语(法律语言),以显现立法原则,并使立法原则或国家政策转换为具体法律条文之过程。"④"规则说"则将立法技术定性为特定的"规则",持该说的苏联和东欧学者较多。如苏联法学家科瓦切夫和凯里莫夫分别将立法技术界定为,"确定如何建立法的结构的规则的总和","是在一定的立法制度中,历史地形成最合理的制定和正确表述法的规定和条文以达到最完善表述形式的规则的总和。"⑤中国和美、英学者多倾向于"方法技巧说",即将立法技术作为一种专门的方法和技巧来看待。如我国立法学专家吴大英研究员等将立法技术界定为"在立法工作的实践过程中所形成的方法、技巧的总和"⑥;谷安梁先生将立法技术进一步精确化为"在立法工作实践中形成的关于立法工作的方法和技巧"⑦;曹叠云博士则在认同立法技术是一种方法和技巧之总合的同时,强调"立法技术不同于立法技术法规,……还不同于立法技术立法"⑧,因为立法技术本身并非都表现为"规则",亦不是一种"活动"。我国台湾地区学者罗传贤将立法技术定义为"应用法学原理,依照一定的体例、遵循一定

---

① 刘军平:《法治文明与立法科学化》,载《行政与法(吉林省行政学院学报)》2006年第4期。
② 转引自梅其君:《埃吕尔的技术环境论探析》,载《江西社会科学》2008年第2期。
③ 〔罗马尼亚〕纳舍茨:《法的创制——理论和立法技术》,布加勒斯特1969年版。转引自吴大英、任允正:《比较立法学》,法律出版社1985年版,第207页。
④ 罗成典:《立法技术论》(修订四版),台湾文笙书局1992年版,第1页。
⑤ 〔苏联〕科瓦切夫:《社会主义国家的立法机制》,莫斯科1977年版;〔苏联〕凯里莫夫:《法典编纂和立法技术》,莫斯科1962年版。转引自吴大英、任允正:《比较立法学》,法律出版社1985年版,第207—208页。
⑥ 吴大英、任允正:《比较立法学》,法律出版社1985年版,第207页。
⑦ 谷安梁:《立法工作概论》,蓝天出版社1990年版,第251页。
⑧ 曹叠云:《立法技术》,中国民主法制出版社1993年版,第34页。

的格式,运用妥当的词语,以显现立法目的,并使立法原则或国家政策转换为具体法规条文的技巧","简言之,所谓立法技术即达成立法目的之手段与技巧。"①

以立法技术的外延范围而言,"广义说""狭义说""中义说"是最为常见的三种界说。所谓广义上的立法技术,指"同立法活动有关的一切规则",包括规定立法机关组织形式的规则、规定立法程序的规则和关于立法文件的表述和系统化规则等。② 狭义上的立法技术仅仅指称立法文件的表述和系统化规则,③"仅指法在起草、制作、修改、废止以及文体选择和系统化过程中的技术内容"④。介于广义和狭义之间的"中义说"则认为,立法技术既不仅仅指法的表述技术,也并不涵盖所有与技术有关的问题。如台湾地区著名法学家陈顾远先生认为,"盖立法技术云者,乃出于立法工作上一种技巧,而用来实现立法使命之方法,增加条文效用之手段","在形式用语的格调之选择,次序之排列,字句之推敲,自可称之为立法技术。但在实质上,立法技术之运用,并不以此为限。"⑤北京大学法学院周旺生教授也在认同"整个立法活动过程的绝大多数环节上都有技术问题"的同时,强调服务于法案起草的"法的构造无疑是立法技术中非常重要的内容"⑥。

本教材涉及的立法技术仅限于立法文件的制作阶段。

任何一部好的文字作品的写就必然包括构思和表述两个阶段。若不假思索提笔就写,或离题万里,或逻辑混乱,或啰唆累赘;若反复思考但不落笔墨,创作便滞留于脑海,作品则无法面世。法的起草同样如此,也需经过两个任务不同、前后相继的阶段,即立法文件的设计阶段和表述阶段。

若要制作一部良法,首要的不是寻找最佳的文字载体,而是深思熟虑的设计。如果仅仅具有极强的文字驾驭能力,但无周详精当的设计,起草一部好法只是空中楼阁,可望而不可即。如1997年修订的《刑法》第236条第2款规定:"奸淫不满十四周岁的幼女的,以强奸论,从重处罚。"根据该条第1款关于对强奸犯"处三年以上十年以下有期徒刑"的规定,奸淫幼女但不具备该条第3款规定的"奸淫幼女多人的"或者"二人以上轮奸"的情形的,最高仅可判处十年有期徒刑。然而,该法第360条第2款却规定:"嫖宿不满十四周岁的幼女的,处五年以上有

---

① 罗传贤:《立法程序与技术》,台湾五南图书出版有限公司1997年版,第6、29页。
② 参见吴大英、任允正:《比较立法学》,法律出版社1985年版,第208页。
③ 参见张善恭主编:《立法学原理》,上海社会科学院出版社1991年版,第204—206页。
④ 孙敢、侯淑雯主编:《立法学教程》,中国政法大学出版社2000年版,第208页。
⑤ 陈顾远:《立法要旨》,1942年版,第56页。转引自曹叠云:《立法技术》,中国民主法制出版社1993年版,第30页。
⑥ 周旺生:《立法论》,北京大学出版社1994年版,第181、183页。

期徒刑,并处罚金。"根据《刑法》总则第 45 条关于"有期徒刑的期限,……为 6 个月以上 15 年以下"的规定,嫖宿幼女的,最高可判处十五年有期徒刑。我国自古以来的立法思想就是"举重以明轻,举轻以明重",但《刑法》的上述两条规定却"从轻发落"主观恶意程度强、社会危害性大的奸淫幼女犯,而"严厉惩处"主观恶意程度相对较弱、社会危害性相对较小的嫖宿幼女犯。又如 1993 年施行的《反不正当竞争法》第 5 条第 4 项仅认定"对商品质量作引人误解的虚假表示"的才是不正当竞争行为。问题是,"虚假表示"未必"引人误解",如"今年 20,明年 18"的广告;而"引人误解"的却又可能是"真实表示",如某国一家面包商在法律明令禁止在面包食品中添加柔软剂的前提下在店堂内悬挂"本店出售的面包不含柔软剂"的标牌,这一告示的内容无疑是真实的,但却极有可能误导消费者:其他面包商出售的面包含有柔软剂。由此可见,周全缜密的设计对制定一部好的立法文件是至关重要的。

当然,设计是完美无缺的,但却没有强而专业的立法语言表达能力,要制作一部善法,同样是海市蜃楼,可望而不可即。如《刑法》第 210 条第 1 款规定,"盗窃增值税专用发票或者可以用于骗取出口退税、抵扣税款的其他发票的,依照本法第二百六十四条的规定定罪处罚。"尽管此条文的立法原意是追究盗窃"其他发票"以骗取出口退税、抵扣税款行为的刑事责任,但令人误读的是,难道我国存在一种"用于骗取出口退税、抵扣税款的发票"? 以致 2005 年 12 月全国人大常委会不得不通过"法律解释"的方法予以澄清,"刑法规定的'出口退税、抵扣税款的其他发票',是指除增值税专用发票以外的,具有出口退税、抵扣税款功能的收付款凭证或者完税凭证。"[①]又如 2001 年修正的《婚姻法》在总则第 3 条第 2 款规定,"禁止有配偶者与他人同居"。让人误会的是,若一名已婚男士出差时与另一名男同事合住双人间,不就是"有配偶者与他人同居"吗? 为此,最高人民法院不得不在 2001 年 12 月出台的司法解释中予以廓清,明确"婚姻法第三条……规定的'有配偶者与他人同居'的情形,是指有配偶者与婚外异性,不以夫妻名义,持续、稳定地共同居住。"[②]可见,明白准确的表述对制定一部好法同样不可或缺。

正因为如此,立法者或者起草者在立法文件制作的两个阶段中必须分别扮

[①] 《全国人民代表大会常务委员会关于〈中华人民共和国刑法〉有关出口退税、抵扣税款的其他发票规定的解释》(2005 年 12 月 29 日第十届全国人民代表大会常务委员会第十九次会议通过)。
[②] 《最高人民法院关于适用中华人民共和国婚姻法若干问题的解释一》(2001 年 12 月 24 日由最高人民法院审判委员会第 1202 次会议通过)第 2 条。

演设计师和建筑师的角色,"承担传达者和政策转换者的双重任务"[①]。不同的是,设计师只要精通设计技术,略知建筑技术即可,建筑师只要熟谙建筑技术,略知设计技术即可,但立法者却必须既有精湛的设计技术,又有高超的表述技术。

以立法文件的制作过程而言,立法技术包括设计技术和表述技术两大类。[②]所谓立法的设计技术,是立法者和起草者在思维领域中构思、设计立法政策、立法原则以及法律规则等的方法和技巧;所谓立法的表述技术,是立法者和起草者对既定的立法政策、立法原则以及法律规则等的构思和设计配备最佳文字载体的方法和技巧。

综上,本教材研究的立法技术,专指立法文件制作过程中立法者和立法文件起草者构思并表述立法政策、立法原则以及法律规则等的方法和技巧。这一界定主要明确了如下若干要点:

第一,在属性上,本教材探讨的立法技术仅仅框定于立法的方法和技巧而不伸展于立法的活动或者过程。

第二,在外延上,本教材分析的立法技术仅仅涉及立法文件制作阶段中的专门方法和技巧,而非泛泛探讨整个立法活动中的一般方法和规则。需说明的是,一则,应对"立法文件的制作"作广义的理解。此处的"制作"包含新立法文件的制定和原立法文件的变动两大部分。二则,应将制度范畴的方法和技术范畴的方法予以区分。的确,同立法有关的一切活动固然都涉及技艺和方法性的规则问题,如立法权限的专有和共有配置方法,通过法律草案的特别多数、绝对多数和相对多数计算规则等。然而,如果将这些含有技术因素的方法和规则视为立法技术本身的话,不少立法组织的建构规则及其权限配置规则和程序运行规则势必与立法文件的制作方法技巧之间形成研究对象的重合,导致研究原理和方法的非针对性和研究结论的非精确性,并进而因制度范畴与技术范畴的可能混淆导致立法学体系的不严密完整和非逻辑自洽。[③]

第三,在种类上,本教材论述的立法技术不同于当下我国较为流行的纵向和横向立法技术的划分,而是将立法技术从限于"平面"的法的构造和语言表述单一层面的技术拓展至"立体"的立法文件设计和表述两个层面的技术。这种立体的立法技术界定与美国立法学家安·赛德曼教授、罗伯特·鲍勃教授和斯里兰

---

① 〔美〕安·赛德曼等:《立法学理论与实践》,刘国福等译,中国经济出版社2008年版,第30页。
② 有关立法文件制作技术包括设计和表述两类方法和技巧的观点由孙潮教授于1993年提出。相关论述参见孙潮:《立法技术学》,浙江人民出版社1993年版,序言第1—3页、第1—10页。
③ 参见张善恭主编:《立法学原理》,上海社会科学院出版社1991年版,第205页。

卡法律起草人那林·阿比斯卡研究员的观点不谋而合,"'法律起草技能'一词表示两种不同但有关系的技能:起草者用来起草清晰、不含糊的法案的语言及其他技能;将政策转化为可有效实施的法律的技能。"①

第四,在规范力上,本教材涉及的我国立法技术基本处于非规范状态。尽管我国已开启了立法技术规范化的进程,《全国人大常委会2010年立法工作计划》已将"加强立法技术规范研究和应用工作,抓紧立法技术规范(试行)(二)的研究工作"作为"积极推进立法民主化和科学化"的一项重要工作予以部署,②全国人大常委会法制工作委员会于2009年10月拟定的《立法技术规范(试行)(一)》已供各地起草法案时参考,广东省人大常委会主任会议原则通过的《立法技术与工作程序规范(试行)》亦于2007年12月1日起施行,然而,本教材论及的立法技术更多的尚归属于"应然"之列。严格而言,除了《立法法》第61条对法律的标题和篇、章、节、条、款、项、目之结构及其序号、《行政法规制定程序条例》第4条、第5条和第29条以及《规章制定程序条例》第6条、第7条和第32条分别对行政法规和规章的命名、篇章结构及序号、施行日予以了规范之外,我国目前并没有一整套具有规范约束力的,诸如罗马尼亚国务委员会批准的《规范性文件草案的制定和系统化的立法技术总方法》、美国统一州法典委员会执行委员会通过的《统一法案或者示范法案起草规则》之类的"立法技术规范"。只有当源于立法文件制作经验和语言学表述规则的方法和技巧上升为法的规则时,只有当我国具有了专门的规范立法文件制作方法和技巧的立法文件时,"立法技术"才真正具有规范性。换言之,只有当"参考性"的试行规则或者"应然性"的"立法技术"转换成"强制性"的"立法技术规范"时,立法技术定义中的"应当遵循的方法和技巧的总和"才更具恰当性。

二、立法技术的种类

类别的划分取决于分类的标准。根据不同的划分标准,本教材涉及的立法技术可以进行如下分类:

---

① 〔美〕安·赛德曼等:《立法学理论与实践》,刘国福等译,中国经济出版社2008年版,第3页。
② 《全国人大常委会2010年立法工作计划》(2009年12月14日第十一届全国人民代表大会常务委员会第三十五次委员长会议通过,2010年3月30日根据第十一届全国人民代表大会第三次会议精神修改),http://www.npc.gov.cn/npc/xinwen/2010-07/06/content_1581057.htm,2010年9月18日访问。

（一）根据立法技术作用的立法文件制作过程不同，可以分为立法的设计技术和立法的表述技术

立法的设计技术包括选择立法对象，判断立法时机，决策立法价值取向、立法政策和立法措施，控制立法成本等的方法和技巧。

法律结构安排中的"同一内容同一结构单位集中规定"、法律条文构造中的"定义条文排列于易于发现、便于使用的位置"和法律语言选择中的"多用短句少用长句"等方法和技巧均归属立法表述技术之列。

（二）根据立法技术服务的对象不同，可以分为立法文件的制定技术、修改技术和废止技术

制定技术是指创制新的立法文件的方法和技巧。诸如立法文件命名以及简称技术、非规范性条文的排列技术、法律责任条文的集中或者分散排列技术、立法文件的编纂技术。

修改和废止技术是指变动现行立法文件或者让现行立法文件失效的方法和技巧。诸如立法文件的清理技术、汇编技术、修正立法文件和修订立法文件的不同生效日期技术、增加或者废止法律条文的连贯序数技术、废止立法文件的"日落条款"技术或者"有效期"条款技术。

当然，不少立法技术并非"立"的特有技术，也非"废""改"旧法的专门技术，而是适用于法的制定和修改的通用方法和技巧。诸如结构排列顺序中的"理解前一条文不借助在对后一条文理解基础之上"的技术，不同法律规范的选择技术、准用性条文的表述技术、列举时的"复杂同位"句法结构技术、字词使用的"一致性"技术。

（三）根据立法技术实现的直接目的不同，可以分为立法的系统化技术和立法的文本技术

立法的系统化技术是指对现行规范性法文件群体进行清理、汇编和编纂等整理，使之统一、协调、科学化和完善化的方法和技巧。

立法的文本技术是指制作单个规范性法文件时的内外结构安排、法律语言选择、法律条文构造等处理，使之明确、简练和严谨的方法和技巧。

第二节　立法技术的功能和作用

立法是一门科学。

人类自从进入了成文立法的时代之后，就自觉或者不自觉地开始了立法技术的研究并使用。应该说，成文立法的发展与立法技术的发展始终同步。然而，

在现代,立法技术的研究和运用在世界范围内得到更为普遍的重视,并呈现出如下发展态势:①

第一,立法技术研究主体的多元化。研究主体不仅有国家机关,也有民间组织和学术机构,还有国家机关和教育部门联合组建的专门研究机构。前者如澳大利亚的法律改革委员会。该委员会是根据1973年议会制定的《法律改革委员会法》而设立的法定独立机构。作为联邦政府唯一的综合法律改革委员会,其主要职能是为"消除成文法瑕疵,推进法律简洁化""编纂法律,推进法的系统化"提出建议。其于1992年对澳大利亚商法、家庭法和政府法等的改革建议,大大推进了该国法律标准化和现代化的进程。委员会提出的各项建议中的60%以上得以采纳和实现。如今,加拿大、新西兰等英联邦中的32个国家都相继成立了法律改革委员会,以在组织和制度上促进法的完善。② 在越南,国民大会常务委员会设立了下属立法研究院。在我国,2003年上海市人大常委会率先在地方人大设立了下属立法研究所。中者如美国的全美统一州法典委员会。该委员会成立于1892年,是美国目前唯一的、非官方的、准立法性的州际立法研究组织。在过去的120多年间,为致力于消除联邦制下的州际法律冲突,维护并促进经济发展,该委员会不仅起草了200多部统一法典,其中多数已被各州议会全部或者部分采纳或者批准,③更重要的是,其于1968年制定并颁布了《统一法案或者示范法案起草规则》,并先后于1983年、1991年、1997年和2006年进行修订,为各州在众多相关领域中法律的统一化作出了非凡的贡献。在我国,全国首个立法研究所和立法技术研究中心于1993年在华东政法学院(现已改名为"华东政法大学")成立。之后,北京大学立法学研究中心、厦门大学立法学研究中心于2000年和2008年相继成立。2010年9月,中国法学会立法学研究会宣告成立。这些学术机构均已成为我国立法学以及立法技术研究的重要基地。后者如中南财经政法大学与湖北省人大常委会联合组建的"湖北地方立法研究中心"于2003年7月9日成立,南昌大学与江西省人大常委会法制工作委员会共同组建的"江西地方立法研究中心"于2005年6月14日成立。此类由高校和省级地方人大常委会共建的学术机构更能实现立法理论和立法实践的充分结合,在为地方立法提供理论和技术的支持上更具优势。

---

① 除另有注释之外,本部分素材参见孙潮:《立法技术学》,浙江人民出版社1993年版,第19—23页。
② 参见徐向华:《中国立法关系论》,浙江人民出版社1999年版,第332—356页。
③ 参见徐向华:《一个致力于消除州际法律冲突的民间实体》,载《中国法学》1993年第6期。

第二,立法技术研究模式的国际化。1985—1987 年,作为两大法系代表的英国和法国的立法专家们多次召开立法技术研讨会,系统研究英吉利海峡两岸国家的立法在技术上的差异和趋同,提出了准确、严谨、简洁、逻辑等立法技术要求。近年来,我国围绕着"法案的影响评估""立法后评估""矿山安全立法的设计"等立法技术议题与其他国家的立法机构成员、立法专家和学者进行了广泛交流和深入探讨。如 2006 年 3 月于上海召开的中美立法技术比较研讨会、2007 年 4 月于重庆举行的中美立法技术国际研讨会、2008 年 6 月于北京举办的中加立法国际研讨会。

第三,立法技术教育的职业化。在美国,著名的哈佛大学法学院、哥伦比亚大学法学院等均设立了立法研究机构,开设了"法律起草"课程。尤其是地处华盛顿特区的乔治顿大学法学院专门聘请国会立法专家主讲"法律起草"课程,系统传授法律起草的原则、操作技术等专业知识。在加拿大,除了渥太华大学法学院开设"法律起草"课程之外,多伦多大学法学院设立了立法学硕士学位,为培养法律起草人员和专家进行系统的职业化教育。在我国,各法学院校纷纷对本科生开设"立法学"课程,尤其是华东政法大学早在 1992 年便专门开设了"立法技术学"课程。中国社会科学院法学所、北京大学和上海交通大学等法学院校还专门培养立法学方向的研究生。

第四,立法技术研究的成果化。英、美、加拿大、澳大利亚、日本等国出版了数量可观的立法学、立法技术或者立法语言方面的著作,如美国著名立法学家 Reed Dickerson 的 *Legislative Drafting*(1977)、曾先后担任加拿大联邦政府法律起草人和司法部副部长的 Elmer A. Driedger 教授的 *The construction of statutes*(1974)、法律语言学的开山鼻祖 David Mellinkoff 教授的 *The Language of the Law*(1963)、日本立法学者川口赖好先生的《立法技术与理论》(1963)、山本庸幸先生的《实务立法技术》(2006 年版),此外还有我国台湾地区"立法院"前副秘书长罗成典先生的《立法技术论》(1988)、罗志渊与蔡明钦两教授合著的《立法技术》(1993)。至于相关的学术论文更是不计其数。在英国,成文法协会出版的《成文法季刊》系统发表立法学和立法技术的研究成果。在我国,作为法学界顶级期刊之一的《中国法学》前后开设了"立法学研究"和"立法与司法研究"专栏,刊登了一批专事立法技术研究的力作。吴大英、曹叠云先生的《立法技术论纲》、郭道晖先生的《法律修正方略述评》、孙潮先生等的《关于法律附则制作技术的几个问题》、周伟先生的《地方性法规名称标准化与规范化要论》、周旺生先生的《论法律但书》和徐向华女士等的《倍率式罚款的特定基数和乘数倍率之实证研究》等论文为我国立法技术提高及其运用提供了学术支持。

  第五,立法技术内容的规范化、标准化和流程化。一方面,一些国家和地区将成熟和科学的立法技术予以规范化,并强制性地适用于立法文件的制作活动。如我国台湾地区"立法院"早在1974年认可《法律统一用字表》和《法律统一用语表》,以统一法案起草中的用字和用语,力戒望文生义。近年来,我国河南、辽宁、江苏、广东等省级人大常委会先后规范了地方性法规的立法技术。如2006年1月吉林省第十届人大常委会第二十次主任会议通过了《吉林省人大常委会立法技术规范》,对地方法规的名称、内容、语言和修改方式等四方面内容作出具体规定。此外,一些省级人民政府也将地方政府规章的制定技术予以规范化。如2008年6月10日重庆市人民政府第十次常务会议通过了《行政立法基本规范(试行)》,该规范已自2009年1月1日起施行。另一方面,一些国家和地区的议会工作机构制定法律起草手册,推进立法的标准化。在美国威斯康星州,州议会的立法起草和咨询局(Legislative Reference Bureau)制定并每两年修订一次《法案起草手册》(Bill Drafting Manual),对起草规则以及法律的布局、格式、用语、特别条款、草案说明等要点都有详细的说明。科罗拉多州、华盛顿州、佛罗里达州、亚利桑那州、北达科他州、特拉华州等州议会也都有本州的法案起草手册。尽管这些手册的内容并不具有约束力,但其对不同起草者如何起草出具有标准化格式和统一表述模式的法案而言,具有很强的指导性和实用性。再一方面,一些国家和地区在设计过程中针对立法的必要性和可行性引入流程化的评估立法技术。在美国,一些州议会建立了法律草案财政影响估算制度,[1]要求州政府机构对由其提交议会审议的、符合估算条件的法律草案可能产生的年度财政影响作出分析。该估算分析既要包括新规定可能引发多大的财政开支,也要涵盖新措施可能带来多少的财政收入;既要对长期的财政影响予以提示,也要对一次性的财政影响作出特别说明。这种对已进入议会审议程序的法案贴上"价格标签"的目的,就是为了提升立法的设计质量,在法案正式通过之前及时修正不当规则,避免法律出台后再去评估其合理性和可实现性。在荷兰,负责对由中央政府机构提交国会的法律草案进行初步审查的司法部于1997年发布了《法律草案的可管理性和可执行性检测方法手册》,明确要求负责起草的政府部门按照手册所提供的调查表及其15大类问题,着重评估该草案对经济的潜在影响、对环境的潜在影响、对负责实施该草案的机构的预期影响以及该项立法的预期效果。其

---

[1] 参见徐向华:《中国立法关系论》,浙江人民出版社1999年版,第316—331页。

中对法案的预期遵守程度和可执行程度一个问题要从 55 个方面予以说明,对法案实施所导致的法院工作量的影响一个问题要从 67 个方面作出评估。政府起草部门所完成的上述评估必须作为该法律草案的说明或者注释的必备部分,以确保国会及时了解各种决策信息、理性决断立法政策、合理选择法律措施以及清晰判断立法的预期效果,为检测法的可行性、提高法的可操作性提供了流程化的立法技术支撑和保障。[①]

综上,立法技术的提高和运用无疑已成为全球性的重大课题。的确,在现代社会,迅猛发展的高新科技、超大规模的社会生产、广泛深入的国际交往以及由此产生的不断细密的社会分工、日新月异的社会关系、渐趋强化的社会关联和复杂多变的利益关系,都不断触动和引发法律功能的扩张和法律调整的广泛,法律愈发成为人类生存和发展的必备条件和正式制度。然而,法律调整范围的扩大、调整手段的交叉和调整功能的复杂在客观上都极易导致立法政策上的误判、偏差和表述上的疏漏、矛盾。法律上的任何瑕疵都会导致人们行为失范、权利义务关系失调、权力权利关系失衡、资源配置失控、制度创设不当、公平正义受损,进而引发一国或者一定区域政治、经济和文化的危机乃至动荡。由此,各国政治家和法学者们普遍认为,立法危机在现代并未缩小反而呈扩大之势。究其缘由,立法技术的落后和运用失当无疑是重要因素之一。因此,人类必须优化立法技术、强化立法技术,并借助专业而精湛的技术手段使所立之法臻于正当化、科学化和权威化。现代社会是法治社会。法律作为一种公共产品,必须件件是精品,绝不能是合格品,更不能是次品。唯如此,人类社会才会因良法而善治,社会才会因善治而进步。

概括而言,立法技术的功能和作用主要体现为:

一、为公共政策转化为可以实施的法律提供科学创造的方法

立法的基本目的之一是将特定的公共政策转化为法律。判断立法质量高低和立法效果优劣的基本标准是转化为法律的公共政策能否得以有效实施,成为人们一体遵行的行为规则并推进社会发展的法治手段。因此,立法起草者的首要任务就是凭借特定的方法和技巧,将经过科学决策的、符合善治和社会发展目标的公共政策技术性地转化为具备有效实施"基因"的法律。

的确,由于政策具有抽象、多变和非规范的特性,而成文法必须具备具体、稳

---

① 同上书,第 292—315 页。

定和确定的基本属性,因而政策向法律的转换绝不是简单模仿,更不是照样复制,两者之间是需要复杂化过渡的。其间,不仅需要判断某项公共政策调整的一般社会关系能否予以法的特殊调整,而且必须决策某项公共政策转化为法律的各项条件是否具备以及时机是否恰当,更重要的还要在设计法律关系、构思法律内容、安排法律措施的过程中取舍、提炼并规范化既定的公共政策。换言之,立法起草者为了确保具有特定实施要求的法律真正体现政策的实质,确保法律化的公共政策得以有效实施,必须运用专门的立法设计技术,围绕着能否立法、是否立法和如何立法三大问题,直接参与并创造性地完成相关公共政策的实施程度、步骤和方式的设计。

由此,如果说当今的立法起草者已不再是传统意义上的公共政策的传播者,而是"将政府政策要义转换为法律形式和细节的责任者"[1]的话,那么,立法设计技术就是公共政策合法化的科学方法,是责任人创造性地将政策转化为可实施法律的最佳"转换器"。

二、为法律规则保持准确清晰的品格提供最佳载体的配备

与社会关系调整系统中的其他手段不同,法的调整是一种特殊调整。首先,法的调整是类的调整而非个别调整。作为具有普遍属性的行为规范,法所设定的内容仅仅是同类社会关系的共性而完全舍弃同类社会关系中的个性;法所适用的对象是一般的人及其行为而非特定的人及其行为,"法律的对象永远是普遍性的"[2]。其次,法的调整是预期调整而非不可预见调整。作为具有确定属性的行为规范,法在每个规范上不仅事先为人们提供行为的标准尺度,而且同时告知行为的法律后果,并确保特定的行为和后果之间具有稳定的因果联系性;[3]法在整个体系上保持适度的稳定,"是一种不可朝令夕改的规则体系"[4],以充分实现并保障其可预见的特性。

由此,"明确"即"准确无误和明白清晰"便是表述法律规则的第一要义。一方面,规则的表述必须准确无误,即忠实吻合法律"产商"的原意而非偏差或者背离,力戒立法原意和语言符号之间的错位,避免语言要素使用不当导致歧义,从

---

① 〔美〕安·赛德曼等:《立法学理论与实践》,刘国福等译,中国经济出版社 2008 年版,第 4 页。
② 〔法〕卢梭:《社会契约论》(第 2 版),何兆武译,商务印书馆 1980 年版,第 50 页。
③ 参见徐国栋:《民法基本原则解释——成文法局限性之克服》,中国政法大学出版社 1992 年版,第 136 页。
④ 〔美〕E. 博登海默:《法理学——法律哲学和法律方法》,邓正来译,中国政法大学出版社 1999 年版,第 402 页。

而实现法的普遍的类的调整;另一方面,规则的表述必须明白易懂,即充分便于所有法律"用户"的理解而非含混不清、模棱两可甚至晦涩难懂,确保法律规范的可读、可懂和可操作性,保障法律条文、法律文件乃至法律体系的协调一致,从而实现法的确定的预期调整。

如果说,立法的设计技术服务于将公共政策创造性地转化为立法政策的构思,并进而服务于将一般社会关系专业化地抽象为特殊法律关系的设计,那么,立法的表述技术则承担起将这些构思设计以文字载体的方式准确缜密、清晰易懂、逻辑彻底、系统协调地表达和传播。

三、为人类社会实现良法善治的文明提供技术基础的通道

良法善治是人类社会的美好憧憬和文明水平的重要标志。

法律的应然普遍性和确定性要素并不必然等同于现实中对专断暴政的有效扼制,对自由正义的始终捍卫;法律事实上的必不可少的社会制度角色并不必然产生出具有高度助益和良性的社会效果。毕竟,法有善恶之分,有法制并非就有善治,"没有清晰的证据证明法律与发展之间存在必然的相互因果关系。"[①]

因此,提高立法质量,生产善治之良法,便是立法者的永恒追求和神圣使命。这一目标的实现,除了立法理论的进步、立法制度的完善之外,立法技术的优良便是不可或缺、极其重要的基本之道。

一国立法技术的高低直接关系到该国法的质量优劣。人类法制文明的历史一再表明:落后的立法技术无疑是一部法的致命伤,而卓越的立法技术足以使一部法名垂千古。的确,制定于200多年前的《法国民法典》如今依然辉煌瞩目。它不仅依然是法国现行的民法典,而且对不同历史阶段、不同法系、不同国家的民事立法都具有深刻的影响,甚至有些国家迄今仍直接采用该法典。这部古老的法典之所以成为人类为之骄傲的最为发达和经典的民法典之一,获得广泛而深远的世界影响力,完全取决于其将罗马私法所孕育的平等民事权利、财产所有权无限制和契约自由的民法精神与原则加以更加明确而系统的升华和发展,并由此推动着人类社会在其设定和建立的理性环境与有序秩序中得以不断发展。其中独具匠心的精心设计、创造性的法典编纂体例以及娴熟的文字表达无疑是其逻辑严谨、体系完整、内容合理、简明易懂的技术基石。

---

① Philip von Mehren and Tim Sawers, Revitalizing the Law and Development Movement: A Case Study of Title in Thailand, *Harv. Int'I. L. J*, 67(1992).

在我国,法治早在1999年入宪。十多年来,"依法治国,建设社会主义法治国家"[①]已经深入人心,成为中国共产党领导人民治理国家的基本方略,成为建设富强民主文明和谐的社会主义现代化国家的重要目标。为了实现这一目标,我们必须高度重视立法技术本身的不断完善和在立法活动中的广泛运用,从而使所立之法更具民主化和科学化,使中国特色的社会主义法律体系的建设更趋协调和合理,并进而实现良法善治之盛世。

【小结】

立法技术是立法者和起草者在立法文件制作过程中构思并表述立法政策、立法原则以及法律规则等的方法和技巧。它既包括思维领域中的设计技术,也包括文字符号领域中的表述技术。

根据不同的服务对象、不同的目的等标准,立法技术还可以分别分类为制定技术、修改技术和废止技术以及系统化技术和文本技术。

完善的立法技术不仅是人类法制文明的重要标杆,而且是实现立法的民主化、科学化、系统化的技术之道。其不仅为公共政策转化为可以实施的法律提供科学创造的方法,为法律规则保持准确清晰的品格提供最佳载体的配备,更重要的是为人类社会实现良法善治的文明提供技术基础的通道。

【思考题与案例分析】

1. 国内外有关立法技术的通说有哪些?你更主张哪种界说?为什么?
2. 本教材根据什么标准对立法技术进行分类?你认为哪种分类更具有意义?你认为立法技术还应当根据什么标准作出怎样的类别划分?
3. 为什么说运用精湛的立法技术有助于提高立法质量,推进法制完善、法治进步和社会发展?
4. 近年来我国的立法技术研究以及运用取得哪些进步?
5. 你认为下述两个立法实例是否存在立法设计或者表述上的疏漏?

【例1】《刑法》第140条规定,"生产者、销售者在产品中掺杂、掺假,以假充真,以次充好或者以不合格产品冒充合格产品,销售金额五万元以上不满二十万元的,处二年以下有期徒刑或者拘役,并处或者单处销售金额百分之五十以上二倍以下罚金;销售金额二十万元以上不满五十万元的,处二年以上七年以下有期徒刑,并处销售金额百分之五十以上二倍以下罚金;销售金额五十万元以上不

[①] 《宪法修正案》(1999年3月15日第九届全国人民代表大会第二次会议通过)第13条。

满二百万元的,处七年以上有期徒刑,并处销售金额百分之五十以上二倍以下罚金;销售金额二百万元以上的,处十五年有期徒刑或者无期徒刑,并处销售金额百分之五十以上二倍以下罚金或者没收财产。"

【例2】 "损害国家重点保护的文物、古建筑、古墓葬、古遗址和风景游览区以及烈士陵园等的公共设施的,应当负责修复或者折价赔偿,还可以对致害人追究其他民事责任。"

——辑自潘庆云:《立法语言略论》,载《淮北煤师院学报(社会科学版)》1987年第1期。

【课外阅读文献】

1. 吴大英、任允正:《比较立法学》,法律出版社1985年版,第207—213页;

2. 孙潮:《立法技术学》,浙江人民出版社1993年版,第1—24页;

3. 罗传贤:《立法程序与技术》,台湾五南图书出版公司1997年版,第3—8页、第29—36页、第55—67页;

4. 郭道晖总主编:《当代中国立法》,中国民主法制出版社1998年版,第1097—1122页;

5. 徐向华:《立法关系论》,浙江人民出版社1999年版,第285—356页;

6. 〔美〕安·赛德曼等:《立法学理论与实践》,刘国福等译,中国经济出版社2008年版,第1—34页。

第十一章 法律文本的设计技术

【本章提要】

立法政策是语言符号意义上存在的法的内核,是立法设计的基本任务。法律文本的设计不仅应当遵循一般法律原则,而且还需借助因果关系法和经济分析法等科学方法。

【主要教学内容】

基本知识;法律文本设计的主要环节;设计法律文本的常用方法。

【教学目标】

1. 了解立法设计的基本任务;
2. 知晓立法设计的主要环节;
3. 阐述立法设计的一般法律原则;
4. 讨论当下我国立法设计的规则和方法。

良善的法治是社会文明的标志。这种治理方式不仅需要按照昭示天下的既定法律规则治理,而且首先要求治理所依循的是兼具妥当和实效的良善规则。因此,法律必须是精心设计的结果和产物。

第一节 法律文本设计的基本任务

一般而言,立法设计包括立法对象的选择、立法时机的判断、立法政策及其法律方案的明确,以及立法成本的控制等。

一旦某社会关系的法律调整被决策为必要和可行之后,立法政策的确定便是法律文本的制作阶段的最为基本的任务和目标。换言之,法律文本的制作是以立法政策的设计并形成而开始启动的。

政策是国家或者政党为实现一定历史时期的路线和任务而规定的总的行动

准则。[①] 立法是推进和保障国家政策和政党政策实现的最为重要和有效的途径。非以政策为基本依据的立法,是盲目、任性的立法;非以政策为实现目标的立法,是不切实际、不具实用的立法。因此,立法设计的第一步就是要根据国家和执政党的现行政策,针对特定社会关系问题的法律分析提出适当且有效解决该问题的立法政策,以增进社会福祉、保障尽可能多的人的最大化利益。

立法政策决定法律文本的具体内容,也制约实施法律的各项成本。立法政策的正确与否是相关立法能否发挥规范功能的基础。由此,立法政策的设计便是立法设计技术的重要组成部分,也是法律文本设计阶段的基本任务。

第二节 法律文本设计的主要环节

法律文本的设计是一个过程。主要包括立法目的的确定、立法条件的分析、立法调整范围和程度的明确以及具体法律方案的设计等主要环节。

一、立法目的的确定

法律文本的设计如同建筑工程的设计。建筑师在设计建筑前,首先要了解该建筑物的用途;立法目的的明确则是法律文本设计的首要环节。任何立法都有目的。纲举目张,明确了立法目的,整部法律便可围绕目的予以设计和布局。

立法目的的设计,必须注意两个关键问题:[②]第一,符合上述目的。一项具体立法,其应当与一国宪法和基本法律的精神相符合,反之便失去合法性;同时还应当与一国的大政方针和发展战略相一致,反之便失去了合理性。第二,协调多重目的。一部立法文件或许只有单一目标,或许具有多重目的。在多重目的的设计中,需进一步确定何者为主,何者为次,何者为直接目的,何者为间接目的。

二、立法条件的分析

确定立法目的的同时,应当具体评估实现立法目的的相关条件。现实立法条件的分析将直接制约立法目的的修正、立法调整范围和程度的明确、立法方案的设计以及法律措施的选择。

---

① 参见《辞海》(第六版缩印本),上海辞书出版社 2010 年版,第 2423 页。
② 参见孙潮:《立法技术学》,浙江人民出版社 1993 年版,第 45—48 页。

立法条件的评估和分析,应当包括法的制定和实施两大部分。既要具体分析国内外局势和民主政治发展水平等政治条件、市场经济完善程度等经济条件、公民意识健全程度等思想条件和现有法律体系完备程度等法制条件,也要详细评估实施法的各种人力、物力和财力成本。

三、立法调整范围和程度的明确

立法目的确定之后,根据现有的立法条件,将特定社会关系面临的问题解决到何种范围和程度,是立法设计必须予以明确的。

立法预期的实现取决于众多的相关社会条件。因而,立法设计者必须根据现有社会条件的许可程度确定将问题解决到多大范围、何种程度。反之,脱离了现实条件,过度扩张或者不当缩小法的调整面,立法调整的目的便无法真正实现。

四、立法方案的设计

立法方案是立法设计者根据立法目的和立法条件,在既定的立法调整范围和程度内,对特定社会关系所面临的问题提出针对性的、具体的法律措施以及规则。

任何立法目的的实现都有多种方略和途径。在人力、财力和时间允许的前提下,立法方案的设计不必限定于一套。提出的立法方案越多,选择的余地越大,权衡最佳立法方案的可能性越大,成功立法的必然性也就越大。因而,立法方案通常可分为框架设计和细节设计两步进行。框架设计应着重考虑立法方案的多样性;细节设计则更侧重立法方案的可行性。

每个立法方案应当包括如下主要内容:第一,实现立法目的的具体手段、措施和方法。第二,与拟采取的手段、措施和方法相关的法律依据、法理分析和国内外典型的立法实例。立法实例可选择成功的或者不成功的,也可以两者兼具。第三,实施立法方案所需配置的人力、物力和财力等资源。第四,立法方案的预期评估、潜在偏差分析以及相应防范措施。第五,立法方案的实施是否需修改或者废止现行法律规则,是否需进行实施性的配套立法。

五、立法方案的抉择和优化

在备选的多种立法方案中进行抉择并予以进一步优化是法律文本设计阶段最为重要的环节。方案一经确定,便可进入法律文本结构的设计和具体法律条文的起草。

立法方案的抉择及其优化主要从立法方案的合法性、合目的性、可行性和实效性等方面进行。

第三节 法律文本设计的一般原则

一、法律文本设计的一般法律原则

任何法律文本的良好设计,无论其具有何种特定的调整对象,必须实现法律体系内部的协调一致。法律体系的协调一致根植于一般法律原则。所谓一般法律原则,又称为"超实证法",指"先于实证法而存在之根本法律规范,构成法律内容之指导原则。"[1]法律文本的设计应当遵循下列一般原则:

（一）合宪性原则

法的制定必须遵行合宪性原则。宪法是一切法的活动的基准,任何政党、国家政权机关都没有凌驾于宪法之上的特权。有权立法机关必须将立法活动置于宪法之下。不仅所有的立法都不得在精神和内容上与宪法相违背,而且任何法律文本的设计主体都不能超越宪法以及宪法相关法设定的制定权限。

（二）实效性原则

法的真正生命力在于实效,在于社会各界的广泛遵守和执法部门的有效执行。法律不是政治宣言,不是社会动员,更不是个人哲学主张或者学术见解的阐发。法律是行为规范,是人们遵行的基本的行为准则。因此,"立法从宽执法从严",做得到才说（立法）,说了就应该做到（实施）,[2]立法设计者始终要将所立之法能够实质性地影响和左右人的行为作为追求的目标。

（三）细节性原则

法的良好可行在于细节。任何法的设计,无论其立法政策有多正确,细节上存在瑕疵或者偏差就不易施行。因此,法律权利义务必须明确,法律责任必须清晰,法律程序必须环环相扣,法律执行流程必须连续流畅,法律条文的内部逻辑关系必须彻底周全。笼统的设计、不连续的程序、粗放的执法流程、相互矛盾的法律权义,都会使得法律在现实生活面前苍白无力,漏洞百出。法律必须细化,原则性是例外,具体化则是常态。

---

[1] 罗传贤:《立法程序与技术》,台湾五南图书出版公司1997年版,第48页。
[2] 同上书,第47页。

二、当下中国法律文本设计的重要规则

在我国,法律文本的设计除了要依循上述一般法律原则之外,当下必须高度重视如下两项重要规则:

(一) 中国特色法律体系建成后的系统化规则

中国特色社会主义法律体系的形成,标志着我国社会主义法治建设进入了一个新的历史阶段。随着改革的深入推进和经济社会的深入发展,各方面对立法工作提出的要求会越来越高,立法工作的难度会越来越大,因而今后的立法工作任务依然繁重。①

1. 系统设计新法。我国当下的立法已经在法律体系建成的背景下进行。任何新的规则只是在已有的法律体系中嵌入一个新的规范或者子规范群;任何一部新法也必须在一个业已存在的法律系统中生效实施。因此,立法者不能只见树木不见森林,相反,应当将新法的设计放在一个大系统中予以考虑。凡是一般的、普涉的、基本的法律规则应当尽可能"借用"法律体系中业已存在的现行规则,无须每部法律小而全地规定所有内容,不仅实现法律文本的必要"瘦身",而且减少新老规则之间的矛盾冲突,确保中国特色法律体系内部的科学、和谐和统一。

2. 系统废改旧法。立法瑕疵并非仅仅存在于一部法律之中,而往往散见于多部不同类型、不同位阶的法律文本之中。有些程序性条款的瑕疵可能要同时修改多部相关的法律才能解决;有些法的修改可能引发中央法律与地方法规的系统性修改。然而,法没有自动更新的功能,因此,在对某项立法文件予以修改完善的同时,必须同时尽可能系统、详尽地检视并修改整个法律体系中各种立法文件存在的相应问题。为此,应当改变集中清理立法文件的惯例,建立起常态的下位法因上位法的制定和修改而系统性废改的立法机制。

(二) 社会转型中的再法律化规则

中国特色社会主义法律体系的建成使得我国经济建设、政治建设、文化建设、社会建设以及生态文明建设的各个方面总体上做到了有法可依。然而,在法律体系建成的30多年时间跨度内,我国经历了一个政治民主、市场自由和法的治理的渐进过程。不可否认的是,我国现行立法文件中仍有不少不合时宜或者

---

① 参见王兆国:《关于形成中国特色社会主义法律体系的几个问题》(2010年11月11日在第十六次全国地方立法研讨会上的讲话),http://www.npc.gov.cn/npc/fwyzhd/wbg/2010-11/15/content_1604990.htm,2010年11月15日访问。

体现不当部门和地方利益的内容。因此,在我国日后的立法设计中应当积极推进再法律化的进程。再法律化的立法设计重在解决如下问题:

1. 去除法律文本中不必要的非规范性内容。我国法律体系建设之初,一些政治性的、口号式的、宣言性的内容写入法律。这些非规范性内容反映了当时历史条件下的立法理念和倾向,但其合理性已经丧失或者正在丧失,应当在今后立法设计中予以主动去除。

2. 删去法律文本中反映计划经济要求的规范内容。在我国宪法明示实行社会主义市场经济之前,法律中有着深深的计划经济的烙印;之后,市场经济以渐进的方式推进。在计划经济退出历史舞台进而市场经济成为主流的过程中,法律中的两种价值、两种模式交织在一起。为此,应当在法的修订中清理非市场经济的内容,建立起内核一致的法律体系。

3. 增加公共权力受监督和制约的内容。我国法治深化的集中表现就是公共权力日益受到公众监督和社会制约。这些内容是早期立法无法肯定而当下日益明显的特征。监督国家行政机关、司法机关,甚至立法机关的工作渐趋常态;政务公开也在相当广泛的领域内推进;公众具有了更多的渠道和途径参与国家事务的监督。所有这些积极的变化都应当在再法律化的过程中得以体现和确认。

4. 增加尊重人权、公正司法的内容。我国法治进一步完善的重要标志就是尊重人权,就是在更加广泛的领域内作出以人为本的制度安排。从公众的知情权、参与权、监督权到程序权的完善、人身自由的保护,这些已大大提升我国人权保护的水平。与此同时,我国在司法领域也采取了大量措施,以保障司法公正,并进而捍卫人权。

5. 与我国加入的国际条约内容保持一致。我国近年来大量参与国际事务,签署国际条约。这些国际法不仅规范了我国参与国际事务的行为,也对国内法具有制约力。这些也是我国再法律化的重要内容。

第四节 法律文本设计的若干方法

无论是立法条件的分析,还是立法方案的提出、抉择和优化,法的设计必须借助科学的方法。

典型分析法和抽样统计法是设计阶段用于定性研究和定量研究的两种主要方法。

此外,立法条件的因果分析法和立法方案的经济分析法都是法律文本设计的重要方法。

【小结】

法的精心设计是良善法治的基础和保障。在立法对象确定和立法时机定夺的前提下,立法政策的明确是法律文本设计中最为基本的任务。

法律文本的设计主要包括立法目的的确定、立法条件的分析、立法调整范围和程度的明确、具体法律方案的设计以及优化等环节。合宪性、实效性和细节性原则应当贯穿立法设计的每个环节。

典型分析法、抽样统计法、因果分析法和经济分析法是设计法律文本的常用方法。

当下我国法的设计尤其应当重视系统化和再法律化。

【思考题与案例分析】

1. 你是否认同立法设计的基本任务是明确立法政策?为什么?
2. 你认为当下我国的立法设计应当遵循哪些原则?
3. 如何评价经济分析法在法律文本设计中的作用?

【课外阅读文献】

1. 孙潮:《立法技术学》,浙江人民出版社1993年版,第25—59页;
2. 罗传贤:《立法程序与技术》,台湾五南图书出版公司1997年版,第36—54页;
3. 杨国枢等主编:《社会及行为科学研究法》,重庆大学出版社2006年版,第40—69页。

第十二章 法律文本的表述技术

【本章提要】

　　法律文本是立法设计和立法语言之间内容与形式的统一。"易读、易懂和易操作"是法的文本表述技术的最高原则和基本准则。立法文件的文本表述技术侧重于法律文本的语体、法律文本的结构和法律文本的条文三个范畴。完善的文本表述技术有助于法的"三易"目标的真正实现。

【主要教学内容】

　　1. 基本知识：立法词语的种类及其使用；立法句子的句式、句类和句型以及句法；法律文本的结构及其分类和要件；法律文本的总则、分则和附则；相关法律条文的表述技术规则（目的条文中多元目的的排列顺序规则、定义条文的最佳位置规则、适用范围条文的专条分款排列规则、但书规定的种类及其适用规则、法律责任条文排列及其表述模式的选择规则和选择性词语的使用规则等）；

　　2. 基本理论：法律文本的三大语体风格与"三易"制作准则。

【教学目标】

　　1. 介绍法律文本的明确、简练和严谨三大语体风格；
　　2. 比较法律术语和普通词语；
　　3. 解释模糊词语和确切词语的成因及其主要功能；
　　4. 掌握高频词汇和词组的表述规则；
　　5. 描述法律条文的各种句式、句类和句型；
　　6. 区分法律文本结构的种类；
　　7. 列明法律文本结构的组成要件；
　　8. 讨论法律文本名称中的标题和题注的规范化；
　　9. 说明法律文本本文中各层次的设定、排序、编序和命名的原则及其具体要求；
　　10. 探讨法律文本附录的表述规范；
　　11. 阐明法律文本总则、分则和附则的内容和表述方式；
　　12. 把握制定目的和依据条文的设置规则以及多元目的的排列顺序规则；

13. 列举定义条文的功能和风险并说明最佳位置规则以及排列模式;
14. 选择适用范围条文的位置、原则、载体和文字;
15. 判断但书规定的功能以及种类;
16. 明确时间规定的制作要求;
17. 阐释法律责任条款不同排列及其表述模式的利弊;
18. 分析过渡性条款的实质及其基本目的;
19. 指出施行日条文与通过日、公布日的关系;
20. 制作条标、"的"字句和复杂同位句。

法的制定并非目的,有效实施才是关键。因此,在合理设计法的内容的前提下,"易读、易懂、易操作"应当成为法的表述的最高原则和基本准则。一部优秀的法律文本必须"写得一清二楚,十分明确,句稳字妥、通体通顺,让人家不折不扣地了解你说的是什么"①,无论阅读者是司法者、执法者抑或守法者,也无论其具有怎样的教育程度和专业知识,都能"不折不扣"地理解法的原意,并据此行动办事。

作为人的特定思想和观念的语言载体,法律文本理应是立法政策和立法语言之间内容与形式的高度统一。为了真正实现"三易"这一基本使命,必须从立法文本的语体、结构和条文三个层面完善立法的表述技术。

第一节 法律文本的语体及其表述技术

"语体",也称"文体"。根据《辞海》的解释,作为语言交际历史发展的产物和社会功能的变体,语体指"适应不同的社会活动领域的交际需要所形成的具有一定功能风格特点的语文表达体式。"②语体通常分为口头和书面两大类型,其中后者又包括文艺、科技、政论和公文事务语体四个类别。

法律语体是一种公文语体,包括法律文本语体和法律文书语体两个支类。

一般认为,法律文本语体的研究主要从两个方面进行:一是研究由一定的语言材料和表达手段所体现的法律文本的语体风格;二是研究反映法律文本语体风格的词语、句子以及句法等立法语言的结构。

---

① 叶圣陶:《公文写得含糊草率的现象应当改变》,载《新华半月刊》1957年第15期。
② 《辞海》(第六版缩印本),上海辞书出版社2010年版,第2324页。

一、法律文本的语体风格以及表述要求

所谓语体风格,指的是语言表达上的作风、气派和格调,具体体现为由词语、句子和句群等语言手段和表达方式综合运用所造成的具有一定系统性的语言特点。不同的语体因其交际目的和需求的不同而呈现出不同的风格。

法律文本的语体风格,通常被称为"立法语言风格"。由于法律文本的语体服务于法的内容的表达和传播,因而其风格既不同于文学作品、学术论著的风格,也不同于社论、评论和报告的风格。明确易懂、简练扼要和严谨一致是立法语言最为突出的三大风格。

立法语言的上述风格是法律文本语体特征的提炼概括,也是法律文本应当坚持的表述要求。

(一) 立法语言的表述应当力求明确

"明确"是立法语言的灵魂和生命,是记载和传递立法政策、立法原则和法律规则的第一要义。立法语言的明确性是法的明确指针功能的必然反映和根本要求。

立法语言的明确包含"正确"和"明白"两项要求。既要表述正确,即吻合制定者原意而非含混或背离;又要表述明白,即易为阅读者理解而非晦涩难懂。两项要求缺一不可。符合原意但不通俗易懂,或者浅明易懂但却背离原意,皆无法为人们提供明确的行为指针。

实现法律文本的明确性,立法者应当注重把握准确和模糊之间的度:准确是必备的,但准确是有条件的。既要在法律条文的用语上最大限度地选用准确的词语、句子和句群等语言手段和表达方式,使"法律的用语,对每个人都能够唤起同样的观念"[1];又要在法律条文的含义上为不必、不能和不宜确切的情形留下最为得当的伸缩空间,通过增强法的"抗变性"而令其更具时空上的广泛适用性。

(二) 立法语言的表述应当讲究简练

"简练"或曰"简当""简明",是古今中外公文语体的重要特征,更是立法语言的基本格调。立法语言的简练性是法的传播功能的客观体现和基本要求。

立法语言的简练包含"简明"和"精炼"两项要求。其指使用最为经济的语言材料表达最为丰富的立法信息。"法贵简当,使人易晓,若条绪繁多,或一事两

---

[1] 〔法〕孟得斯鸠:《论法的精神》(下册),张雁深译,商务印书馆1961年版,第297页。

端,可轻可重,吏得因缘为奸,非法意也。"①立法语言累赘而不简当,势必失之于冗弱,文冗而法晦;但立法语言苟简而失完备,也势必失之于疏漏,文疏而法窦。因而,两者缺一都既不利于立法者准确而鲜明地表达立法意图,②也不利于民众的知法守法和力戒执法司法者的徇私枉法。

实现法律文本的简练性,立法者首先应当以简驭繁,做到言简意赅、言去意留而并非一味追求字不得再减、句无可再删,实现词约而事备、文简而理周。一方面要坚持凝练扼要,避免啰嗦累赘、佶屈聱牙,减少因字词晦涩、句文僻拗而导致法意欠明、歧义丛生;另一方面要避免谋求原则简单而导致简而无要,影响法的规范力和操作性,从而确保"号令之所布,法度之所设,其言至约,其体至备,以为治天下之具。"③

实现法律文本的简练性,立法者还应当平衡协调明确和简练的关系。简练是重要的,但简练必须以明白为前提,以无误为目标。唯简不明,无异于本末倒置,手段和目的混淆。不能承担准确表义的重任,简洁自身便无存在的意义。因此,立法者应当在确保通俗明白的同时坚持简洁凝练,既不牺牲法律内容的完整性和系统性,又充分兼顾用法者的理解力和知晓度。

(三)立法语言的表述应当重视严谨

"严谨"是立法语言的显著风格和科学性体现。立法语言的严谨性是法的沟通功能的基本表现和起码要求。

立法语言的严谨指法的表述既字斟句酌,又前后一贯,力求周详严密、无懈可击。

实现法律文本的严谨性,立法者应当始终服从三个基本定律:一要坚持"同一律",即在同一个法律文本中乃至在同一法律体系中的不同法律文本中,同一法律概念、法律原则以及法律条文所表达的意思必须明晰确定、固定不变、前后一致,绝不可以一词多义或者一义多词,更不允许张冠李戴,避免矛盾和混乱;二要坚持"通俗规范化",即使用已有一般认知、普遍认同的常用语言材料,尽量少用专门术语,坚决杜绝无条件使用方言、古语、外来词、艰涩冷僻词和尚未固定化的新词语等不易理解的词语;三要坚持"逻辑性",不仅语句的表达、条文的序化以及编章的布局都要严格按照逻辑的顺序,而且法律规范的设定也要符合逻辑结构的要求。

---

① 朱元璋言。见《明史·刑法志》。
② 参见刘兰英、孙全州主编:《语法与修辞》,台湾新学识文教出版中心1991年版,第351页。
③ 曾巩言。见《南齐书序》。

此外,庄重肃穆、朴实无华和逻辑彻底也是法律文本语体的主要风格。[1]

综上,法贵在有效实施,但其实现不仅取决于法的内容,而且也制约于承载内容的语言本身。"语言是所有人类发明中最伟大的一个发明。大多数人仅把语言看作是人类交流的首要途径,但语言的功能远不止于此,它的首要功能是思想的载体。"[2]语言材料及其表达手段、组合方式等的准确选择,必将有助于良法的完善和善治的实现。这就是研究法律文本语体风格的显著意义。

二、法律文本的语言结构及其表述规则

所谓语言结构,又称为语言层次,指的是语言系统的构造层级。一般认为,语言结构主要包括音位、语素、词语和句子四个层次。[3]

在立法语言中,音位和语素分别作为区别词义的最小语音单位和语音语义的最小结合体,并无明显不同于在其他语言中使用的特异之处,[4]因此,语词和句子便是立法语言结构中最为重要的两个层次。在法的表述中,为了让词语和句子充分发挥记录并传递设计中完成的立法政策、原则和规则的重要作用,有效服务于法律文本语体的三大风格,正确掌握立法语言结构中有关词语和句子的自身特点以及特定使用规则便是至关重要的。

(一) 立法语言中的词语

词是法律文本的建构"细胞"。如何选用语词是立法者最基本的技能和常运用的表述技术。

1. 法律术语和普通词语及其使用

根据词语在立法语体中是否具有特定内涵的标准,立法语言中的用词包括法律术语和普通词语两大类。

(1) 法律术语

法律术语是法学学科上的专门用语,专指在法律上具有特定含义和适用范围,且不能随意引申或者取代的词语。其又可分为专门法律术语和兼有他用的法律术语。前者仅可运用于法律语体,如"标的""羁押";后者则同时可适用于其他语体,但在法律语体中具有专门的含义,如"故意""委托"。

---

[1] 参见张善恭、徐向华主编:《立法学原理》,上海社会科学院出版社1991年版,第258—259页。
[2] 〔英〕G. 威廉:《语言和法律》。转引自吴大英、任允正:《比较立法学》,法律出版社1985年版,第207页。
[3] 参见《辞海》(第六版缩印本),上海辞书出版社2010年版,第2324页。
[4] 参见曹叠云:《立法技术》,中国民主法制出版社1993年版,第72页。

由于法律术语不仅具有词意的严格规定性,而且通常具有"单义"性的特征,[①]也由于兼有他用的法律术语在法律文本中的含义往往不同于在其他语体中的含义,因此,为了实现立法语体的三大风格,法律术语的使用应当注意以下两点:

第一,在法律文本中设定"定义条文"或者"有关词语解释条文",明确界定相关法律术语的特定含义或者特定适用范围。如《物权法》第 2 条对"物"和"物权"的含义作出了清晰的、定义性规定。

第二,注意区分相关法律术语的异同,如"抚养"和"扶养""抢劫"和"抢夺""罚款"和"罚金""赔偿"和"补偿""缴纳"和"交纳",等等。

(2) 普通词语

普通词语又称为常用词语,专指在各类语体中均按照本义使用的词语,如"学历""笔迹"。其与兼有他用的法律术语的区别是,尽管两者都可在各种语体中使用,但普通词语在立法文本中表示的依然是其常用而非专门的涵义。

尽管普通词语在法律文本中并无专门的特指意义,但运用时仍须注意辨析同义词和近义词,谨防语义两歧。为了实现法律文本词语选用的"千篇一律"和"单调贫乏",普通词语的使用尤其应当注意以下四点:

第一,不要使用意义相同的同义词,即用不同的词语表述相同的词义。如"缴纳"和"交纳"的常用义均为"交付税款",[②]全国人大制定的《个人所得税法》规定"缴纳"税款;但 1985 年国务院公布的《进出口关税条例》[③]却规定"交纳"税款。

第二,不要互用词义相差不大,但又不完全相同的近义词。如《婚姻法》第 26 条第 2 款规定,"养子女和生父母间的权利义务,因收养关系的成立而消除"。其中"消除"一词在 1980 年起草时为"解除"。两者为近义词,都有"去掉"之意,但"解除"不仅含有以外部手段去除之义,而且与权利义务的搭配也欠妥当,因而最终选用"消除"。

第三,恰当使用确切词语和模糊词语。

第四,坚持选用通俗简朴的词语。尤其力戒下列几类词:其一,累赘的同类

---

① 参见曹叠云:《立法技术》,中国民主法制出版社 1993 年版,第 78—80 页。
② 参见《现代汉语词典》(第 6 版),商务印书馆 2012 年版,第 646 页和第 653 页;《辞海》(第六版缩印本),上海辞书出版社 2010 年版,第 902 页和第 910 页。
③ 详见该条例的第四章章名和第 22 条、第 23 条的规定。需说明的是,该条列在 1987 年 9 月修订时已将"交纳"修改为"缴纳"。

词语;其二,晦涩难懂、深奥古癖的词语;其三,隐语、双关语或者诙谐语。

2. 模糊词语和确切词语及其使用

根据词语是否具有明确外延的标准,立法语言中的词语包括模糊词语和确切词语两大类。

(1)模糊词语

模糊词语专指在法律上不具有确定外延的词语。如"公共利益""商业秘密""数额巨大""严重后果""其他""等"。

现代模糊理论认为,语言在本质上是模糊的。这是因为语言的模糊来源于被描述事物的模糊性,而事物的模糊又决定于该事物的普遍联系性和发展变化性。事物的联系和变化是必然的、绝对的,因而以反映事物及其联系变化为己任的语言必然具有模糊性。[1] 由此,"在自然语言中,出现在句子中的词大部分是模糊集合的名称,而不是非模糊的名称。"[2]20世纪初以来,模糊性是自然语言的基本属性的观点已逐渐成为各国哲学界、语言学界、社会学界乃至法学界的共识。[3]

以明确、凝练和严谨为基本风格的立法语言并不排斥模糊词语的使用。相反,在确保用词准确、力戒含混或者义有两歧的同时,有条件地使用模糊词语,让确切和模糊各得其所,共同为立法语言的三大本质要求提供最大限度的语言保障。尤其在客观调整对象尚未清晰、主观认知判断存有不足、类的调整当以强调等无法、不能和不宜的情形下,更要"刻意"地驾驭并选用模糊词语。如我国《行政许可法》第12条第3项和第6项分别规定,可以设定行政许可的事项包括"提供公众服务并且直接关系公共利益的职业、行业,需要确定具备特殊信誉、特殊条件或者特殊技能等资格、资质的事项"和"法律、行政法规规定可以设定行政许可的其他事项";第13条第4项规定,该法第12条列举的可以设定行政许可的事项,当"行政机关采用事后监督等其他行政管理方式能够解决的","可以不设行政许可"。立法者在上述三例不宜、不能和不必确切的情形下适当地使用了"特殊""其他"等模糊但不含混的词语,从而增强了条文内容的"抗变性",为该法的普遍、反复适用预设了足够的法内空间。

---

[1] 参见苗东升:《论模糊性》,载《自然辩证法通讯》1983年第5期。
[2] 〔美〕查德(Zadeh,.L.A.),Forword,《模糊数学创刊号》1981年。转引自曹叠云:《立法技术》,中国民主法制出版社1993年版,第89页。
[3] 参见吴大英、任允正、李林:《比较立法制度》,群众出版社1992年版,第712页。

(2) 确切词语

相对于模糊词语而言,确切词语指在法律上具有明确外延的词语。由于具有专门的、特定的含义是所有法律术语的基本属性,因而法律术语通常被归类为确切词语。

法律文本中的确切词语并非源自被表述的对象,而是经由"人工"创造。作为一种人工语言,立法者在法律文本的表述中应当根据不同的需要和可能,在下列两组方案中选择最为恰当的定义方法:

第一,以内涵式、外延式或者内涵与外延式结合的方法界定相关词语;

第二,以肯定式、否定式或者肯定与否定相结合的方式界定相关词语。

3. 高频立法词汇和词组及其使用

高频立法词汇和词组指在法律文本中出现频率较高且表达力极强的词汇和词组。

(1) 高频词汇

法律文本中的高频词汇数量较多。使用下列高频词汇时应当注意:

第一,慎用"和""以及""或者"。

"和""以及""或者"三者皆为连词,但类别不同,作用亦相异。"和"和"以及"都是并列连词,用来表示联合关系,但"以及"表示的联合有主次之分,前者为主,后者为次,前后位置不宜互换。"或者"是选择连词,用来说明选择关系,包括兼容意义的选择和排斥意义上的选择。前者如《行政许可法》第10条第2款"行政机关应当对公民、法人或者其他组织从事行政许可事项的活动实施有效监督",条文中"或者"连接的三类主体之间具有相容性;后者如《石油天然气管道保护法》第50条第1款第1项规定对"未依照本法规定设置、修复或者更新有关管道标志的"进行责任追究,条文中"或者"连接的三种违法行为之间互不相容。

在我国立法实践中,误用三词的情况较为常见。如2000年修订的《大气污染防治法》第20条第1款规定,"单位因发生事故或者其他突然性事件,排放和泄漏有毒有害气体和放射性物质,造成或者可能造成大气污染事故、危害人体健康的,必须……"该条文共有四处使用连词,尽管每处原意都是"仅居其一",但却混用了"和"和"或者"。又如,《行政许可法》第78条规定,"行政许可申请人隐瞒有关情况或者提供虚假材料申请行政许可的,行政机关不予受理或者不予行政许可,并给予警告;……"此规定因"或者"一词导致歧义:既可理解为,无论行政机关是不予受理,还是不予许可,都要对隐瞒情况或者提供虚假材料的行政许可申请人予以警告;又可解读为,对此类申请,行政机关要么不予受理,要么不予许可并予以警告。

一般而言,使用上述三个词汇的规则是:

其一,列举一系列联合性词、词组时,在其他连接成分之间以标点断开,最后一个词语前使用"和"。如《刑事诉讼法》第182条第3项规定:人民法院决定开庭审判后,应"传唤当事人,通知辩护人、诉讼代理人、证人、鉴定人和翻译人员,传票和通知书至迟在开庭三日以前送达"。

其二,列举一系列排斥性的选择性词、词组时,在其他连接成分之间以标点断开,最后一个词语前用"或"。如《固体废物污染环境防治法》第72条规定,"违反本法规定,生产、销售、进口或者使用淘汰的设备,或者采用淘汰的生产工艺的,由县级以上人民政府经济综合宏观调控部门责令改正"。在选择性内容较多,可读性较差的情况下,应当放弃"或者",改用复杂同位成分予以表述。

其三,列举一系列既可联合,又可选择的词、词组时,选择主要表示连接项之间的停顿而不强调连接性质的"顿号"最为恰当。如《固体废物污染环境防治法》第34条规定,"禁止擅自关闭、闲置或者拆除工业固体废物污染环境防治设施、场所"。此条文中最后一个顿号同时表达了"设施和场所"和"设施或者场所"两种含义。

其四,列举一系列具有主次或者派生之意的联合性词、词组时,以"以及"取代"和"。如《行政处罚法》全文共11次使用了连词"以及",但错对皆俱。其中第13条"省、自治区、直辖市人民政府和省、自治区人民政府所在地的市人民政府以及国务院批准的较大的市人民政府制定的规章可以在法律、法规规定的给予行政处罚的行为、种类和幅度的范围内作出具体规定。……"中的"以及"一词使用错误;第31条"行政机关在作出行政处罚决定之前,应当告知当事人作出行政处罚决定的事实、理由及依据"中的"及"选择得当。

第二,慎用"上级"和"上一级"、"下级"和"下一级"。

由于"上级"指向同一组织系统中高于本级组织的所有组织,而"上一级"则仅仅指称同一组织系统中高于本级组织的上一层组织,因而两词不能相互混用。同理,"下级"和"下一级"表示的意思也完全不同。《立法法》第89条第1款规定,"地方性法规的效力高于本级和下级地方政府规章",第97条第6项规定,"省、自治区的人民政府有权改变或者撤销下一级人民政府制定的不适当的规章"。此例中的"下级"和"下一级"均使用恰当。

第三,慎用"可以"。

"可以"一词是授权性规范、权利性规范的载体,更是选择性规范的标志,即授权行为人在法律规定的行为模式范围内进行选择。提供选择的行为模式有"完整列举"和"非完整列举"两种方式。前者如《婚姻法》第 22 条的规定,"子女可以随父姓,可以随母姓";后者如《合同法》第 9 条第 2 款的规定,"当事人依法可以委托代理人订立合同。"此规定在明示"可以委托"的同时,也隐含了"可以不委托"的立法原意。

在法律责任条款中,"可以"一词的使用与否取决于两种立法意图的区分。具体分析见本章第三节第三部分"法律文本内容的表述"中的"(七)法律责任条文"。

第四,慎用"以上""以下""以内""不满""超过"。

在立法文件中规范年龄、期限、费用等数量关系时,"以上""以下""以内"三个词均包括本数,"不满""超过"则不包含本数。

(2) 高频词组

用于法律文本的高频词组相当有限,但介宾词组的广泛使用却是其显著特色。

介宾词组又称介词短语,指介词附着于名词或者词组之前所形成的组合,用以表示处所、时间、方式、方向、对象等关系。

在法律文本中,具有限制、修饰作用的介宾词组的合理使用往往有助于限定表述对象,以实现法律规范的明确和严密。一般而言,以"为了"构建表示目的的介宾词组,以"依照""根据"引导表示依据的介宾词组,以"自"组成表示时间规定中起始日的介宾词组。

(二) 立法语言中的句子以及句法

句子是由词或短语构成、带着一定语调、表示相对完整意思的语言使用单位,句法则是"造句法"。

在法律文本制作中,法律条文的表述主要涉及句式、句类和句型的选择。正确运用相关句法是立法者应当掌握的基本技能和方法。

1. 句式的种类及其使用

句式研究的是构成形式不同的句子类型。汉语中的句式有长句和短句、整句和散句之分。

法律条文中的句式选择和使用应当注意:

(1) 少用长句。根据句子结构的繁简程度和字数多少,句式有长、短之分。长短两句式各有其特点和作用,但具有复杂结构的长句容易导致内容模棱两可、意思晦涩难懂,甚至疏漏或者偷换主语。如《行政许可法》第 26 条第 2 款规定,

"行政许可依法由地方人民政府两个以上部门分别实施的,本级人民政府可以确定一个部门受理行政许可申请并转告有关部门分别提出意见后统一办理,或者组织有关部门联合办理、集中办理。"此条款第二句选用的是结构复杂且涉及多个行为主体的长句,以致对"转告"的主体究竟是"本级人民政府"还是其"确定的一个部门"产生歧义。相反,短句的简洁明快,尤其内涵单一的特征更吻合立法语体的要求,更便于阅读者理解和掌握。因此,立法中以一句表达一个意思的短句为原则,几个短句通常比一个长句更可取。

(2) 常用散句。根据句与句之间的结构相同或者相近与否,汉语的句式有整、散之分。虽然整句的形式整齐匀称,结构相同或类似,节奏鲜明、音调和谐、易于上口,但法律文本的"易读"是以服从、服务于"易懂"和"易操作"为前提的,句子形式的规整、音节的匀称必须服从明确、简练和严谨的基本格调。因此,除了列举性规定之外,法律文本通常不以对偶句、排比句等整句为首选,更多选用句与句之间结构不同、长短不一的散句,从而以牺牲形式上的"琅琅上口"来确保内容上的明确易懂。

2. 句类的选择和使用

句类研究的是用途或者语气不同的句子类型,包括陈述句、疑问句、感叹句和祈使句。

法律条文只能由陈述句和祈使句构成。使用时应当注意:

(1) 掌握陈述句的不同表现手段及其适用范围。陈述句是构成法律文本最主要的句类,主要用于表述权利性、授权性规范和解释性规定。其一,权利性和授权性规范以直接陈述句或者间接陈述句表述。前者直接肯定为"可以……""有权……""享有……的权利""……由××部门(组织)负责",等等。如《统计法》第 8 条规定,"任何单位和个人有权检举统计中弄虚作假等违法行为。"后者则采用否定之否定的方式间接肯定为"非经……不……"等。如《刑法》第 79 条规定,"非经法定程序不得减刑。"其二,解释性规定仅以直接陈述句表述,通常表现为"……是……""……是指……"如我国《统计法》第 11 条第 2 款规定,"国家统计调查项目是指全国性基本情况的统计调查项目。"

(2) 把握祈使句的适用范围及其典型表现方式。祈使句在法律文本中主要用于表述义务性规范。其包括两种典型表达方式:

第一,当要求人们必须为一定行为时,以"应当……"的方式表现。如《保险法》第 41 条第 1 款规定,"重复保险的投保人应当将重复保险的有关情况通知各保险人。"

第二,当要求人们必须不为一定行为时,以"不得……""禁止……"的方式表现。如《保险法》第 92 条第 4 款规定,"保险公司不得兼营本法及其他法律、行政法规规定以外的业务。"

3. 句型的选择和使用

句型研究的是结构不同的句子类型。单句和复句是句型分类中最主要的部分。其中单句可分为主谓句和非主谓句。复句根据分句间的关系又可分为联合复句和偏正复句两类。联合复句包括并列复句、连贯复句、递进复句和选择复句四种;偏正复句包括因果复句、假设条件复句、转折复句和让步复句四种。

在法律文本中,主谓单句、选择复句、条件复句和转折复句是经常使用的句型。

(1) 主谓句和非主谓句的使用

根据句子是否由主谓短语构成,句型分为主谓句和非主谓句。由主谓短语构成的,称为主谓句;由单个的词或主谓短语以外的偏正、动宾、补充等短语构成的,称为非主谓句。

第一,多用主谓句,避免滥用非主谓句。明确行为主体的权利义务、职权职责,并设定相应的法律责任是法律规范的主要内容。因此,除非句子内容已间接但却清晰表明了主语之外,法律条文以主谓句为常态,不仅要明确作为谓语成分的"为"或者"不为",而且要"点名"作为主语成分的"为"或者"不为"某行为的主体。

第二,使用非主谓句时多用动词性的非主谓句。汉语中的非主谓句有名词性的和动词性的。一旦法律条文需使用非主谓句表述时,多选用动词性非主谓句。其一,国家作为违法行为的禁止者是不言而喻的,因此禁止性条文的设定几乎都使用动词性的非主谓句。如《保守国家秘密法》第 26 条规定,"禁止非法复制、记录、存储国家秘密""禁止在互联网及其他公共信息网络或者未采取保密措施的有线和无线通信中传递国家秘密","禁止在私人交往和通信中涉及国家秘密。"其二,当法律规范的适用对象不是某类人而具有非特定性时,即便未指明行为主体的规定也不会导致歧义,相反却能达到简洁明快的表达效果。如《刑法》除了第八章、第九章和第十章规定的国家工作人员犯罪和军人犯罪等之外,其他条文都不明文规定犯罪主体。

(2) 选择复句的使用

选择句又称或然句,指列出两种或者两种以上情形以供选择的句子。选择句表示选择关系,法律条文中的选择句主要用于表述行为主体、行为方式、危害程度或者法的后果多样性的立法用意。此句型通常表现为"……可以……，也可以……""……，或者……"如《人民调解法》第 19 条规定，"人民调解委员会根据调解纠纷的需要，可以指定一名或者数名人民调解员进行调解，也可以由当事人选择一名或者数名人民调解员进行调解。"选择句作为一种联合复句，表述时应当注意：第一，各个分句的地位基本上是平等的、并列性的；第二，可以任意增加分句但不改变句子的结构层次。

(3) 条件复句及其"的"字句的使用

条件句指偏句提出条件，正句说明在此条件产生的结果的句子。条件句表示一种前提结论关系，法律条文中的条件句是完整表述法律规范的典型句式。此句型中偏句的通常表现方式为"凡……的""如……""经……"如《证券法》第 119 条规定，"证券交易所的负责人和其他从业人员在执行与证券交易有关的职务时，凡与其本人或者其亲属有利害关系的，应当回避。"

"的"字句是法律条文中条件句的最为典型和普遍的表现方式。如《侵权责任法》使用了约 140 个"的"字句组成法律条文。"的"字句指结构助词"的"附着于名词、代词、形容词或者动宾词组之后形成的具有名词功能的组合。其通常表述为"……的，……"一般而言，法律条文的表述以不省略句子成分为原则，完全句是法律文本句型的常态。[①] 然而，当通过上下文能够明确补读出省略的句子成分时，省略便兼具凝练而明确的奇效。"的"字句的使用便是如此。其在表示法律规范假定部分时的最显著特征和功能就是构成无主语句式，从而发挥简洁条文、清晰文本的重要作用。"的"字句最适合使用于两种情况：第一，法律条文无须、不宜或者难以明确行为主体。如《侵权责任法》第 29 条规定，"因不可抗力造成他人损害的，不承担责任。"此"的"字句有效避免了责任人的列举不全而导致规定的挂一漏万。第二，法律条文无须重复适用该条文的具体条件。如《侵权责任法》第 33 条第 1 款规定，"完全民事行为能力人对自己的行为暂时没有意识或者失去控制造成他人损害有过错的，应当承担侵权责任；没有过错的，根据行为人的经济状况对受害人适当补偿。"该条分号后的"没有过错的"一句省略了"完全民事行为能力人对自己的行为暂时没有意识或者失去控制造成他人损害"的再次描述，从而实现了条文的紧凑性。又如，法律责任条文表述模式中的"条（款）序对应式"也采用"的"字句，从而充分实现了条文本身的简洁凝练并清晰展

---

① 参见曹叠云：《立法技术》，中国民主法制出版社 1993 年版，第 86 页。

示了法律责任与义务性行为一一对应的功能。[①]

条件句作为一种偏正复句，表述时还应当注意：第一，各个分句的地位基本上是不平等的，有偏有正。往往偏句在前，正句在后，句子的表义重心是正句部分，偏句仅说明某种条件；第二，每增加一个分句，相应就增加一个层次，且其关系不能延长。因此，应当避免滥用条件句。

(4) 转折复句及其"但书"的使用

转折句指两个分句表示意义相对或者相反的两个事物或者一个事物两个方面的句子。转折句表示例外、限制和附加等关系。法律条文中的转折句或以"如书"表现，或以"换款"提示，或以"分号"显示，而"明示但书"是最为典型和被普遍使用的转折句。关于"但书"的功能以及表述规则见本章第三节第三部分"法律文本内容的表述"中的"(五)但书规定"。

(5) 复杂同位句的使用

复杂同位句又称不相连的称代复指句，指在主句的条件状语中列有同位成分的句子。

我国《食品安全法》第126条第1款规定，"违反本法规定，有下列情形之一的，由县级以上人民政府食品药品监督管理部门责令改正，给予警告；拒不改正的，处五千元以上五万元以下罚款；情节严重的，责令停产停业，直至吊销许可证：(一)……(二)……(十三)……"在此条文中，作为主句的条件状语"有下列情形之一的"，其"有"的宾语"情形之一"具有同位成分。这些同位成分通过7个项分别独立列举，不仅本身结构相对复杂，而且与中心词"下列情形之一"相距较远。虽然此种句子结构牺牲了可读性，但却同时保证了法律条文内容上的完整和表述上的严谨。复杂同位句的使用应当注意：

第一，多用复杂同位句。尽管复杂同位句因其可读性较差而在其他语体中甚为罕见，但立法者应当重视使用此句型。尤其在列举对象较多且层次不一的情况下，复杂同位结构应当取代并列结构。如《刑法》第151条第2款规定，"走私国家禁止出口的文物、黄金、白银和其他贵重金属或者国家禁止进出口的珍贵动物及其制品的，处五年以上有期徒刑，并处罚金；情节较轻的，处五年以下有期徒刑，并处罚金。"由于此条同时使用了"和""或者""及其"表示走私行为的对象，因而"择一"的立法原意无法得以明确表达。相反，极易误读或者混淆为只有同

[①] 参见徐向华、王晓妹：《法律责任条文设定模式的选择》，载《法学》2009年第12期；徐向华主编：《地方性法规法律责任的设定》，法律出版社2007年版，第142—147页。

时走私国家禁止出口的文物、黄金、白银和其他贵重金属之时,走私罪才得以成立。因此,该条文应当采用复杂同位句表示,即修改为"有下列情形之一的,处五年以上有期徒刑,并处罚金;情节较轻的,处五年以下有期徒刑,并处罚金:(一)走私国家禁止出口的文物、黄金、白银或者其他贵重金属的;(二)走私国家禁止进出口的珍贵动物或者珍贵动物制品的。"

第二,保证复杂同位句中的"中心词"和"同位语"之间具有"指代"关系。如1989年通过的《行政诉讼法》第12条第1款规定,"人民法院受理公民、法人和其他组织提起的下列诉讼:(一)对拘留、罚款、吊销许可证和执照、责令停产停业、没收财物等行政处罚不服的;(二)对限制人身自由或者对财产的查封、扣押、冻结等行政强制措施不服的;(三)认为行政机关侵犯法律规定的经营自主权的;(四)认为符合法定条件申请行政机关颁发许可证和执照,行政机关拒绝颁发或者不予答复的;(五)申请行政机关履行保护人身权、财产权的法定职责,行政机关拒绝履行或者不予答复的;(六)……;(七)……;(八)……。"在此条中,第1至第8项理应是中心词"具体行政行为"的同位语,但除了第5项表述的的确是一种"具体行政行为"之外,其他各项所列举的已"偷换"为"不服'具体行政行为'的行为"。因此,应当删除第1和第2项中的"对……不服",删除第4项"认为符合法定条件",其他各项也需作出修改。对此,2014年该法修正时已对此条进行了修改。

第三,正确取舍中心词和同位语中的"的"字。中心词"有下列情形之一的,……"或者"有下列行为之一的,……"中的"的"字不能省略。同位语中所列各项末尾是否使用"的"字,视不同情况而定。其中所列项为动宾结构时,应当使用"的";所列项是名词时,不用"的"字;所列项是主谓结构时,作为名词性短语不用"的"字。

第二节　法律文本的结构及其表述技术

一、法律文本结构的含义

法律文本的结构有广义和狭义两种界说。

狭义的法律文本结构即法的体例,又称法的外部结构,主要指立法文件的各外在组成要素、各外在要素的排列组合以及每个外在要素的内容和形式之间的相互关系。

广义的法律文本结构包括法的外部结构和内部结构两个部分。其中后者主要指立法文件中法律规范的种类以及与所构成的法律条文的相互关系。

本教材研究的是狭义上的法律文本结构。

二、法律文本结构的意义

法律文本的结构是其内在逻辑的承担者。制作法律文本,除了准确把握和充分体现其特定的"语体"风格之外,结构的恰当安排和合理布局同样至关重要。

一部精心构建的法律,其组成部分一定是逻辑结合、有序排列的。其不仅有助于完整、系统地表达制定者的理念,清晰、准确地说明各层次概念间的内在关系以及由此产生的各项法律规范,而且有助于阅读者理解法的具体内容,有助于使用者便捷操作法律。"法律的结构应当使得该法便于其特定的调整对象所使用。其使用越简便,按照其目的改变人们的行为的可能性就越大",因此,"一部法的结构越清晰,越具有逻辑性,其也就越具有可及性,从而也就越发挥作用。"[1]

三、法律文本结构的分类

根据法律文本篇幅的长短、内容的繁简、要件的多寡和条文的多少,法律文本的外部结构有一般、简单和复杂之区分。[2]

（一）一般的法律结构

在一般结构的法律文本中,构成法律文本的要件是绝大多数立法文件必备的内容。包括法的名称和本文两个部分。其中本文除了表述各项权利义务的规范性内容之外,非规范性的内容中的制定目的和依据、定义、适用范围、原则、实施机关(仅限行政立法)、法律责任、救济、解释以及施行日等规定也是本文的主要组成部分。

由于条文数量不少,一般结构的法律文本通常设有"节"或者分"章"和"节"等层次。

（二）简单的法律结构

在简单结构的法律文本中,除了法的名称之外,正文因内容有限而仅仅具有明确权利义务的规范性内容和非规范性内容中的制定目的和依据、适用范围、实

---

[1] 〔美〕安·赛德曼等:《立法学理论与实践》,刘国福等译,中国经济出版社 2008 年版,第 264 页。
[2] 此部分写作参考周旺生:《立法学》,北京大学出版社 1988 年版,第 412—417 页。

施机关(仅限行政立法)、法律责任、解释权以及施行日等规定。

与一般结构不同,简单结构下的法律文本因条文数量较少,通常不再细分为"章"和"节",仅保留条、款、项。

(三)复杂的法律结构

在复杂结构的法律文本中,除了具有法的名称和本文之外,通常设有目录,甚至附录。

由于法律条文数量较多,为方便规范归类以及方便查阅引用,复杂的法律结构包括"章""节"等层次,甚至还分"编"。其中"章"包括总则、附则和分则数章。

四、法律文本结构的要件

法律文本结构的组成要件因一般、简单、复杂而不同。一般而言,第一层次的构成要件主要涉及法律文本的名称、本文和包括目录、附录等在内的辅助部分。

(一)法律文本的名称

法的名称是立法文件的标题。其不仅是法的显性的外部符号,同时更是法的外部结构的重要组成部分。能够高度概括法的基本内容、空间效力范围和效力等级的法的名称将确保其与法的内容"名""实"相符,真正做到形式和内容的高度统一。因此,法的名称的规范化和科学化,对于法的制定、实施、遵守乃至法学研究的科学化和完善化都有极其重要的意义。

法律文本的名称包括"名称"和"题注"两个部分。

1. **法律文本名称的制作**

法的名称,有时称为法的标题,[①]主要用于扼要宣明立法目的以及调整对象。其制作要求是:

(1)名称内容要素化,彰显所立之法的调整对象和空间效力范围。法的名称是该法基本内容的高度概括,因而名称应当包括调整对象和空间效力范围两大要素。如,人们可以凭借《中华人民共和国石油天然气管道保护条例》和《上海市饮用水水源保护条例》等名称一目了然立法文件的调整对象和空间效力范围。其调整对象分别为"天然气管道保护"和"饮用水水源保护",空间效力范围则分别为"全国"和"上海市"。相反,《古生物化石保护条例》之类的命名虽然提炼了

[①] 在我国,法律文本的名字究竟以"名称"还是"标题"称呼尚未统一。其中《立法法》第54条第3款表述为"法律标题",《行政法规制定程序条例》第4条第1款则表述为"行政法规的名称"。

调整对象,但其空间效力的覆盖面却模糊不清。

此外,与创制性立法不同,对上位法进行全方位细化的实施性立法,其文件名称应当增加被细化之"上位法名称"的要素,并以书名号表示。如,《北京市实施〈中华人民共和国车船税暂行条例〉办法》、《中华人民共和国海关〈中华人民共和国政府和秘鲁共和国政府自由贸易协定〉项下进出口货物原产地管理办法》,等等。

(2)名称命名统一化,彰明所立之法的性质和效力等级。针对我国立法文件名称过多、过杂和效力等级模糊等问题,有学者早在1988年便提出简化法之名称的改革。① 近年来,我国立法文件的名称正在逐步统一化和规范化。如2002年1月1日起施行的《行政法规制定程序条例》第4条规范了行政法规的命名,既明确规定"行政法规的名称一般称'条例',也可以称'规定'、'办法'等",也同时强调"国务院根据全国人民代表大会及其常务委员会的授权决定制定的行政法规,称'暂行条例'或者'暂行规定'",以此标识"法定立法"与"授权立法"。此外,同日开始施行的《规章制定程序条例》第6条也明确规定国务院各部门和地方人民政府制定的规章"一般称'规定'、'办法'",同时明确此类规章"不得称'条例'",以此与行政法规加以区分。在地方立法中,名称的统一化也受到广泛重视。如2007年12月1日起施行的《广东省人民代表大会常务委员会立法技术与工作程序规范(试行)》以专节规范地方性法规的"名称"。其不仅统一规定地方性法规的四种名称,而且分门别类地明确适合以"条例""实施办法""规定""规则"命名的地方性法规的种类。②

(3)名称简称规范化,以兼顾所立之法名称的严肃性和使用便捷性。有些法的名称因受制于调整对象的清晰表述而不得不长,但却不方便日常引用。名称的简称可以有效解决这一矛盾。需规范的是:其一,由需要简称的立法文件自身命名简称,而非任由法的使用者随意简称;其二,由需要简称的立法文件自身设定专条表述简称,并排列于附则之中。

---

① 参见周旺生:《立法学》,北京大学出版社1988年版,第417—427页。
② 《广东省人民代表大会常务委员会立法技术与工作程序规范(试行)》第13条规定,"地方性法规名称中的种类名称,分为条例、实施办法、规定、规则",第14条至第17条分别规定"条例,适用于对某一方面事项作比较全面、系统规定的地方性法规";"实施办法,适用于为贯彻实施法律作比较具体、详细的规定的实施性法规";"规定,适用于对某一方面的事项或者某一方面的内容作局部或者专项规定的地方性法规,可用于制定实施性、自主性或者先行性法规";"规则,适用于规范人大及其常委会的程序性活动的地方性法规。"

2. 法律文本题注的制作

法的名称下的题注主要用于表明所立之法的合法性以及效力等级。其制作要求是：

(1) 题注内容要素化。新制定的立法文件的题注应当包括两个要素：一是制定或者修改主体的名称，二是通过或者公布的时间。我国《立法法》第 61 条第 3 款明确要求"法律标题的题注应当载明制定机关、通过日期。"如，我国《企业国有资产法》的题注是"2008 年 10 月 28 日第十一届全国人民代表大会常务委员会第五次会议通过"，《上海市大型游乐设施运营安全管理办法》的题注是"2010 年 7 月 23 日上海市人民政府令第 47 号公布"。修改的立法文件题注还应当依次注明历次修订或者修正主体以及修订或者修正时间。

由于制定主体要素直接表明法的效力等级，通过或者公布日要素时常与法的生效日间接相关，因此，以下两种现象值得讨论：

第一，不宜以立法文件之外的"公布令"替代立法文件组成部分的题注。目前，我国行政法规和国务院部门规章的名称下未设题注而在法规、规章之前采用"中华人民共和国国务院令""中华人民共和国国务院××部（委员会、局）令"的方式表明制定主体、通过时间以及施行日。[①] 本教材认为，不宜以"令"的方式取代题注。不仅因为两者的作用各不相同，内容也不尽一致，更关键的是，行政法规和部门规章自身的文本结构中并未明示制定主体和通过日两个要素。更何况阅读者和适用者实际使用的行政法规和部门规章文本之前往往未"附加""令"以及相关内容。

第二，不宜疏忽或者疏漏经"批准"发布的立法文件的题注中的"批准时间""发布主体""发布时间"。在我国，立法文件经批准方能生效的有两种情形：一是由《立法法》统一确立的"批准后生效"制度。根据《立法法》第 72 条和第 75 条的规定，凡自治区、自治州、自治县的自治条例和单行条例、较大的市的人大及其常委会制定的地方性法规均须报经批准后才能生效；二是由其他法律"个案"性规定的"批准"制度。如《招标投标法》第 3 条第 2 款规定，"前款所列项目的具体范围和规模标准，由国务院发展计划部门会同国务院有关部门制订，报国务院批准。"由于"批准"并未导致"制定主体"对调整对象的"制定权"向"批准主体"转移，因此报经批准的立法文件效力等级仍然取决于制定主体的层级。同时，由于

[①] 如在《中华人民共和国海关事务担保条例》文本之前增加"中华人民共和国国务院令第 581 号"。其内容却是"《中华人民共和国海关事务担保条例》已经 2010 年 9 月 1 日国务院第 124 次常务会议通过，现予公布，自 2011 年 1 月 1 日起施行。总理 温家宝 二〇一〇年九月十四日"。

"批准"是必经程序,因此报经批准的文件之生效时间与"批准日"和"发布日"而非"通过日"相关。基于上述原因,报经批准的立法文件的题注不仅应当表述制定主体以及通过时间,而且应当明确批准主体以及批准时间。如根据《招标投标法》的上述规定,由国家发展计划委员会制定的《工程建设项目招标范围和规模标准规定》将题注表述为"2000 年 4 月 4 日国务院批准 2000 年 5 月 1 日国家发展计划委员会发布",并在正文中明确"本规定自发布之日起施行。"

(2)题注位置固定化。题注应当紧接名称,安排在法律文本名称下的括号内,以尽早让读者了解题注所反映的制定主体和通过日等相关信息。

(二)法律文本的本文

法的本文是立法文件外部结构中最为核心的部分,用于表述该法的所有法律条文,包括规范性内容和非规范性内容。

法的本文的制作有许多技术要求,其中尤其要注意结构中各层次的设定、排序、编序以及命名等四个问题。

1. 本文的层次设定原则

本文结构的层次分明是判断一部好的立法文件的基本标准之一。在通常情况下,本文视篇幅的长短和内容的繁简分为卷、编、章、节、条、款、项、目等层次。我国《立法法》第 61 条第 1 款规定全国人大或者全国人大常委会制定的法律"可以分编、章、节、条、款、项、目"等 7 个层次;《行政法规制定程序条例》第 5 条第 2 款规定行政法规"可以分章、节、条、款、项、目"等 6 个层次;《规章制定程序条例》第 7 条第 2 款规定"除内容复杂的外,规章一般不分章、节。"一般而言,各层次的设定原则是:

(1)就条文以上的各层次而言,除了章之外,具有两个相同层次时才设立上一个层次,即每卷至少设有两编,每编至少设有两章,每节至少设有两条。

(2)章是连接本文各组成部分的基本要件,通常包括总则章、分则各章和附则章。每章之下是否设节由内容而定。在我国立法实践中,以"总则"和"附则"冠名的章下通常不再设节;在分则各章中,节的设置完全取决于内容。截至2016 年 11 月,我国共有 90 部现行法律的条文达到或者超过 70 条,其中 42 部法律的各章之下并不都设节,占 46.7%,如《民用航空法》《证券法》《公司法》《物权法》《合同法》《海商法》《刑法》《刑事诉讼法》《民事诉讼法》等;48 部法律的各章之下均不设节,占 53.3%,如《证券投资基金法》《慈善法》《药品管理法》《海关法》《公务员法》等。

（3）条是构成法律本文的最基本单位。无论篇幅大小和内容多少，每部立法文件必须设置条。

（4）就条文以下的层次而言，根据内容之需可以不渐次设置款、项、目等层次，但一旦设置某一层次，该层次不得少于两个单位。即条文之下可以直接设项，但至少设有两项。

2. 本文的层次排序原则

一部结构良好的法律文本，不仅要有清晰而必要的层次安排，而且要为阅读者和使用者提供最实用和符合逻辑的层次编排。以法律本文中最基本的结构单位"条"为例，排序中最为重要的三条规则是：

（1）同一内容同条规定。即一个条文仅规定一项内容，同一项内容只能规定在同一条条文中。如我国《石油天然气管道保护法》既明确肯定了该法的适用对象，即"中华人民共和国境内输送石油、天然气的管道的保护，适用本法"，又清晰排除了不适用的情形，即"城镇燃气管道和炼油、化工等企业厂区内管道的保护，不适用本法"。由于前后两个非规范性规定均关乎"适用范围"这一内容，因此，尽管该法将上述内容分别表述在两款中但却集中在第2条。

（2）表述同类内容的条文集中排列。即把调整同类行为或者同类关系的数条法律条文作为完整而独立的部分进行"归类"并集中排列，力戒杂乱无章地分散排列。如我国《行政许可法》分别规定了法律、行政法规、地方性法规和省级地方政府规章有权设定行政许可的事项以及所设许可的性质，还明确"其他规范性文件一律不得设定行政许可"。由于这些内容均涉及行政许可的设定主体及其权限这一类内容，因此，该法将上述内容集中在第12条至第17条规定。

（3）表述不同类别内容的条文循序排列，避免理解排列在前面的条文必须依赖于对后面条文理解的结构排序。即排列调整不同类别行为和关系的所有法律条文时，应当循序渐进，避免前后颠倒。如《公司法》在第四章第一节专门规范了股份有限公司的设立。其在第77条明确了"发起设立"和"募集设立"两种方式之后，从第78条至第80条集中就"发起设立"予以规范，依次明确了发起设立的发起人的人数要求、股份有限公司筹办事务由发起人承担以及发起设立的注册资本要求等。

上述三大排序要求适用于整个法律本文每个层次的排列。

3. 本文的层次序号原则

为了叙述清晰和使用方便，法律文本本文的各层次均应当按序编号。编号的技术要求是：

(1) 正确选择表示序号的数字。其中条以及条以上的层次以"序数"词编号;条以下的层次以"基数"词编号。如章依次表述为"第一章""第二章"等;项依次表述为"(一)""(二)"等。

(2) 正确选择表示序号的文字。在我国,根据《立法法》第 61 条第 2 款的规定,法律的"编、章、节、条的序号用中文数字依次表述,款不编序号,项的序号用中文数字加括号依次表述,目的序号用阿拉伯数字依次表述";《行政法规制定程序条例》第 5 条第 2 款对行政法规各层次的序号表示也作出了相同的规定。

(3) 准确运用序号的连贯技术。在我国立法实践中,法律文本中"条"以上的每个层次是否采取连贯编序的方法存在不同做法。就编之下的章而言,或者编不断章断,即每编均从第一章起编序,如《刑法》《刑事诉讼法》;或者编不断章也不断,即各编的章连贯编序,如《民事诉讼法》《物权法》。就章之下的节而言,皆以"第一节"起独立编序。就条之下的项或者目以及项之下的目而言,均以"(一)"或者以"1"起独立编序。从一国法律体系的统一协调性出发,所有立法文件每类层次的编序是否连贯理当统一,尤其是同一主体所立之法更应如此。

(4) 修订法律文本时采用不变动原有编号的技术。在我国,法的修改包括"修正"和"修订"两种方式。在修正情况下,被修正的法的施行日不变,但在修订情况下,法的施行日为修订后的施行日且修订前的相关法律停止施行。[①] 如,1998 年 12 月 29 日通过的《证券法》自 1999 年 7 月 1 日起施行。该法于 2004 年 8 月 28 日修正,修正后的第 214 条依然规定"本法自 1999 年 7 月 1 日起施行"。2005 年 10 月 27 日,《证券法》得以修订,修订后的第 240 条另行规定"本法自 2006 年 1 月 1 日起施行。"由此可见,被"修正"的法律在其整体依然生效的前提下,仅在原文本中增加或者删除一些条、款、项等或者改变某些条、款、项的内容。在这种情况下,为了避免改变所有序号,更为了避免因条、款、项等序号的重新编排而导致法的实施和法学研究的不便,应当借鉴其他国家修改法律但不改变序号的表述技术,始终保持法律文本各层次序号的固定不变。相应的方法是:一是增加新的条、项、目时,以"之一""之二"……的编序方式予以表示。如需在第 85 条和第 86 条之间增加两条独立的条文,则以"第八十五条之一""第八十五条之二"予以编序。援引条文时,"前一条"是指与该条紧接的前一条独立的条文。在上例中,第 86 条的前一条就是"第八十五条之二"而非"第八十五条"。二是删除

[①] 参见全国人大常委会法工委于 2009 年 10 月 26 日拟定并印送各省级和较大市级人大常委会办公厅、法制委员会和法工委的《立法技术规范(试行)(一)》(法工委发[2009]62 号),第 21 页。

条、项、目时,仅删除内容而保留相关的条、项、目次,并在保留的条、项、目次后以括号表示"本条(或者本项、目)于×年×月×日由××删除"。三是修改条、项、目时,仅仅修改内容而不改变相关的条、项、目次。

4. 本文的层次标题原则

从便于归类、阅读和查找等实用性的立法表述技术要求而言,凡法律文本中设有编、章、节等层次的,不仅应当逻辑排列,而且应当同时对这些不同层次的部分设立编名、章名和节名。如我国《物权法》分别为五编设立了第三级标题"总则""所有权""用益物权""担保物权""占有",分别为十九章设立了第二级标题,诸如"一般规定""抵押权""质权""留置权"等,并为第十六章的两节设立了第一级标题"一般抵押权""最高额抵押权"。

此外,为每一条法律条文设定一个标题,是不少国家的技术规范,也是包括WTO协定在内的国际法律文件采用的技术手段。在我国,上海市地方政府规章也早于1994年起设立"条标"。这一技术在强化立法文件外在结构的逻辑性上取得了很好效果。建议我国所有立法文件普遍使用条标。"条标"是法律条文标题的简称,其英文为"section heading"。作为高度概括条文具体内容的条标,其在法律文本结构中除了发挥合理安排结构、严密逻辑条文的作用之外,方便查阅和帮助理解更是其显著的功能。[①] 一方面,"条标"是立法文件的条的目录。读者为了了解该文件的框架以及将注意力迅速指向所需要了解的特定内容,只需浏览条标即可。另一方面,"条标"是条文内容的高度概括,人们可以迅速有效地抓住该条文的核心规范,进而提纲挈领地把握该法条的整体内涵。

条标的表述技术要点是:

(1) 条标的用语必须简洁明了。由于"条标"仅仅是法律条文具体内容的高度概括,因此用词应当简洁明了,切忌将条文规定的实质要求塞进"条标"之中。所谓简洁明了,就是要求"条标"本身简短而概括性强,既要用尽可能少的文字使读者对条文内容有基本了解而无须参看上下文,又要避免将表述条文内容的实质要求的文字堆砌在"条标"之中。

(2) 条标的内容概括必须准确无误。由于"条标"具有"地图""纲要"的功能,它对相关条文具体内容的概括就必须准确和严谨,紧扣主题,反则就会误导读者。

(3) 对几条同类内容的条文设置条标时,既要求表明其共同处,又要突出其

[①] 参见徐向华、黄卉:《论我国规范性法律文件条标的增设》,载《政治与法律》1994年第4期。

不同点。由于有些规范性法律文件所要规定的同一内容较多,机械地将它们归置于同一条条文中,势必违反"条要简短"的立法表述原则。对这些用数条规定同类内容的条文群,其各条"条标"不能仅概括其共同点,还需要进一步细化,并用"——"连接这类条标的相同和相异点。如我国《宪法》先后用11条条文规定了我国公民的基本权利,设置"条标"时,所有的权利条文都要冠以"公民权利",然后逐一细化,即"公民权利——宗教自由""公民权利——人身自由",以此类推。

(4) 条标的印刷要醒目。为了充分发挥"条标"的经济阅读功能,其印刷应当有别于条文具体内容的印刷。在英语国家,"条标"的印刷有多种方式。或字母全部大写,或斜体书写,或黑体字书写,或把条标置于括号内。本教材建议我国立法文件的"条次"和"条标"都用黑体字或者其他明显区别于条文具体规定的字体印刷。

(5) 条标之后的条文格式要合理和规范。就各国"条标"设置的格式而言,凡条下不设款的,该条条文的文字或紧跟在"条标"之后而不另起段落,或另起一段;凡条下设款的,或其第一款紧跟"条标"之后而其余各款皆另起段;或包括第一款在内的各款均另起段。在我国,设置"条标"后的条文格式规范化应当避免用同一种方式表述不同层次的条和款。为此,建议凡条下不设款的,表述其内容的文字一律紧跟"条标"之后;凡条下设款的,条款均另起一段。

(三) 法律文本的目录和附录

目录和附录是法律文本本文之外的辅助部分。

1. 目录

目录是法律文本正文之前所载的目次,一般用以篇幅较长,且各层次设有标题的立法文件。其意义在于方便读者和使用者,既便于人们在整体上把握文件的全部内容,同时又方便查找相关部分。

目录的位置应当安排在立法文件的名称及其题注之后。

2. 附录

附录是一段辅助性文字或者数字,是附在法律文本正文之后、与本文内容有关但却不宜放入正文的各种材料。其目的在于避免将与法的实施直接相关的细节、数据和图表杂糅在法律条文之中,既保证文本的可读性,又确保文件的可操作。

附录有图表和文字两种基本形式。图表式附录较为少见,主要用于显示有关图像和表明与数据相关的计算公式、价目表或者项目表等。如《国徽法》附有的中华人民共和国国徽图案;《矿产资源补偿费征收管理规定》附有的"矿产资源补偿费费率表"。较为常见的文字式附录用途较广,主要用以列举有关人员、地域、物品的名单或者文件的名称等,也用于对相关事项的规范,还用于相关工作的说明。前者如《全国人大常委会关于批准法制工作委员会关于对1978年底以前颁布的法律进行清理情况和意见报告的决定》附有的"1978年底以前颁布的已经失效的法律目录""1978年底以前全国人民代表大会常务委员会批准的已经不再适用的民族自治地方的组织条例目录";中者如《香港特别行政区基本法》附有的《香港特别行政区行政长官的产生办法》《香港特别行政区立法会的产生办法和表决程序》;后者如《国徽法》附有的《中华人民共和国国徽图案制作说明》、《第七届全国人大第一次会议选举办法》附有的《写票、投票注意事项》。

在我国,附录在所有类型的立法文件中都得以使用。然而,附录表述的规范性和科学性有待提高。需解决的主要问题有四个:

第一,从立法技术的规范化而言,附录本身的命名应当统一。我国法律文本中的附加文件之形式"五花八门",有些使用"附件",有些选用"附录",有些采用"附",还有些甚至没有任何文字表述。这种情形不仅发生在不同立法主体的所立之法中,也发生在同一主体所定规则之中。如,同样是行政法规,《蓄滞洪区运用补偿暂行办法》中的附加文件表述为"附:国家蓄滞洪区名录";《地质资料管理条例》的附加文件表述为"附件 地质资料汇交范围";《矿产资源勘查区块登记管理办法》中的附加文件表述为"【附录】国务院地质矿产主管部门审批发证矿种目录";《生物两用品及相关设备和技术出口管制条例》的附件文件则直接以该文件的标题予以表述,即"生物两用品及相关设备和技术出口管制清单"。

第二,从立法文件的便于使用而言,每个附加文件应当有自身的标题。从前文列举的附加文件可见,有些文件设有标题,如《国徽法》的附件"国徽图案制作说明";有些则没有标题,如《刑法》的两个附件都以一段文字直接引导相关内容,即"附件一:全国人民代表大会常务委员会制定的下列条例、补充规定和决定,已纳入本法或者已不适用,自本法施行之日起,予以废止:……""附件二:全国人民代表大会常务委员会制定的下列补充规定和决定予以保留,其中,有关行政处罚和行政措施的规定继续有效;有关刑事责任的规定已纳入本法,自本法施行之日起,适用本法规定:……"后一种情形显然不便于法的实施和法学研究中的引用。

第三,从立法文件的严谨性而言,附加文件的标题应当完整,用全称而非简称。尽管附录是立法文件的附加部分而非本文的组成部分,但仍是立法文件的构成部分之一。附录与本文具有同等的法律效力,同样是实施法的重要依据或者参考。因此,附录中所附文件的名称应当完整并用全称,不能像《全国人大常委会关于对中华人民共和国缔结或者参加的国际条约所规定的罪行行使刑事管辖权的决定》的附件,将标题笼统表述为"几个公约的有关条款";也不能像《全国人大常委会关于严惩严重危害社会治安的犯罪分子的决定》[①]的附件,将标题简称为"刑法有关条文"。

第四,从立法技术的规范化而言,用于附录及其附加文件的标点应当统一。就"附录"而言,我国法律文本中或者不加任何标点,即简单表述为"附录",或者加以不同的标点,即表述为"附录:"或者"【附录】"。就所"附加文件"的标题而言,也存在用和不用书名号两种情况。

第三节 法律文本的内容及其表述技术

一、法律文本内容的含义

任何法律文本,无论其篇幅大小、条文多少,在内容上都包括规范性规定和非规范性规定两大部分。

规范性规定是法的主要内容,其规范的是法律关系主体的权利义务、职权职责及其各种性质的法律责任。由于每部立法文件调整的对象各不相同,因此规范性规定的具体内容因"法"而异。

非规范性规定是法的必备部分。尽管其未对行为主体设置具体的权利义务,但却明示制定目的和依据、界定概念和术语、阐明原则、确定实施机关、明确法的效力等级、宣告适用范围、时间效力以及过渡规定等法的实施所必备的内容。非规范性规定由此分为叙述性的、解释性的、技术性的和授权型的等四类。[②]

上述各项经由规范性和非规范规定表达的内容即是本教材所涉及的法律文本的内容。

二、法律文本内容的组成

法律文本的所有内容由不同的法律条文予以逐一描述,并被整合于总则、分则和附则三大部分之中。

---

① 此决定在1997年3月14日第八届全国人大第五次会议修订的《刑法》生效后已被废止。
② 参见张善恭、徐向华主编:《立法学原理》,上海社会科学院出版社1991年版,第249页。

(一) 总则

总则是立法文件的首要部分,在法律文本中具有统领地位,是承载统贯全文的一般要件或者概括规定的法律条文的总合。

总则的内容通常包括"制定目的和依据条文""核心性定义条文""适用范围条文""基本原则条文""预算经费或者专项资金条文"。涉及行政管理方面的立法文件,总则通常还包括"管理部门(或者管理机构)条文"。

总则的表述方式分为明示式和非明示式两种。在设有章或者编的法律文本中,"总则"一词以明示的方式表示;在不设章等结构层次的情况下,"总则"两字不在法律文本中显示,其与分则和附则根据规定的具体内容加以区分。

无论"总则"是否以明示方式表示,其通常设置于法律文本的开篇之处,但另有序言的除外。

(二) 分则

分则是立法文件的主体部分,在法律文本中处于核心地位,是法律文本中最"庞大"的部分,是所有规定调整对象的权利义务等内容的规范性条文的总合。

分则通常分为行为则和法律责任则两部分,内容包括实体性和程序性规范、权利性和义务性规范、职权性和职责性规范、强制性和任意性规范,等等。此外,准用性规则等有时也成为分则的组成部分。

分则多以非明示的方式表示,即在法律文本中不标明"分则"二字,并通常由数个章节构成。

分则位于总则之后、附则之前。

(三) 附则

附则是立法文件的补充部分,在法律文本中处于辅助的地位,是表述辅助总则和分则内容的非规范性条文的总合。

附则的内容主要包括"术语的解释条文""实施性立法条文""解释权条文""参照适用条文""过渡条文""施行日条文""废止规定"等等。

附则也有明示和非明示两种形式,但以明示形式为多。

附则位于法律文本本文的最后部分。

三、法律文本内容的表述

法律文本的内容广而复杂。本教材仅仅涉及具有较高规范可能性的若干规范性条文和非规范性条文的设置、排列和表述等技术规则。

(一) 目的和依据条文

目的和依据条文是立法文件中分别以"为了"和"根据"引导的、用以阐明立法宗旨和法的依据的条文。

目的和依据条文的制作应当遵守下列规则:

1. 设置

(1) 目的设置要适当——因法而异的规则

表述立法宗旨的目的条文是立法文件的主要内容,但并非必备条文。是否设置目的条文,应当视不同性质的立法而定。

第一,根据上位法的明确规定进行的实施性立法不设目的条文。在此类文件中设置目的的,无外乎完全"复制"或部分修改上位法立法目的两种做法,而这些做法均不吻合法律文本的语体要求。就"复制"母法的目的而言,违背了立法语言简洁凝练的基本要求。在绝大多数情况下,母法自身已经宣告立法宗旨,实施性的子法完全复制此目的无异于立法语言的浪费和累赘。就修改母法的目的而言,无论是对其进行扩大还是缩小的改动,都背离了法律文本严谨一致的基本风格,损害了母法的权威和法制的统一和尊严。

第二,根据法定权限进行的实施性立法视需要设或不设目的条文。在共有立法事项范围内,根据法定权限进行的实施性立法,目的可设也可不设。判断的标准在于实施性立法之目的是否已为被实施上位法之目的所涵盖。涵盖者,无须再阐述目的;未涵盖者,明示目的。

第三,根据法定权限进行的创制性立法应当设置目的条文。由于创制性立法并不存在被实施的上位法,不可能存在立法目的"复制"或者部分修改,因此,根据我国立法惯例,以设置目的条文明示立法目的为妥。

(2) 依据设置有必要——立法有据的规则

立法有据是合法立法的必然要求和基本原则。体现在法律文本中,就应当明示制定本文件的法律依据,阐明本文件的内容与上位法之间的法源关系。因此,在我国,除了《宪法》对全国人大制定的某基本法律或者对全国人大常委会制定的某其他法律没有明确规定的之外,立法文件的制作通常都应当自述立法依据,无论法律、行政法规,还是地方性法规、部门行政规章、地方行政规章的制定;无论授权法规,还是自治条例、单行条例的制定;无论实施性立法,还是创制性立法。

2. 位置要正确——首条排列的规则

立法目的和依据条文应当位于全文之首,即在法律文本第一条一并表述,先阐述目的,再明示依据。

3. 表述

(1) 多元目的的顺序要逻辑——从微观到宏观、从具体到抽象、从直接到间接的逻辑排列顺序规则

立法目的的表述应当直接、简洁和明确。目的为多项的,应当按照从微观到宏观、从具体到抽象、从直接到间接的顺序逻辑予以排列。[①] 多元目的的逻辑排列规则重在强调两个层面的顺序:一是概念上的逻辑性。即按照事物发展或者人的思维的一般前后顺序,循序渐进地排列相关目的,既不能前后颠倒、倒果为因,亦不能杂乱无章、自相矛盾。二是观念上的逻辑性,既突出立法重点,又兼顾其他目的。

(2) 依据表述要恰当——直接法源规则

一国法律体系中的母、子法关系是相对的。如我国《宪法》是《母婴保健法》的母法,《母婴保健法》是国务院《母婴保健法实施办法》的母法,《母婴保健法实施办法》还可以成为卫生部《母婴保健专项技术服务许可及人员资格管理办法》的母法。依据条文的功能是表明所立之法的内容具有法律上的"依据",因此设置该条文时,原则上只需列明直接母法而不必从宪法起一一罗列。具体而言,若有直接上位法的,列明该上位法的名称,如"根据《××法》,制定本条例";若有直接上位法,同时涉及间接上位法的,在直接上位法名称后加"和有关法律"的表述,如"根据《××法》和有关法律,制定本条例";若在特定情形下需要特指上位法的某条款的,可以直接写明"根据《××法》第×条第×款的规定"。

(二) 定义条文

定义条文是立法文件中以"指""包含"等词连接被定义项和定义项,用以明确该文件所用词语之特定含义的条文。

根据被定义词语在立法文件中的使用范围,定义条文分为两类:

用以定义贯穿整部立法文件或者涉及适用范围之基本概念的条文。如《物权法》第 2 条第 2 款和第 3 款的规定,"本法所称物,包括不动产和动产。……""本法所称物权,是指权利人依法对特定的物享有直接支配和排他的权利,包括所有权、用益物权和担保物权。"此类定义条文可形象化地称为核心性定义条文。

用以定义贯穿某个章节或者涉及某条之概念的条文。如《合同法》第 322 条定义的"技术合同"是章定义,其被使用 11 次,除了 1 次用于废止条文之外,其他

[①] 参见曹叠云:《立法技术》,中国民主法制出版社 1993 年版,第 223—224 页。

都运用于第十八章;第 330 条规定的"技术开发合同"是节定义,其被使用 8 次,仅仅出现于第十八章第二节。此类章定义、节定义或者条定义可统称为非核心性定义条文。

定义条文的制作应当遵守下列规则:

1. 设置要谨慎——尽可能少设的规则

在法律文本中,定义条文主要有说明和简化两大功能。

定义条文的说明功能能够有效避免词语的模糊性。通过定义,法律文本中原本常用用法中的语义就可以按照立法意图予以合理的扩大或者缩小,原本具有多种不同常用用法并且需要排除与立法意图相左的词语就有了清晰的指代。如"农业"一词虽为普遍理解的常用词,但却是一个多义词。倘若立法者听凭阅读和使用者对立法文件中的"农业"作出各有千秋的理解,势必影响法的统一实施。因此,我国《农业法》在第 2 条第 4 款界定了"农业",明确规定"本法所称农业,是指种植业、林业、畜牧业和渔业等产业,包括与其直接相关的产前、产中、产后服务",从而为法的正确实施统一了认识基础。

定义条文的简化功能可以有效避免词语不必要的重复。立法文件一旦需要反复使用已经界定而具有清晰范围的字、词、句时,便无须一而再、再而三地说明,从而确保法律条文清晰、法律文本简洁。如《农业法》定义的"农业"一词在全文中共使用了 237 次。若不予界定,该法必定啰嗦累赘,不具有可读性。

虽然定义是明确法律概念主要而有效的方法,但定义的设置也存在一系列风险。一般而言,下定义通常面临两种主要风险:一是,定义者知识结构的局限或者定义方法的不当或者被定义对象的不清晰以致定义不当乃至错误;二是,连环套式的定义方法导致定义更加模糊。上述任何一种下定义的风险必然误导读者,进而导致对法的错误适用。

由此,尽可能少设定义就是决断定义条文设置与否的最高原则。换言之,定义条文通常只在不足以避免歧义和不足以避免不必要的重复的两种情况下设置。

2. 排列要显见——"易于发现、便于使用"[①]的最佳位置规则

根据理解排列在前的条文不要借助于对后面条文理解的基础上的条文排序规则,定义条文应当放在"易于发现、便于使用"的位置上。具体而言,定义条文的排序有三种模式:

---

① G.C. Thornton, *Legislative Drafting*, (third edition) London: Butterworths 1987, P114.

（1）核心性定义条文一般排列在全文的第二条，特殊情况下放在第三条。即：当被定义的概念全部在适用范围条文中出现时，定义放在第二条，适用范围排在第三条。如《信托法》先在第 2 条定义"本法所称信托，是指委托人基于对受托人的信任，将其财产权委托给受托人，由受托人按委托人的意愿以自己的名义，为受益人的利益或者特定目的，进行管理或者处分的行为"，然后在第 3 条明确"委托人、受托人、受益人（以下统称信托当事人）在中华人民共和国境内进行民事、营业、公益信托活动，适用本法"。当被定义的概念只有部分出现在适用范围条文时，为了保证两条条文内容之间的紧凑性并增强其可读性，核心性定义条文放在第三条，适用范围条文排在第二条。

（2）统贯章节始终的章定义、节定义分别放在该章、该节的起始条文。如《合同法》第九章为"买卖合同"。该章从第 130 条到第 175 条，共 46 条。其中该章的第一条，即全文的第 130 条首先界定"买卖合同是出卖人转移标的物的所有权于买受人，买受人支付价款的合同。"又如《合同法》第十八章第二节、第三节和第四节分别为"技术开发合同""技术转让合同""技术咨询合同和技术服务合同"，该三节的起始条文均分别定义了技术开发合同、技术转让合同、技术咨询合同和技术服务合同。

（3）条定义或者在该条首款表述，或者在附则首条表述。其中放在条之首款表述的仅仅适合只涉及该条概念的定义；放在附则首条表述的适合若干条法律条文均使用的术语的定义。在后一种情形下，定义条文通常冠以"相关术语的解释"之条标。

3. 表述

定义条文的表述主要涉及定义的方法、定义的规则和定义的程式等三个问题。

（1）定义的方法要适当

法律文本中的定义方法主要有内涵式、外延式和内涵外延结合式三种方式。

内涵式定义方法即"属加种差"的定义方法。如《邮政法》第 84 条第 12 款规定，"邮件处理场所，是指邮政企业专门用于邮件分拣、封发、储存、交换、转运、投递等活动的场所。"由于内涵式定义揭示的是被定义对象的本质属性，运用此方法形成的定义要求定义项与被定义项完全同一，因此是一种难度较大、相当严谨的定义方法。

外延式定义方法是通过列举被定义对象包含的全部或者部分内容而进行定义的方式。主要用于三种情形：或者难以准确说明种差，或者难以列举周全，或者立法用意拟超出或者缩小词的常用义。如《石油天然气管道保护法》第 3 条第 1 款规定,"本法所称石油包括原油和成品油,所称天然气包括天然气、煤层气和煤制气。"

内涵外延结合式定义是一种复合定义方式。其第一句用"指"连接被定义词语和定义部分,第二句借助"包括"或者"不包括"以消除前一句定义中可能存在的模糊。如《海洋环境保护法》第 95 条第 8 项规定,"排放,是指把污染物排入海洋的行为,包括泵出、溢出、泄出、喷出和倒出。"又如,《邮政法》第 84 条第 7 款规定,"信函是指以套封形式按照名址递送给特定个人或者单位的缄封的信息载体,不包括书籍、报纸、期刊等。"

(2) 定义的规则有特点

法律文本中的定义是一种规定性定义,其与描述性定义追求精确不同,实用是判断定义当否的主要标准。因此,拟定定义条文时不必受限于形式逻辑学中的某些定义规则。应当遵循的规则是:

第一,不可远离被定义词语的常用含义。如不可以将"固体废物"定义为"被丢弃的固体、半固体和高浓度的液体废物"。任何字词都有其固定的常用含义。尽管扩大或者缩小词语的常用义是设立定义条文的目的之一,但如果起草者一厢情愿地规定了一个牵强附会乃至离奇的定义,与阅读者和使用者之间的沟通即告失败。

第二,不可"循环定义"。被定义字词不应出现在定义中,同语反复便无法发挥定义的作用。

第三,可以使用否定词。由于否定以明确排除的方式框定被定义对象的边界,通常能进一步强化肯定判断的清晰度,因此定义条文中可以使用"不"等否定词,如"不包括"。

第四,可以不互换定义项和被定义项的位置以检查定义的正确与否。除内涵式定义要求定义和被定义词语的外延相等之外,对运用列举等其他方式所下的定义不必运用互换定义项和被定义项位置的检查方法。

(3) 定义的程式应标准

定义条文的内容因被定义对象的不同而相异,但其程式却应当标准化。定义的标准程式包括两个部分:

第一,定义的联系词。定义联系词是联系定义项和被定义项的词。在使用英语的国家中,一般仅选用两个联系词,即"means"和"includes"。在我国立法实践中,联系定义项和被定义项的词有"是""指""是指""系""系指""包括""不包括"等,其中"是指"中的"是"和"系指"中的"系"显然为惯例中的赘字。从加强联系词的规范使用而言,联系词以"指""包括""不包括"三个为妥。其中"指"用于内涵式定义和列举穷尽的外延式定义,"包括"用于列举部分的外延式定义,"不包括"用于引导内涵外延结合式定义或者外延式定义中的否定部分。

第二,定义条文的引导词语。定义条文以"本法(本章、本节或者本条)所称××"为引导。如果被定义的词语不止一个,应分"项"而非分"款"表述。项之间使用分号。具体程式为:

"本法(本章、本节或者本条)所称:

(一)××,……

(二)××,……

……"

(三) 适用范围条文

适用范围条文是法律文本中用以说明立法文件效力所及的空间(区域)、人(对象)和行为之范围的条文。立法文件的时间效力范围通常由附则中的施行日条文加以规范。

适用范围条文的制作应当遵守下列规则:

1. 设置——必须设置规则

由于适用范围条文表明的是该文件在特定的空间、人及其行为上的效力覆盖面,因而该条文是判断发生在某地的某人的某一行为是否为该条文所在立法文件调整的唯一依据,是保障法的正确实施的必要要素。因此,除了适用范围不言而喻的极少数情况之外,立法者应当宣告法的适用范围,设置适用范围条文。

2. 排列要恰当——前置规则和专条分款规则

适用范围条文的排列主要涉及两个问题:

(1) 前置规则。适用范围条文是保障法的正确实施的必要要素,因而应当尽可能前置,以便人们一目了然。一般而言,适用范围条文应当排列在全文的第二条或者第三条,视其与核心性定义条文的关系而定。在我国立法实践中,以肯定方式表述的适用范围条文一般都前置,但也有违背此项规则的立法例。如《行政复议法》在附则第41条才规定"外国人、无国籍人、外国组织在中华人民共和国境内申请行政复议,适用本法。"

(2) 专条分款规则。适用范围条文除采用肯定模式表述之外,以肯定和否定相结合的方式或者以否定的方式予以表述亦是常见的模式。通常情况下,绝对排除往往更有助于法的适用范围的清晰。问题在于,用否定方式表述的适用范围应当放在立法文件的何处？在我国立法实践中，最常见的做法是后置于立法文件的附则。如《证券法》第 2 条在"全面"肯定"在中华人民共和国境内，股票、公司债券和国务院依法认定的其他证券的发行和交易，适用本法；……"之后，却在附则第 239 条明确否定"境内公司股票以外币认购和交易的"不适用该法，"具体办法由国务院另行规定"。显然，这种表述模式既违背了"先入为主"传播基本规律，也违背了"同一内容同条规定、不同内容分条规定"的条文排序规则，极易致人误解。应当倡导的立法技术表述规则是：

第一，专条集中排列适用范围条文，以便查找和把握。就适用范围条文而言，同一内容同条集中规定的规则可以帮助人们极其容易并迅速判断某行为是否与该文件有关，避免从头至尾查阅全文来寻找效力覆盖面。如《草原防火条例》第 2 条规定："本条例适用于中华人民共和国境内草原火灾的预防和扑救。但是，林区和城市市区的除外。"专条集中排列有两项要求：一是弃用将适用范围的规定分散于总则乃至附则多个条款的做法，将所有关乎适用范围的内容集中于一个条文表述，但涉及适用范围延伸的"参照适用"和涉及时间效力特别规定的"过渡条款"除外，两者应当分别作为单独的条文放在附则部分；二是改变将其他内容与适用范围混同于一个条文，甚至杂乱排列于一个条文的做法，将不同内容的规定分列于不同的条文之中。

第二，分款排列以不同方式表述的适用范围，以便引用。《草原防火条例》第 2 条的表述虽然易于人们查找和把握其适用范围，但却不方便在诉讼、仲裁活动中的口头引用或者在其他文书中的简单引用。因此，应当将集中在一条条文中却又以不同方式表述的适用范围予以分款表述。如《石油天然气管道保护》第 2 条第 1 款首先肯定："中华人民共和国境内输送石油、天然气的管道的保护，适用本法"，同条第 2 款否定："城镇燃气管道和炼油、化工等企业厂区内管道的保护，不适用本法。"

3. 表述

适用范围条文的表述特别需要注意下列四项要求：

（1）准确选择有助适用范围清晰的原则——视法所调整的特定对象选择不同的原则

每部立法文件的调整对象不同。适用范围条文的起草应当高度重视属人、属地或者属人兼属地原则的选择，反之易导致因适用范围表述不当而产生立法漏洞或者引发实施歧义。

如在上海，由市人大常委会制定的地方性法规的适用范围条文几乎都表述为"本条例适用于本市行政区域内的……";由上海市人民政府制定的地方政府规章的适用范围条文则通常以"本办法适用于本市范围内的……"。上述规定中表示"区域"的词语所存在的问题是:第一,"本市范围"的指代存有歧义。可以理解为地理区划意义上的"本市",也可以理解为行政区域意义上的"本市"。两者的适用对象存在明显差异:前者意在适用坐落在上海市地理区划内的所有对象;后者意指只适用于与上海市具有行政管辖关系的对象。第二,"本市行政区域"的使用似乎同样存有两义。由于房地产管理更具属地性质而节能管理更具属人兼属地的意义,因而《上海市房地产登记条例》第 2 条关于"本条例适用于本市行政区域内的房地产登记"规定和《上海市节约能源条例》第 2 条关于"本条例适用于本市行政区域内节约能源及其相关的管理活动"规定中的"本市行政区域"并不完全同义。

(2) 科学选择有助适用范围明确的载体——"行为"为最佳载体的规则

在我国立法实践中,"人(包括公民、法人、国家机关、社会团体、企业事业组织和其他组织、单位和个人等)""物""行为"都是适用范围条文的指向对象。如《证券交易所管理办法》第 2 条关于"本办法适用于在中华人民共和国境内设立的证券交易所"的规定将"证券交易所"这一类"人"作为适用对象;《航标条例》第 2 条关于"本条例适用于在中华人民共和国的领域及管辖的其他海域设置的航标"的规定将"航标"这一种"物"作为适用对象;《电信条例》第 2 条关于"在中华人民共和国境内从事电信活动或者与电信有关的活动,必须遵守本条例"的规定将"从事电信活动或者与电信有关的活动"这些"行为"作为适用对象。

从法律文本语体的严谨性而言,由于法是为人的行为提供标准或者尺度,因此适用范围条文的最佳载体当属"行为"。就"人"而言,其行为具有多样性和无限性,并非"人"之所有行为都为某部法所调整;就"物"而言,只有与人相连的物才具有法律上的意义,而与物相连的人之行为依然具有多样性和无限性。据此,凡单纯以"人"或者"物"作为适用范围条文载体的表述并不恰当。

以"行为"为适用范围载体的表述主要有四种模式:

模式一:"本法适用于(××空间)的××行为"。如《票据法》第 2 条"在中华人民共和国境内的票据活动,适用本法。"

模式二:"本法适用于(××空间)××主体的××行为"。如《拍卖法》第 2 条"本法适用于中华人民共和国境内拍卖企业进行的拍卖活动。"

模式三:"本法适用于(××空间)从事××行为的××人"。如《药品管理法》第 2 条"在中华人民共和国境内从事药品的研制、生产、经营、使用和监督管理的单位或者个人,……"

模式四:"本法适用于(××空间)对××物的××行为"。如《石油天然气管道保护法》第2条"中华人民共和国境内输送石油、天然气的管道的保护,适用本法。"

当上述各模式所规范的适用范围内容较多、句子较长时,可以将表述从"本法适用于……"调整为"……,适用本法。"

(3) 规范选择标志适用范围条文的文字——"适用"代替"遵守"的规则

适用范围的明确表述断然离不开表述文字的严谨。在我国立法实践中,"遵守"和"适用"都是适用范围条文的标志性词语。然而,从应然的视角出发,当以"适用"取代"遵守"。在中文语法上,"遵守义务"动宾搭配得当,"遵守权利"则显然不妥。在法学原理上,无论义务性规范以作为或者不作为的方式表现,均为强制性的、命令性的、必须照办的规范;权利性规范则是非强制性、任意性的,是可以放弃,不必必须行使的。此外,以"依照"或者"不违背"为语义的"遵守"无法凸显现代立法"权利本位"而非"义务本位"的精神。

(4) 合理增加适用范围的特别规定——必要的但书规则

法的实施有时需要依照上位法规定、协调同位法中旧的特别规定。在此种情况下,适用范围条文应当以但书方式对其规定的一般效力范围作出明确排除,以确保适用范围的完整和准确。

适用范围条文中的但书部分通常以下列方式表述:第一,当适用范围条文的一般规定以简短的单句表述时,在单句句尾的逗号之后,以"但法律(行政法规等)另有规定的除外"予以表述;第二,当适用范围条文的一般规定以复合句或者以长的单句表述时,另起一款表述"法律(行政法规等)另有规定的,从其规定。"

(四) 一般原则或者基本原则条文

一般或者基本原则条文是法律文本中依据立法宗旨,用以阐明统领整部文件各项规定之价值取向的条文。

一般或者基本原则条文的制作应当注意下列问题:

1. 设置

尽管一般或者基本原则条文多为宣示性规定,但却具有重要功能。一是该立法文件中各项实体和程序性规定如何设定的依据;二是其他实施性立法文件如何制定的准则;三是对该文件有关条款的立法解释、执法解释和司法解释具有指导和约束力;四是对该文件的具体规范不足以解决遗漏问题或者新问题时具有承接规范的功能。

因此,任何部门法中的基本法律文件应当设置一般或者基本原则条文。如我国《民法通则》规定了当事人在民事活动中的地位平等以及民事活动遵循自愿、等价有偿和诚实信用的原则;《刑法》规定了罪刑法定、罪刑相适应原则。部门法中的非基本法律文件可以视需要设定一般或者基本原则条文。

2. 排列

一般或者基本原则条文的位置安排应当考虑两个基本因素,即法律文本自身的内在逻辑和方便读者尽早知晓渗透在具体法律条文中的立法价值取向。①因此,一般或者基本原则条文应当安排在总则部分的适用范围条文之后、管理主体条文之前。

3. 表述

一般或者基本原则的表述应当坚持:

(1) 特定化,即不要混淆所立之法的原则和法的体系原则。

(2) 概括化,即不要混同所立之法的原则和作为其体现的具体规范。

(3) 顺序化和集中化。原则有多项的,应当按照其内在逻辑顺序,根据重要程度依次排列,不要将非原则条文穿插于数项原则之间。在法律文本以及总则篇幅较小的情况下,可以将数项原则合并为一条表述;在法律文本以及总则篇幅较大的情形下,数项原则可以分条连续表述,并在条标上以"基本原则——××"予以区分。

(五) 但书规定

但书规定是法律条文中以"但是"或者以"但是"的变体方式引导的,用以表明例外、限制或者附加等内容的特殊规范。②

作为法律语体中的专门术语和特有技巧,但书的制作应当注意:

1. 设置——必要规则

但书的设置取决于其在立法文件中所发挥的作用。但书主要有例外、限制和附加三种功能。

(1) 例外功能。作出不同于一般规则或者通则的规定是但书的例外功能。如《行政许可法》第 29 条第 2 款规定:"申请人可以委托代理人提出行政许可申请。但是,依法应当由申请人到行政机关办公场所提出行政许可申请的除外。"

(2) 限制功能。对一般的量化要求作出最高或者最低限度的规定是但书的

---

① 参见孙潮:《立法技术学》,浙江人民出版社 1993 年版,第 124—125 页。
② 参见周旺生:《立法论》,北京大学出版社 1994 年版,第 649—655 页。

限制功能。其包括两种情形：第一，进行最高限度的限制。如《劳动争议调解仲裁法》第43条第1款规定，"仲裁庭裁决劳动争议案件，应当自劳动争议仲裁委员会受理仲裁申请之日起四十五日内结束。案情复杂需要延期的，经劳动争议仲裁委员会主任批准，可以延期并书面通知当事人，但是延长期限不得超过十五日。"第二，进行最低限度的限制。如《民事诉讼法》第219条规定，"人民法院决定受理申请，应当同时通知支付人停止支付，并在三日内发出公告，催促利害关系人申报权利。公示催告的期间，由人民法院根据情况决定，但不得少于六十日。"

(3) 附加功能。附带加上一定的权利或者义务，使主文内容更为周全是但书的附加功能。其包括两种情形：第一，附加一定的义务，用以补充说明该条文中同一行为主体的权利。如《著作权法》第43条第2款规定，"广播电台、电视台播放他人已发表的作品，可以不经著作权人许可，但应当支付报酬。"第二，附加一定的权利，用以补充说明该条文中同一行为主体的义务。如《著作权法》第16条第1款规定，"公民为完成法人或者其他组织工作任务所创作的作品是职务作品，除本条第二款的规定以外，著作权由作者享有，但法人或者其他组织有权在其业务范围内优先使用。"

在法律文本中，凡需规定例外、限制或者附加的，应当设置但书。

2. 排列和表述

但书的位置以及表述规则因种类相异而不同。

以是否由转折词"但是"引导例外、限制或者附加的内容作为标准，但书分为明示和变体两大类。

(1) 明示但书

明示但书是以"但是"明文表示的但书规定。

明示但书的使用较为普遍。一个法律条文中需要表示一个限制、附加或者例外的立法意图的，可以选用明示但书予以表述。

明示但书的表述比较容易，位置也统一。将"但是"引导条文中表述限制、附加或者例外的内容，并将所引导的部分置于复合句中主文的后面。此外，考虑到双音节词是现代汉语的基本特征之一，因而法律文本中的明示但书部分尽可能使用"但是"而非"但"予以引导。

(2) 变体但书

变体但书是指改变文字体现方式的但书，即以标点或者其他词语表示而不再以"但是"作为引导。

变体但书适用于在一个条款中表示一个限制、附加或者例外，但更适用于表述两个或者两个以上的限制、附加或者例外内容的情形。在后一种情形下，都以明示但书加以表述势必破坏可读性。因此，需要在表述技术上改变但书的形态，将其中的一个或者几个但书隐藏起来。① 在我国的立法实践中，具有"乔装"性的变体但书主要有四种：

第一，以另一条、另一款、另一项规定替代明示但书。如《收养法》第8条第1款规定，"收养人只能收养一名子女"；第2款规定，"收养孤儿、残疾儿童或者社会福利机构抚养的查找不到生父母的弃婴和儿童，可以不受收养人无子女和收养一名的限制。"

第二，以同一条、同一款、同一项中的分号代替明示但书。如《反倾销条例》第26条规定，"反倾销调查，应当自立案调查决定公告之日起12个月内结束；特殊情况下可以延长，但延长期不得超过6个月。"

第三，以"如书"规定取代明示但书。"如书"是以"如果"引导的但书。如《侵权责任法》第31条规定，"因紧急避险造成损害的，由引起险情发生的人承担责任。如果危险是由自然原因引起的，紧急避险人不承担责任或者给予适当补偿。"

第四，以"除外"规定代替明示但书。如《著作权法》第33条第2款规定，"作品刊登后，除著作权人声明不得转载、摘编的外，其他报刊可以转载或者作为文摘、资料刊登，但应当按照规定向著作权人支付报酬。""除外"的使用较为普遍。基于"先入为主"的认知规律，为确保立法原意的准确传递，减少读者对但书的理解歧义，以"除外"表示的但书在位置排列上应当注意两个技术要点：

其一，当但书的内容较为简单、文句较为短小时，将"除外"引导的但书部分放在该条款最为显见的位置上，即将不同于一般规定的表述置于变体但书规定的开头部分。如《行政许可法》第42条第1款规定，"除可以当场作出行政许可决定的外，行政机关应当自受理行政许可申请之日起二十日内作出行政许可决定。"

其二，当但书的内容较为复杂、文字较为繁多时，对例外等规定的存在作出明确提示，并将此提示置于该条款的开头。如《劳动合同法》第25条规定，"除本法第二十二条和第二十三条规定的情形外，用人单位不得与劳动者约定由劳动者承担违约金。"

---

① 参见罗成典：《立法技术论》（修订四版），台湾文笙书局1992年版，第150—154页。

（六）时间规定

时间规定是法律条文中以数量词来表示行为等生效或者失效以及行为的实施起始或者截止节点等内容的部分。

时间规定的制作应当遵守下列规则：

1. 时间单位要统一。在法律文本中，时间单位统一为"年""月""日"三种，不用"星期""周""天"表示。

2. "日"和"工作日"要区分使用。两者在法律文本中的区别是："日"包含节假日，"工作日"不包含节假日。涉及限制公民人身自由和行政程序的规定，尤其要注意"日"和"工作日"的区别。一般而言，前者应当使用"日"而非"工作日"；后者在必要时使用"工作日"可以避免因法定节假日的集中所导致的行政不作为。

3. 行为或者事项的起算日要明确。我国《行政许可法》第 32 条第 4 项规定，"申请材料不齐全或者不符合法定形式的，应当当场或者在五日内一次告知申请人需要补正的全部内容，逾期不告知的，自收到申请材料之日起即为受理。"该项对"告知"行为的时间段和"受理"行为成立日作出了两个时间规定。其中第二个时间规定表述正确：逾期不告知管理相对人补正申请材料的，收到申请材料日即为受理日；第一个时间规定疏漏了起算日，以致对五日内告知的起算日产生歧义，究竟从行政许可申请人提交申请材料之日起计算还是从行政机关发现申请材料不齐全或者不符合法定形式之日起计算。因此，时间规定必须明示起算日。其表述程式为"自××之日起×日内"或者"自××之日起×工作日内"。如《行政许可法》第 44 条规定，"行政机关作出准予行政许可的决定，应当自作出决定之日起十日内向申请人颁发、送达行政许可证件，……"

4. "自××之日起×日前"与"自××之日起前×日"的含义要辨清。尽管两组时间规定仅存在词序上的差别，但含义却绝然不同，绝不能混淆使用。其中前者是限定实施某行为的最后期限而不强调开始时间，后者则限定实施某行为的最早期限。

（七）法律责任条文

法律责任条文是法律文本中用以对实施违法犯罪行为设定必须承担的法律后果的条文。

法律责任条文是行政执法和司法适用的直接依据，其设定模式的优劣，不仅左右法律责任文本的严谨、清晰和简洁程度，更关涉法律责任条文适用的准确和便捷。制作中应当遵守下列规则：

1. 设置——法律责任与义务性规范一一对应的规则

在立法文件中,法律责任条文的设置至关重要、不可或缺。没有法律责任条文的设定,没有法律责任的追究,任何法的命令只是毫无意义的空气震动。对违法者而言,法律责任是其不履行法定义务或者实施为法律所禁止的行为后所承担的消极的法律后果,这种承担具有不可规避的性质;对有关国家机关或者法律授权的机关而言,法律责任是其依照法定程序追究违法者承担消极法律后果的职责,这种追究具有不可放弃的性质。无论是不可规避抑或不可放弃,其实现的前提就是立法者为每项义务性行为事前设定特定的法律责任。因此任何一项法定义务都必须有特定的法律责任与之照应。

然而,在我国立法实践中,有些立法文件往往在设置众多命令、明确诸多义务之后,并没有设置相应的法律责任与其一一对应。为了避免上述状况,除了厘清法律的调整边界之外,最为关键的是,法律文本的制作必须确立有法律义务便有法律责任的原则。

2. 排列——"各尽其用"地使用集中和分散的排列模式

法律责任条文的排列,一般具有分散和集中两种模式。①

所谓分散排列,即将每项法律责任排放在法律文本中每条义务性法律条文的后半部分。不少国家通常采用此方法。在我国,除了《刑法》以及《治安管理处罚法》《价格违法行为行政处罚规定》《财政违法行为处罚处分条例》《海关行政处罚实施条例》《金融违法行为处罚办法》等专门涉及违法以及处罚的法律、法规和规章之外,少有文件采用此种模式。

所谓集中排列,即法律文本中的所有法律责任条文与该文件中的各项义务性行为条款相分离,统一排放在法律文本中分则的最后部分。这种模式是我国立法的通例。

在立法表述技术上,满足方便查阅和适用是选择法律责任条文排列模式的首要标准,最好达到"一阅则明",无须查阅者反复对证。同时,不同排列模式的适用也应当服务于行文的简明扼要,既避免表述重复、条文"膨胀",更力戒内容矛盾。因此,就满足"便于查阅、适用"和"表述明确、凝练"两项原则而言,法律责任的分散和集中排列模式并无绝对的优劣之分。采取何种方式取决于拟设定法律责任的违法行为和责任种类的多寡,也取决于这些违法行为以及相应责任的可归纳性。

---

① 参见徐向华、王晓妹:《法律责任条文设定模式的选择》,载《法学》2009 年第 12 期。

一般而言,法律责任的分散排列模式有其自身的适用范围及其技术优势。它可以使法律规范的"行为模式"与"法律后果"两个构成要素方便而严谨地"完整"体现在一个法律条文中。因此,在法律文本较长、需设定法律责任的违法行为和责任种类各不相同且不宜合并表述的情况下,这种将"行为模式"与"法律后果"紧密"黏合"并直观呈现的排列模式,无疑更有利于法律文本自身的简洁和凝练并清晰展示法律责任与义务性行为的对应关系,也更便于受众对具有稳固因果关联的"行为模式"和"法律后果"的清晰解读和准确理解。当然,在法律文本不长、需设定法律责任的违法行为和责任种类较少并适合合并表述的情况下,采用集中排列的模式同样可以通过合并同类项以实现法律文本的简洁和凝练。

3. 表述

法律责任条文的表述有许多技术要求。① 其中表述模式以及用字规范等尤其重要。

(1) 表述模式要整合

在我国立法实践中,集中排列的责任条文主要有四种表述模式:

第一,行为叙述式。此模式表述为:"违法的概括性规定(诸如'违反本法规定')+具体的违法行为+法律责任"。如《食品安全法》第88条规定,"违反本法规定,事故单位在发生食品安全事故后未进行处置、报告的,由有关主管部门按照各自职责分工,责令改正,给予警告;毁灭有关证据的,责令停产停业,并处二千元以上十万元以下罚款;造成严重后果的,由原发证部门吊销许可证。"在此种表述模式中,根据法律责任条文中描述的具体违法行为与该法律文本前文所规范的义务性行为是否具有对应性,该模式又可细分为"完全或基本复制型"和"全新设定型"。在"完全或基本复制型"的行为叙述式中,法律责任条文所描述的违法行为完全或者部分复制同一法律文本中已表述的义务性行为。如《保险法》在第113条明令禁止,"保险公司及其分支机构应当依法使用经营保险业务许可证,不得转让、出租、出借经营保险业务许可证";在第七章"法律责任"的第170条规定,"违反本法规定,转让、出租、出借业务许可证的,由保险监督管理机构处一万元以上十万元以下的罚款;……"可见,第170条所描述的违法行为"基本复制"了第113条中设定的义务性行为。在"全新设定型"的行为叙述式中,法律责任条文描述的违法行为在同一法律文本的其他条文中并无相对应的义务性规范。换言之,在以此种方式表述法律责任条文的法律文本中,在分则部分的其他

---

① 详见徐向华主编:《地方性法规法律责任的设定》,法律出版社2007年版。

各章设定义务性规范之后,又在集中排列的法律责任部分设定了新的义务性行为。如《棉花质量监督管理条例》在第二章"棉花质量义务"和第三章"棉花质量监督"中设定了众多项义务性规范之后,又在第四章"罚则"的第 28 条对"棉花经营者隐匿、转移、损毁被棉花质量监督机构查封、扣押的物品的"这一尚未见之于其他各章的"新"的义务性行为设定了"由棉花质量监督机构处被隐匿、转移、损毁物品货值金额 2 倍以上 5 倍以下的罚款"的法律责任。应该肯定,易读、易懂、易操作是这种模式非常明显的长处,但其短处同样也相当明显:照抄前文,累赘不简洁;变动前文,草率不严谨。

第二,条(款)序对应式。此模式通常有两种具体表述方法:或"违反(某规范性法律文件)的条(款/项)序+法律责任",或"违反(某规范性法律文件)的条(款/项)序+违法结果或违法情节+法律责任"。前者如《保安培训机构管理办法》第 34 条第 1 款规定:"保安培训机构违反本办法第十条、第十五条或者第二十条规定的,由设区的市级人民政府公安机关处以五千元以上三万元以下罚款,……"后者如《广播电视广告播出管理办法》第 40 条规定:"违反本办法第八条、第九条的规定,……;情节严重的,由原发证机关吊销《广播电视频道许可证》、《广播电视播出机构许可证》。"这种法律责任设定模式最突出的优势是简洁又严谨,但阅读不便也是其明显的"硬伤"。

第三,综合表述式。此模式结合了"条(款)序对应式"与"行为叙述式",将法律责任条文综合表述为:"违反的(某规范性法律文件)的条(款/项)序+具体违法行为的描述+法律责任"。如《文物保护法》在第七章"法律责任"的第 70 条第 5 项规定,"违反本法第四十三条规定挪用或者侵占依法调拨、交换、出借文物所得补偿费用的","尚不构成犯罪的,由县级以上人民政府文物主管部门责令改正,可以并处二万元以下的罚款,有违法所得的,没收违法所得。"该法律责任条文的特点是,在明确了被违反的法律条文数后,"基本重复"了该法第 43 条第 2 款的禁令,即"国有文物收藏单位调拨、交换、出借文物所得的补偿费用,必须用于改善文物的收藏条件和收集新的文物,不得挪作他用;任何单位或者个人不得侵占。"这种法律责任的表述模式无疑集中了上述两种模式的利弊。

第四,笼统设定式。此模式简单表述为:"违法的概括性规定+法律责任"。如《博物馆管理办法》第 31 条规定,"博物馆违反本办法规定,情节严重的,由所在地省级文物行政部门撤销审核同意意见,由相关行政部门撤销博物馆法人资格","博物馆违反其他法律、法规规定的,依照有关法律、法规的规定处罚。"这种法律责任的表述模式无法揭示义务性规范和法律责任之间内在的逻辑关系,既未指明被违反的具体条文,也未将法律后果直接对应地表述出来。

在集中排列法律责任条文的情况下,上述四种模式都各有利弊。为了尽可能扬其长而避其短,立法者在不得不集中排列法律条文时,应当高度重视如下四项要求:①一是"繁简得当"地运用"条(款)序对应"的表述模式;二是"节制谨慎"地运用"行为叙述式"的表述模式;三是"以必要为原则"运用"综合表述式"的表述模式;四是"以摈弃为原则"处理"笼统设定式"的表述模式。

(2) 表述文字要规范

法律责任具有强制性质,在表述中能否使用以及如何使用选择性规范的标志"可以"一词?

如前文所述,法律责任条文中"可以"一词的使用与否取决于两种立法意图的区分。当立法原意是让条文中规定的一项或者数项法律责任让违反者悉数承担时,基于法律责任的不可规避和不可放弃性,绝对不能使用"可以";当立法原义是赋予执法者和司法者根据具体情况对条文中规定的数项法律责任予以自由裁决时,必须使用"可以"。如《渔业法》第 46 条规定,"外国人、外国渔船违反本法规定,擅自进入中华人民共和国管辖水域从事渔业生产和渔业资源调查活动的,责令其离开或者将其驱逐,可以没收渔获物、渔具,并处五十万元以下的罚款;情节严重的,可以没收渔船;构成犯罪的,依法追究刑事责任。"该条文中的第一个"可以"使用正确,第二个"可以"使用错误。

(八) 过渡性条款

过渡性条款是法律文本中用以对新设定的法律规范对其实施前的既成事实和行为的溯及力作出过渡安排的条款。

在英美法系国家,规定新法适用其生效前的既成事实和行为的条文被称为保留条文。

过渡性条款的起草应当注意如下问题:

1. 设置——谨慎原则

过渡性条款是法的时间效力的一种特别规定,其实质是对"法不溯及既往"原则的有条件的否定,是保留被新法实质性变更的权利和义务。其基本目的是实现既得权利和地位的保护、避免社会发生急剧的变化、使不利益措施之效果能够持续以及对原则性的规定采取必要的补充措施。② 由此,过渡性条款的设置

---

① 详见徐向华、王晓妹:《法律责任条文设定模式的选择》,载《法学》2009 年第 12 期。
② 参见罗传贤:《立法程序与技术》,台湾五南图书出版公司 1997 年版,第 274—276 页。

应当以是否更有利于保护当事人的权益为基本判断标准。

2. 排列

过渡性条款的位置应当视其所保留的内容是否针对整部立法文件而作如下两种安排：

（1）针对某项规定的过渡性条款安排在分则所涉条文的尾部。如《食品安全法》在第五章"食品检验"的第 57 条第 1 款和第 2 款分别规定，"食品检验机构按照国家有关认证认可的规定取得资质认定后，方可从事食品检验活动。……""食品检验机构的资质认定条件和检验规范，由国务院卫生行政部门规定"，紧随其后的第 3 款即对《食品安全法》施行前的食品检验机构作出过渡安排，规定"本法施行前经国务院有关主管部门批准设立或者经依法认定的食品检验机构，可以依照本法继续从事食品检验活动。"从立法技术的"同一内容同条规定"规则而言，这种安排理当肯定。

（2）统贯全文的过渡性条款一般置于附则中施行日条文之前，以符合"同类内容相近排列"的要求。

3. 表述

过渡条文的具体内容因法而异，但一般有如下几种：旧法时期的法律行为是否仍然有效的过渡规定；依据旧法获准的许可等在新法下如何处理的过渡规定；依据旧法赋予资格的效力是否延续或者补正的过渡规定；法律责任的过渡规定；旧法的效力是否延长的过渡规定；等等。①

过渡性条款的表述因内容不同而不同。其中为了确保旧法赋予资格的及时补正，尽可能令其与新法所认可的资格达至一致性，应当在过渡条文中规定一个合理的过渡时效，以昭示资格及其权利保留的最后期限。如我国《企业所得税法》第 57 条第 1 款规定，"本法公布前已经批准设立的企业，依照当时的税收法律、行政法规规定，享受低税率优惠的，按照国务院规定，可以在本法施行后五年内，逐步过渡到本法规定的税率；享受定期减免税优惠的，按照国务院规定，可以在本法施行后继续享受到期满为止，但因未获利而尚未享受优惠的，优惠期限从本法施行年度起计算。"

（九）施行日条文和废止规定

法的施行日条文和废止规定是法律文本中用以明确立法文件生效和终止时间的条文。

---

① 参见罗传贤：《立法程序与技术》，台湾五南图书出版公司 1997 年版，第 276—278 页。

1. 设置

法的施行日和废止条文是判断该立法文件生效和相关立法文件失效的唯一标志,因而施行日规定是任何一部立法文件的必备条款,废止规定也是所有制定新法同时废止旧法的立法文件的必需部分。

2. 排列

施行日条文应当置于法律文本的最后一条。

如果必须同时规定废止旧法的,应当与新法的施行日安排在同一个条文中,作为该条的第二款。

3. 表述

(1) 施行日的确定须科学。立法文件施行的起始时间应当符合法的公开原则,满足施行前的组织、人员、财力等各项条件的准备以及相对人知晓和遵守的时间要求。因此,不宜将法的施行日确定为该法的通过日或者公布日。一般而言,立法文件从公布到施行需要三至六个月的准备;如果法所规范的事项等实施时间较为紧迫,可以将施行准备时间缩短至一个月左右。

(2) 施行日的文字表述须规范。即表述为"本法(法规等)自×年×月×日起施行"。其中"×年×月×日"中的"日"一般定为某年某月的"1"日。

(3) 废止规定的表述须完整。废止规定应当注明被废止的立法文件名称及其制定主体和通过日期。如,就全国人大常委会制定的新的法律中的废止规定而言,应当表述为"×年×月×日全国人民代表大会常务委员会第×次会议通过的《中华人民共和国××法》同时废止。"

【小结】

为了遵从并实现立法文件的"易读、易懂、易操作"这一最高准则和基本使命,必须加强并完善法律文本的语体、结构和内容三个范畴的立法表述技术。

法律文本语体的表述技术应当有效服务于明确、简练和严谨三大语体风格,着重于立法语言结构中的词语和句子两个方面。合理选择法律术语和普通词语,适当平衡模糊词语和确切词语,谨慎使用高频词汇和词组,恰当使用法律条文中的短句和散句等句式、陈述句和祈使句等句类以及主谓单句、选择复句、条件复句和转折复句等句型。

法律文本结构的表述技术侧重于体例的恰当安排和合理布局。根据篇幅的长短、内容的繁简和条文的多少,法律文本有一般、简单和复杂结构之区分,但名称的规范表述、本文中各层次之设定、排序、编序和命名的合理安排、目录和附录的妥当设置都是文本表述技术的关键和基本要求。

法律文本内容的表述技术反映于各法律条文的设置、排列及其表述的原则和规则。由规范性和非规范性规定组成的法律条文整合于法律文本的总则、分则和附则之中。制定目的和依据条文、定义条文、适用范围条文、基本原则条文、但书规定、时间规定、法律责任条文、过渡性条款以及施行日条文和废止规定等法律条文的制作应当充分体现并坚持"三易"的基本准则。

【思考题与案例分析】

1. 陈述并评价法律文本表述技术的最高准则。
2. 如何理解法律文本的三大语体风格及其相互关系?
3. 立法词语选择的基本规则是什么?
4. 为什么说语言在本质上是模糊的?如何处理语言的模糊属性和立法语言的明确风格之间的关系?
5. 什么是高频立法词汇?你认为哪些词语也应当作为立法的高频词汇?这些词汇应当如何使用以及为什么这样使用?
6. 法律文本中常用的句式是什么?你认为法律条文中应当多用长句还是短句?为什么?
7. 为什么说条件句是完整表述法律规范的典型句型?试析"的"字句的功能以及适用情形。
8. 指出法律文本中的复杂同位句,说明该句型与法律文本语体的吻合性。
9. 法律文本名称的制作要求和技术规则是什么?你是否赞同我国的行政法规、部门行政规章不设"题注"而替代以"令"的方式的惯例?为什么?
10. 简述法律文本本文的层次排序三大原则,并举例说明。
11. 你是否赞同我国立法文件本文的层次序号惯例?你认为应当如何完善?
12. 结合立法实例,说明条标的作用和制作技术。
13. 简评我国法律责任条文不同排列模式和表述模式的利弊。
14. 描述过渡性条款的作用,并解释为什么该条款的设定必须极其谨慎。
15. 你认为下列八个立法实例是否符合立法表述技术的要求?如果认为存在表述上的问题,请予以修改并说明理由。

【例1】《大气污染防治法》第20条第1款规定:"单位因发生事故或者其他突然性事件,排放和泄漏有毒有害气体和放射性物质,造成或者可能造成大气污染事故、危害人体健康的,必须……"

【例2】《人民调解法》第1条规定:"为了完善人民调解制度,规范人民调解活动,及时解决民间纠纷,维护社会和谐稳定,根据宪法,制定本法。"

【例3】《计算机病毒防治管理办法》第2条和第3条分别规定:"本办法所称的计算机病毒,是指编制或者在计算机程序中插入的破坏计算机功能或者毁坏数据,影响计算机使用,并能自我复制的一组计算机指令或者程序代码。""中华人民共和国境内的计算机信息系统以及未联网计算机的计算机病毒防治管理工作,适用本办法。"

【例4】《中华人民共和国航标条例》第2条第1款和第2款分别规定:"本条例适用于在中华人民共和国的领域及管辖的其他海域设置的航标。""本条例所称航标,是指供船舶定位、导航或者用于其他专用目的的助航设施,包括视觉航标、无线电导航设施和音响航标。"

【例5】《刑法》第69条第1款和第2款分别规定:"判决宣告以前一人犯数罪的,除判处死刑和无期徒刑的以外,应当在总和刑期以下、数刑中最高刑期以上,酌情决定执行的刑期,但是管制最高不能超过三年,拘役最高不能超过一年,有期徒刑最高不能超过二十年。""如果数罪中有判处附加刑的,附加刑仍须执行。"

【例6】《行政许可法》第32条第4项规定:"申请材料不齐全或者不符合法定形式的,应当当场或者在五日内一次告知申请人需要补正的全部内容,逾期不告知的,自收到申请材料之日起即为受理。"

【例7】《渔业法》第46条规定:"外国人、外国渔船违反本法规定,擅自进入中华人民共和国管辖水域从事渔业生产和渔业资源调查活动的,责令其离开或者将其驱逐,可以没收渔获物、渔具,并处五十万元以下的罚款;情节严重的,可以没收渔船;构成犯罪的,依法追究刑事责任。"

【例8】《行政监察法》第51条规定:"本法自公布之日起施行。1990年12月9日国务院发布的《中华人民共和国行政监察条例》同时废止。"

【课外阅读文献】

1. 周旺生:《立法学》,北京大学出版社1988年版,第412—427页;

2. 张善恭、徐向华主编:《立法学原理》,上海社会科学院出版社1991年版,第230—265页;

3. 吴大英、任允正、李林:《比较立法制度》,群众出版社1992年版,第700—725页;

4. 曹叠云:《立法技术》,中国民主法制出版社1993年版,第68—116页、第167—270页;

5. 孙潮:《立法技术学》,浙江人民出版社1993年版,第60—167页;

6. 周旺生:《立法论》,北京大学出版社1994年版,第569—669页;

7. 罗传贤:《立法程序与技术》,台湾五南图书出版公司1997年版,第3—8页、第29—36页、第55—67页;

8. 朱力宇、张曙光主编:《立法学》,中国人民大学出版社2001年版,第245—262页;

9. 黄文艺:《立法学》,山东大学出版社2002年版,第172—178页;

10. 徐向华主编:《地方性法规法律责任的设定》,法律出版社2007年版,第139—147页。